Urban Passenger Transportation Economics

城市客运交通经济学

王　健　胡晓伟　孙广林　编著
安　实　主审

人民交通出版社股份有限公司
China Communications Press Co.,Ltd.

内容提要

本书通过跟踪运输经济学、交通工程学和公共管理学等相关学科的最新成果，在分析城市客运交通运输系统价格体系构成的基础上，系统地阐述了城市客运交通运输系统定价的基本理论和方法及相关配套政策。全书简要介绍了城市客运交通系统的构成、价格体系、城市客运交通系统定价的相关理论和方法、常规公交票价制定、城市轨道交通票价制定、出租汽车定价模型、拥挤收费、停车收费及城市客运交通价格联动模型等。

本书除作为高等院校交通工程、交通运输、土木工程(道桥)及经济管理专业本科生教材外，也可供交通运输工程学科研究生、城市客运交通决策人员及其他相应专业的工程技术人员学习参考。

图书在版编目(CIP)数据

城市客运交通经济学 / 王健，胡晓伟，孙广林编著.
— 北京：人民交通出版社股份有限公司，2016.11
ISBN 978-7-114-13500-2

Ⅰ. ①城… Ⅱ. ①王… ②胡… ③孙… Ⅲ. ①城市运输—客运管理—研究 Ⅳ. ①F570.8

中国版本图书馆 CIP 数据核字(2016)第 279315 号

书　　名：城市客运交通经济学
著 作 者：王　健　胡晓伟　孙广林
责任编辑：刘永超　李学会
责任校对：刘　芹
责任印制：张　凯
出版发行：人民交通出版社股份有限公司
地　　址：(100011)北京市朝阳区安定门外外馆斜街 3 号
网　　址：http://www.ccpress.com.cn
销售电话：(010)59757969,59757973
总 经 销：人民交通出版社股份有限公司发行部
经　　销：各地新华书店
印　　刷：北京虎彩文化传播有限公司
开　　本：720 × 960　1/16
印　　张：20.75
字　　数：372 千
版　　次：2016 年 11 月　第 1 版
印　　次：2016 年 11 月　第 1 次印刷
书　　号：ISBN 978-7-114-13500-2
定　　价：66.00 元

前　言

随着社会经济的飞速发展,我国城市化和机动化进程不断推进,城市交通供给与交通需求失衡的矛盾日益突出,逐渐成为城市和社会经济发展的制约因素。缓解城市客运交通供给与需求失衡的矛盾,不仅依赖于科学地规划城市土地利用和功能分区,选择合理的交通模式,设计合理的路网规模、路网结构和交通结构,同时依赖于灵活、合理的城市客运价格政策及其相关的配套政策调控交通需求。城市客运交通运输系统定价是城市客运交通资源分配的一种重要手段,是城市交通规划者与管理者必须考虑的重要因素,它涉及城市经济、社会和环境协调发展等关键问题,对治理城市交通污染和缓解交通拥挤具有重要理论和实践意义。城市客运交通系统定价是交通工程、运输经济学、经济管理、应用数学、系统工程等多学科知识的交叉与融合,是理论性和实践性较强的研究领域。

经过理论研究和工程实践,我国的城市客运交通运输系统定价方法在理论上取得了很大的进展。同时,随着社会经济和城市的不断发展,面对不断出现的交通问题,城市客运交通运输系统定价理论及方法也会不断更新。因此,本着理论和实践相结合的原则,通过跟踪运输经济学、交通工程学和公共管理学等相关学科的最新成果,在分析城市客运交通运输系统价格体系构成的基础上,本书系统地阐述了城市客运交通运输系统定价的基本理论和方法及相关配套政策。

本书可作为交通工程专业、交通运输及经济管理类专业的特色课程教材,亦可供城市客运交通决策人员及其他相关专业人员参考,通过对本书的学习,主要培养学生以下几方面的能力:

(1)掌握城市客运交通运输系统定价的基本理论及方法。

(2)理解各类城市客运经济管理政策对城市各客运方式定价策略的影响。

(3)培养针对具体城市客运交通经济管理政策的独立分析能力。

(4)了解城市客运交通运输系统定价理论的研究方向及城市客运经济管理政策的发展趋势。

本书的研究内容主要分为三个部分:一是城市客运交通运输系统的概述,包括城市客运交通运输系统组成、城市客运交通系统的价格体系及结构;二是城市客运交通运输系统定价的基本理论和方法,包括传统定价理论和现行定价理论;三是各种运输方式的收费模型和政策措施的实施效果,包括公交收费、拥挤定价、出租汽车定价、轨道交通票价、停车收费等,并研究城市客运交通运输系统定价领域中迫切需要解决的各客运方式之间的价格联动及客运管理者、运营者的利益等问题。为体现城市客运交通各类经济管理政策对城市客运系统定价的影响，本书重点介绍政策实施条件下各客运交通运输方式的定价模型。全书共九章，第一章详细介绍了城市客运交通系统的构成、价格体系及国内外研究现状；第二章讨论了城市客运交通相关经济管理政策的构成；第三章对城市客运交通系统定价的相关理论和方法进行了探讨；第四章分析了城市常规公交发展策略和票价制定的影响因素，根据不同的经营目标构建了票价定价模型和补贴测算模型；第五章在探讨城市轨道交通发展策略和经济特性的基础上，分析了影响轨道交通票价制定的因素，并针对不同政策讨论了城市轨道交通票价制定的计算方法；第六章从出租汽车价格的基本构成入手，重点探讨了出租汽车定价模型；第七章介绍了拥挤收费的基本理论和国内外研究现状；第八章探讨了停车收费的基本原理，针对路边停车设施与路外停车设施的不同特性提出相应停车收费定价模型；第九章在前八章的基础上，系统分析了城市客运交通各主体之间的关系及各客运交通政策的相互影响，提出了相关政策的价格联动模型。

本书由王健教授、胡晓伟博士、孙广林博士编著，并由安实教授主审。全书汇聚了王健教授、安实教授、胡晓伟博士以及孙广林、赵泽斌、陈娟、唐鹏程、洪麟琳、韦翀、张琳、吕航、周红飞等博士和硕士研究生的研究成果。哈尔滨工业大学交通系统管理交叉学科研究生团队的吴亮、林文凤、董婷婷、赵林、李南希等博士生和硕士生在本书编著和校稿工作中，也付出了辛勤的劳动。同时，本书在编写的过程中参考了大量国内外书籍、文献，在此谨向文献作者表示崇高的敬意和衷心的感谢！

限于笔者的理论水平及实践经验，书中不妥及疏漏之处在所难免，恳请读者批评指正。

编　者

2016年8月

目　录

第一章　绪　　论

城市客运交通是城市经济繁荣、社会有序和高速发展的主要支撑条件，它涉及社会、环境、经济、居民心理及生活方式等多方面的因素，因此城市客运交通系统也是一个庞杂的系统，在进行规划与管理时需要同时考虑政策、机构、体制、管理、收费与价格、基础设施建设和投资等多方面因素，以综合性、整体性、科学性为原则，使城市客运交通不仅能够满足城市居民出行需求，还能与城市环境相互协调发展，达到系统最优[1,2]。

第一节　城市客运交通系统

一、城市客运交通系统的定义及构成

城市客运交通系统是指为城市出行需求提供满足途径的全部交通方式的总称。

城市客运交通作为城市交通的重要组成成分，是经济发展的基础。随着社会经济的发展、城市地域范围的扩展、城市人口的增加和科学技术的进步，城市客运也拓展出了多样的交通方式，为现代城市居民提供了多种交通选择。

目前，城市客运交通系统主要由私人交通和公共交通两大部分组成[1]。

1. 私人交通

私人交通泛指徒步和以自用车为交通工具的出行，包括私人小汽车、自行车、摩托车、电动自行车、步行等交通方式。

2. 公共交通

公共交通是指城市中供公众乘用的、经济方便的各种交通方式的总称。公共交通系统由线路、交通工具、场站设施等物理要素组成。公共交通包括：轨道交通（如有轨电车、地下铁道、轻轨、市郊铁路、新交通系统等）、道路公共交通（如快速公交、常规公交、出租汽车、无轨电车等）。

二、城市客运交通系统的经济特性

(一)城市公共交通经济特性

城市公共交通行业具有自然垄断性、准公共产品特性和外部特性[3]。

1. 自然垄断性

城市公共交通行业的自然垄断性是由其运营方式决定的。一般来讲,城市公共交通由一家或少数几家企业经营,公共交通企业通过借助城市道路网络将公交客运服务提供给乘客。城市公共交通行业的这种运营方式在避免恶性竞争的同时又很好地节省了基础投资、充分利用了道路资源。

2. 准公共产品特性

城市公共交通行业的产品是为城市居民提供实现空间位移的有偿服务,且其提供的服务公众均可享受,具有公共性,因此,城市公共交通行业提供的服务是一种准公共产品。

3. 外部特性

城市公共交通的产品必须借助城市道路网络,且其运营过程会对外界造成一定的环境影响,具有外部特性。对于有些外部特性,为了不使其造成大的负面影响,需要政府采取一定的手段进行管制。

(二)城市私人交通经济特性

城市私人交通主要指的是私人小汽车出行,其具有外部性。

私人小汽车的出行成本可以分为内部成本与外部成本两部分。内部成本主要指的是小汽车在生产过程中所耗费的生产成本和小汽车使用者在使用小汽车过程中所耗费的使用成本,比如小汽车购买费用、维修费用、燃油费用、停车费用等,内部成本会对私人个体产生直接影响。外部成本主要指的是一些会造成间接影响的成本,张香平全面总结了私人小汽车的外部成本,具体如表1-1所示。

上述的外部成本中,一部分可以通过一定的手段转化为内部成本,余下的部分则仍为外部费用,需要社会公众共同承担。

对使用私人小汽车的出行者来说,往往忽视私人小汽车的外部成本,而主要考虑其实际支付的内部成本。一般地讲,每种交通方式都包括内部成本和外部成本,但外部成本关系到环境、资源、土地开发等城市问题,其造成的影响不好估计,因而更需要被重视。

私人小汽车外部成本分析组成[4]　　表1-1

外部成本		内部化的部分		不能转化的部分
		对于使用者	对于社会其他人员	
环境成本	空气、水、土壤污染; 噪声污染; 能源; 景观; 动植物系统	对个人的身体健康及其他利益的损害	对其他人员的身体健康及其他利益的损害	无人支付的部分环境成本
拥挤成本		使用者的时间损失成本	由此引起的其他人员的时间损失	由其他交通部门引起的部分成本
安全事故		自身的交通事故损失和由保险支付的费用	由保险支付的部分费用	未支付的事故成本
土地开发成本		养路费、过桥费,车辆和燃油税等	—	由他人支付的部分成本

注:摘自张香平——城市地区私人小汽车使用的外部性研究。

第二节　城市客运交通系统价格体系

城市客运交通运输系统定价是指各运输方式针对其提供的服务而制定的相应运价,包括公交收费、拥挤定价、出租汽车定价、轨道交通票价和停车收费定价等。城市客运交通运输系统价格的制定是一项系统工程,理想的定价要综合考虑城市总体发展水平、居民购买力水平、交通市场供求关系、城市交通发展战略、企业成本与利润等多方面的因素。

随着城市化和机动化进程的加快,我国城市交通供给与交通需求的失衡矛盾日益突出,由此产生的交通拥堵、交通事故、能源消耗和环境污染等问题日趋严峻,成为社会经济发展的制约因素。城市客运交通运输系统定价是城市客运交通资源分配和交通需求管理的一种重要手段,它涉及城市经济、社会和环境协调发展等关键问题,在城市的现代化进程中居于重要地位,对治理城市交通污染和缓解交通拥挤具有重要的理论和实践意义。城市客运交通运输系统定价政策可以通过改变出行需求的价格弹性、时间弹性和出行机会成本,影响出行者的决策行为,使出行需求在交通方式和时空范围等方面得到平衡。城市客运交通运输系统定价不仅影响到城市交通效率的高低，还影响到政府的资源配置问题，所以政府亟待从各运输方式的技术经济效果出发，从整体角度研究城市客运交通运输系统定价机制，制定各运输方式合理的运价，从而调控出行需求与出行方式选择，实现客运交通系统的供需优化与平衡。

一、城市客运交通运输系统价格体系组成

城市客运交通系统价格体系的组成包括公交收费、拥挤定价、出租汽车定价、轨道交通票价和停车收费定价，各方面的影响因素（如城市总体发展水平、居民购买力水平、交通市场供求关系、城市交通发展战略、企业成本与利润等）需要结合城市经济、社会和环境协调发展的目标全面而系统地分析，同时需要结合各种客运方式之间的价格联动、客运管理者、运营者的利益等问题，从各种外部影响因素的变化来具体分析。由于城市客运交通定价针对不同的交通运输方式，且各运输方式具有不同的社会经济属性，在城市客运交通运输系统中的地位和作用有所不同，因此各运输方式的定价策略具有较明显的差异。

常规公交具有在客流量充沛时运载效率高、人均占用道路空间低等特点，因此，大力发展城市公共交通被视为缓解城市交通拥挤的关键，这也是各国推行“公交优先”政策的基础。公交收费是贯彻“公交优先”政策的最有效的经济措施，系统地研究公共交通收费问题具有重要的理论与实践意义。常规公交定价政策上多重视社会效益的实现，因此，予以必要的财政补贴是较通行的做法。

轨道交通对缓解城市交通拥堵和优化城市交通布局体系有着积极的作用，具有快捷、准点、舒适和环保的特性，是城市客运交通系统的重要组成部分，与公交和出租汽车相比，它所具有的技术特性、经济特性和环保特性符合城市客运交通运输的需求。城市轨道交通的票价是城市轨道交通收费策略的核心内容之一，也是普通市民最为关心的问题，因此，需要根据轨道交通所处的不同运营阶段和公益属性正确处理成本、客流、收益之间的关系。

出租汽车服务具有准公共产品的性质，城市客运出租汽车价格水平不仅受到其自身成本的影响，还受到出租汽车成本、燃油价格等外界环境多种因素的影响。里程价、起步价、返空费、等候收费、燃油附加费和夜间附加费等组成了城市客运出租汽车价格体系。

交通拥挤是目前世界上多数大中城市普遍面临的问题，是城市交通需求系统与交通供给系统发生矛盾的突出表现，是城市交通问题的普遍性症结所在。拥挤定价从道路拥挤这一现象引发出来，一般指利用经济学中的价格原理对交通需求加以限制以缓解系统拥挤状态的交通管理手段。拥挤收费是交通需求管

理的重要组成部分,也是“公交优先”政策的必要补充。

停车设施具有准公共产品特性,停车收费属于静态交通管理的范畴,与周边道路使用状况紧密相连,是交通需求管理的重要手段。停车收费是通过经济杠杆调控停车需求,将外部成本内部化以达到缓解交通拥堵的目的。停车收费可分为路外停车收费和路内停车收费两种,两者泊位性质不同,定价方法有所差异。

城市客运价格联动是指随着外部条件(如成品油价格、居民收入、交通供需等)的变化,城市客运交通系统的一种或几种客运方式价格的动态变化过程。城市客运价格联动使各种不同的城市客运交通方式的价格协调起来,优化资源配置,增强城市公共交通政策的柔性,缓解交通拥挤和交通供需之间的矛盾。

本书针对各种交通方式的特点对各交通方式的收费定价分别加以说明,其内容框架如图 1-1 所示。

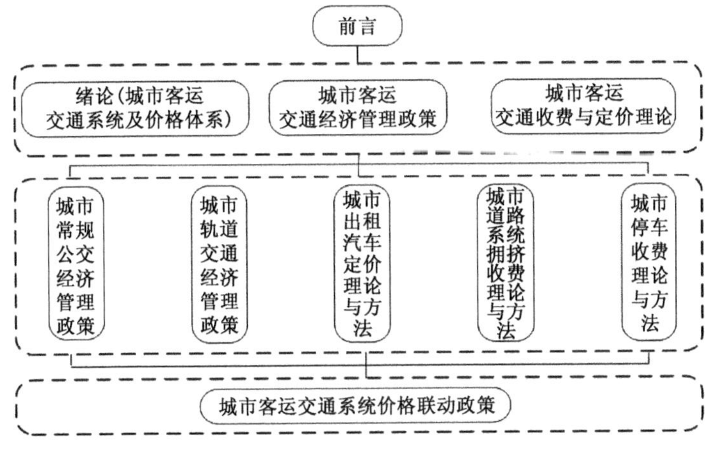

图 1-1 内容框架

二、国内外对城市客运交通系统价格体系的研究

随着交通经济学理论的不断发展,公共交通收费的理论研究也日趋成熟。在 20 世纪 80 年代之前公共交通收费的理论基础主要有边际成本定价理论和 Ramsey 定价准则[5];20 世纪 80 年代以后,次优定价理论逐渐成为其基础理论之一。根据 Small 的总结,该领域的研究主要集中于三个方面:平均票价、票价结构和政府支付给公交公司的财政补贴[6]。随着交通环境问题研究的不断深

入,在燃油或者环境约束下的公共交通服务水平逐渐成为研究前沿[7]。

轨道交通的定价更为重视社会效益的实现,予以政策性补贴是通行的做法。目前常用的轨道交通定价方法包括以成本为基础的定价方法、以市场供需为基础的定价方法、差别定价方法、计程定价方法、考虑整个社会综合效益的定价方法[8]。总体而言,轨道交通票价演变基本以运营成本核算为依据,随着物价指数逐步提高,还未形成统一的票价制定政策。

出租汽车在定价上多考虑出租汽车对环境和社会的负外部性,采用社会福利最大化和平均成本定价法[9]。香港科技大学杨海教授的研究最具有代表性,其考虑了在竞争或垄断条件下出租汽车服务的社会最优和社会次优的定价形式[10],交通拥挤外部性条件下的定价[11]和多层次多模式下的出租汽车服务定价[12]。

拥挤定价是利用价格原理对交通需求加以限制,最初是由 Pigou(1920)和 Knight(1924)在 20 世纪 20 年代提出[13-15],并逐渐成为交通经济学研究的热点和前沿。Walters、Smeed、Sharp 等对交通拥挤定价理论进一步扩展,从而提出短期边际成本定价模型[16],最终确立了传统的拥挤定价理论[17]。此后,拥挤定价理论大体形成了下面两种类型:第一种是静态定价理论——一般道路最优拥挤定价(Optimal Congestion Pricing),其理论基础是边际成本(Marginal Cost)定价理论,代表人物为 Walters;第二种是动态定价理论——瓶颈路段的拥挤定价,相应的理论基础和代表人物分别为排队论和 Viekrey。社会福利分析、次优定价理论应用和拥挤费收入的再分配和政策支持等问题是目前拥挤定价方向的研究热点,而如何获得公众支持是拥挤定价的研究重点。

国外对路内停车定价模型的研究较多,如 Verhoel[18]等提出路内停车收费价格由其引起的外部边际成本确定,部分学者也对比其他收费政策对停车收费的利弊与具体的模型进行了比较。我国的停车收费研究起步较晚,20 世纪 90 年代,随着停车收费被认为是我国城市交通管理的重要内容之后,停车收费的研究才开始逐步进入广泛与快速发展的阶段。早期的研究热点集中在对我国停车收费机制和停车收费管理等方面。随着研究的不断深入,更多的学者开始关注我国停车收费政策下的停车收费的价格模型和效用模型的建立。

城市客运价格联动策略研究包括对客运主体行为和收益的研究,以及价格联动策略与经济、社会、环境政策的整合,以及对他们的影响效果。目前,我国对城市客运价格联动策略的研究侧重于公交主体行为分析及不同公交方式之间收费策略的整合。

本章小结

本章主要介绍了城市客运交通系统及城市客运交通价格体系的定义和构成。城市客运交通系统是指为城市出行需求提供满足途径的全部交通方式的总称,包括公共交通和私人交通。公共交通包括常规公交、轨道交通、出租汽车,具有自然垄断性、准公共产品特性和外部特性,私人交通具有外部性。城市客运价格体系是指各运输方式针对其提供的服务而制定的相应运价,包括常规公交定价、轨道交通定价、出租汽车定价、拥挤定价和停车收费定价。同时,本章对国内外城市客运价格体系的研究现状进行了简要概述。

第二章　城市客运交通经济管理政策

城市客运交通经济管理政策包括:公交票价与补贴政策、拥挤收费政策、停车收费政策、燃油附加税政策等。

其中,拥挤收费政策和停车收费政策针对私人交通方式制定,燃油附加税政策针对公共交通方式中的出租汽车制定,其余主要针对公共交通方式中的常规公交以及轨道交通制定。

第一节　公交票价与补贴政策

城市公交不仅要求做到高效畅通,还要求其不能脱离社会福利的性质,在价格方面,政府对公交补贴消减后又增加了公交公司的税费,这使得城市的公交价格处于一个十分尴尬的境地。

一般地讲,公交票价制定的理想结果是在保证公交企业盈利不亏损情况下使得社会效益最大化,同时可以不需要政府的财政补贴。但现实中很难达到这样的结果,所以公交票价的定制是在三者之间寻找一个最优均衡。

公交票价的合理性对居民的出行需求和公交企业的自身发展会产生直接影响,主要体现在以下几个方面[19]:

(1)合理分配社会资源,减少资源浪费。

(2)提高公交运营企业的运营效率。

(3)提高社会效率。

合理的城市公交票价机制究竟是什么样子的?宏观经济定价理论与微观经济定价理论持有完全相反的观点[3]:宏观经济学认为城市公交作为公共产品应该把眼光集中在实现社会福利最大化方面,更加注重宏观效益,具体手段表现为低价收费,亏本的部分由政府财政补贴;微观经济学认为一味的以低票价来追求社会福利是一种本末倒置的做法,忽略了追求微观利益的实质,容易造成公交企业管理涣散,资源配置不合理以及投资过度等问题,因此公交企业应该利用票价收入来平衡运营成本,达到自负盈亏。

在公交市场中，完全竞争的市场价格不一定是最有效的资源配置方式，原因在于：完全自由竞争会造成盈利线路经营者多，亏损线路无人经营的现象，公交公益性质无法体现；由于公交客运量相对稳定，盈利线路的激烈竞争可能导致超低公交价格，从而使盈利线路变为亏损线路的现象。要保证公交的公益性，就需要政府根据需求从全局出发制定公交指导价格。因此，公交价格应当是政府指导下的市场竞争价格，建议将公交收费原则由亏损经营需要大量财政补贴的低票价政策调整为以微利经营无须财政补贴为原则的低票价政策。

一、公交票价政策

(一)票价制定的原则

王永胜(2012)总结分析了公交票价制定的原则[19]，他认为公交票价的制定应该以城市的综合战略框架和道路基础设施收费的充分程度为依据，具体制定时应遵循以下几点原则：

1. 可持续经营原则

在公交行业缺乏合适的价格规制合同或其他支持机制时，公交定价中公交服务的可持续性应在传统的价格规制中优先考虑。

2. 需求弹性原则

公交需求弹性对公交票价机构和公交服务水平都有制约作用。在公交定价中，要充分考虑公交的需求弹性，既要防止价格过高使公交使用人数减少，使公交出行向其他交通出行方式转移的情况，又要防止票价过低，公交资源被滥用的情况。

3. 公平性原则

公交定价中，要尽量考虑到公交服务(如出行距离、快慢、舒适度、安全、安保等)与使用者所付票款的相对公平性。

4. 公益性原则

城市公交是对城市居民出行需求的基本保证，具有很强的社会公益性，需要考虑到不同人群对公交的特殊需求和票款承受能力。

5. 社会理解性原则

公交定价需要公交的使用者对执行票价的理解。由于信息不对称性，公交使用者往往会对公交服务质量水平和票价提出相关质疑，并要求政府进行整改。

6. 方便性原则

公交票价设定要便于公交使用者支付和企业收取。

（二）低票价政策

城市公共交通作为城市居民最基本的出行工具，需要体现出明显的社会福利性。城市公共交通的主要服务对象是城市中大量的中低收入居民，因此，需要利用低票价政策最大限度地吸引这一性质的客流，有效地形成其公交出行习惯，有助于缓解城市交通拥挤，提升交通效率，降低公交运营成本，提升公交收益[20, 21]。

（三）区别定价政策

不同的乘客群体对于公交票价的敏感性不同，因此，在制定公交票价时需要对不同的群体区别定价，例如，要针对老年人、残疾人、中小学生等不同性质和经济状况的人群制定优惠政策，由政府支持补贴，体现社会福利和社会公益[22]。但是普通市民对于公交票价的敏感性较难判定，应根据其每月乘坐公交的次数进行票价调节。

（四）换乘优惠政策

若居民在每次进行公交换乘时都要重新购买车票，那么其出行成本与不换乘出行成本相比将会增加，而且随着换乘次数的增长成倍增加，如此一来，公交出行对于居民的吸引力将逐步减小，针对这种情况，需要实行换乘优惠政策。

换乘优惠政策能够有效地提高公众对“网络”出行的接受度，使公众从使用“线路”出行的传统模式逐渐向使用“网络”出行转变，促进潜在出行用户的转化和公交线网布局的合理化[23]。但是这一政策在实际中却很难实施，究其原因，这其中存在一个“囚徒困境”问题，政府应充分利用其监管的职能，制定相关政策对不同公交线路进行协调，并对不同公交线路依据其公交换乘人次进行补贴，以便更好地推行换乘优惠政策。

（五）公交系统票制

公交企业的收入主要指的是售票收入，票制对整个公交系统的服务运作具有决定性影响，包括费率、付费方式、车票类别等各种要素。

1. 各种票制的比较分析

(1)单一票制与多级票制

根据费率可以将公交票制划分为单一票制和多级票制两种。

单一票制在一定程度上对售票程序进行了简化,但没有考虑乘客对票价的敏感性,且计价不是按照出行距离的长短进行计算,公平性较差;多级票制相比于单一票制更加灵活,且充分考虑了乘客对票价的敏感性,根据不同乘客的出行需求在票价上给予不同优惠,增加了公交换乘的吸引力,但实施起来较为复杂。

(2)现钞支付与刷卡支付

根据付费方式可以将公交票制划分为现钞支付和刷卡支付两种,现钞支付根据公交车上是否配备售票员进一步分为找零制和投币制。

目前现钞支付由于耗费人力、残币隐患、效率低下等问题已经逐步被淘汰,取而代之的刷卡支付有了长足的发展。公交 IC 卡收费改变了传统的公交收费模式,极大程度地方便了乘客出行及公交企业的运营效率,是公交信息化的基础。在公交定价方面,IC 卡的出现使得政府和企业对乘客的出行距离、出行时间、票价敏感性和拥挤收费的改革提供了技术基础。

(3)月票制度

根据车票类别可以将公交票制划分为月票和客票两大类,前者按月收费,在一月内无论发生多少次公交出行都仅收取一次总费用。

最初纸卡式月票制度的产生是以方便城市居民公交出行,提升公众福利为目的,也为公交的发展做出了很大的贡献,但其管理体制与运行机制已不能适应社会的巨大变化,继续沿用有可能限制公共交通继续发展,自 20 世纪 90 年代开始,国内主要城市纷纷取消月票制度,用电子月票代替其使用,而电子月票能够克服纸质月票在防伪技术上的弊端[23],且按次计费更为便利。

2. 国外城市公交票制票价

几个典型国外城市公交票制票价情况如表 2-1 所示。

海外城市票制票价的比较[21]　　表 2-1

城市	乘车类型	票　制	票　价
加拿大温哥华	地铁、公交(统一票制)	一次性车票、月票,中途转乘无须再购票	区域制票价:2.25 加元/张,1.5h 内可免费换乘;日票:8 加元/张;月票:98.75 加元
法国巴黎	地铁、公交(统一票制)	地铁与公交实行一票制,另设有周票、月票、年票	单程票价 1.5～2.5 欧元,周票 16 欧元,月票 48.2 欧元,年票 530.2 欧元

续上表

城市	乘车类型	票　制	票　价
韩国首尔	地铁	按距离收费,公交换乘地铁免费	12km 800 韩元,每超 6km 加 100 韩元
	公交	按距离收费,公交内免费换乘	10km 内 800 韩元,每超 5km 加 100 韩元,总支付 900 韩元

注:摘自章玉,唐热情,王晓凯.我国城市公交票制票价优化的对策建议.

整体来看,国外城市公共交通的定价系统和调价机制都比较完整合理,在相关政策制定时也能够充分考虑各种要素,将服务质量、服务距离、物价水平等进行综合分析。科学合理的票价也很好地推动了国外公共交通的进步与发展。

3.我国城市公交票制概况

西方发达国家目前多数采用电子收费方式,结合其后台管理系统易于计算公交企业的收入。我国现在虽然多数城市都已经启动了"公交一卡通",或者类似的项目,但是还有许多小城市依然主要采用人工售票或者无人售票方式。在没有完全实现电子票证的情况下,营业收入情况难以透明化。为了更加合理地核算公交企业的营业收入,执行有效的票价制度,必须加快我国城市公交电子化进程[19]。

我国公共交通发展相对国外比较落后,这与落后的公交票制体系也有一定的关系,公交企业应着重于多级票制的建设,以票制调节为主,票价调整为辅,根据乘客的交通需求针对性地制定和创新票价政策,优化线路票价,设置车票种类多样化,如设计一日票、周票、月票、双人票、家庭票等,多级票制不仅能提高公交吸引力,还能更好地满足不同服务水平的交通需求,提高公交利用率和运营效率。

二、公交补贴政策

公交补贴机制是政府公交监管部门为了实现特定的政策目标(如协调公交企业经营性与公益性之间的矛盾、提高公交系统绩效、实现社会福利最大化、优化交通出行结构、节能减排等),给予公交企业和乘客以金钱或非金钱形式补贴的一种机制[19]。

目前,我国政府高度重视城市公交的发展,先后出台了《国务院关于城市优先发展公共交通的指导意见》(国发〔2012〕64 号)、《国务院办公厅转发建设部等部门关于优先发展城市公共交通的意见》(国办发〔2005〕46 号)、《关于优先发展城市公共交通若干经济政策的意见》(建城〔2006〕288 号)等相关政策法规[24-26],公交优先能够有效地解决城市交通问题、提升城市交通资源利用率、促进城市的健康发展。

(一)公交补贴的主要理由

科学、规范的公交补贴机制是促进公交行业稳定、健康发展与增强政府财政补贴有效性、可持续性的重要保障。公交的低票价政策需要政府财政的持续支持才能一直落实到实际,同时为了保障整个公共交通系统健康运行,完善的政府补贴机制也是一个重要的因素[27]。

1. 公交补贴使公交社会福利最大化

公交补贴是指政府对公交企业进行财政补助,以保证公交企业在盈利不亏损的情况下降低票价水平,使得公交在出行方式中比重增加,使公交行业产生的社会效益最大化,从而实现相关政策目标[19]。

我国城市公交行业具有高度的自然垄断性。从长期来看,随着公交企业规模和服务产量的扩大,长期平均成本和长期边际成本曲线均有下降趋势,如图 2-1所示。

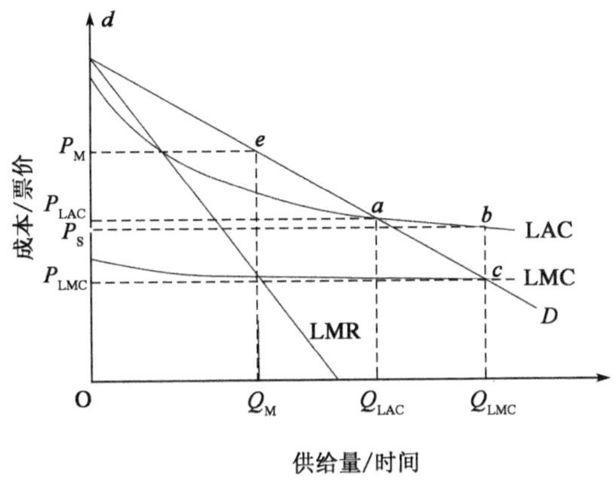

图 2-1　自然垄断公交企业的长期成本变化趋势

如图 2-1 所示，因为公交行业具有自然垄断性，若政府不加以干预，公交企业可以借助垄断优势将服务量及定价分别控制在 Q_M 以及 P_M 处，此时的公交定价将与公共交通的福利性质背道而驰。政府可以通过财政补贴或者实施行业规制来要求公交企业实行零利润，即服务量及定价分别为 Q_{LAC} 和 P_{LAC}。但这种状态并不是达到社会福利最大化的状态，社会福利达到最大化时公交服务量及定价应该分别为 Q_{LMC} 和 P_{LMC}，但此时公交企业必然亏损。因此，要使公交企业以社会福利最大化为目标进行定价，政府必须对公交企业进行财政补贴，补贴额为 $(P_S - P_{LMC})Q_{LMC}$。另外，从公交企业的经济收益角度来看，适当的政府补贴也对提升公交服务质量与服务效率有较大的帮助[28]。

2. 公交补贴使公交外部性得以充分发挥

公交行业除了能够满足城市居民基本出行需求以外，还存在许多不能直接计量价值的正外部特性，例如发达的城市公交系统是促进城市发展的良好基础、城市公交是完整的城市基础设施的重要组成部分等。以我国的公交企业来说，它们大多是商业实体和社会服务体两者的混合体，其在满足政府公共政策整合目标及城市社会经济综合效益方面具有的独特作用，也要求政府实施公交补贴[19]。

(二)公交补贴制定的原则

公交补贴是政府利用有限的政府财政为群众提供福利的措施，体现了城市公交的基础性、公益性和正外部性。为了使公交补贴更加合理和高效，公交补贴政策的制定应该遵循以下几点原则[19]：

1. 公交补贴的主体是政府，还需拓展其他补贴来源

目前我国城市公共交通建设(包括耗资巨大的地铁)和政府补贴资金的来源全部是地方财政，没有任何基金的来源或交通规费。如北京 2001 年用于公交补贴的 7.28 亿元几乎全部来自北京市政府，给政府造成了严重的财政负担。

仅仅依靠政府的财政补贴，一方面会给政府带来严重的财政负担，另一方面又助长了企业的依赖性，不利于企业积极性的发挥。政府应拓宽补贴资金的来源，可制定各种优惠政策鼓励企业实行多种经营，用于公交补贴。

2. 公交补贴要有明确的具体目标

政府对公交企业的财政补贴除了满足基本的盈亏平衡之外，还应该根据各个城市的具体情况进一步制定符合城市实际需求的补贴目标，思考如何充分发

挥公交公益性,如何充分展现公交正外部特性,如何调动公交企业服务积极性,如何贯彻公交低价、实现社会福利最大化。

3. 公交补贴要规范化

公交补贴的规范化指的是公交补贴来源规范化和公交补贴制度规范化,这两项规范化建设是实现公交健康发展的重要保障。

国办发〔2005〕46号文件对于公交补贴来源规范化已经做出相关规定:城市公用事业附加费、基础设施配套费等政府性基金要用于城市交通建设,并向城市公共交通倾斜;实践中我国部分城市还将一定比例额的土地出让金作为公交运营补贴基金,对公交实施补贴;另外,公交补贴资金正逐渐被列入城市财政预算支持中。总之,建立起制度化稳定的公交补贴资金来源是落实公交补贴政策的基础。

国办发〔2005〕46号文件还要求城市公共交通企业运营成本必须公开:要建立规范的成本费用评价制度和政策性亏损评估制度,对公共交通企业的成本和费用进行年度审计与评价,合理界定和计算政策性亏损,并给予适当补贴。

4. 公交补贴要有利于公交企业自身的发展

最终落实到公交企业上的公交补贴要关注企业本身的经营问题,因此,对公交企业实施补贴时要综合考虑与公交企业运营有关的企业规模、线路设置等各个因素,同时补贴要达到激励企业发展,提升服务效率的效果,而并不是将公交企业的亏损包袱不加区分地承担起来。

5. 公交补贴政策要与配套措施联合实施

公交补贴政策与其他相关配套政策联合实施,能够更好地增强公交补贴政策自身所达到的效益。例如,在实施公交补贴时同时收取私人小汽车的通行费、拥挤费等,所达到的缓解交通拥堵的效果较单独实施公交补贴政策要明显得多。

(三)公交补贴的形式

公交补贴的形式可以依据补贴对象的不同划分为对公交企业的补贴和对乘客的补贴两种[29-31],由于公交补贴的主体是政府,这里主要介绍政府对公交企业以及乘客的公交财政补贴。城市公交财政补贴分类如图2-2所示。

1. 对公交企业的补贴

(1)直接授权经营的财政补贴方式

我国多数城市公交行业采取的是直接授权经营的运营方式,这种运营方式的运营主体是国有企业，由政府财政弥补企业政策性亏损，具体形式有显性和隐性两种。显性补贴主要是以财政资金直接拨付的方式实现；隐性补贴指采用非金钱补贴的补贴形式，例如从税费、政策、规划等方面予以支持，以改善企业的经营环境，增强企业竞争力。

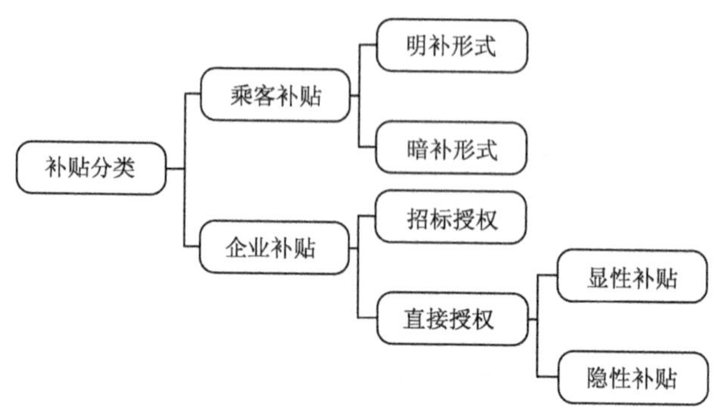

图 2-2　城市公交财政补贴分类

(2)招标授权经营的财政补贴方式

还有一种公交企业的运营权是通过政府公开招标转让得到的，这类企业通常运营效率高并且所需财政补贴额度比较低。在这种公交运营方式下公交企业进行自身运营并自负盈亏，政府主要起到监管作用。

2. 对乘客的补贴

我国对于公交的补贴体现在乘客身上的并不多，基本都体现在票价优惠上。早期推行的月票制度是对乘客补贴的最早体现，近年来，各城市纷纷取消月票，将政府公交补贴由暗补变为明补，尽力落实到每一个需要补贴的个体身上，对单位职工发放交通补贴，对低收入人群、老年人群、残疾人群、学生人群等给予乘车优惠。

需要注意的是，随着公交补贴的发展，政府部门管理者已经意识到不能仅仅为了平衡收入和成本而向运营者提供补贴，从而削弱其提高效率和满足乘客需求的动力，补贴应尽可能地针对用户而提供[32]。

(四)部分国家公交补贴政策

1. 美国

近些年，美国一直推行公共交通来尽力减少居民的小汽车出行。政府对于公交出行的补贴主要体现在两个方面[33]:政府直接拨款和专门的财政预算。美国在20世纪80年代初就创建了联邦公共账户,例如公路信托基金。另外,鉴于轨道交通具有极高的正外部特性,美国的一些城市陆续着手征收补贴地铁事业的"特别利益评税"。

2. 欧洲其他国家

欧洲很多国家和城市对公交事业都给予了高额的财政补贴[33]。以德国为例,在德国修建轨道交通可以获得50%的补贴;另外,德国对于公交企业的补贴则多数体现在隐性方面,包括税费优惠、减收销售增值税、减收公交车辆用油税等。

法国的公交补贴政策主要有以下几种[34]:一是在10万人以上的城市中凡拥有9名雇员以上的企业均需按工资总额提取1.2%~2%的公共交通税,巴黎市区交通税率为2.4%,交通税征收后,每月由巴黎交通管理委员会将交通税分配给公交总公司、国营铁路公司等交通企业;二是国家财政拨款补贴,在巴黎国家补贴费占全部补贴费的21%;三是地方当局补贴,在巴黎地方当局补贴占总补贴额的10%;四是其他收入,该项收入占总补贴额的6%。由于以上政策,公交公司每年的实际亏损都得到政府的足额补贴。

(五)对我国公交补贴政策的建议

国际经验表明,不能仅仅为了平衡收入和成本而向运营者提供补贴,从而削弱其提高效率和满足乘客需求的动力,补贴应尽可能地针对用户而提供,这恰是当前我国公交补贴制度的缺陷。因此,建议由针对公交企业的补贴转化为针对用户的补贴,即对公交出行者而言由暗补转化为明补。根据交通目标将公交线路划分成需要补贴线路和不需要补贴线路。对于需要补贴的线路,将补贴额度反映在出行者每次购买的车票或者月票中;物价管理部门参考有关咨询机构的意见后,考虑政府提供给不同公交路线补贴后的客流变化,确认并批准执行补贴[32]。这种由于公交企业提供高质低价的社会服务给予针对用户的经常性财政补贴即为常规性补贴。

为了使公交企业能够跟上科技发展的步伐提供更加优质的服务,从而充分体现其公益性,除常规性补贴外,公交补贴操作还应存在下列两种形式:社会义务性补贴和技术性补贴。社会义务性补贴是由公交企业对其员工执行国家规定的住房补贴和福利等引起的,可实行专款专用,一次核定分批拨付。技术性补贴用于促进公交企业车辆购置更新、技术进步,可通过设立基金的形式运作,有关部门要加强监督并与其他两种补贴分开管理。

在执行中,可采取将补贴额同公交企业员工的奖金和福利挂钩的做法,对由于降低经营成本而减少的财政补贴提取一定比例对员工进行奖励,以提高员工参与企业经营的积极性,挖掘员工潜力并鼓励员工对企业经营进行监督。当前实行补贴政策也仅是权宜之计,从长期来看该政策必将取消,操作思路为:可通过将客流量差别较大的线路整合为一体进行专营权招标,从而取消常规性补贴和社会义务性补贴;将技术性补贴转化为政府投资形式,核算到公交票价中,从而取消技术性补贴。

第二节　拥挤收费政策

拥挤定价(congestion pricing)一般是指利用经济学中的价格原理对交通需求加以限制从而达到缓解系统拥挤状态目的的交通管理手段[35]。自20世纪60年代以来拥挤收费成为交通管理研究的热点问题。从广义上讲,交通拥挤是由于各种城市交通服务方式的价格低于成本而引起的,尤其是城市机动车使用者仅仅支付其直接费用和少量管理费用,而未支付其出行给社会和其他出行者带来的全部成本,从而鼓励了机动车交通量的迅速增长[36]。在此意义上,交通价格是治理交通拥挤的另一关键。

交通拥挤已成为城市交通的普遍性症结。城市交通拥堵除造成出行者出行成本增加之外,还会造成诸如环境污染等其他社会福利损失,从而对城市功能和作用的正常发挥造成负面影响。经验表明,由于交通供给受到城市布局、环境甚至建设资金的约束,因此,交通需求的增长不可能得到无限制的满足。因而交通需求管理的推行成为缓解城市交通拥挤的必然途径,拥挤定价是交通需求管理的重要组成部分。

单靠"公交优先"政策,从长远角度来看,在增加政府负担(财政补贴是各国在推行该政策时的一贯做法)的同时抑制了个性出行的需求,需要其他政策的配合,拥挤定价是该政策的必要补充。

一、国外部分城市拥挤收费政策

(一)英国伦敦

2003年,英国伦敦采取区域通行证收费政策。收费时间:周一至周五7~18点;收费区域:城市中心区及西部部分地区;收费方式:区域通行证系统,不能在

收费区域缴费，但购买通行证可不限次数的进出收费区域；完善的车辆缴费情况识别系统（摄像机和车牌识别系统）设于收费区域入口处；24 点之前为当日缴费时限，延期将被罚款，延期越长罚款数额越大[37]。

（二）新加坡

1975 年，新加坡实行区域通行证收费政策，1998 年新加坡开始实行道路电子收费措施。收费时间：中心商业区 7 点半至 10 点，中心商业区拥堵区域 2～14 点；车辆每次在收费时间经过收费区域均被自动扣除费用。

（三）挪威奥斯陆

1990 年，挪威奥斯陆实施城市环形收费措施。收费区域：城市中心区；收费方式：现金、信用卡、预付标签；摄像机及光学识别技术辅助实施收费。

（四）加拿大多伦多

2001 年，加拿大多伦多对特定拥挤路段实施拥挤收费政策。收费区域：79km 的 407 公路；收费方式：70% 电子自动收费、30% 拍照识别系统全开放入口，以公里为收费标准，最低收费额度不限。

（五）瑞典斯德哥尔摩

2007 年瑞典斯德哥尔摩对城市中心区进行拥挤收费。收费时间：6 点半至 18 点半；收费区域：城市中心区；收费方式：每次收取 1～2 欧元的通行费，每车每天拥挤收费上限为 6 欧元；建立驾驶人员数据库，读取进出中心区的车牌照并与驾驶员信息匹配后通过互联网或银行收取拥堵费[38]。

二、我国拥挤收费政策的制定

我国现阶段尚未实施拥挤收费政策，在制定该政策时应根据我国国情从以下几个方面加以考虑[39]：

（一）拥挤收费区域的划定

国外都是对于特定面积的收费区域实施拥挤收费政策，例如英国伦敦在市区内划定了面积为 21km^2 的拥挤收费区域，挪威的特隆赫姆道路拥挤收费政策仅在市区内面积为 24km^2 的区域内推行。从我国各大城市交通现状的研究可以看出，我国各大城市的路网普遍采用以环路为主、城市主干道不断发散的形式，且核心区域明显，尤其是我国的特大城市。一般来说，城市的核心区域即为城市严重拥堵的区域。如果在某一区域内，正常驾驶的情况下机动车的驾驶速度低于 15km/h，且在可预见的较长的时间内车辆速度都维持在较低水平，则可将该区域作为拥挤收费政策实施的区域。

（二）拥挤收费时段的划定

由于国外实施拥挤收费政策的城市机动化程度较高，在城市核心区域内，道路交通流量始终维持在一个较高的水平，变化幅度较小，因此，一般将整个白天上班时间（一般为 7～19 点）作为道路拥挤收费的时段。但是，我国拥挤收费时段的划分要考虑我国城市道路交通流量的实际变化情况，即多数城市在工作日存在明显的高峰时段与非高峰时段，因此，拥挤收费政策的实施应考虑控制在上下班高峰时段。

（三）多种收费方式相结合

国外现行拥挤收费一般采用先通行后交费的电子收费方式，驾驶员可对费用进行补交，但补交存在一定的期限，超期要进行罚款。由于我国车辆的流动性较大且车辆管理滞后，不免存在车辆逃费等现象，因此，我国并不适用于此种收费方式。根据机动车的出行频率，我国的拥挤收费可采用以下几种收费方式：对进出收费区域频繁的车辆给予通行优惠，运用电子收费的手段保证车辆不停车收费；对于进出收费区域较少的车辆可考虑采用按次收费的方式，为车辆办理通行证，并完善通行证的充值手段；对不熟悉该区域的外地车辆，可采用人工收费的形式，也可提前办理通行证进行预缴费，对收费后的余额进行返还。

（四）拥挤收费标准的制定

拥挤收费是以缓解城市交通拥堵、减少社会福利损失为目标，而不是以盈利为目标。由于拥挤收费涉及出行者的自身利益，因此，合理的拥挤收费标准的制定对社会稳定至关重要。拥挤收费标准的制定可广泛地征求出行者、管理者等各方面意见，可通过举行听证会的方式进行。此外，制定拥挤收费标准时要充分考虑车辆类型，对公交和应急车辆等具有特殊智能的车辆可免征拥挤费。

三、我国拥挤收费政策实施存在的困难

(一)拥挤收费具体方案制定的困难

城市具体拥挤收费实施方案的确定应当包括以下几个方面[39]:划定拥挤收费的区域、划定拥挤收费的时段、确定具体的收费方式以及制定合理的拥挤收费标准。因此,拥挤收费具体方案的制订可能存在以下困难:

(1)我国各大城市分布广阔,各城市之间的发展差距较大,路网运行状况各异,因此,各城市只能依据自身城市的发展状况制订自己的拥挤收费政策,容易导致收费管理上的混乱以及收费不透明等现象。

(2)收费对象难以确定。与国外城市不同,我国人力车和电动车在城市道路中占相当一部分比例,如果仅对小汽车征收拥挤费用,势必会造成其他出行方式如电动车等比例的增加,这些车辆与小汽车混行极有可能造成更为严重的交通拥堵,使得拥挤收费政策的效果适得其反。

(3)合理而有效的收费方式难以确定。人工收费的方式耗时耗力,如果收费效率低下,会诱发交通拥堵;电子收费的方式虽不影响车辆的通行效率,但会在一定程度上导致套牌车数量增加等现象。

(二)公共交通系统尚不能为拥挤收费政策提供有效支撑

根据对已实施拥挤收费政策城市的研究可以发现,城市的高公交分担率是城市实施拥挤收费政策的有利保证,私人交通拥挤收费的征收使相当一部分出行转移到公共交通上。然而,从我国国情来看,大部分城市的公交分担率维持在较低的水平(6%~25%),公交系统尚不完善,公交线网密度较低,线路迂回,通行效率较低,高峰时段供不应求,车辆安全性和舒适性较差,离发达国家公共交通的发展存在巨大的差距。因此,我国城市的公共交通无法承担因拥挤收费政策的实施而出现的大量出行者转移[39]。

(三)拥挤收费政策难以获取公众支持

虽然全世界实施拥挤收费的地区和城市不在少数,但是由于难以获取社会公众的支持,仅有一小部分取得了成功,因此拥挤收费政策的实施必须以公众的支持和理解为基础。根据一家研究咨询公司所开展的“交通拥挤费能缓解城市

拥挤问题吗?”的调查,在我国实施城市道路拥挤收费政策严重缺乏群众基础,高达91.02%的调查对象表示不赞成在我国实施拥挤收费政策。他们认为,道路作为一种公共产品,其使用费用已包含在所缴的各种税费之中。因此,可通过宣传等手段改变公众的观念,对与道路相关的税费及拥挤费用实施的目的及资金流向等进行详细的说明,以获得公众的理解与支持[39]。

(四)拥挤收费的再分配问题存在困境

虽然拥挤收费不以盈利为主要目标,但是由该政策的实施带来的财政收入的流向仍是公众关注的重点。从另一个角度来说,拥挤收费的再分配在一定程度上决定了公众对该政策的支持率,因此,必须对该问题予以充分的重视。在国外实施拥挤收费政策的城市中,甚至有城市采用为放弃出行的人提供一定的货币补偿而为缴费通行的车辆提供较高的通行效率的货币化再分配方案,但是适合我国国情的拥挤收费再分配方案还需进一步探究[39]。

第三节　停车收费政策

城市交通包括静态交通和动态交通,停车属于静态交通的范畴,包括因乘客上下车或货物装卸造成的短时间停放,以及车辆在停车场的长时间停车[40],狭义的静态交通就是指停车场[41]。由于城市经济的快速发展,城市机动化程度也日趋提高,而持续增长的停车需求却无法得到满足,因此,车辆乱停、乱放和无序停车等现象日益严峻,诱发交通拥堵,增加交通事故,影响城市动态交通的正常运行。

根据停车设施的位置,停车设施可分为路内停车设施和路外停车设施,相应的,停车管理分为路内停车场管理和路外停车场管理。根据停车设施的管理内容,停车管理包括三个方面,即停车供给管理、停车需求管理和停车行为管理。停车供给管理是指为保证合理和适量的停车空间,根据不同区域的要求,采取一定的政策或措施(如制定最低或最高建筑物停车位配建标准等)对停车位的供给进行管理,限制或促进区域的停车供给;停车需求管理是指为保证停车供需在时间及空间上的均衡,采取相关的政策或措施(如小汽车限行政策等)对现有或潜在的停车需求进行管理;停车行为管理是指在充分考虑停车者心理需求的前提下,通过相关法规和措施的引导实现车辆停放的有序化和效率化。其中,停车供需关系是停车理论研究的核心。

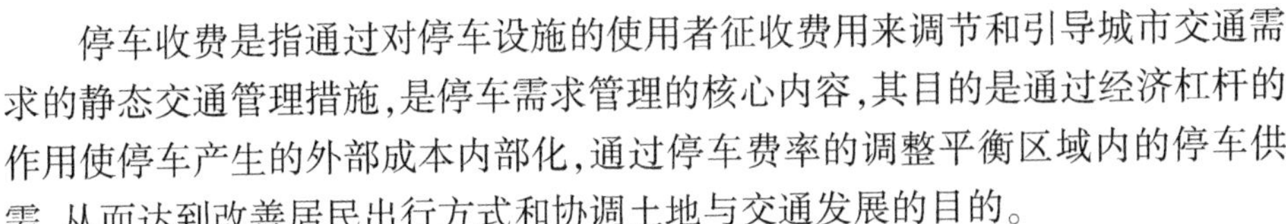

停车收费是指通过对停车设施的使用者征收费用来调节和引导城市交通需求的静态交通管理措施，是停车需求管理的核心内容，其目的是通过经济杠杆的作用使停车产生的外部成本内部化，通过停车费率的调整平衡区域内的停车供需，从而达到改善居民出行方式和协调土地与交通发展的目的。

一、部分国家停车收费政策

很多国家均采用停车收费政策且在理论和实践方面均取得了一定的成果。了解其他城市或地区停车收费政策及相关措施，可以为我国停车收费政策的制定提供参考依据与实践指导。

（一）美国

在美国，路内停车管理政策（如收费标准和停车时间限制）等通常由政府部门负责，而经营却由私营企业负责[42]。但是，也有一些美国城市（如卡罗来纳州的夏洛特市）的私营企业负责路内停车的全部职能（如停车设施的供给管理、设施的定期维护、收费管理和执法管理等）；还有一些城市（如纽约市）采取购买经营的方式从私营企业中获得停车设施进行经营管理。

（二）日本

在日本，路外停车场比例高达96%左右[43]，然而，除特殊车辆（如残疾人车辆和新闻采访车辆等）允许在街上短时间停放外，在东京寻找免费停车的地点几乎是不可能的，除按相关法律规定必须建设的停车场之外，在商业街或者人流量和车流量较大的地区还存在着许多商业性停车场，这些停车场一般运用高科技手段采用立体停车方式计时收费，通过对外营业以获得一定的利润。东京商业区的停车场一般按照500～700日元/h（约合32.52～45.53元/h）的标准收取，有的路段停车收费标准甚至高达800日元/h（约合52.03元/h）。同时，日本的停车管理以严格的停车管理执法作为保障，按照停车收费标准800日元/h进行计算，一次车辆违法停放的罚款可相当于25h的停车收费。

（三）新加坡

新加坡采用差异化停车收费政策，颁布明确的停车收费标准并规定停车设施无论是公营的还是私营的,收费费率均不得低于政府所颁布的收费标准,停车费用依据停车区位、停放时段、停车时间长短收取[43]。市中心区第 1 个小时的停车费率较低,约为 0.5 新币/h(约 2.5 元/h),因此,短时停车不会对市中心购物、商业和金融等经济活动造成很大的影响;第 2 个小时停车收费费率约为 1 新币/h,第 3 个小时以后约为 2 新币/h,假设车辆连续停车 8h,则需缴纳停车费用共计 13.5 新币,约合人民币 66.90 元,因此,该收费策略能够对停车时间较长的停车需求起到一定的抑制作用。目前,新加坡仍在设法提高停车费率以达到缓和停车压力的目的。此外,新加坡采用在区域内提高停车收费标准而对区域外的停车设施收取较低费用的措施来改善停车服务。

二、我国停车收费政策

(一)香港特别行政区

中国香港特别行政区政府采用严格的停车位指标控制政策和高停车收费政策进行停车管理[43]。相比于大陆地区,香港对建筑物采用较低的停车配建指标以实现停车位数量的控制,例如在一些住宅区每 4 ~8 户才配建 1 个车位,而很少采用 1 户 1 个车位的配建指标。对于商业办公区用地,也采取限制停车供应的措施,采用每 1 万 m^2 配建 20 ~40 个停车位的配建指标。香港的停车收费完全按照商业化形式运作,私人建设的停车场收费标准按照停车供需由市场调节;政府建设的停车场由私人公司承包,路外停车收费咪表等设施也都采取招标承包方式,政府不直接经营,不随意干涉,不给予补贴,优惠仅体现在利润税收政策上,政府仅保留对收费价格和利润率的调节与控制权。

(二)内地

根据征收停车费用的设施范围的不同,广义上停车收费可分为路外停车收费和路内停车收费两种。根据停车收费的方式的不同,停车收费可以分为计次停车收费与计时停车收费两种。收费政策主要涉及道路停车定价模式和收费标准的问题。

1. 收费形式

就定价模式来说,目前我国路内停车收费大致有免费、统一费率、差别化收费、计时累进、限时收费五类[44,45]。

(1)免费

免费机动车辆在一定区域内免费停放。随着道路交通拥堵的逐渐扩散,路内免费停车的理念将逐渐被淘汰。

(2)统一费率

统一费率指城市不分区域、不分时段、不分停车场类型,均按照一个价格进行收费或按次收费,该种模式的弊端是不能体现区域的差异性。

(3)差别化收费

差别化收费指按照城市分区不同,中心区收费高、非中心区收费低。许多国家都实行城市中心区停车控制政策,其核心内容之一就是在城市中心区按较高的停车费率收费,以缓解中心区交通拥挤状况。另外,执法力度通过影响路外停车的有效需求也间接地影响着停车费率。2015 年 12 月,由国家发展改革委、住房和城乡建设部、交通运输部联合印发的《关于进一步完善机动车停放服务收费政策的指导意见》(发改价格[2015]2975 号)明确指出,我国将健全主要由市场决定价格的停车服务收费形成机制,鼓励各地推行根据停放区域、位置、车型和时段的不同实行停车服务差别收费。对不同区域的停车设施服务收费,要根据停车供需状况差异并考虑道路路网分布、公共交通发展水平、交通拥堵状况等因素,划分不同区域,实行级差收费,抑制不合理停车需求,缓解城市交通拥堵。目前,我国已有多个城市实行差别化停车收费政策。我国部分城市白天小汽车差别化停车收费价格如表 2-2 所示。

我国部分城市白天小汽车差别化停车收费价格　　表 2-2

<table>
<tr><th rowspan="2">城　市</th><th rowspan="2" colspan="2">停车场类型</th><th colspan="3">白　天</th></tr>
<tr><th>一类地区</th><th>二类地区</th><th>三类地区</th></tr>
<tr><td rowspan="5">杭州市</td><td rowspan="2" colspan="2">道路停车泊位</td><td>5 元/30min</td><td>3 元/30min</td><td>2 元/30min</td></tr>
<tr><td>6 元/30min</td><td>4 元/30min</td><td>3 元/30min</td></tr>
<tr><td colspan="2">公共停车场</td><td>10 元/h</td><td>5 元/h</td><td>5 元/h</td></tr>
<tr><td rowspan="2">住宅小区</td><td>道路</td><td>3 元/h</td><td>3 元/h</td><td>3 元/h</td></tr>
<tr><td>停车库</td><td>5 元/h</td><td>5 元/h</td><td>5 元/h</td></tr>
<tr><td rowspan="5">深圳市</td><td rowspan="2" colspan="2">住宅类停车场</td><td>15 元/首小时</td><td>10 元/首小时</td><td>10 元/首小时</td></tr>
<tr><td>1 元/h</td><td>1 元/h</td><td>1 元/h</td></tr>
<tr><td rowspan="3">社会公共类、临时类停车场</td><td rowspan="2">高峰工作日</td><td>15 元/首小时</td><td>5 元/首小时</td><td rowspan="2">5 元/d</td></tr>
<tr><td>1.5 元/30min</td><td>1.5 元/30min</td></tr>
<tr><td>非高峰工作日</td><td>1 元/h</td><td>0.5 元/h</td><td>5 元/d</td></tr>
</table>

续上表

城　市	停车场类型	白　天		
		一类地区	二类地区	三类地区
天津市	道路停车泊位	4 元/30min	3 元/30min	1 元/30min
	地面公路停车场	3 元/30min	2 元/30min	1 元/30min
	地下停车场	最高不超过 3 元/30min		
哈尔滨市	道路停车场	7 元/首小时	4 元/首小时	5 元/2h
		加收 3 元/30min	加收 1 元/30min	加收 1 元/h
南京市	道路停车泊位	2.5 元/15min	1 元/15min	0.5 元/15min
		3 元/15min	1.5 元/15min	0.5 元/15min
	停车场	1.5 元/15min	1 元/15min	0.5 元/15min
		0.5 元/15min	0.5 元/15min	0.5 元/15min

(4)计时累进

计时累进指根据停车时间不同,采用不同停车费率。停车时间越长,费率越高,达到促进短时间停车、增加路边停车泊位周转率的目的。另外,白天和夜间的费率应当不同。

(5)限时收费

限时停车结合法制手段的收费方式,当超过规定的停车时长时,停车行为即违法,是通过强制限制停车时长来控制道路停车泊位周转率的定价模式。

2. 收费标准

目前,全国没有精确的计算方式来确定道路停车收费的标准,一般通过经验确定收费价格,国际上通用的收费标准是通过调查记录道路停车设施的使用状况,通过停车收费有效地调节交通需求,从而保证道路停车泊位的空位率维持在15%左右[44]。但应特别注意的是,定价标准原则上需要遵循收费价格“路边高于路外”,避免出现路边停车拥挤影响动态交通路外停车泊位闲置的停车现象。

三、我国停车收费政策存在的问题

由于我国社会经济的飞速发展和城市化进程的持续推进,机动车拥有量和城市中心区的机动化出行比例持续上升,停车供需矛盾日益突出。目前,我国停车收费政策存在的问题主要体现在以下几个方面[46]:

(一)停车收费没有体现其应有的成本,收费水平偏低

根据文献[47],若不考虑地价因素的影响,路外停车库高峰时段采用 70 元/小时、

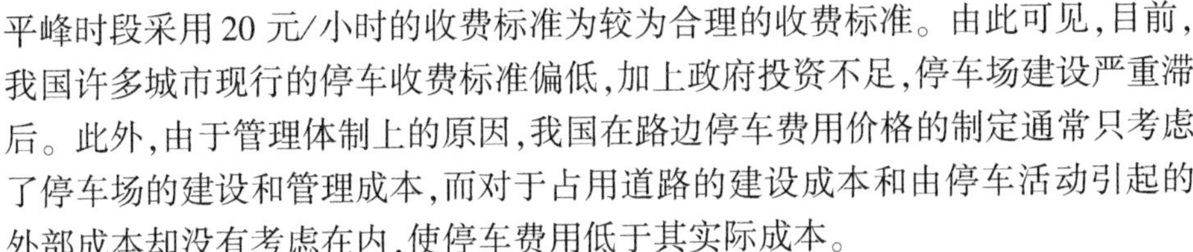

平峰时段采用20元/小时的收费标准为较为合理的收费标准。由此可见，目前，我国许多城市现行的停车收费标准偏低，加上政府投资不足，停车场建设严重滞后。此外，由于管理体制上的原因，我国在路边停车费用价格的制定通常只考虑了停车场的建设和管理成本，而对于占用道路的建设成本和由停车活动引起的外部成本却没有考虑在内，使停车费用低于其实际成本。

（二）收费没有体现类型的差别

目前，我国大部分城市路内停车收费通常比路外停车收费要低，这就导致在一些区域路外停车位利用率低下而路内停车位却供不应求的现象。而大量的路内停车造成停车秩序的混乱，影响道路交通的正常运行，特别是对于非机动车及机动车的出行造成较大的影响。此外，路外停车场的低利用率也对开发商建设路外停车场的积极性造成负面影响。

（三）收费没有体现区域、时段的差别

不同区域、不同用地性质的停车设施的停车收费差别不大，没有很好地体现土地利用性质、出行距离、停放时间等对停车需求的调节作用。很多城市在核心区及边缘区的停车收费价格差异性不大，大量的私家车进入城市核心区域，诱发交通拥堵，使交通状况本就不理想的商业繁华地区和核心区域更加拥堵，从而加剧了城市的交通问题。此外，很多城市对于车辆长时间停放及短时间停放均采用相同的停车收费标准，没有对车辆长时间占用停车资源形成抑制作用。

（四）停车收费没有体现对车辆使用的调控作用

停车费用是车辆使用成本的重要组成部分之一，且占有较大的比例，因此，通过提高区域的停车费用即可提高车辆的使用成本，从而对车辆的使用及购买形成抑制作用，很多国家和地区已利用此措施来调控车辆的数量，并取得了较好的效果，然而，我国停车费率的制定并没有将此因素考虑在内。

第四节　燃油附加税政策

燃油税开征后导致的结果是燃油价格的变化[48,49]。在对国外的燃油税征收依据和方法的分析中可发现，在燃油生产、流通、分配以及消费的过程中影响燃油税定价的因素有很多，应在燃油税的定价过程中给予体现[37]。在美国税务署提交的报告中已经明确规定，燃油税在制定时必须考虑高速公路信托基金、汽

车制造业和道路使用群体等相关因素[50],更有学者提出了自己的定价模型和影响因素,Christopher S. Decker 和 Mark E. Wohar 提出在燃油(柴油)税制定的过程中应将燃油消费指数、公路总里程以及采矿业和建筑业在所有行业中所占比例等因素考虑在内,而澳大利亚 Brantley Liddle 也将燃油价格、交通需求和居民收入列入燃油税定价的考虑因素当中。但值得注意的是,《国务院关于实施成品油价格和税费改革的通知》(国发[2018]37 号)[51]中没有给出我国燃油税价格制定的具体依据和解释,更没有给出相应的定价模型和在燃油税价格制定中应考虑的影响因素。这就导致我国燃油税政策中关于燃油税价格的制定存在一定的不足,因此,在我国的燃油税的定价过程应该对各种影响因素给予充分的重视和多方面的考虑[52]。

一、我国燃油税征收原则

(一)收回成本与合理利润原则

由于取消了原有公路养路费等 6 项收费,并将在此基础上逐步取消对政府还贷的二级公路收费,所以在燃油税的定价过程中必须对相关的政府支出和成本进行充分的考虑。由于原有的二级公路收费政策的逐步取消,在此之前由地方企业出资、地方集资建设的公路和 BOT 模式下建设的公路都将面临极大的挑战。国外在燃油税征收后会将部分税金纳入新建的道路信托基金中,以满足道路建设的基金需要。因此,在燃油税价格制定的过程中也应考虑成本的回收和相关利润,从而解决养路费取消后所带来的维护和建设资金不足的问题。

(二)缓解交通和保护环境原则

国外的成功经验表明:燃油税作为重要的税种之一,在国民经济中发挥着巨大的作用,能够很好地控制私人交通量的产生和汽车排放所导致的交通污染。燃油税所带来的出行成本的增加会使得私家车拥有者减少汽车的使用频率,进而转向公共交通,从而缓解了城市的交通压力,提高了城市道路的交通通行能力。在我国燃油税的价格制定过程应以减少交通拥堵,控制私家车出行为目的进行考虑。私家车出行量的减少可以在一定程度上降低燃油消耗,缓解我国所面临的石油资源越用越少,供小于求的局面。同时,行驶环境的提升可以使得汽车在较好的工况下运行,减少有害气体、可吸入颗粒物(IP)和铅(Pb)等的排放,达到环境保护的目的,所以在燃油税价格的制定中要充分考虑石油资源的可持续利用和私家车数量等相关因素。

(三)区域定价原则

大多数国家的燃油税主要是以地方为单位，根据各地方的实际情况进行征收。其中的一种形式为中央和地方分别结合自身情况出台相应的价格，对驾驶员进行双重征收的方式；另一种是中央在燃油的定价时直接考虑到各地方的实际情况，统一征收时在各省实行不同的燃油税税率。

由于我国地广人多，地域经济特点明显，各省的汽车保有量、道路总里程数等都存在很大的差异，具体表现为路上交通量的不同和交通需求的巨大差别。因此在制定燃油价格时应充分考虑到地方交通量和交通需求的情况，分区域或省份进行制定，从而保证燃油税征收的公平性和平等性。而如今在我国现有的燃油税政策下，全国油价“一刀切”的含税燃油价格模式显然存在相应的缺陷。

二、我国燃油税影响因素

有关研究[53]对美国基于燃油税的燃油定价过程中的影响因素(所考虑的变量)给出了明确的定义和说明，见表2-3。美国燃油税政策实施时间较长，在燃油税价格的制定过程中考虑的因素也较为权威，所以对我国基于燃油税的燃油定价有很好的指导意义，但是由于两国在基础设施建设过程和公路管理等方面存在差异，燃油税在征收环节和税金分配环节存在不同，因此需要在选取我国燃油税影响因素的过程中剔除不适合我国国情的因素，并加入适合我国国情的相关因素。

美国燃油税定价的影响因素　　表2-3

变量名称	变量定义
DTAX(美分/加仑)	所在州基于燃油购买所征税的税费
CPI	所在州的燃油消费物价指数
DPRICE(美元/加仑)	所在州基于联邦和州制定的消费税价格调整
DTAXUS(美分/加仑)	所在州基于联邦的燃油税而进行的价格调整
TOTROAD	所在州的公路总里程
POP(每千人)	所在州对应相应年份的人口总数
HFUNDS	所在州基于除税收之外其他来源的公路资金的价格调整
HWAY/TOTROAD×100	所在州高速公路占总公路里程的比例
EMPM&C/EMPTOT×100	所在州从事采矿业和建筑业的岗位占所有的岗位的比例
EMTR/EMPTOT×100	所在州从事货运相关行业的岗位占所有的岗位的比例
DTAX_ADJ(美分/加仑)	所在州所有相邻的州的平均燃油税的价格

由于我国燃油税征收的特殊背景,需要根据我国的实际情况和我国燃油税征收原则给出适合我国燃油税的定价因素。在保留部分国外定价中的影响因素之外,还加入了例如各省汽车保有量、私家车占所在省汽车保有量的比例和该省人均国民生产总值等因素,这与燃油税政策的实行是为了减少私人交通量的出行相吻合,而人均国民生产总值的引入则考虑到各省经济水平的不同对燃油税政策的实施所带来的影响。此外,我国的进口石油数量的增加和我国原油市场价格与国际市场价格的逐步联动,使得我国在燃油税定价过程中应充分考虑国际市场原油价格的影响。综上所述,给出我国燃油税价格制定的具体影响因素,见表2-4。

我国燃油税定价的影响因素 表2-4

变量名称	变量定义
OPRICE	相应时期内的原油价格
TOTROAD	各省的道路总里程
TOTAUTO	各省的总的汽车保有量
HWAY/TOTROAD	各省拥有的高速公路及等级公路占该省道路总里程比例
PAUTO/TOTAUTO	各省私家车占该省汽车保有量比例
CPI	各省的燃油消费物价指数
GDP	各省的人均国内生产总值
POP	各省的总人口数
EMTR/EMPTOT	所在省从事货运相关行业的岗位占所有的岗位的比例

本章小结

本章针对公共交通和私人交通对城市客运交通系统的经济管理政策进行了简述。公共交通的经济管理政策包括公交票价和补贴政策、出租汽车燃油附加税政策。拥挤收费政策和停车收费政策主要针对私人交通。本章对各经济管理政策的主要内容进行了概述。

第三章　城市客运交通收费与定价理论

第一节　城市客运交通系统定价理论基础

城市交通价格管理部门在选择收费理论时，应选用能够充分体现交通管理部门所制定的有关交通目标的定价理论。在操作上，应结合城市公交路网规划，构造能够反映公交系统的用户盈余、社会福利、政府财政约束、公交线网容量约束以及不同方式平衡等目标和条件的决策模型，从而计算出一个合理的城市客运价格。

一、传统公交定价理论

根据前文对公交收费理论发展的综述，建议我国城市交通价格管理部门在选择公交收费理论时，选用能够充分体现交通管理部门所制定的有关交通目标的定价理论，充分反映公交系统的用户盈余、社会福利、政府财政约束、公交线网容量约束以及不同公交方式平衡等目标和条件，制定一个合理的公交价格体系。传统公交的定价理论主要包括边际成本理论、次优定价理论、平均成本定价理论、机会成本理论、劳动价值理论、均衡价格理论和运输价值价理论等。

（一）边际成本理论

边际成本是指在一定产量水平下，增加或减少一单位产量所引起的成本总额的变动。边际成本定价法[54]是指当运输供求发生变化时，运输企业根据运输数量的增加或减少引起的总成本的变动为基础确定运输价格。计算公式为：

$$P = MC$$

$$P = D(Q)$$

$$MC = \frac{\Delta TC}{\Delta Q} \tag{3-1}$$

式中：P——运价；

MC——边际成本；

ΔTC——总成本的增量；

$D(Q)$——价格与运输工作量之间的函数关系；

Q——运输工作量；

ΔQ——运输工作量及其增量。

如图 3-1 所示，在有固定成本存在、垄断经营的条件下，交通经营者为使企业利润最大化，会把价格定在 P_M，此时企业的总收入为 $P_M bQ_M O$，消费者剩余为 abP_M，总成本为 $P_{MC}eQ_M O$，社会福利为 $abeP_M$。但这种价格虽然会给交通企业带来最大利润，但不会使社会剩余最大化。使社会剩余最大化的价格为 P_{MC}，此时总收益为 $P_{MC}dQ_{MC}O$，消费者剩余为 abP_{MC}，总成本为 $P_{MC}dQ_M O$，总社会福利超过利润最大化价格产生的福利，超过的数额为 bed。图中 MR 为边际收益，表示当销售量增加一个单位时收益的变化量。AR 为平均收益，指平均每销售一单位产品的收益。

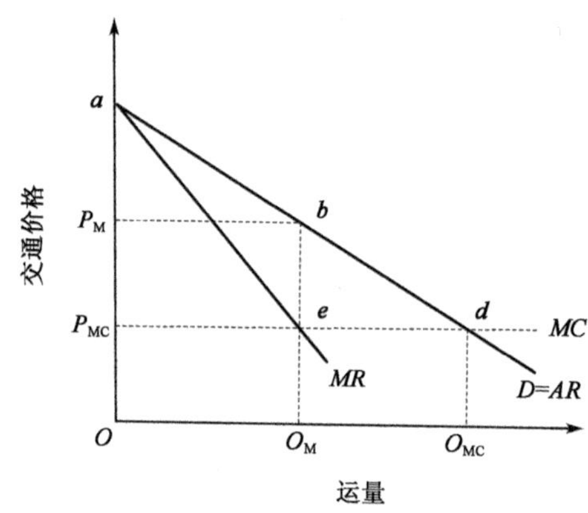

图 3-1　垄断条件下边际成本定价示意图

而在一个完全竞争的市场，通常假设三条特征曲线：边际成本曲线（向右上方倾斜）、平均成本曲线（U 形）、需求/价格曲线（水平）。如果一个企业的产量不足以影响市场价格，无论企业生产多少，价格都是相同的。水平价格线使得平均收益等于边际收益。价格线与边际成本线交叉点的运量为企业获得最大效益的运量，因为更多的运量会使边际成本大于边际收益而产生额外亏损，过少的运量又会损失本来可以获得的利润。

如果生产规模（固定成本）保持不变，则所增加的可变成本即为边际成本。与平均成本定价法相比，边际成本定价法更适合于交通行业，对于某些运力过剩的线路，由于其边际成本远低于其平均成本，按照平均成本定价，会对交通需求形成抑制作用，造成设备闲置和资源浪费。相反，若以边际成本定价，现有货源会得到充分挖掘，节省运费，促进经济发展，使之得到良性循环。

在需求旺盛但运力不足的情况下，边际成本定价能够通过预期边际收益的调整实现交通劳务价格的调整，从而达到维持经营和保证市场占有率的目的。生产规模受固定生产要素的制约，当供过于求时，运量超过最优的定量水平就会导致边际成本的迅速增加，超过其平均成本。此时，采用依据边际成本定价的方法可对运量的增长形成抑制作用，缓解运力不足的状况，促进需求转移到其他线路或交通方式，使各线路或方式形成较为合理的比价关系，从而促进区域合理交通布局的形成。

边际成本的缺陷在于，只考虑成本的边际变动情况，而不考虑总成本的状况。由于交通部门初始投资成本很高，把价格定为等于其边际成本，固定成本无法得到补偿，当固定成本长期大于边际成本时，如果仍按照边际成本定价就会带来企业的亏损，因此在以边际成本定价的交通项目中，固定成本部分大多由政府财政予以补贴[54, 55]。

(二) 次优定价理论

20 世纪 80 年代以后，次优定价理论逐渐成为公共交通定价基础理论之一。

在竞争条件下采用边际成本定价可使社会福利达到最大(假设无外部性)，因此常称其为最优定价法。但是在实际中其他价格并不等于边际成本，例如在交通市场中如果仅有公路客运和铁路客运，假设铁路客运受垄断控制，票价定得高于提供服务的边际成本，即 $P_r > MC_r$，那么公路客运应该以边际成本定价还是采用其他的某种策略使得社会福利最大化?

李普西和兰卡斯特(Lipsey 和 Lancaster，1956/7)提出以下的次优定价公式：

$$\frac{P_r - MC_r}{MC_r} = \frac{P_w - MC_w}{MC_w} \tag{3-2}$$

或

$$P_w = MC_w \cdot \frac{P_r}{MC_r} \tag{3-3}$$

式中：P_r——铁路的运价；

P_w——公路的运价；

MC_r——铁路运输服务的边际成本；

MC_w——公路运输服务的边际成本。

当 $P_r = MC_r$ 时，即铁路按照边际成本定价时，公路也按照边际成本定价；否则公路价格将与边际成本有一定的偏离,偏离的水平与铁路保持一致。这样可以保证两种交通方式具有类似的吸引力,从而达到新的平衡[54,55]。

次优理论在公共交通定价领域的应用基于以下两点[56]:

(1)公共交通价格会由于政府的干预而产生扭曲。

(2)公共交通经营中的规模经济决定了依据边际成本定价的方法会造成固定成本无法回收,如果得不到政府的财政补助那么经营者必将产生亏损。次优定价理论的应用主要有 Ramsey 定价法和平均成本定价法。

(三)平均成本定价理论

运输价值决定论的主要观点为运输价值是货物运价形成的基础,凝结在运输服务中无差别的人类劳动即为运输价值,由物化劳动和活劳动两部分构成,劳动量即为价值量,用社会必要劳动时间表示。运输价值决定论认为运输劳务的价值决定运价,这种观点起源于马克思的"劳动价值论"。按照马克思的"劳动价值论",两种因素影响运输价格的形成:一是在既定的运输生产条件下的平均物质消耗和劳动消耗量,即运输部门的平均生产成本;二是因各经济部门的利润平均化趋势而客观存在的社会平均资金利润率的水平。基于运输价值决定论制定的运价应注意以下两点:

(1)运输成本是反映社会平均劳动消耗的成本,而不应该是个别成本。

(2)应以全社会的平均利润率作为利润的基准。在运输市场自由竞争的前提下,各部门的利润率趋于平均化是市场优化资源配置的必然结果。

由此可见,以运输价值定价实际上就是以全社会的平均生产成本(包括平均利润)为定价基础,它主要为政府制定基准运价提供理论依据。显然,这是计划经济或实行运价控制条件的定价依据。其中,平均成本定价法是以运输价值决定论为理论依据的主要定价方法。

平均成本定价法也被称为平均成本加成定价法,主要包括定额法、外加法和内加法三种[57]。平均成本定价法所得运价是以部门正常营运时所产生的平均单位成本为基础,再加上一定比例的利润和税金。

定额法

$$P = \frac{AC + QBR}{1 - r} \tag{3-4}$$

外加法

$$P = AC \times \frac{1 + CBR}{1 - r} \tag{3-5}$$

内加法：

$$P = \frac{AC}{1 - IBR - r} \tag{3-6}$$

式中：QBR——单位运量利润率，$QBR = B/Q$；

CBR——成本利润率，$CBR = B/C$；

IBR——收入利润率，$IBR = B/I$；

P——运价；

AC——平均成本；

r——税率；

B——预期总利润；

Q——总运量；

C——总成本；

I——总收入。

由平均成本定价法的定义可知，运输平均成本即为运价的最低界限。运输总收入应该能保证扣除运输成本和税金后能得到一定的利润以吸引投资，从而保证企业的扩大再生产。为保证企业不发生长期亏损或依赖政府补贴，国家运价管理部门在确定基准运价时适于采用平均成本定价法以实现对运价的控制，从而有利于维持物价和运价的稳定。

当然，企业也可以根据情况依自身的平均成本定价。但是应注意，平均成本定价与边际成本定价最大的区别是，前者基本属于运输价值决定论范畴，以企业运输成本决定运价；后者属于资源配置论范畴，价格既与企业的运输边际成本有关，也与市场需求有关。在竞争的市场中，采用平均成本定价只是企业核算运价后的理想价格，在这一价格水平上能完成多少运量是由市场决定的。

（四）机会成本理论

机会成本理论由新古典经济学派提出，是指在其他条件相同时，把一定的资源用于某种用途时所放弃的另一用途的收益，或是指在其他条件相同时，利用一定的资源获得某种收入时所放弃的另一种收入[58]。采用机会成本确定公交票价，意味着不仅将一部分利润计入成本，还将未来所牺牲的收益计入成本。采用机会成本法来间接计算公交票价，作为一种市场经济行为能够正确地反映公交票价的实际价值。但是，无法体现政府意欲通过公交优先实现的诸多社会效益目标。

（五）劳动价值理论

劳动价值理论起源于李嘉图和马克思的关于价格形成论述的劳动价值理论，它认为价值规律是商品生产的经济规律，商品的价值量决定于凝结在商品中的社会必要劳动时间。根据价值规律，价格是价值的货币体现，因此，商品的价格必须以其价值为基础，商品的交易则以等量价值为基础进行。

交通价值是指物化在交通产品中的社会劳动，是交通劳动者在实现商品位移过程中所耗费的物化劳动和活劳动的总和。交通价值也像其他产品价值一样包括三个部分，即在交通过程中转移的物化劳动价值 C、交通生产者为自己劳动创造的价值 V、交通生产者为社会劳动所创造的价值 M。其中 $C+V$ 是生产交通产品的必要劳动消耗，也被称为交通产品的成本。交通价格始终以社会必要劳动为基础围绕着交通价值上下波动[55, 59]。

（六）均衡价格理论

完全竞争市场是均衡价格理论的应用前提，完全竞争市场必须具备以下几个条件[60]：

（1）市场上存在大量的买方和卖方，商品的市场价格由市场的供求关系决定，不受任意一个买方或卖方的单独影响。

（2）同一种产品是完全同质的。

（3）各种生产要素均能够自由流动，厂商自由进入或退出。

（4）市场信息完全通畅。

若交通市场满足上述条件，则交通商品的均衡价格由交通供需关系决定。如图 3-2 所示，曲线 DD 为供给曲线，曲线 SS 为需求曲线，两者交于点 A，表示供求达成均衡，此时的价格 P_A 即为均衡价格，运量 Q_A 即为均衡运量。如果此时的均衡状态是稳定的状态，则当市场偏离均衡状态时，市场力量就会使市场恢复均衡并具有保持均衡的趋势。如果交通业者把交通价格定在 P_B，在较高的交通价格水平下，市场虽然具有旺盛的交通供给但会造成交通需求的减少，供大于求的市场状况必然使商品的价格下降；如果交通价格在过低的 P_C 水平，此时商品供给较少，但是较低的商品价格同时刺激了需求的增长，造成市场供不应求，从而促使市场提高产品价格，为企业扩大再生产动力，最后的结果是供给价格与需求价格不断地接近。当供给价格等于需求价格时，供需达到平衡，就由供需形成了均衡的交通价格。

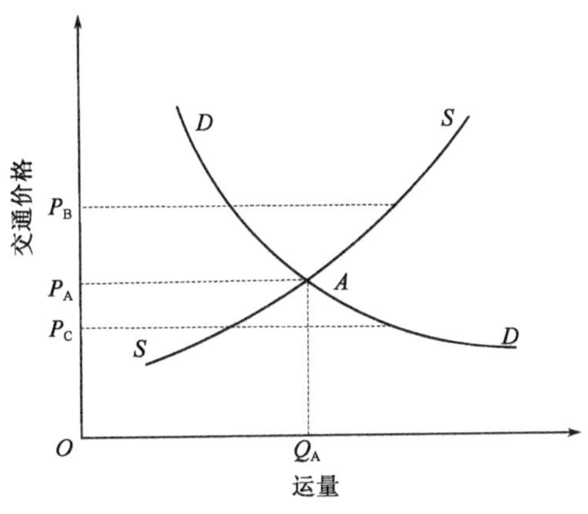

图 3-2 均衡价格理论示意图

在一个市场中,如果没有外来因素的干扰,一切处于竞争状态,则需求与供给相互作用的结果将达到一个市场均衡,此时需求量正好等于供给量,需求曲线与供给曲线相交,交点价格即为均衡价格。在这个价格水平上,生产、价格和效益均是最优的。实际上由于各种因素,如政府的干预、垄断的存在、短缺在近期内无法解决等因素的存在,需求不可能达到永久的平衡,只是围绕着均衡价格上下波动,当价格偏离均衡价格太大时,就会出现剩余或者短缺[55]。

(七)运输价值理论

在平均成本定价理论中已对运输价值理论进行了简要的阐述,运输价值定价实际上就是以全社会的平均生产成本(包括平均利润)为定价的基础,它主要为政府制定基准运价提供理论依据,属于计划经济或实行运价控制条件时的定价依据[54]。

二、拥挤定价理论

拥挤定价理论包括以下两种类型:

(1)以边际成本(Marginal Cost)定价为理论基础的一般道路最优拥挤定价理论。

(2)以排队论为理论基础的瓶颈路段拥挤定价理论。

(一)一般道路最优拥挤定价理论

一般道路最优拥挤定价以 Walters 提出的边际成本定价模型为基础,结合

Meyer 和 Small 等人的研究成果,考察经典的一般道路最优拥挤定价理论[61,62]。最优拥挤定价认为拥挤定价的目标在于最大化净社会效益,净社会效益(Net Social Benefits,NSB)等于消费者意愿支付费用(Consumer Willingness to Pay)减生产成本(production cost)。其假设条件如下:

(1)收入的分配与交通服务的价格无关。

(2)消费者能够正确地判断所拥有的财富。

(3)除非特别指明,生产和消费不存在外部性。

(4)所有其他替代商品的价格都是适当的。

根据上述假设,交通服务的净社会效益 NSB 可表示为:

$$NSB = \int_0^Q D^{-1}(X)\,\mathrm{d}X - Q \cdot AC(Q) \tag{3-7}$$

式中:$D^{-1}(X)$——逆需求曲线,即出行效益对交通需求的曲线;

X——综合变量,表示交通拥挤状态,一般用交通流量代替;

Q——交通量;

$AC(Q)$——平均成本函数。

对式(3-7)求导并考察 Q 为零时的产出,可得出最优价格 P 为:

$$P = AC + Q \times \frac{\mathrm{d}AC}{\mathrm{d}Q} \tag{3-8}$$

式(3-8)等号右边的项为增加一次出行所引起的生产成本的增加,即边际成本,包括两部分:用户平均成本 AC 和由于增加一个服务用户所引起的成本的增加量 $Q \times (\mathrm{d}AC/\mathrm{d}Q)$。当交通服务是规模经济时,即 $\mathrm{d}AC/\mathrm{d}Q < 0$,则 $P < AC$;当交通服务是规模不经济时,即 $\mathrm{d}AC/\mathrm{d}Q > 0$,则 $P > AC$;当平均成本与交通服务量无关时,即 $\mathrm{d}AC/\mathrm{d}Q = 0$,则 $P = AC$。

当道路出现拥挤时,根据 Pigou 的提议,应当对道路的使用者征收拥挤费(Congestion Toll),最优拥挤费 CT 应能够补偿新增用户附加给其他用户的时间延误和其他成本,即能够抵消交通拥挤产生的外部性,则 CT 可表示为:

$$CT = Q \cdot \frac{\partial AC_{\mathrm{d}}}{\partial Q} \tag{3-9}$$

式中:Q——交通流量;

AC_{d}——机动车驾驶员的平均成本。

一般道路最优拥挤定价又分成了两个学派,一个是以 Nash 和 Andrew 为代表的学派(有些学者称之为主流派),另一个是以 Else、Kawashima 和 Hill 为代表

(非主流派)的学派。两个学派的根本区别在于选择交通流量还是选择交通密度作为衡量边际社会成本的目标函数。Nash 学派认为由于需求曲线的定义是单位时间内需求量的变化,所以边际社会成本不应是交通密度的函数[63]。Else 等认为交通流量不能显著地逐一反映出交通量的变动,道路使用者应以交通密度作为反映道路最优使用状况的衡量标准[64]。两派的争论仍在进行中,根据 Richard 的判断,当前多数学者倾向于 Else 等人的学术观点[65]。

(二)瓶颈路段拥挤定价理论

1969 年,Vickrey 在排队论的基础上导出了一个令所有出行者具有相同交通费用的内生出发时间选择模型,即瓶颈模型。该模型认为在高峰时段,因道路需求量超过其容量而在瓶颈入口前形成车辆排队现象,即交通拥挤发生在交通瓶颈处,交通管理部门可通过拥挤定价措施消除或者减少出行车辆在瓶颈入口前的排队拥挤现象。瓶颈模型是动态模型,在该模型的基础上形成了动态收费理论。至 20 世纪 80 年代后期,该理论才受到交通经济学者的重视,并成为最近十几年交通经济学领域的研究热点。根据拥挤定价的模式,代表性的研究成果主要有以下三种。

第一种,Vickrey、Cohen、Braid、Arnott 和 Laih 等人先后推导出的最优惩罚收费(The Optimal Fine Toll)。上述研究者的推导方法虽有不同,但结论基本一致。最优惩罚收费是随着车辆到达瓶颈收费入口时间不同而不断变动收费标准,即在高峰期内对出行者进行动态收费,一定时刻的收费水平等于不收费平衡时刻出行者的排队时间费用。以收费取代排队时间费用,从而使平衡条件得以满足,瓶颈满负荷运行并完全消除瓶颈入口前车辆排队拥挤现象。出行者可以通过选择出行路线和出发时间,最小化其出行成本。该收费模式下费率是连续变化量,在交通工程实践中可行性不大。

第二种,由于最优惩罚收费的计算过程冗杂,可行性不大,1990 年,Arnott 为了简化最优惩罚收费模型,建立了最优单阶段(Single Step)拥挤收费模型。最优单阶段拥挤收费是在排队拥挤时间段中截取一段时间作为收费时段,其他时段不收费,进而将出行者在拥挤时间内的出行分散。该收费模式虽无法完全消除瓶颈入口前的排队拥挤现象,但可减少一定程度的排队拥挤现象。但该收费模式,费率和拥挤减少效果都缺乏弹性[66-68]。

第三种,为了克服最优单阶段拥挤收费的缺陷,Laih(1994)提出了一系列的阶梯式拥挤收费模式,包括单阶段和多阶段(Multi Step)的最优拥挤收费结构,增强了实用性。其原理为在无拥挤最优收费的三角形结构内截取一阶段或者数阶段形成矩形作为收费依据，阶梯式拥挤收费结构最大的优点在于给决策者提供一套颇具弹性的收费标准，从而减少交通拥挤[69]。

三、停车收费定价理论

国外在停车费率制定上大都采用“成本定价法”。按照经济学原理和收费理论，成本定价法包括边际成本定价、平均成本定价和垄断性定价。从经济学的效率角度来看，边际成本定价法是最优的定价方法，能实现资源的最优配置。路外停车场在考虑收费标准时，主要出发点是经济效益。路外停车场的收费收入首先应该保证停车设施运行的费用支出，此外还要使停车设施建设经营公司的收益达到一定的水平，因此，路外公共停车收费适合采用边际成本定价法。路边泊位和路外公共停车场泊位的性质不同，路边泊位具有明显的公共物品的性质，对其收费定价不宜采用等同于路外私人建设公共停车泊位定价的最优定价理论，而应针对不同的管理模式采用次优定价理论。

第二节　其他定价理论

一、博弈定价理论

假定有两个或者两个以上能够拥有理性思维和进行推理的决策主体，决策主体通过互相观察、预测决策行为，从而实现各个决策主体之间的相互影响、相互制约、相互作用，最终达到所有决策主体的均衡决策，这个过程即为博弈过程。

根据分析研究，城市公共交通定价的参与主体主要为：乘客、公交运营企业和政府。他们之间的关系如下：

(1)从乘客角度：公交运营企业需要保证乘客出行的位移需求；城市公共交通的票价应该能够让乘客普遍接受，并争取满足乘客最小出行成本的要求；乘客有权对城市公共交通的服务水平进行评价和监督，并判断政府对公交运营企业的补贴是否合理。

(2)从公交企业角度：公交运营企业为乘客提供位移需求的服务；公交运营企业的定价把实现企业利润最大化作为最终目标，并以政府财政补贴和价格管制为基础。

(3)从政府角度：政府的主要目的是实现社会效益的最大化；对公交运营企业进行价格管制和财政补贴；监督并保证公交运营企业为乘客提供位移需求

服务。

在城市公共交通定价的制定过程中，乘客、运营企业和政府之间相互影响和制约[70]。

在实际运营过程中，票价的变动会影响乘客出行方式的选择，当票价很低时，客运量会很大，此时由于票价过低，而客运量又存在上限，就会影响公共交通企业的收益。当票价过高时，乘客会选择其他出行方式，同样也会影响公共交通企业的收益，总体来说，公共交通企业应选择一个合适的票价，才可以做到既满足乘客的需求，又能满足自身企业的效益。图 3-3 为客运量与票价之间的关系。

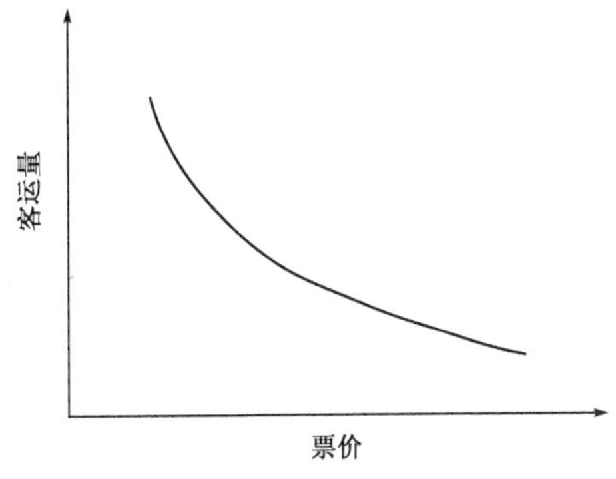

图 3-3　客运量与票价关系图

由上图可以看出随着票价的变动，客运量也相应地呈现负相关的变化。

图 3-4 为公交企业的收益与票价的关系。

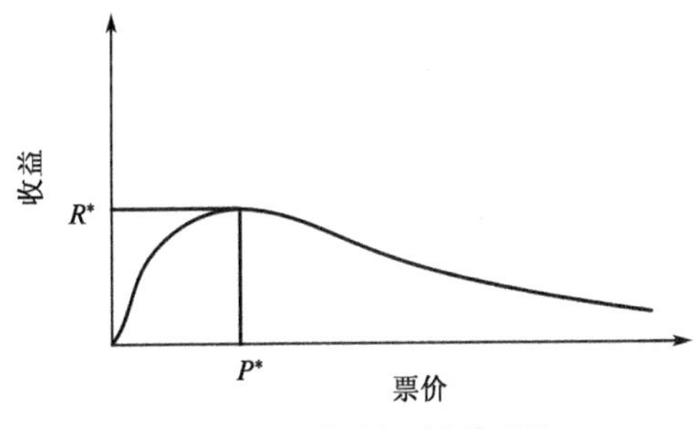

图 3-4　收益与票价关系图

由图 3-4 可知，票价有一个定值，在这个定值下收益为零，此时随着票价的增大收益也随之增大，直到票价达到 P^* 时，此时相应的收益达到峰值，说明在这个票价下公共交通企业能够实现利润最大化。随后，随着票价的增大，企业收益反而呈现下降趋势，主要是因为随着票价的无限增长，当增长超过乘客的心理承受范围时，乘客会改变其出行方式，导致客运量的下降，收益降低。

城市客运交通系统是由多个主体参与的复杂系统，这个系统由管理者、运营者、出行者三个参与主体组成，管理者在这里就是指政府，主要负责制定政策和目标，运营者就是营运企业，主要负责为出行者提供具体的客运服务，消费者则作为出行者享用不同的客运服务。对于公共交通，从经营者的角度，在市场竞争的条件下采用博弈论方法，以公交车车费（票价）作为经营者的决策变量，将经营者的总收入作为效用函数，将经营者之间的竞争转化为经营者在路段上争夺客源的竞争，从而构造公共交通经营者之间的博弈模型[71, 72]。

二、社会效益最大化定价理论

城市客运交通需要考虑公众、投资者等多方面利益和政府财政的承受能力，还需要结合客运量研究合理的票价水平。实现社会效益的最大化，即制定一个最优票价，从而可以使客运交通充分发挥运营能力又能达到公司收益最大化。

运量和票价有下面的关系：

$$Q = aP^{E(p)} \tag{3-10}$$

式中：P——地铁平均票价；

Q——地铁年正常运量；

a——常数；

$E(P)$——运量随票价而变化的弹性系数。

运营收入 R：

$$R = P \cdot Q = aP^{E(p)+1} \tag{3-11}$$

对式(3-11)两边取对数，并对 R 求导数后得如下结果：

$$\frac{\mathrm{d}R}{\mathrm{d}P} = aP^{E(p)}[E(P)+1] + aP^{E(p)+1}\ln P\frac{\mathrm{d}E(P)}{\mathrm{d}P}$$

令$\frac{\mathrm{d}R}{\mathrm{d}P}=0$，解得：

$$E(P)+1=\frac{c}{\ln P} \tag{3-12}$$

由式(3-11)可得：

$$E(P) = \frac{\ln Q - \ln a}{\ln P} \tag{3-13}$$

把式(3-13)代入式(3-12)，化简得：

$$\ln P = c + \ln a - \ln Q \tag{3-14}$$

则得票价为：

$$P = \frac{ae^{c}}{Q} \tag{3-15}$$

式中：P——能够充分发挥地铁运能的最优票价；

a——常数；

c——积分常数。

三、Ramsey 定价模型

Buamof 和 Brdaofdr 借鉴 Ramsey 的征收比例税的次优方法，提出了拉姆塞定价模型，也称作弹性定价方法，拉姆塞定价对边际成本和平均定价进行了改进。

城市客运交通在提供服务时，通常针对不同对象提供不同类型的服务，并且带有自然垄断性质的企业在允许范围内可以确定一定水平的利润，而不是利润最大化。1970 年，鲍莫尔和布雷德福证明了当不同类型的需求相互独立时，次优定价应该是各种服务的短期边际成本加上与服务需求价格弹性成反比的附加额。当服务对象的需求高度缺乏弹性时，该附加额应取得相当大，反之当需求具有完全弹性，即 $E_d = \infty$ 时，该附加额为 0，即可直接采用短期边际成本定价[73]。

假设某一运输方式提供 A 和 B 两种服务，则 A 和 B 的定价应满足以下关系：

$$\frac{P_A - MC_A}{P_A}E_A = \frac{P_B - MC_B}{P_B}E_B \tag{3-16}$$

式中：P_A——A 种运输服务的价格；

MC_A——A 种运输服务的边际成本；

E_A——A 种运输服务的价格弹性；

P_B——B 种运输服务的价格；

MC_B——B 种运输服务的边际成本；

E_B——B 种运输服务的价格弹性。

以上就是拉姆塞定价法(Ramsey Rule)，由拉姆齐于 1927 年提出。它的含义是需求弹性越小，定价可以超过它的边际成本的部分越大。鲍莫尔和布雷德福(Baumol 和 Bradford，1970)认为高弹性市场上价格会相对较低，当该价格大于产出的增量成本，则对有收入约束的企业而言即可降低其在其他市场的价格，这对所有人都是有利的。因此在收入与支出平衡的条件下，相对于平均成本定价来说，拉姆齐定价是一种帕累托式改进。

拉姆齐定价法可以看作是价格歧视,但它又不同于第三级价格歧视,所谓第三级价格歧视,是一种以获得垄断利润的最大化为最终目标的价格歧视,其价格的差别是以回收成本为目的,因此是一种管制上允许的价格歧视[54]。

对于公共事业的拉姆齐定价,相关研究[74]给出了允许价格歧视的四个原则:

(1)消费群的总支出应小于单一价格的总支出。

(2)不允许消费者获得边际成本以下的服务。

(3)在边际成本等于支付意愿时应停止生产。

(4)可以存在公用事业企业的收费弥补但不能太多。

拉姆齐定价法在公共交通收费的应用中仍然存在一些缺陷:公平问题,对于需求缺乏弹性的公交出行方式会导致价格明显高于边际成本,而在一定的价格区间内公交需求是缺乏弹性的;动态问题,价格高于边际成本会改变公交供给弹性,从而使新的价格失灵;需求弹性问题,在实际应用中需要估计不同用户、不同条件下的需求弹性,在操作上具有较大困难[75]。

四、高峰定价理论

高峰定价理论的理论基础是拉姆塞定价法,该方法依据不同的高峰时段制定不同的价格,来达到需求引导的目的,进而实现社会效益的最大化。

高峰定价法假设高峰时段和平峰时段消费者需求的价格弹性是不同的。主要原因是,在高峰时段,人们主要关注的是时间的紧迫性,对价格的关注程度较非高峰时段明显较低,故高峰时段的需求弹性要小于非高峰时段的需求弹性。

下面是轨道交通定价的统一定价法和高峰定价法的比较研究。

图3-5[37]中,横坐标 Q 和纵坐标 P 分别表示的是轨道交通客运量和轨道交通票价;P_0、P_G、P_F 分别代表统一定价法中的票价以及高峰定价法中的高峰时段票价和非高峰时段票价;Q_{G0} 和 Q_{F0} 分别表示统一定价法中的高峰时段与非高峰时段的客运量;Q_G 和 Q_F 分别表示高峰定价法中的高峰时段与非高峰时段的客运量;AC 和 MC 曲线分别表示轨道交通平均成本和边际成本;D_G 和 D_F 曲线分别表示轨道交通高峰时段和非高峰时段的客运需求。

(1)当采用统一定价法时[图3-5a)],统一票价 P_0 应不小于轨道交通实际运营时的边际成本 MC;由于考虑了非高峰时段运输的联合成本,统一票价 P_0 导致非高峰时段出现了阴影面积 ABP_0F 的亏损,同时在高峰时段会获得面积 $CDGP_0$ 的盈利。假如企业在政府财政补贴的前提下以盈亏平衡作为经营目标,可以确定出相应的统一票价 P_0,但高峰时段客运量 Q_{G0} 与非高峰时段客运量

Q_{FO}的差距较大，导致企业的基础投入增大，使用效率低下，因此这种方案会导致社会效率的浪费和社会福利的巨大损失。

(2)当采用高峰定价法时[图3-5b)]，将高峰时段票价从 P_O 提高到 P_G，非高峰时段票价从 P_O 降低到 P_F。这样，后者的运量从 Q_{FO}增加到 Q_F，前者的运量从 Q_{GO}下降到 Q_G，它们之间的差额从 $Q_{GO}-Q_{FO}$缩小到 Q_G-Q_F。在轨道交通运营企业收支平衡的约束条件下，P_F 的下降造成非高峰更多的亏损可通过高峰期提价增加的利润来弥补。但是，由于高峰客运量 Q_G 与非高峰客运量 Q_F 的差距明显减少，企业基础投入减少，社会经济效率会有较大提高。同时由于降低了非高峰时期的票价，在收支平衡的情况下，作为社会福利主要尺度的消费者剩余得以增加，社会福利得到了改善。

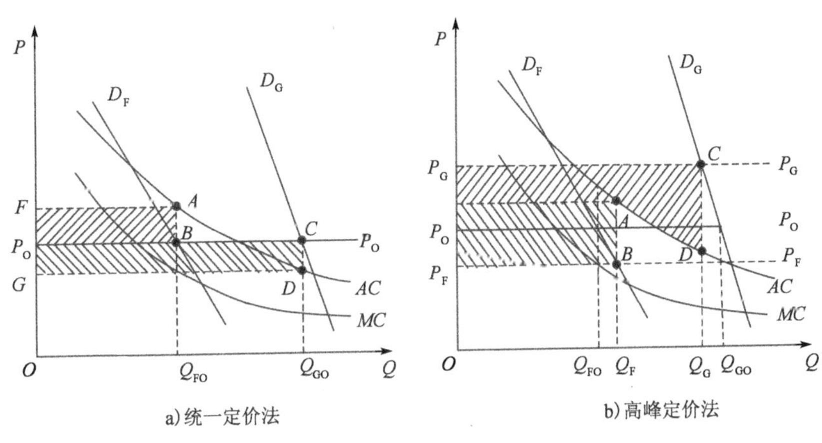

图3-5　城市轨道交通定价分析

高峰定价法不论是作为调节客流的价格杠杆还是作为企业促进淡季销售的手段，在欧洲等许多国家都有很好的应用。在上海地铁中明显地存在着运量高峰与低谷的特征，所以在轨道交通定价方面也可以把高峰定价法考虑进去。

本章小结

本章主要介绍了城市客运交通定价的基本理论和方法，包括传统公交定价理论、拥挤收费理论、停车收费理论，涵盖了边际社会成本理论、次优定价理论、平均成本定价理论、机会成本理论、劳动价值理论、均衡价格理论和运输价值理论等传统定价理论。除上述传统定价理论外，本章对博弈定价、社会效益最大化定价、高峰定价等定价原理也进行了简述。

第四章　城市常规公交经济管理政策

常规公交作为目前我国各大城市普遍采用的公共交通客运方式，其线路广、运量大、站点多，因此，受到广大市民的欢迎。再加上近年来推行的“公交优先”政策、实施低票价和IC卡等政策，使得常规公交在城市客运市场中的份额基本保持在20%以上。以哈尔滨市为例，2014年常规公交全年公共交通客运量已达12.79亿人次，比2000年的5.49亿人次增长了133%，平均每天运送旅客达到350万人次以上。

第一节　常规公交发展策略

常规公交的发展面临着诸多交通方式的影响和制约，不过常规公交可以根据自己的优势，找到合适的运营方式方法，进而更好地为居民提供良好的服务，为此，常规公交可采取以下具体措施[76]：

(1)利用其他交通方式的覆盖空档。比如说轨道交通，一般情况下，城市的轨道线网密度较小，轨道站点的客流吸引量由于受到地域的限制也会有限，故轨道交通的覆盖范围有限，这样常规公交就可以利用这些覆盖空档，在这些区域发展常规公交就会有很大的优势，进而把握运营的主动权。

(2)票价低廉。常规公交有着运量大、耗能小等优势，故较其他交通方式来讲，常规公交可以指定低廉的票价来吸引客流，从而占据优势。

(3)中短途优势。轨道交通的特点是快速性和站间距长等，它的优势主要在于长途出行方面，对于中短途出行来说并没有什么优势。相反，常规公交在中短途运行方面具有较好的优势，针对不同的需求，可以指定相应的公交路线，开展中短途服务。

(4)换乘便利。常规公交以其灵活便利的特点可以大大拓展辐射范围，做到零距离换乘，为乘客提供更大限度的便利。

第二节　影响常规公交票价制定的因素

公交运营者在制定公交价格时,需要全面了解两个领域的因素:企业内部因素和企业外部因素,并结合它们对票价的影响制定合适的价格。其中内部因素主要指的是成本和定价目标,外部因素是指供求关系、竞争和公交价格政策等。

居民、公交企业和政府作为不同的主体对于常规公交价格有着不同的期待(图4-1)[77]。居民期待公交票价物有所值,即公交提供的服务价值大于票价的价值;公交企业期待从运营中能够获得效益最大化;政府一般从宏观的角度考虑,政府希望票价的制定能够有利于城市交通结构,能够缓解城市交通的拥挤。

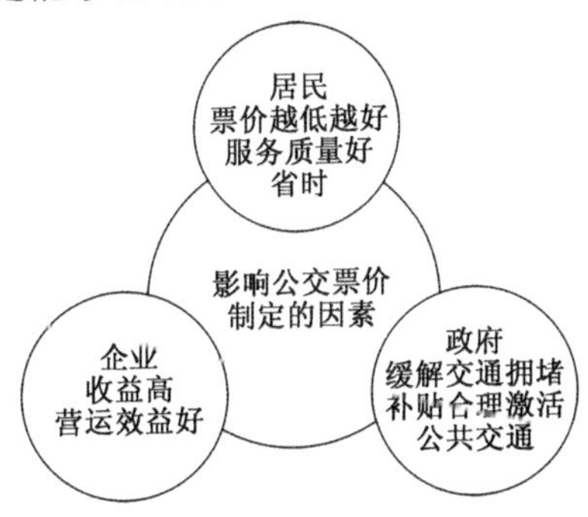

图4-1　居民、企业、政府对公交票价的期待

政府会对常规公交进行相应的财政补贴,政府是希望这部分补贴能够为城市低收入人群提供低廉的出行服务;但在实际运营中,企业又要考虑到自身的盈利问题,故票价的制定需要从不同方面考虑问题。

一、居民、企业、政府对公交票价的期待

(一)居民要求利益最大化

常规公交票价在制定过程中,需要充分考虑城市居民的收入程度,根据相应数据统计,发展中国家交通支出占家庭收入的比例在5%~10%之间。

城市居民希望票价在自己的承受范围内,同时希望公交能提供较好的服务。在公交车不能保证准点率的情况下或者想要得到更好的出行服务时,部分城市居民有时会选择私家车出行。如在上下班高峰期,公交车难以保证出行者的舒适等服务,这就使得许多乘客选择其他出行方式。

显然,票价制定的是否合理严重影响着居民是否选择公交出行。如果票价价格过低,尽管满足居民低票价的要求,但难以保证乘客舒适度的要求;若票价过高,则会增加城市中低阶层的压力。所以,一个合理的公交票价显得尤为重要,合理的票价既能满足乘客的要求还可以保证企业的利润。

(二)公交企业期待利润最大化

公共交通具有两面性,在制定票价时不仅要考虑社会公益性,还需要保证企业的盈利性和发展潜力。

随着低票价政策的实施,公交企业承担着巨大的财政负担,考虑到这个因素,我国政府对公交行业提供补贴,弥补公共交通的政策性亏损。然而,即便如此,有些企业仍然面临着亏损,强大的财政压力使得一些企业通过一些"刷单""跑空车"等行为来骗取财政补贴,严重损害了国家利益。

所以,制定合理的票价至关重要,不仅可以提高公交企业的利润水平(同时能够缓解政府财政压力),还可以为乘客提供更好的公交服务。

(三)政府希望优化城市交通结构

城市公共交通是公益性事业,是城市交通的主要出行形式,政府期待通过合理的票价来提高公共交通在各种交通运输方式中的分担率,促进城市公交事业的发展[78]。与此同时政府也希望公交票价能产生一定的经济效益,减少政府对公交补贴的财政负担[77]。

政府票价补贴的基本公式为:

票价补贴额 =(理论票价 - 政策性亏损票价) - 税、费减免额

由公式可以看出,政府若想减少财政负担,需要提高公交票价。

显然,对于公交票价的制定,政府也是一个矛盾体:一方面希望降低票价达到一定的社会效益;另一方面,又寄希望于提高公交票价来减少财政负担。

二、常规公交定价影响因素

(一)常规公交成本

成本是商品经济的价值范畴,是商品价值的组成部分,当价格高于成本时,企业盈利,价格低于成本时,企业亏损。由于公交产业是一种社会公益行业,故在票价制定时,不能把盈利作为第一目标,但同时作为独立的经营性主体仍需充

分考虑企业经营成本[79]。

公交运营成本,如式(4-1)所示包括变化成本和固定成本,可看作是与发车频率相关的量。

$$OC = \sum_i (VC_i + FC_i) \tag{4-1}$$

式中:OC——公交运营成本;

VC_i——第 i 项变化成本;

FC_i——第 i 项固定成本。

其中,固定成本与客运需求无关,如车辆折旧成本、车辆维护成本、驾驶员工资和管理费用等;变动成本与客运需求相关,如车辆运营成本、燃油费用等。

(二)燃油价格

在运输行业中,公路运输、铁路运输、航空运输都需要燃油的支持,燃油价格的变化会直接影响运输成本,燃油价格上涨会增加运输行业成本,同时会影响企业运营效益。

油价的上涨关乎整个国家的民生问题,政府对燃油价格进行直接调控,控制其维持在一定程度,不能浮动太大。

假设油价上涨之后,常规公交相关运营参数保持不变,仅考虑油价上涨对公交运营造成的影响。公式(4-2)是公交车油耗的计算公式[80]。

$$C_{\text{oil}} = P_{\text{oil}} \cdot \frac{L_{\text{taxi}}}{h} \tag{4-2}$$

式中:C_{oil}——平均每天燃油费用,元;

p_{oil}——油价,元/L;

L_{taxi}——公交车日均运营里程,km;

h——公交车燃油效率,即平均每升油可以运营的里程数,km/L。

在油价 p_{oil} 上涨 Δp_{oil} 的情况下,公交车平均每天燃油费用将会增加 ΔC_{oil},具体表达式见式(4-3)。

$$\Delta C_{\text{oil}} = \Delta P_{\text{oil}} \cdot \frac{L_{\text{taxi}}}{h} \tag{4-3}$$

如果客运管理部门补偿油价上涨带来的费用,则需要使补贴的燃油附加费 S_{ub} 等于平均每天上涨的燃油费 ΔC_{oil} 用即可,具体可用式(4-4)表示:

$$S = \Delta C_{\text{oil}} = \Delta P_{\text{oil}} \cdot \frac{L_{\text{taxi}}}{h} \tag{4-4}$$

由式(4-4)可知,提高燃油利用效率是抵消油价上涨引发的公交车燃油费用增加的有效途径之一;而开发新型绿色环保能源,降低能源价格也是可以考虑的实施途径之一。

(三)政策

政府政策对常规公交定价的影响包括以下三个方面:

1.政策优先

由于公共交通在客流量充沛时运载效率高,人均占用道路空间远低于其他交通方式,因此,大力发展城市公共交通被视为缓解城市交通拥挤的关键,这是各国推行“公交优先”政策的基础。公交收费是贯彻“公交优先”政策最有效的经济措施,其行为是由公交服务的性质所决定的。公交服务是一种典型的准公共产品,具有生产的不可分性、消费的适当分离性,同时消费过程中存在着“享受性”消费。因此,无论公交车辆是由私人部门提供还是由公共部门提供,公交价格都应按照市场的价值规律进行确定,由政府给予必要的补贴或施加必要的管制。

2.政府补贴

由于我国国营公交企业普遍亏损,政府补贴被理论界和实务界普遍认为是治理我国公交问题的有效措施。政府对公交企业补贴由三部分组成:燃油、车辆购置和票价补贴。

客运交通的票价直接关系到出行者切身利益,而目前我国的票价制定是由城市价格主管部门——物价局核定,并报本级人民政府审查批准。为鼓励公交优先,各个城市积极推行公交、轨道交通低票价政策,受到了广大出行者的欢迎。

建立合理的补贴机制,协调好政府、企业、驾驶员和乘客合理分担的比例。油价上涨之后,中央政府进行财政补贴并上调燃油附加费,政府和乘客承担了油价上涨的压力,出租汽车企业和驾驶员并没有合理分担。因此,建议构建合理的补贴机制,协调好政府、企业、驾驶员和乘客合理分担的比例,采用多种途径和方法来降低油价上涨带来的压力。

《关于优先发展城市公共交通若干经济政策的意见》(建城〔2006〕288号)[25]中指出,将城市公共交通发展纳入公共财政体系至关重要,需要建立一个健全的城市公共交通补贴、投入、补偿的体制,实现统筹安排和重点扶持。而公交票价又会影响政府在公共交通方面的财政支出。目前实行的低票价政策和一些公益性服务是公交企业政策性亏损的主要原因。

在经济发展条件允许的条件下,政府可以提高公共交通的扶持力度,提高票价的补贴金额,在这种情况下实行低票价政策,不仅可以满足乘客对出行服务的要求,还能保证公交企业的运营利润;在经济发展水平较低的情况下,政府只能通过有限的财政补贴来维持公交企业的运营,因此公交不能为乘客提供良好的服务,这就会导致公交企业走向恶性发展[81]。

3. 公交价格管制

城市公交行业有其独有的特征,首先这个行业需要大量的资金投入,而且资金回收速度慢,需要很长的周期才能收回成本,还具有规模经济特性。行业的发展趋势是垄断形式,这就要求行业内企业进行资产重组或兼并的方式来完成垄断,垄断形式同样会产生一些负面影响。然而公交行业具有明显的公益性、基础设施性、外部性,需要为乘客提供良好的服务,所以政府需要对公交行业采取垄断主义,政府为确保企业利润、乘客满意、社会认可,需要对票价进行严格的控制。

城市公交市场竞争条件下,由政府或政府授权的管理部门实施公交价格管制。一般通过城市物价部门和运营者签订公交运营条款,确定公交服务的价格水平,该种运营方式被称为公交"市场竞争"机制[82],公交价格管制约束如式(4-5)所示。

$$P_{\mathrm{b}}^{\min} \leqslant P_{\mathrm{b}} \leqslant P_{\mathrm{b}}^{\max} \tag{4-5}$$

式中:P_{b}——公交方式服务价格;

$P_{\mathrm{b}}^{\max}$——公交服务价格管制上限值;

$P_{\mathrm{b}}^{\min}$——公交服务价格管制下限值。

(四)公众承受能力

居民对出行的需求会随着社会经济的发展和人民物质文化水平的提高而不断提高。居民在出行方式的选择上[83],总是偏向于广义出行费用最小的出行工具,所以公共交通票价的制定直接影响居民对公共交通的选择。

居民对出行的需求,一般是指有支付能力的需求,是对票价具有经济承受能力,即实际支付能力的需求。在居民收入水平一定的前提下,公共交通票价的上涨会降低居民对公共交通服务的支付能力,即公众承受能力下降;相反在一定的票价水平下,居民收入的提高会增强居民对公共交通服务的支付能力,即公众承受能力上升[79]。

由于居民的经济水平不同,他们的经济承受能力也会有差异,对服务水平程度的要求也会有高低[84]。若票价超过居民的承受能力,则这种交通方式对居民的吸引力就会下降。如今我国很多地区经济发展水平仍然比较落后，这种情况下，定价就需要重点考虑居民的经济承受能力。

公众承受能力的影响因素有以下两个方面：

1. 居民的收入水平和消费水平，用于出行的消费比例

乘客的收入水平直接决定了其出行支付能力，收入水平高，出行支付能力就强；同时，居民的生活消费结构，即生活费用支出中衣食住行所占的比重，也影响着出行支付能力。一般情况是：城镇的收入水平高于农村居民的收入水平，在生活费用支出中，城镇居民的交通费用所占比重大于农村居民，也即城镇居民的出行支付能力要高于农村居民。根据世界银行的统计，发展中国家交通支出占居民可支配收入的比重一般在 5% ~10% 的范围内。

2. 地区社会经济发展程度与人民物质文化生活水平

由于不同地区所处的地理位置、自然环境、资源条件、政策因素等不同，地区之间的经济发展程度及人民物质文化生活水平存在着较大差距。所以，不同地区的居民出行支付能力也是不一样的。总的来说，我国东部地区经济发展水平高于中、西部，居民的出行支付能力也相应地高于中、西部。

（五）服务水平

城市居民要求公交低票价的同时，也希望得到更好的服务，如准点、舒适。城市部分居民选择私家车出行的主要原因在于公交车辆难以保障出行的准时性，且在上下班高峰期，车厢内拥挤不堪，路面交通拥堵严重，这不仅严重影响居民的出行，而且难以保证乘坐的舒适性[85]。

城市公交服务水平，主要体现在以下指标[86, 87]：公交出行者站点等待时间、公交服务范围、公交可达性等。

第三节　城市常规公交定价模型

在我国，公共交通一般泛指公交，所以我国公共交通的定价问题主要偏向对于公交票价的研究[88]。在不同的客运交通方式中，对于常规公交定价模型的研究开展的最早也最详尽，不同学者根据不同的研究思路分别提出了不同的常规公交定价模型。

在我国，常规公交产业处于国家垄断中，票价由政府控制制定，给国家带来很大的经济负担，同时不利于公交企业独立健康发展，针对现如今存在的问题，

我国出现越来越多公交票价定价的定量分析方法，同时对于量化公交成本的方法也开始出现，主要包括价格弹性分析法和经营博弈法。价格弹性分析法[89,90]在运用中主要有两种，一种是从统计学原理出发，在交通调查和公交企业财务分析的基础上建立票价与需求量之间的定量关系，例如一元线性回归模型，结合价格弹性分析确定最优票价范围。另一种是从经济学原理出发，考察运量（或者需求量）与票价的关系，根据价格弹性的定义导出价格弹性与票价的函数关系，从而确定公交最优票价。经营博弈法是从经营者的角度，在市场竞争的条件下采用博弈论方法，以公交车车费（票价）作为经营者的决策变量，将经营者的总收入作为效用函数，将经营者之间的竞争转化为经营者在路段上争夺客源的竞争，从而构造公共交通经营者之间的博弈模型。

此外，为了保证公交系统更好的发展，关于补贴制度方面的研究也越来越多[88]。一般补贴政策的研究首先会建立一个普通的定价计量模型，其次会在这个模型的基础上把补贴政策的因素考虑进去。

其中涉及的主要定价理论已在第三章中进行了介绍，下面详细介绍几种主要的常规公交定价模型。

一、根据不同的经营目标构建的最佳定价计量模型

（一）企业盈亏平衡的定价模型

本定价模型的基本模型为拉姆齐定价模型，拉姆齐定价理论相关内容详见第三章第二节第三小节。

该模型以公交企业收支平衡为约束，此时模型没有最优解，不过可以通过选择函数的一个次优解来实现消费者剩余最大化。

根据拉姆齐定价模型，一个企业的固定投资不高，而且该企业的边际成本在逐步增加，根据边际成本定价可达到最优效果。若一个企业的固定投资很高（比如地铁、铁路、轻轨等公共交通），而边际成本在变小，这时若采取边际成本定价会给企业带来亏损，影响企业的发展。

这种情况下，企业为确保收支平衡，需要制定一个合理的价格，这个价格要高于边际成本的价格。拉姆齐定价模型的优点是企业不会有亏损的情况发生，能够保证企业的利润和发展，不过对于每个消费者来说不一定都是公平的，因为企业将所有的固定成本归于同一种服务，但是却向所有服务收回成本，意思就是各种服务的成本和价格之间并不存在一一对应的关系，存在严重的价格歧视。

补充：公交线路运营效率函数。

公交线路收入来源于乘客票价，它与乘客总数和票价水平相关，冰雪条件将会影响部分居民的出行[91]。文献[92]对芝加哥公交系统研究发现，雪天公交乘客量将减少1.2%～2.8%。因此冰雪条件下公交线路在第i时段内的收入为：

$$R_i = P_b \cdot Q_i \tag{4-6}$$

式中：R_i——公交线路在第i时段内的收入，元；

P_b——公交线路票价，元/(人·次)；

Q_i——第i时段内的公交乘客量，人·次。

由于发车频率f_i对公交线路的固定成本没有明显影响，此处不考虑固定成本。在第i时段内共发出公交$\left(\frac{T_i}{f_i}+1\right)$班次，故该时段内的成本为：

$$C_i = UC_b \cdot L \cdot \left(\frac{T_i}{f_i}+1\right) \tag{4-7}$$

式中：C_i——公交线路在第i时段内的成本，元；

UC_b——公交车辆运行单位成本，元/(车·km)；

T_i——第i时段持续时间，h；

L——某一线路的总里程，km。

公交线路的运营效益B_i(元)为：

$$B_i = R_i - C_i = P_b \cdot Q_j \cdots \tag{4-8}$$

(二)缓解城市交通拥挤的定价模型

当今城市交通拥挤已经成为制约城市发展的严峻问题，关蕾[56]在其硕士学位论文中提出了一种缓解城市交通拥挤的公交定价模型。

模型假设每天有Q个人会乘坐公共交通工具或开车出行(只考虑机动车出行)，令乘车的时间为$t_T=1$，开车的时间为t_c，包括发动汽车/停车/路上行驶时间，而路上行驶时间又与交通是否畅通有关。假设$t_c=\alpha+\beta Q_c$，其中Q_c为开车出行的人数，那么乘车出行的人数为$Q_T=Q-Q_c$。假设每个人单位时间的机会成本为C_{op}，车票价格为P_T，不考虑其他影响因素，一个人乘车出行的成本为：

$$C_T = C_{op}P_T \tag{4-9}$$

开车出行的成本为：

$$C_c = C_{op}t_c = C_{op}(\alpha+\beta Q_c) \tag{4-10}$$

开车出行和乘车出行的均衡人数为Q_c^*和Q_T^*，由式(4-9)和式(4-10)相等得到：

$$C_c = C_{op}t_c = C_{op}(\alpha+\beta Q_c) = C_{op}+P_T = C_T \tag{4-11}$$

所以可得到：

$$\begin{cases} Q_c^* = \dfrac{(1-\alpha)C_{op}+P_T}{\beta C_{op}} \\ Q_T^* = \dfrac{(Q\beta+\alpha-1)C_{op}+P_T}{\beta C_{op}} \end{cases} \tag{4-12}$$

由于社会最优决策是使得出行者的社会总成本最低，即：

$$\min\{SC = Q_T(C_{op}+P_T)+Q_cC_{op}(\alpha+\beta Q_c)\} \tag{4-13}$$

由一阶条件，得到：

$$\begin{cases} Q_c^{**} = \dfrac{(1-\alpha)C_{op}+P_T}{2\beta C_{op}} \\ Q_T^{**} = \dfrac{(Q\beta+\alpha-1)C_{op}+P_T}{2\beta C_{op}} \end{cases} \tag{4-14}$$

若城市交通管理部门向除公交车外的所有机动车辆均收取一定的税费，那么设税费的总额为 $Tax>0$，那么式(4-10)变为：

$$C_c = C_{op}(\alpha+\beta Q_c)+\tau \tag{4-15}$$

那么，开车出行和乘车出行的均衡人数$[Q_c^*(\tau), Q_T^*(\tau)]$由下式决定：

$$C_{op}+P_T = C_{op}(\alpha+\beta Q_c)+\tau \tag{4-16}$$

得到：

$$Q_c^*(\tau) = \frac{(1-\alpha)C_{op}+P_T-\tau}{\beta C_{op}} \tag{4-17}$$

所以，最优税费和最优票价分别为：

$$\tau^{**} = \frac{(1-\alpha)C_{op}+P_T}{2} \tag{4-18}$$

$$P_T = 2\tau^{**}-(1-\alpha)C_{op} \tag{4-19}$$

该模型目的是计算在道路通行能力和道路资源利用率最大的情况下的最佳票价和最优税费，对私家车收取高额税费，提高私家车的使用成本，尽量控制私家车的出行次数，减少私家车的数量。随着公交票价的上涨及居民出行时间机会成本的增加，私家车的税费也跟着增加。因此，从这个模型我们可以得出：

(1)政府给予公共交通更多的便利条件，鼓励公众采用公共交通出行，控制私家车的出行(通过征收高额税费和停车费等方式)。

(2)从式(4-14)可以看出公交票价的价格是影响人们选择公共交通的一个原因，但是单靠公交票价的降低只能缓解交通拥堵问题，并不能消除这种现象。

(3)当公交票价增加时，人们会综合考虑出行时间的机会成本而去选择是继续使用公交出行，还是选择开车出行；所以当公交票价上升时，税费相应增加可以尽量减少人们开车出行的数量。

(三)社会损失福利最小化的定价模型

通常社会成员出行是只考虑其私人成本,包括直接支付成本和时间成本,但社会成员之间出行是相互影响的,即道路上每增加一辆小汽车都会占用其他车辆的出行空间,私人成本加上这部分产生的负效应成本就是社会成本。假设调节城市出行方式比例,增加公交车出行需求的最直接办法是降低公交票价[93, 94],那么对于小汽车乘客来说降价前和降价后的需求曲线如图 4-2 所示。

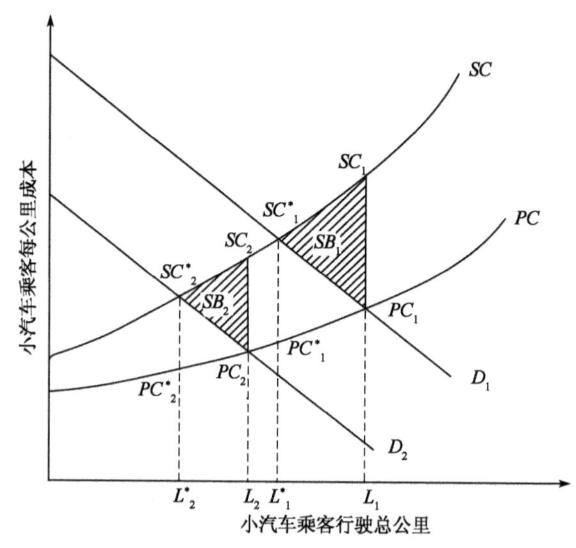

图 4-2　公交降价前后小汽车需求曲线变化

其中,PC 表示平均私人成本;SC 表示平均社会成本;D_1 表示降价前小汽车乘客出行需求;D_2 表示降价后小汽车乘客出行需求;L_1 表示降价前小汽车乘客实际行驶里程;L_1^* 表示降价前最优行驶里程;L_2 表示降价后实际行驶里程;L_2^* 表示降价后最优行驶里程。阴影部分 SB_1 表示降价前小汽车部分在考虑社会成本时的损失社会效益;SB_2 表示降价后小汽车部分在考虑社会成本时损失的社会效益,那么降价前后小汽车乘客获得的社会效益表达如下:

$$SB_{\text{car}} = SB_1 - SB_2 \tag{4-20}$$

对于公交乘客来说,降价前后的需求曲线如图 4-3 所示。

其中,d 表示公交乘客的需求曲线,由于 AC 表示降价前公交乘客的平均出行成本,S 表示公交票价的降价幅度,假设:

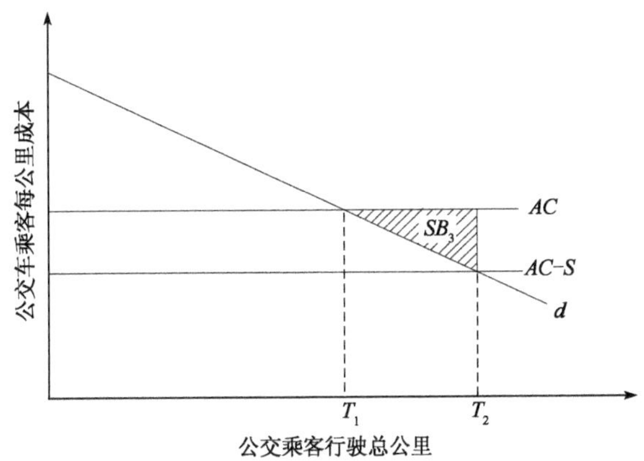

图 4-3　公交降价前后公交需求曲线变化图

(1)公交公司以提供无限大的容量来承载乘客,这样就不会产生拥挤成本。

(2)每公里公交运营成本为固定值,该运营成本也可看作社会为每个乘客出行付出的成本。

(3)当前每公里公交运营成本等于乘客的支付成本。

那么阴影部分 SB_3 表示降价前后公交部分损失的社会效益。

把小汽车部分和公交车部分综合起来,降价前后获得的总社会收益为:

$$SB = SB_1 - SB_2 - SB_3 \tag{4-21}$$

一个最优的降价值 ΔP 是使式(4-21)表示的社会效益 SB 取得最大值,因为 SB_1 是固定的,也可解释为使 $SB_2 + SB_3$ 值最小。为了简化计算,我们将 SB_1 和 SB_2 代表区域都看作为三角形,则 SB_1 可以表示为:

$$SB_1 = (L_1 - L_1^*)\frac{(SC_1 - PC_1)}{2} \tag{4-22}$$

在这里引入一个平均成本弹性的概念,它是平均成本变动与需求相对变动的比值,假设小汽车出行者平均成本弹性为 E_c,则:

$$E_c = \frac{\Delta PC/PC_1}{\Delta L/L_1} \tag{4-23}$$

根据 A. A. Walters 提出的理论,假设平均社会成本是关于平均私人成本的函数,表示为 $SC_1 = PC_1(1 + E_c)$。又 $\Delta L = L_1 - L_1^*$,$\Delta PC = PC_1 - PC_1^*$,将 $SC_1 - PC_1 = E_c \cdot PC_1$ 代入式(4-23),可得:

$$L_1 - L_1^* = \left(\frac{PC_1 - PC_1^*}{E_c PC_1}\right)L_1 \tag{4-24}$$

式(4-24)代表 $L_1 - L_1^*$ 与平均成本弹性 E_c 的函数。小汽车需求弹性的绝对值为 E_d,则有:

$$E_d = \frac{-(L_1 - L_1^*)/L_1}{(PC_1 - SC_1^*)/PC_1} \tag{4-25}$$

同样,根据 A. A. alters 提出的理论有 $SC_1^* = (1 + E_c)PC_1^*$,并将其带入式(4-24),可得:

$$L_1 - L_1^* = -E_d\left[\frac{PC_1 - (1 + E_c)PC_1^*}{PC_1}\right]L_1 \tag{4-26}$$

联立式(4-25)和式(4-26),化简后可得:

$$PC_1^* = \frac{1 + E_c \cdot E_d}{1 + E_c \cdot E_d(1 + E_d)}PC_1 \tag{4-27}$$

将式(4-26)代入式(4-23)中,化简后可得:

$$L_1 - L_1^* = \frac{E_c \cdot E_d}{1 + E_c \cdot E_d(1 + E_c)}L_1 \tag{4-28}$$

将式(4-28)和 $SC_1 - PC_1 = E_c \cdot PC_1$ 代入到 SB_1 中,可以得到在降价前估计的损失社会效益为:

$$SB_1 = \frac{1}{2}\left[\frac{E_c^2 \cdot E_d}{1 + E_c \cdot E_d(1 + E_c)}\right]PC_1 \cdot L_1 \tag{4-29}$$

降价后,小汽车出行者的需求曲线由 D_1 变为 D_2,实际平均私人成本和小汽车乘客行驶总公里为 L_2,同理可得降价后估计的损失社会效益 SB_2 为:

$$SB_2 = \frac{1}{2}\left[\frac{E_c^2 E_d}{1 + E_c E_d(1 + E_c)}\right]PC_2 \cdot L_2 \tag{4-30}$$

SB_2 的值可通过小汽车乘客和公交乘客之间需求的交叉弹性来与补贴 S 关联起来。定义需求的交叉弹性为 E_{cro}:

$$E_{cro} = \frac{\Delta L'/L_1}{S/AC} \tag{4-31}$$

式中:$\Delta L'$——降价后小汽车乘客的需求变动量,$\Delta L' = L_1 - L_2$;

S——对公交乘客的费用直接降价;

AC——公交乘客的支付成本,包括票价和时间成本。

由式(4-31)可得,在对公交乘客进行降价后小汽车乘客的需求变化为 $\Delta L' = E_{cro}\frac{S}{AC}L_1$。又 $\Delta L' = L_1 - L_2$,可得降价后小汽车乘客需求降为 $L_1 = \left(1 - E_{cro}\frac{S}{AC}\right)L_1$。由平均成本弹性的概念我们可以得到在需求为 L_2 时,对应的平均私人成本为 $PC_2 = PC_1$

$\left(1-E_{c}\dfrac{\Delta L'}{L_{1}}\right)$,将 $\Delta L'=E_{cro}\dfrac{S}{AC}L_{1}$ 代入得降价后的小汽车乘客平均私人成本为 $PC_{2}=PC_{1}\left(1-E_{c}\cdot E_{cro}\dfrac{S}{AC}\right)$。将 L_2 和 PC_2 表达式代入 SB_2 得:

$$SB_{2}=\frac{1}{2}\left[\frac{E_{c}^{2}E_{d}}{1+E_{c}E_{d}(1+E_{c})}\right]\left(1-E_{cro}\frac{S}{AC}\right)\left(1-E_{c}\cdot E_{cro}\frac{S}{AC}\right)PC_{1}\cdot L_{1} \tag{4-32}$$

那么在降价之后,小汽车部分增加的社会效益可估计为如下值:

$$SB_{1}-SB_{2}=\frac{1}{2}\mu\left[E_{cro}\frac{S}{AC}+E_{c}\cdot E_{cro}\frac{S}{AC}-E_{c}\cdot E_{cro}^{2}\left(\frac{S}{AC}\right)^{2}\right]PC_{1}\cdot L_{1} \tag{4-33}$$

其中,$\mu=\dfrac{E_{c}^{2}\cdot E_{d}}{1+E_{c}\cdot E_{d}(1+E_{c})}$。

但是整个社会效益增加值还需在以上基础上减去公交部分损失的社会效益 SB_3,其值为 $W_{3}=\dfrac{1}{2}S(L_{T2}-L_{T1})$。降价后的公交乘客由两部分组成:一是公交票价降价后吸引的原来选择第三类出行方式(除公交和小汽车外的出行方式,如步行、摩托车等)转而选择公交的乘客;二是由于公交降价吸引的原来小汽车乘客转而选择公交的乘客。为了将公交票价降低与公交乘客需求增长联系起来,首先引入第三类出行乘客的需求弹性 E_{th},$E_{th}=\dfrac{\Delta L_{T}/L_{T1}}{S/AC}$,式中的 ΔL_{T} 只包括第三类出行乘客选择公交所带来的乘客需求增长。联系到之前的小汽车乘客需求的交叉弹性,公交票价降价将使小汽车部分乘客减少的需求 $\Delta L'$完全转移到公交需求上,那么降价后公交需求总增长为:

$$L_{T2}-L_{T1}=E_{th}\frac{S}{AC}L_{T1}+E_{cro}\frac{S}{AC}L_{1} \tag{4-34}$$

将式(4-34)代入 SB_3,可得降价后公交部分损失的社会效益值为:

$$SB_{3}=\frac{1}{2}\left[E_{th}\left(\frac{S}{AC}\right)^{2}+E_{cro}\left(\frac{S}{AC}\right)^{2}\frac{L_{1}}{L_{T1}}\right]AC\cdot L_{T1} \tag{4-35}$$

将式(4-33)和式(4-35)同时代入 SB 中,得到整个社会效益增加为:

$$SB=\frac{1}{2}\mu\left[E_{cro}\frac{S}{AC}+E_{c}\cdot E_{cro}\frac{S}{AC}-E_{c}\cdot E_{cro}^{2}\left(\frac{S}{AC}\right)^{2}\right]PC_{1}\cdot L_{1}-\frac{1}{2}\left[E_{th}\left(\frac{S}{AC}\right)^{2}+E_{cro}\left(\frac{S}{AC}\right)^{2}\frac{L_{1}}{L_{T1}}\right]AC\cdot L_{T1} \tag{4-36}$$

假设式(4-36)中所有的弹性参数都是已知的,AC、PC_1、L_1、L_{T1}都是降价前的现状,也是已知的,那么整个目标函数就只有一个未知数 S。将$\frac{S}{AC}$视为一个整体,通过对这个整体求导,使其倒数等于零,即可使目标函数取到最大值。通过计算后,得到最优的降价值为:

$$\frac{S^*}{AC}=\frac{\lambda\mu(1+E_c)}{2\left(E_{th}+E_{cro}\frac{L_1}{L_{T1}}+\lambda\cdot\mu\cdot E_c\cdot E_{cro}\right)} \tag{4-37}$$

其中,$\lambda=\frac{PC_1\cdot M_1}{AC\cdot T_1}\mu_{ct}$,$\mu=\frac{E_c^2\cdot E_d}{1+E_c\cdot E_d(1+E_c)}$。

那么降价后最优的公交票价即为 $AC-S$。

这个模型比较复杂,计算过程也比较烦琐,而且参数标定的准确程度对结果的影响会较大,所以此模型在理论上行得通,但实际上计算比较困难。

(四)基于收入最大化的最优票价模型

全允桓[90]以票价收入最大作为目标函数,建立了乘客时间价值模型,并基于这个模型确定了城市快速公交的最优票价。

时间价值模型假定乘客根据乘坐各种交通工具所需的出行时间、乘客本人认为单位时间所具有的价值和各种交通工具的票价选择广义成本最低的交通工具[95]。以特定乘车区间的乘客在公共汽车与地铁之间所作的选择为例,设:Cg_b^k、Cg_r^k 分别为乘客 k 在特定区间乘坐公共汽车和乘坐地铁的广义成本;P_b、P_r 分别为乘坐公共汽车和乘坐地铁的票价;T_b、T_r 分别为乘坐公共汽车和乘坐地铁所需的途中时间;Vot_k 为乘客 k 的单位时间价值。乘客 k 乘坐公共汽车与乘坐地铁的广义成本分别为:

$$Cg_b^k=P_b+Vot_kT_b \tag{4-38}$$

$$Cg_r^k=P_r+Vot_kT_r \tag{4-39}$$

若 P_b、P_r、T_b、T_r 为常数,则存在一个 Vot_0 使得 $Cg_b=Cg_r$,Vot_0 称为无差异时间价值。就一般情况而言,乘坐地铁可缩短途中时间而票价较高,如果 Vot_k 大于 Vot_0,乘客 k 会选择乘坐地铁,否则就会选择乘坐公共汽车。

能使得 $Cg_b=Cg_r$ 的无差异时间价值 Vot_0 的计算式为:

$$Vot_0=\frac{P_r-P_b}{T_b-T_r}=\frac{\Delta P}{\Delta T} \tag{4-40}$$

假定公共交通工具乘客群体的单位时间价值呈对数正态分布,则单位时间

价值大于 Vot_0 的公共交通工具乘客的比例可由下式求得：

$$F(Vot_0) = 1 - \int_0^{Vot_0} \frac{1}{\sqrt{2\pi}\sigma x} e^{-\frac{(\ln x - \mu)}{2\sigma^2}} dx = 1 - \Phi\left[\frac{\ln(Vot_0 - \mu)}{\sigma}\right] \tag{4-41}$$

式中：$F(Vot_0)$——乘客群体单位时间价值分布函数的累积概率；

μ——乘客群体单位时间价值分布的对数均值；

σ——乘客群体单位时间价值分布的对数标准差；

$\Phi(x)$——标准正态分布函数。

设特定区间乘坐公共交通工具的乘客总数为 Q，则城市快速交通线项目的票款总收入 R 应为：

$$R = P_r Q F(Vot_0) \tag{4-42}$$

令 $\frac{dR}{dP_r} = 0$，可得：

$$1 - \Phi\left[\frac{\ln\left(\frac{\Delta P}{\Delta T}\right) - \mu}{\sigma}\right] - \frac{P_r}{\sqrt{2\pi}\sigma(\Delta P)} - e^{\left[\frac{\ln\left(\frac{\Delta P}{\Delta T}\right) - \mu}{\sigma}\right]^2} = 0 \tag{4-43}$$

式中：ΔP——特定区间城市所求交通方式票价与其他交通工具票价的差额；

ΔT——与乘坐其他交通工具相比，乘坐所求票价交通工具所能节约的途中时间；

P_r——特定区间所求交通工具票价。

由式(4-43)解得的 P_M 即为能使所求票价交通方式票款总收入最大的票价水平。P_M 可用逐步逼近法求解。P_M 除以特定区间的公里数即为能使票款总收入最大的所求票价交通工具每公里平均票价。

二、出行成本计量模型

公共交通成本指的是乘客的出行需要社会或个人花费的全部金额，主要由几个部分组成：乘客所付出的出行时间成本和出行对社会的社会成本、政府部门和公交企业所支付的基本成本和使用成本。

沈一冲、吴岚等[96]研究了城市公交出行成本计量模型，提出公交运输成本构成的详细信息如图 4-4 所示。

从图 4-4 可以看出，公交运输成本的基本表达式为：

$$C = f(W, B, S, T) \tag{4-44}$$

式中：C——公交运输总成本；

W——运营成本；

B——基本成本；

S——社会成本；

T——出行时间成本。

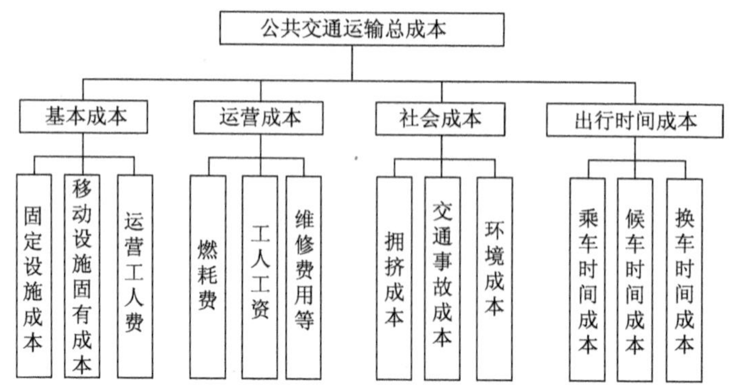

图 4-4　公共运输总成本结构图

(一)基本成本

公交基本成本 B 主要包括动态基础设施成本 DB(道路基础设施建设成本)和静态基础设施成本 SB(停车设施成本)。由于交通量每时每刻都在发生变化,所以道路基础设施成本的模型主要按单位车辆在行驶过程中每个乘客单位面积所应付出的成本,而停车场设施成本的模型按交通工具的单位占地面积进行建模。

因只要道路存在就会有交通方式的发生,动态基础设施成本就会随之变化,故该项成本是一个时时刻刻都在发生变动的成本进行建模,这里的动态指的是交通工具的状态[97]。动态基础设施的成本的公式如下:

$$AC_{\mathrm{DB}} = \frac{C_{\mathrm{DB}}}{365 \times T} \cdot \frac{A}{Q} \tag{4-45}$$

式中:AC_{DB}——公交占用的动态基础设施平均成本,km;

C_{DB}——公交对各种动态交通设施的使用费用,元/m^2;

365——指一年按 365 天计算;

T——基础设施的使用年限,年;

A——公交运营占地面积,m^2;

Q——同上。

C_{DB}的计算公式为:

$$C_{\mathrm{DB}} = \frac{\sum_i l_i C_i}{\sum_i l_i} \tag{4-46}$$

式中：　l_i——公交车占用 i 种动态基础设施长度，km；

$i=1$、2、3——分别指主干道、干道、支路，一些城市还包括快速路；

C_i——公交车占用的各种基础设施的单位面积费用，主要为建设费用和使用费用，元/m²，假设公交车占用各种基础设施的车道宽度均为3.7m。

随着我国公交事业的发展，许多城市都出现了公交场站设施发展滞后的问题，并制约了公共交通的进一步发展。因此，公交场站的规划设计已越来越引起公交企业、部门的重视，通过对动态基础设施成本公式变形，得到静态基础设施公式如下：

$$AC_{\mathrm{SB}}=\frac{C_{\mathrm{SB}}}{365\times T'_i}\cdot\frac{A'}{Q}\tag{4-47}$$

式中：AC_{SB}——公交的静态基础设施平均成本，元/人；

C_{SB}——静态基础设施的使用费用，元/km²；

365——指一年按365天计算；

T'_i——第 i 种静态基础设施的使用年限，年；

A'——公交车所占的静态面积，m²；

Q——同上。

C_{SB}的计算公式为：

$$C_{\mathrm{SB}}=\frac{\sum_i A'_i C'_{A'i}}{\sum_i A'_i}\tag{4-48}$$

式中：A'_i——公交车占用第 i 种静态基础设施的面积，m²；

i——主要包括路边停车场、公交场站等；

$C'_{A'i}$——公交车主要占用第 i 种静态设施的成本，元/m²。

式(4-46)和式(4-48)分别假设道路、停车场建设残值忽略不计，计算时的费用不考虑年值。

(二)运营成本

公交企业为保证公交正常运行花费的各项费用构成了运营成本(W)，包括：购车费、维修费、燃耗费、工人工资和停车场地的租用费等。其中购车费为一次性费用，这里不考虑，故使用成本的表达式：

$$OC=\frac{N_{车}(C_{维}+C_{驾}+C_{保}+C_{养})+(mC_{管}+nC_{燃})+C_{租}+C_{其他}}{Q}\tag{4-49}$$

式中：OC——运营成本，元/人；

$N_{车}$——公交车数量，辆；

$C_{维}$——每辆公交车的维修费用，元/辆·d；

$C_{燃}$——公交车往返一次的平均燃油费，元/辆·次；

$C_{驾}$——驶员的平均工资，元/d；

$C_{保}$——公交车平均保险费，元/辆·d；

$C_{养}$——公交车养路费，元/辆·d；

m——公交条数，条；

$C_{管}$——管理每路车的人员的工资，元/路·d；

n——每条路线公交车日发车次数，次/条·d；

$C_{租}$——租赁停车场地费，元/d；

$C_{其他}$——其他费用，元/d；

Q——所有公交车平均日乘客数，人/辆·d。

（三）社会成本

公交车出行成本比经营者和消费者实际承担的高得多，两者之间的差额就是社会成本，该成本通过各种渠道被转嫁给了同城市交通经营者、与消费无关的人或所有的城市居民。城市交通在向人们提供可达性的同时，也给城市带来了很多的负面效应，产生了消费者成本外部化。公共交通的社会成本 S 主要包括以下三个方面：拥挤成本 CC（Congestion Cost）、环境成本 EC（Environment Cost）、交通事故成本 AC（Accident Cost）。

1. 拥挤成本

从交通工程学的角度，拥挤成本（CC）是指道路交通密度达到一定的程度时，车辆之间出现相互干扰，造成车速下降，导致用户出行成本上升。

拥挤成本是指交通拥挤给出行者及社会带来的额外费用，包括货币支出的增加（由于车辆磨损的加剧而带来的额外费用）和时间支出的增加。其中，时间支出是拥挤成本的主要方面，因此本书主要研究这个方面。

拥挤成本理论假设：出行者抵达目的地的时间是固定的，即提前或推迟到达目的地给出行者带来的单位时间成本都大于出行者正常的单位时间成本，因此出行者必须按理性预期的出行时间准时到达目的地。因此道路拥挤成本是由于道路拥挤使出行者在路上多花费的那部分时间价值，即出行时间延误成本[97]。因此拥挤成本的计算公式[98]如下：

$$C_C = Vot \cdot \frac{T}{Q} = Vot \cdot \frac{\left(\frac{L_{jam}}{V_{jam}} - \frac{L_{jam}}{V}\right)}{Q} \tag{4-50}$$

式中：C_C——公交车的日拥挤成本，元/人；

Vot——某城市的单位时间价值，元/h，计算见公式（4-50）；

T——公交车出行的日损失时间；

L_{jam}——拥挤时公交车平均行驶里程，km；

V_{jam}——公交车的拥挤速度；

V——公交车正常行驶时的行驶速度；

Q——拥挤时乘公交人数。

$$Vot = \sum_{i}^{N} \frac{\overline{GDP_i}}{365 \times 8Pop} Pop_i \tag{4-51}$$

式中：$\overline{GDP_i}$——i 城市人均国民生产总值，元；

N——影响区的分区数；

Pop——影响区的总人口数，人；

Pop_i——第 i 区的人口数，人；

365——指一年按 365 天计算；

8——每天按 8h 的工作日计算。

2. 环境成本

环境成本（EC）主要包括噪声成本 NC（Noise Cost）和大气污染成本 APC（Air Pollution Cost）。目前来看，我国关于环境的有关政策还存在着许多问题，计算交通环境污染成本又是一个困难而敏感的问题。

在定量化成本计算中，最常用的就是维持费用法，这个方法主要计算的是消减大气污染的必要费用、治理环境污染、减少交通工具对环境的破坏所需要的投资。此方法多用来计算公共交通环境成本。

参考欧美大客车污染成本，通过维持费用法计算我国高速公路大客车污染成本，并相应的调整我国高速公路污染物排放标准，得到结果如表 4-1[99] 所示。

环境污染损失成本［单位：元/（人·km）］　　表 4-1

项　　目	噪　　声	大 气 污 染
高速公路（大客车）	0.0011	0.0102

对比我国城市道路和高速公路上大客车的运营情况，取城市道路大客车噪声污染、大气污染损害程度为高速公路 2 倍来计算，则城市道路大客车的环境污

染损害为：

$$C_E = 0.0226L \tag{4-52}$$

式中：C_E——环境成本，元/人；

L——一辆公交车一天行驶的公里数，km/d。

3. 交通事故成本

目前各国评估交通事故成本（AC）普遍采用的方法是用死亡人数或受损物质的数量乘以死亡或受损物质的单位成本，一般认为物质损失的估价等同于损坏的货币化成本[99,100]。按照我国的现状，死亡人员的损失可按照其余生所创造的 GDP 来计算（名义工资可看作是劳动力对 GDP 的边际贡献，名义工资取职工年平均工资的 2 倍）[99]。根据相关数据，我国在交通事故中死亡的平均年龄为 35 岁，2015 年我国在岗人员的平均工资为 53615 元，则每人的名义工资为 107230 元，取 10.7 万元，则死亡人余生 25 年可以创造的 GDP 为 267.5 万元，再结合实际情况，取 180 万元。因受伤人员的损失差别很大，医疗费用和劳动能力的损失程度也有极大的差异，平均暂按 5 万元/人计算。

本书在分析交通事故成本时，是将最近几年的交通事故数据再分担到公共交通上，公交车所发生事故数为总事故数的 2% 左右，所以 AC 的计算结果为：

$$C_A = 2\% \cdot \frac{7 \times 10^5 N_{die} + 5 \times 10^4 N_{inj}}{365Q} \tag{4-53}$$

式中：N_{die}——交通事故死亡人数；

N_{inj}——交通事故受伤人数。

因此，公共交通的社会成本的公式为：

$$SC = C_C + C_E + C_A \tag{4-54}$$

（四）出行时间成本

出行时间成本（TTC）主要指用货币来衡量出行者在整个出行过程中消耗的时间。本书中出行时间模型主要按照公交车出行时间乘以单位时间的价值进行建模。因此，公交车出行时间成本公式[97]为：

$$TTC = (t_{wt} + t_{jt} + t_{ht})Vot = \left(t_{wt} + \frac{\overline{L}}{V} + t_{ht}\right) \cdot Vot \tag{4-55}$$

式中：TTC——公交车出行时间成本，元/人；

t_{wt}——出行者候车时间，min；

t_{jt}——出行者乘车时间，min；

t_{ht}——出行者换乘时间，min；

$\bar{L}$——公交车平均出行距离，km；

V——公交车的平均速度，km/h。

算例：潍坊市公交出行成本计算。

以潍坊市公交出行成本为一个算例，以更直观地理解公交出行成本计算公式。

(1)运营成本

根据2007年对潍坊市公交运营情况的调查可得：公交日平均载运量为258633人，驾驶员工资约为50元/d，日维修费为5元/d，养路费为10元/d，保险费为20元/d，一辆公交车往返一次平均燃油费46.5元，共有35条大公交线路，每条线路管理员工资为15元/d，平均每天的发车班次约为106.7次，停车场租用费假设为800元/d，其他费用为5000元/d，则公交车运营成本为：

$$OC=\frac{N_{车}(C_{维}+C_{驾}+C_{保}+C_{养})+(mC_{管}+nC_{燃})+C_{租}+C_{其他}}{Q}$$

$$=\frac{793(10+50+20+10)+35\times(15+106.7\times46.5)+800+5000}{258633}$$

$$=0.972(元/人)$$

(2)基本成本计算

由2006年潍坊市道路等级调查情况可看出，潍坊市公交基本均在城市主干道上运行，因此本书忽略其他种动态基础设施，则 $C_{DB}=C_1\approx400$ 元(城市主干道的建设费用约280元/m^2，维修费用120元/m^2)；假设道路使用年限为20年，公交车运行时占用车道宽度为3.5m。潍坊市公交车总运行里程为945km。因此动态基础设施成本计算如下：

$$A=3.5\times945\times1000=3.307\times10^6(\text{m}^2)$$

$$AC_{DB}=\frac{C_{DB}}{365\times T}\cdot\frac{A}{Q}=\frac{400\times3.307\times10^6}{365\times20\times258633}=0.700(元/人)$$

由2007年调查可知：潍坊市的现有公交场站面积为91766m^2，在火车站、寒亭区、新坊子区、潍西等地方均为路边停车。假设潍坊市路边停车面积为20000m^2；公交场站和路边停车场的建设费用分别为240元/m^2、120元/m^2，维护费用分别为50元/m^2、20元/m^2；场站使用年限为20年；公交车辆平均长8m、宽2.5m。因此潍坊市静态基础设施成本计算如下：

$$A'=8\times2.5\times793=15860(\text{m}^2)$$

$$C_{SB}=\frac{\sum_i A'_i C_{A'i}}{\sum_i A'_i}=\frac{(240+50)\times91766+(120+20)\times20000}{91766+20000}$$

$$=263.16(元/\text{m}^2)$$

$$AC_{SB}=\left(\frac{C_{SB}}{365\times T}\right)\times\frac{A'}{Q}=0.002(元/人)$$

(3)社会成本

①拥挤成本

由2007年调查可知:潍坊市每辆公交车的平均线路长度为16.59km/车,平均发车频率为8min,一天中发生拥挤的时间大概为1.5h,按平均每车载客量45人,公交车正常行驶车速为20km/h,拥挤时公交车速为15.1km/h,潍坊市2006年*GDP*总值为1720.88亿元,2005年潍坊市城区人口为144万人。因此:

$$L_{jam}=16.59\times1.5\times60/8=186.64(km/辆)$$

$$Q=45\times1.5\times60/8=506.25(人/辆)$$

$$Vot=\sum_{i}^{N}\frac{\overline{GDP_i}}{365\times8Pop}Pop_i=4.089(元/h)$$

所以潍坊市的拥挤成本为:

$$C_C=Vot\cdot\frac{T}{Q}=Vot\cdot\frac{\left(\frac{L_{jam}}{V_{jam}}-\frac{L_{jam}}{V}\right)}{Q}=0.024(元/人)$$

②环境成本

由2007年调查数据可知:一辆公交车一天的运营里程约为103km,由式(4-52)得,潍坊市的环境成本为2.38元/人。

③交通事故成本

据2006年调查数据可知:2005年潍坊全市交通事故数20893次,死亡人数763人,受伤人数4024人。因此潍坊市公交交通事故成本为:

$$C_A=2\%\cdot\frac{(7\times10^5N_{die}+5\times10^4N_{inj})}{365Q}=0.156(元)$$

由上可得潍坊市公交的社会成本为2.56元/人。

④出行时间成本

由2006年潍坊市公交调查数据可知:平均候车时间为9.3s,平均乘车时间为34.3s,平均换车时间5s,则出行时间成本为:

$$TTC=(t_{wt}+t_{jt}+t_{ht})Vot=\left(t_{wt}+\frac{\overline{L}}{V}+t_{ht}\right)\cdot Vot$$

$$=4.089\times(9.3+34.3+8)/60=3.306(元/人)$$

因此,潍坊市公交一天出行的人均总成本为:

$$0.972+0.7+0.002+2.56+3.306=6.54(元/人)$$

三、补贴测算模型

叶树峰[31]总结了公交补贴测算方法和存在的问题。依据补贴对象的不同，可以分为两类：一是对乘客进行补贴；二是对公交企业进行补贴。对于乘客补贴有两种方式，包括票价补贴和人公里数补贴；对于公交企业的补贴，有车公里、线路补贴、成本规制补贴、基于标准成本的最优补贴、基于服务水平的激励补贴等。

（一）面向乘客的补贴方法

1. 依据票价的补贴方法

依据票价的补贴[101]是指政府对合理票价与政府低票价之间的差额进行补贴。政府低票价相对稳定，在相当长的一段时间内不会改变。合理票价建立在市场自由定价环境的基础上，由于受企业运营成本和生产效率等因素的影响，存在一定的波动性，因此需要建立合理票价调整机制。企业运营成本指标可以用居民消费价格指数（CPI）替代，生产效率用 P_e 表示。城市公交的年客运量基本稳定，可取年平均值。票价补贴调整采用式（4-56）计算。

$$S_{P1} = S_{P0} \cdot [1 + (CPI - P_e)] \tag{4-56}$$

式中：S_{P1}——当年票价补贴额；

S_{P0}——上年度票价补贴额，当 $CPI = P_e$ 时，当年票价补贴额不变；当 $CPI > P_e$ 时，当年票价补贴额增加；当 $CPI < P_e$ 时，当年票价补贴额减少。

2. 人公里补贴

人公里补贴额是由客运量和营运里程共同决定的，每位旅客乘行 1km 为 1 人公里。具体补贴测算见式（4-57）。

$$S_{Q1} = S_{Q0} \cdot Q \cdot L \tag{4-57}$$

式中：S_{Q1}——人公里补贴总额；

S_{Q0}——1 人公里补贴金额；

Q——同期客运量；

L——同期车辆行驶里程。

在这种补贴方式下，公交企业会努力提高服务水平来吸引出行者选择公交出行，有利于补贴积极性的发挥，但给公益性冷僻线路运行带来问题。

(二)面向公交企业的补贴方式

1. 车公里补贴

车公里补贴是由运营车辆数和运营里程共同决定的,每一辆车行驶 1km 为 1 车公里,具体补贴测算方法为:

$$S_{B1} = S_{B0} \cdot N_B \cdot L \tag{4-58}$$

式中:S_{B1}——车公里补贴总额;

S_{B0}——1 车公里补贴金额;

N_B——同期公交车辆数;

L——同期内总行驶里程数。

该种补贴方式下,企业为获得更多补贴,单纯追求车公里数,忽略客运量和服务质量,造成公共财产浪费。

2. 线路补贴方法

线路补贴[102]考虑单一公交线路的单项补贴、经济效益和服务质量激励。单项补贴包括政府低票价的补贴、燃油补贴、车辆更新补贴等;经济效益保证线路运营成本得到行业标准收益;服务质量激励则表明线路获得补贴额与服务质量考核挂钩。公式表述为:

$$S_m = S_{unit} + S_{return} + S_{service} \tag{4-59}$$

式中:S_m——线路补贴总额;

S_{unit}——单向补贴之和;

S_{return}——投资回报调节;

$S_{service}$——服务质量调节。

3. 成本规制补贴方法

合理界定公交行业成本范围,建立单位成本标准,并以此测算补贴的方法。以深圳为例,以企业为单位,测算公式表述为:

$$S_C = S_{cunit} + S_{creturn} + S_{cservice} \tag{4-60}$$

式中:S_c——成本补贴总额;

S_{cunit}——单项补贴;

$S_{creturn}$——投资回报调节;

$S_{cservice}$——服务质量调节。

单项补贴是为企业承担公益职能、燃油价格上涨和低票价政策给予的补贴;投资回报则是在成本规制的基础上给予企业的行业标准利润;标准利润中 30%

与服务质量挂钩。

(三)补贴测算方法存在的问题

我国公交补贴测算还没能大范围普及,只在上海深圳等几个城市实施,主要是由于我国的公交企业的经营模式还存在着诸多问题。而且补贴测算还存在着很多问题,主要问题如下:

首先,部分测算方法不合理。为激发企业积极性,公交补贴测算要求测算结果与实际亏损值接近。以统包补贴和包干补贴为例,统包补贴实施必须有假设前提,就是企业经营是有效率的,但事实并非如此。

企业的亏损可能是政策性亏损,亦可能是企业决策失误或内部治理缺陷造成的经营亏损,如果政府对二者不进行区分,会产生负向激励。企业如果从自身利益最大化的角度出发,可能会在政府财政承受范围内,尽量夸大其亏损程度以获得更多的补贴。此外,企业经营效率和服务质量不会得到提高。包干补贴优于统包补贴,政府可以掌握企业经营的更多信息,对企业具有一定的激励作用。但包干补贴可能不能弥补企业实际亏损,造成企业亏损加剧,不利于企业的长期发展。

其次,测算对象不明确。目前,政府对公交的政策性亏损进行补贴,包括低票价补贴、公益优惠票价补贴和政策性线路补贴,但在实际操作中,政策性亏损与经营性亏损很难界定,导致测算困难。此外,政府对公交企业的燃油、税收等方面进行优惠,以企业为补贴对象,不够细分,为企业千方百计获得更多补贴创造了机会。

最后,测算缺乏可靠的基础数据。低票价补贴、人公里补贴、车公里补贴及其他补贴测算方法均以车辆运营里程、客运量和营收为基础进行测算,但由于我国公交企业的运营不规范,不能提供可靠的基础数据,为企业骗补行为创造了可能性。在营收方面,存在人工售票、自动投币、电子售票以及月票等形式,给收入核算带来困难。成本考核方面,由于粗放的管理模式,难以实现成本核算。

本章小结

本章分析了常规公交发展策略;分析了常规公交定价的影响因素,包括常规公交成本、燃油价格、政策、公众承受能力、服务水平,这些因素都直接影响常规公交定价,彼此间又会互相影响;介绍了几类城市常规公交的定价模型,包括根据不同的经营目标构建的最佳定价计量模型、出行成本计量模型和补贴测算模型。

第五章　城市轨道交通经济管理政策

作为一种大容量的交通工具，轨道交通具有快捷、准点、舒适和环保的特性，与公交和出租汽车相比，它所具有的技术特性、经济特性和环保特性符合城市客运交通运输的需求。因此我国大城市纷纷建设和运营轨道交通系统，以缓解城市交通拥挤，调整城市客运交通结构。轨道交通已经成为特大城市客运交通系统中必不可少的选择[80]。

根据中国轨道交通网[103]统计，截至2015年年底，我国有北京、上海、广州、深圳、南京、天津、重庆、大连、沈阳、长春、成都、武汉、西安、佛山、苏州、杭州、昆明、哈尔滨、郑州、长沙、宁波、无锡、青岛、南昌、淮安共25座城市已有轨道交通运营线路，运营线路总长为3516.71km；而温州、常州、东莞、徐州、兰州、福州、厦门、贵阳、石家庄、太原、合肥、南宁、乌鲁木齐这13座城市的轨道交通线路正在建设中，其中"十二五"末我国城市轨道交通运营里程为4445.23km，"十三五"轨道交通行业发展规划正在进行中，铁路建设速度不减。

第一节　城市轨道交通发展策略

在发展的不同时期，其发展策略有很大的不同，根据发展的策略不同而制定出的票价更具有合理性。

一、城市轨道交通初期建设发展策略

但是在轨道交通建设初期，人们并没有普遍接受轨道交通这种交通方式[104]。而常规公交更是因为其低廉的票价吸引着大量的乘客，对轨道交通运营的冲击很大，这既加剧了城市的交通问题，又让公共交通资源没有得到充分的利用，形成社会资源的浪费。

在轨道交通运营初期，轨道交通的客流吸引范围有限，为了避免过度竞争对轨道交通发展造成的不利影响，可采取以下措施：

(1)合理制定轨道交通的票价和票制，吸引和鼓励在轨道辐射范围内的居

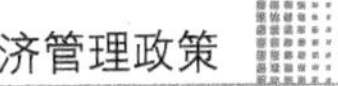

民利用轨道交通方式出行。

(2)对常规公交的票价进行必要的控制,避免常规公交对轨道交通形成价格竞争,适度降低公交接运线的票价,鼓励居民通过换乘利用轨道交通。

(3)调整相关公交线路,避免不必要的竞争。调整与轨道近距离的平行线,增加经过轨道站点的垂直线路。

二、我国经济欠发达地区城市轨道交通建设策略

目前,我国大中城市轨道建设正处于加速上升时期,不过对于经济欠发达的一些城市来说,交通建设的状况与人口发展严重不协调,主要是因为国家的一些政策标准偏高,这一点严重制约着这些地区的发展[105]。

(一)城市轨道交通建设应考虑的条件

轨道交通是一种大型公益性项目,投资量大、建设周期长、直接回报低是轨道交通项目的特点,轨道交通的建设应该能够确保需求与供给平衡。也就是说,城市是否建设轨道交通需要从城市发展的需求、经济技术能力和社会经济效益三方面来综合考虑。

(二)国家的政策标准

2003 年 9 月 27 日国务院办公厅发布《关于加强城市快速轨道交通建设管理的通知》(以下简称“2003 年国务院办公厅 81 号文”),调整了快速轨道交通建设的立项申请。

申报地铁建设的基本条件见表 5-1。

申报地铁建设的基本条件　　表 5-1

<table>
<tr><th colspan="3">评价项目内容</th><th>极限值</th><th>备　注</th></tr>
<tr><td rowspan="2">市场需求</td><td>城市人口现状</td><td>市区总人口(万人)</td><td>>300</td><td>2003 年国务院办公厅 81 号文</td></tr>
<tr><td>预测客流</td><td>单向高峰小时客流量(人/h)</td><td>>30000</td><td>依据我国《城市轨道交通工程项目建设标准》(建标 104—2008)</td></tr>
<tr><td rowspan="3">经济技术能力</td><td rowspan="2">财政经济现状</td><td>国内生产总值(GDP)(亿元)</td><td>>1000</td><td>2003 年国务院办公厅 81 号文</td></tr>
<tr><td>地方财政收入(亿元)</td><td>>100</td><td>2003 年国务院办公厅 81 号文</td></tr>
<tr><td>采用国产设备情况</td><td>综合设备国产化率(%)</td><td>>70</td><td>依据国家计委 99(458)号文件</td></tr>
</table>

申报轻轨建设的基本条件见表5-2。

申报轻轨建设的基本条件 表5-2

评价项目内容			极限值	备注
市场需求	城市人口现状	市区总人口(万人)	>150	2003年国务院办公厅81号文
	预测客流	单向高峰小时客流量(人/h)	>10000	依据我国《城市轨道交通工程项目建设标准》(建标104—2008)
经济技术能力	财政经济现状	国内生产总值(GDP)(亿元)	>600	2003年国务院办公厅81号文
		地方财政收入(亿元)	>60	2003年国务院办公厅81号文
	采用国产设备情况	综合设备国产化率(%)	>70	依据国家计委99(458)号文件

对于满足申报地铁建设基本条件的城市来说,地铁的建设可以系统地解决一些其他交通方式不能解决的交通问题,而且还有利于城市的形象发展,而对于不满足申报地铁建设基本条件的城市来说,这些城市的经济水平还不能完全支撑轨道交通的运营,反而会劳民伤财、得不偿失。

罗世民[105]认为,轨道交通的建设不能完全依靠申报的基本条件来确定,虽然一些城市或地区经济方面欠发达,不过也要有自己地区独特的发展方向,比如可以在经济水平达标之前拓展资金筹集的渠道,还可以进行一些小规模轻轨地铁建设。

第二节 城市轨道交通的经济特性

一、城市轨道交通的基本经济特征

(一)城市轨道交通具有一定的自然垄断性

轨道交通具有明显的自然垄断性,主要表现为成本的弱增性和市场准入与退出的高标准性。建设投资大、资金回收周期长是轨道交通建设的特点,故企业很难退出该行业。一般情况,由于成本方面的原因,一个地区只会投资建设少数几家轨道交通运营企业,这就形成了自然垄断的局面。轨道交通运营企业有如下几个特点:

(1)产量与特定价格下的市场需求量相等。

(2)收入与生产这些产量所耗费的成本相等。

(3)如有新企业进入市场,垄断企业不能改变原来的价格,并要求以原有的价格满足新企业夺走后的剩余需求。

以上轨道交通的几个特点符合“可维持性”理论,这使得垄断形式得以持续发展,政府管制成为必然[106]。

(二)城市轨道交通属于“准公共产品”

城市轨道交通除了自然垄断性,还有部分公共产品和私人产品特性,所谓部分就是指与纯公共产品、私人产品又不完全相同。

首先,由于轨道交通票价相对低廉,具有一定的公益性,使其在消费上有一定的非竞争性。消费者在准公共产品的消费时,不会影响其他消费者,增加消费者不会导致公共产品生产成本的增加。轨道交通只要在满员之前增加乘客,边际成本均为零或接近于零。轨道交通是一种城市公共交通设施,具有社会公益性,在定价时不能完全依据盈利市场的定价方式,也不能完全按照市场供求法自我调节。作为公益性事业,其效益主要体现在社会效益上,即在推动城市经济和社会发展、解决城市交通问题及改善居民的生活质量等方面所起的作用。在某种程度上,轨道交通票价上的亏损转化为了“公共消费者剩余”,恰恰体现了公益性。轨道交通与市民日常出行活动息息相关,对于市民关注度较高,与市民利益密切相关的问题,如轨道交通票价、运行时刻表等,政府应该进行严格的控制与管理,避免投资者盲目追求投资回报和经济效益,保证轨道交通建设项目最大限度地方便市民出行,发挥轨道交通的社会效益。

其次,轨道交通运输是可分割的。每个消费者可以通过“谁买票,谁乘车”的方式对城市轨道交通运输产品进行消费,因此,其具有效用的可分性,属于私人产品的一个属性。

最后,城市轨道交通运输还具有一定的排他性。城市轨道交通对所有人提供相同数量和相同质量的服务,但当乘客越来越多时,会产生拥挤问题,乘客所得的消费利益将会下降。这时便可以通过售票准入的方式排除一些人的消费,只让那些买票的人上车,而且不用花很大的成本。然而,城市轨道交通是一种公用交通工具,虽然票价弹性较小,涨价会带来收入的增加,但是不能通过随意提高票价的方式来排除大部分人对城市轨道交通运输产品的消费。

(三)城市轨道交通具有极强的正外部效应

城市轨道交通作为城市大型基础设施,快捷高效,能节约人们的时间成本,有利于环保，还能减轻地面交通压力和政府地面交通投入。随着轨道交通建设，沿线房地产迅速增值、商贸日趋活跃，有力地促进了城市经济的持续发展，增加了城市总体的社会经济福利，具有巨大的正外部效应。

(四)城市轨道交通具有明显的规模经济特征

城市轨道交通发挥作用以网络规模为前提，覆盖面越大，城市轨道交通效率越高；轨道交通路网建设投资规模大，建设期长，资产的流动差，沉淀成本大；轨道交通的主要资产——土建部分使用时间长，具有一定的永久性；在任何服务点上，轨道交通所提供的服务都取决于路网的整体水平。城市轨道交通存在最低效率规模，且规模效益递增，具有非常明显的规模经济特征。

二、城市轨道交通的主要经营特点

(一)轨道交通项目的运营具有时空局限性，盈利空间有限

轨道交通每天的营运时间是有限的，不可能像其他行业那样加班加点生产出更多的产品，以增加收入。而且地铁只能在已经建好的有限的轨道上运行，"产品"不可能输往外地，也不可能在洞外运行，票款收入被限制在固定的线路上，运输的能力有限。因此轨道交通项目的"产品"——运输服务的盈利空间相对有限。

(二)轨道交通项目权益具有放大性，资产的保值增值能力强

轨道交通票款收入的增长主要受沿线居住条件、土地开发强度、路网变化、商业经济成熟程度等外部因素影响。随着社会发展，人口流动增大，路网增加以及服务水平的提高，轨道交通将不断吸引更多的客流，票款收入从长期看，具有一定的增长趋势。而且，地铁的洞体使用年限长达百年，随着时间的推移，资产的升值潜力巨大，具有很强的保值增值能力。

(三)轨道交通客流量较大，使轨道交通周边商业开发更充分

轨道交通除了具备公共交通的公益性外，其本身也会提供较多的商业机会，例如广告、智能服务等衍生收益。除此之外，轨道交通的发展可以为地下商业网络的发展提供更多的发展空间，实现地下商业网络与地上商业网络对接。

第三节　影响轨道交通票价制定的因素

轨道交通的票价高低不仅直接决定公交企业的收益和利润，也会对公交企业的运营模式及发展方向产生一定的影响，因此有关轨道交通票价制定的问题一直是备受关注的问题[107]。轨道交通社会需求性强、投资量大、回收期长、运行成本高[108]，其行业的特殊性决定了其在实际定价过程中必须要采取与其他交通方式定价不同的方式方法，因此在定价时，需要结合轨道交通行业的特殊性，综合分析成本、客运需求、公众承受能力、其他公共交通的竞争、政府补贴、轨道交通服务水平等与轨道交通定价有关的影响因素。

一、轨道交通成本

成本是影响票价制定的主要因素之一，城市公共交通的全成本包括：建设成本和运输成本。建设成本和固定成本高是城市轨道交通成本构成的特点。单纯依据全成本制定票价，将超出乘客承受能力，缺乏市场竞争力。制定城市轨道交通票价时，不应只考虑成本的需要，由于城市轨道交通运营是一个庞大的交通服务系统，其固定资产庞大、资产专业性强、人员众多、固定成本高，同时，基础设施强调社会效益的特性决定其票价政策的非自主性，回报率低，即便是形成网络规模，收回投资期限仍然较长，若按城市轨道交通的成本来计算和制定票价，将必然会大大超出公众的承受能力。

轨道交通总成本费用[108]见表5-3。

轨道交通总成本费用　　表5-3

项目	明细		说明
总成本费用	运营成本	生产人员工资及福利	按有关财务制度规定，职工福利费按工资总额的百分比提取
		电费	根据动力和照明用电费标准综合取值
		修理费	包括车辆及机电设备修理费、大修理费提存及线网更新修理费
		营运费	包括车辆清洁费、车站清洁费、电话费、车票印刷费、乘客保险费等与运营相关的各项费用
		管理费	包括管理人员工资及福利费、工会经费、办公费、教育经费等

续上表

项目	明　　细	说　　明
总成本费用	折旧	根据城市快速轨道交通的固定资产折旧年限，按照直线平均法折旧，残值率按4%计
	摊销	无形资产按10年摊销，递延资产按5年摊销
	财务费用	包括长期贷款、流动资金和短期贷款的利息

城市轨道交通的制定不能脱离成本，但又不能完全按公共交通的成本定价。例如广州地铁1999年的成本票价是15.3元；深圳地铁运营第一年在参照广州地铁目前乐观客流量时测算的成本票价是18.3元。显然依成本定价票价过高，脱离市民承受能力，也不具吸引力，背离地铁建设初衷。城市轨道交通带有社会福利的性质，它体现出社会效益和经济效益的双重经济特性。一方面要求轨道交通票价尽可能地低，以适应广大城市居民的经济负担水平，实现其社会效益，这在一定程度上反映了轨道交通投入巨大、服务社会的本质；另一方面要实现轨道交通的经济效益就要求按照市场经济规律，使票价与运输成本相一致，因而成本就必然是制定票价的主要考虑因素，轨道交通的票价应能反映运输成本，但不能覆盖完全成本。

二、客运需求变化

客运量需求变化对轨道交通票价制定的影响主要表现为轨道交通供给与需求相互关系的影响[109, 110]。若轨道交通市场供给小于需求时，票价就会高一些；若轨道交通市场供给大于需求时，票价则应低一些。同时，票价变动也能影响运输市场需求总量，进而影响票务收益，从而影响运输企业目标的实现。因此，轨道交通定价需了解轨道交通票价变动对市场需求的影响程度，轨道交通的价格需求弹性就是反映这种影响程度的一个指标。如上下班高峰时段此价格需求弹性较小，故可考虑适当提高票价，而非高峰时段则可适当降低票价以吸引客流。轨道交通价格与轨道交通供给数量关系如图5-1所示。

客流量与票价水平是相互影响的。客流量越大，票价提升空间越大，同时票价越高，客流量就会相应的减少。因此，客流量和票价之间必然会存在一个最佳的动态平衡点，这个平衡点就是最优票价。制定最优票价的目的就是吸引客流、缓解城市的交通压力，从而充分发挥轨道交通作为城市交通骨干的作用。

研究表明，乘客对票价的反应敏感程度主要为：上下班的客流对票价提高的影响较小；非高峰期尤其是晚上及周末的客流量受其影响最大；行程越远，受票价影响越小[106]。

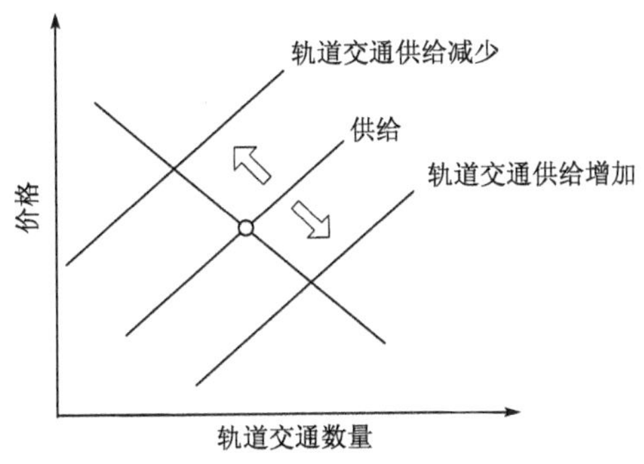

图5-1　轨道交通数量供给关系图

三、公众承受能力

通过调查统计分析,任何超过居民承受能力的票价都会极大地削弱公共交通的吸引力[106]。居民交通出行的工具选择并非一味地以价格进行评价的,而是对这种交通工具的综合考虑,除票价外,还会考虑方便程度、舒适程度以及安全性等各种因素,同时乘客的时间价值观也是影响其选择的一个非常重要的方面。

地铁提供的是快捷服务,相对于其他出行方式,势必能节省较多的出行时间,即相当于乘客支付的票款中有一部分是支付给所节省的时间的,那么,对于所"购买"的时间,其价值是要在制定价格时考虑进去的。在香港地铁制定地铁票价的考虑因素中,就有每位乘客愿意为节约一分钟而支付的金钱这一项。

此外,即使乘客能够负担起较高水平的票价,也不足以说明这个票价就合理,因为乘客能够支付和愿意支付是两回事。因此,制定城市公共交通票价时需要充分考虑居民的承受和支付能力,不能增加居民的经济负担,要制定出最适合本城市的票价水平。

四、其他公共交通竞争

城市轨道交通作为城市客运交通的一部分,不可避免地与其他公交方式存在竞争关系,这种竞争关系会对轨道交通的运输市场份额和客运量产生影响。轨道交通的主要竞争对手一直是常规公交,二者在功能上有一定的重叠性,因此,轨道交通定价应该与常规公交做好横向对比,才能制定出适合轨道交通自身的合理票价[84]。

一般来说，轨道交通所制定的票价应该高于常规公交，但是具体要高多少，还要通过对轨道交通与常规公交的定位、服务、效率等多方面的比较后再进行细致的研究。若轨道交通与常规公交的票价差值太高，那么必将大大降低轨道交通对居民出行的吸引力，既不能使得轨道交通运营企业取得效益，也不能实现缓解城市交通拥挤的目的，与社会福利最大化原则相悖；若轨道交通票价定价过低，将直接导致轨道交通运营企业的亏损，给政府带来持续而巨大的财政压力。

五、政府补贴

轨道交通的定价应以当前城市的经济发展水平为前提，保证轨道交通定价对各个层次消费者的公平性。政府可以通过补贴政策来调整票价，对轨道交通运营企业进行优惠和补偿的同时也应加强对轨道交通的监管，保证其公共性和公益性，提升轨道交通对居民的吸引力，保证城市公共交通的健康发展[111]。

目前轨道交通补贴模式主要有以下几种[112]：

1. 建立效益返还机制的模式

即政府给予轨道交通运营企业一定的权益，使其能够获得部分轨道交通开发的衍生收益，从而补偿企业对轨道交通建设中的支出。在国内，香港地铁及深圳地铁 4 号线均采用了该方式。

2. “投资——建设——运营”三分开的模式

由政府或政府所属的公司负责投资与建设，轨道交通建设的投入和初期设备的投入不计回收，并对今后的大宗投入（如购买车辆）与改造予以补贴。相当于轨道交通运营企业租用轨道交通资产进行运营，只承担运营成本。

3. 成本完全由企业承担，但政府予以补贴的模式

企业负担所有轨道交通的建设和运营成本，乘客只承担享受轨道交通产品服务和社会效益产品产生的成本，其他未购买轨道交通服务产品的人的社会效益成本由政府进行补贴。

六、服务水平

服务水平对轨道交通票价的制定也具有一定的影响，这种影响主要体现在与其他公共交通方式服务水平上的对比上。轨道交通的服务水平主要体现在其价格、快捷性、准点率、舒适性和安全性等方面。同时，站点的布局和可达性会影响轨道交通对乘客的吸引力，这也间接地影响了票价的制定。

第四节　城市轨道交通定价政策

城市轨道交通收费策略的总原则是制定收费策略总的指导思想和依据[113]。轨道交通的准公共产品经济属性决定了其收费既要反映商品的价格共性,又要反映公共交通运输产品的特性。商品的价格共性是所有商品在任何社会制度或生产关系下都具有的价格属性,轨道交通出行者应该为其乘坐轨道交通工具所享受到的服务付费,这就是价格共性的要求;同时轨道交通是国家为了缓解交通拥挤而大力提倡建设的,有利于城市环境的可持续发展,因此其定位应该是吸引合理的交通流量到快捷、安全、舒适的轨道交通方式上来,以最大限度地减少个人机动交通工具出行的比例,这就需要政府根据自身实力给轨道交通运营企业以资金、政策的支持和扶植。城市轨道交通一般都需要政府投入巨资参与建设、间接监管甚至直接管理运营服务,因此存在政府投资所带来的运营效率不高的弊病。低票价带来的大客流也在一定程度上影响了客运效率,积极有效的收费策略能够提高运营效率。

因此,城市轨道交通总的收费策略原则应该是:公益优先、兼顾效益、提高企业效率。正确处理好乘客、企业和政府三者之间的相互关系,充分考虑乘客的承受能力、企业的运营能力和政府的补贴能力。

城市轨道交通的票价作为收费策略的核心内容之一,也是普通市民最为关心的问题。在总的收费策略的指导下,认清所处的不同运营阶段和轨道交通的公益属性,正确处理成本、客流、收益之间的关系,综合考虑各方面因素,才能制定出公平合理的票价,满足社会效益最大化。

一、轨道交通建设初期票价确定

轨道交通刚刚投入运营后的一段时间内,其实际客运量会远远低于初中期设计运量,这一时期称为轨道交通建设初期,这一时期一般要持续到轨道交通网络完善、市民将轨道交通作为常用出行方式时结束[108]。

我国城市轨道交通初期定价普遍偏高,原因主要在于国内轨道交通行业对于票价制定程序、轨道交通的效益的判断和对票价的整体评价等方面存在误区,而产生这些误区的根本原因是对运输产品传统的定义不科学。

苟吉占[114]、叶玉玲[115]、张文晰[116]等人对于轨道交通建设初期的票价制定问题进行了研究,分析了轨道交通建设初期票价制定原则以及票价计算方法。

(一)轨道交通建设初期票价制定原则

1. 降低票价,大力吸引客流

在新轨道交通产品的定义之下,轨道交通产品的销售就成了至关重要的环节,乘客的增多才是轨道交通服务社会的最终目的,轨道交通的社会效益才能体现。广州轨道交通的满载率不到 20%,这就意味着 80% 的产品没有销售出去,与其这样,还不如降低票价,使市民多选择乘坐轨道交通。在价格弹性范围内,降低票价后乘客数量增多,最终收入可能还会增加。

乘客的增多并不会给轨道交通运营企业增加太多的成本,因为主要成本费用是不会随乘客数量改变而显著改变的,例如占总成本 40% 左右的通风空调用电,35% ~40% 左右的人工成本。客流量增加后,仅牵引用电会略微增加,但初期牵引用电只占总成本的 10% ~20%。

2. 鼓励发展,合理补贴

如前所述,轨道交通的大部分效益体现在其社会效益上,但是,轨道交通运营企业无法直接从其社会效益中获得利润,主要靠政府进行效益的调节和利润的再分配,以财政补贴的方式返还部分给轨道交通运营企业。轨道交通运营企业、政府、市民与商家的关系如图 5-2 所示。

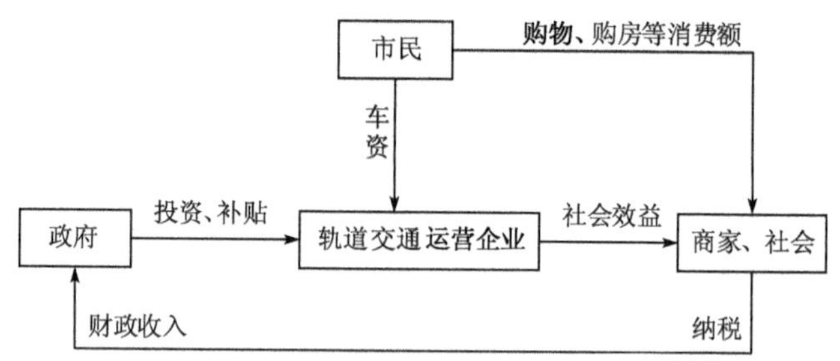

图 5-2 轨道交通运营企业、政府、市民与商家的关系示意图

(二)轨道交通初期票价计算

笔者认为初期票价应当为运营成本与合理利润的总和减去其他收入和产品数量与满载率乘积的比值,见式(5-1)。在该公式中,笔者将轨道交通新的产品数量定义引入了初期票价计算公式。同时,为了说明价格的制定需要结合补贴整体考虑,将补贴明确引入了其他收入中。另外,由于生产规模与服务水平直接关联,为了使票价处于较低水平,只有通过提高满载率,才能在开通初期大力吸

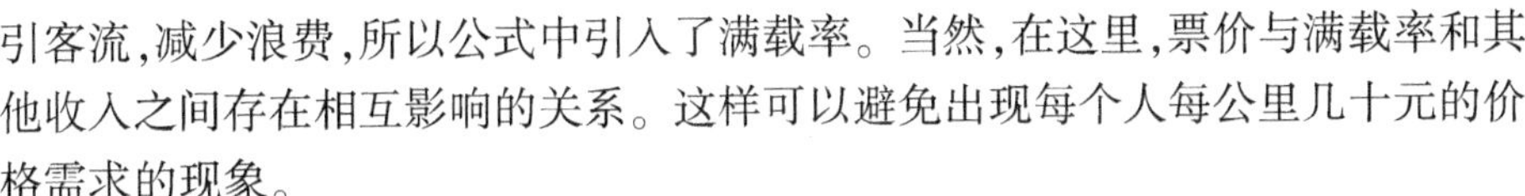

引客流，减少浪费，所以公式中引入了满载率。当然，在这里，票价与满载率和其他收入之间存在相互影响的关系。这样可以避免出现每个人每公里几十元的价格需求的现象。

$$P = \frac{OC + B - I}{Q \cdot LF} \tag{5-1}$$

式中：P——票价，元/km；

Q——产品数量，即轨道交通运营企业生产出的客位公里数，客位·km，对于一条线路来说，计算公式为：Q = 总运营列车列数 × 列车定员 × 线路运营里程；

LF——满载率，也即销售率，乘客消费的总客位·公里数/生产出的总客位·公里数；

OC——运营成本，轨道交通运营企业的完全成本；

I——其他收入，包括由轨道交通运营企业自身物业发展的可用来补贴运营的净利润，也包括政府的补贴，这里直接把政府补贴作为收入的一部分，是基于前面的分析，政府的补贴实质上是将轨道交通运营企业创造的社会应得收益返还给企业的部分；

B——合理利润，轨道交通运营企业也可以考虑一定的利润率，在经营初期，利润率可以为零，也可以为负，但在度过初期以后的正常经营时间里，维持一定的利润水平是合理的。

（三）需要注意的相关问题

在修建轨道交通时，我们强调轨道交通的社会意义，但在制定票价时，这一点却往往被忽视。城市政府应当在重视城市轨道交通建设的同时重视轨道交通系统的可持续发展，从城市经济发展的角度而非单从轨道交通运营企业的角度来看待城市轨道交通票价制定及相关问题。

国内的地铁票价整体偏高且不能及时随物价与乘客增长变化进行调整，普遍存在的误区不利于城市轨道交通充分发挥其功效。国内目前仍处于初步建设与运营阶段，对于地铁的运营与经济管理仍需投入更多的人力进行研究，并引进国外的灵活措施，使得轨道交通真正起到城市客运的骨干作用，发挥其巨大的社会效益。

1. 实施配套的交通政策

由于轨道交通的产品产量大，且具有生产与消费同时进行的特点，为了增加轨道交通产品的整体效益，除了针对不同的人群推出不同的消费规格以稳定消费者外,美国轨道交通运营企业还常常利用价格优惠进行促销,有时间、区段、人群、票种等不同的优惠内容。比如在城市轨道交通开通初期让市民免费乘坐,这实际上是销售策略的一部分。

为了引导市民出行习惯向轨道交通倾斜,美国的城市往往实施城市交通的配套改善措施。比如,提高城市中心区停车场的收费以减少中心区道路拥堵,或者在城郊的轨道交通站点附近提供大量的免费或便宜的停车位,诱导市民将车停在中心区外,乘坐轨道交通上下班。

2. 给予轨道交通运营企业合理调价的权利

如前文所述,为了避免运力浪费,轨道交通开通初期应当实行低票价。但是,国内的轨道交通票价,包括初期票价和后期票价的调整及优惠均由政府管控,轨道交通运营企业均无权进行,同时,由于轨道交通的票价变动影响面广,各城市对价格调整一般都非常谨慎,这种情况造成票价制定时,轨道交通运营企业多愿制定较高的票价,造成客流量增长不理想的局面。

为了改变这一局面,政府应给予轨道交通运营企业一定的价格灵活调整权力。香港地铁的票价随着物价、乘客数量与地铁的服务水平进行增长,香港地铁在票价上的自主权极大地帮助了他们吸引乘客、创造利润。广州地铁的票价 6 年没有调整过,上海地铁的票价变相有过 1 次 1 元的增幅(由优惠 1 元恢复到原票价),北京地铁的票价 30 多年来共调整过 4 次,这些做法,都使得国内地铁的乘客增长受到影响。

二、考虑财政补贴的轨道交通定价

以政府为主导的投资即以政府提供的信用为基础,以政策性融资方式为主,辅之以其他手段进行融资[113]。资金来源渠道主要有两类:政府财政出资和政府债务融资。具体是:政府财政拨付的资本金、政府基本建设基金或国债资金、国内政策性银行的政策性贷款、境内外发行债券、政府向国外政府或国际金融组织贷款、依托于政府信用的商业贷款等[117]。

(一)轨道交通票价定价的政策取向

城市轨道交通是投资规模大、建设周期长、资产流动性差、沉没成本高的自然垄断产业和基础产业,是具有极强的正外部性、规模经济特征的“准公共产品”。为此,市场经济条件下,轨道交通票价的制定和调整既要遵循价值规律,促进投资和开发,维护经营者的合法利益,更要体现其社会公益事业的性质,适应不同收入层次居民出行需求。轨道交通票价的杠杆作用还要有利于配合城市总体布局，优化城市公共交通格局，实施“公交优先”发展战略。这就决定了城市轨道交通的运营方式必须以政府为主导，并与市场化运作相结合，突出社会公用事业性。轨道交通票价定价的政策取向要遵循“公益为先、兼顾效益”的原则，正确处理乘客、企业和政府三者之间的关系，充分考虑市民的承受能力、企业的运营能力和政府的调控能力。为此，轨道交通票价定价的政策取向应为：以提高轨道交通的能效为主，兼顾运营成本的市场价值取向；体现政府扶持和公众利益优先的低盈利目标取向；体现社会公平和合理的比价关系；有利于提高城市公共交通的运营效率；有利于保护社会弱势群体、促进轨道交通发展和城市建设协调发展[113]。

为保障政策的有效运行，使票价处在合理的区间上，必须做到以下几点：一是建立科学的轨道交通票价管理体系及其票价宏观监控机制和票价调节机制。二是形成多元化的投资体系，改变建设投资完全由政府大包大揽、运营补贴过大的状况。三是建立企业激励约束机制，积极引入民营经济，激活市场运营主体，提高企业运行效率。四是构建合理的票价补偿机制，利用好地铁枢纽、地下空间、站台出口的资源，建立轨道交通项目土地储备制度，拍卖轨道交通沿线土地使用权，利用新线沿线的土地出让金增收部分，以及把土地开发收益作为偿债基金的主要来源。五是根据不同的城市特点和城市发展规划，给予轨道交通运营企业必要的优惠政策，合理分担经营风险，降低企业运营成本，维护票价稳定。六是站在构建城市“大交通”的视角下，科学布局轨道交通路网，支持轨道交通与其他公共交通工具之间的相互换乘，充分考虑轨道交通沿线建筑和商业网点与客流的相互影响，在票价价格机制的导引下，形成城市客流有序、高效运营的格局。

（二）城市轨道交通项目的回报

普通投资方对于所投资项目的预期收益要求可以由征询项目方的意见得知，不具备征询意见的条件时，通常可采取资本资产定价模型，根据同行业类似城市轨道交通项目的投资收益确定。将投资者所要求的报酬分为两部分：一部分为投资者的无风险报酬，其报酬率为无风险利息率；另一部分为投资者的风险报酬，即投资者所承担的不能按时收回本金与利息的风险所要求的补偿，其报酬率为风险价值率。

采用风险系数 β 的资本资产定价模型（CAPM）可以表述为：$B(r_i)=r_f+\beta_i[E(r_m)-r_f]$。其中，$B(r_i)$ 表示资产 i 的收益率；r_f 表示无风险资产收益率；

$E(r_m)-r_f$ 为对整个市场风险的补偿(市场的风险溢价);β_i 表示资产 i 对市场组合的贡献率(一般在0.1~2.0之间),也称为市场敏感性指数,它代表 i 资产的市场风险的一个测度,这种市场风险是不可分散的系统风险。

1. 确定平均资本收益率 r_m

资本收益率是衡量企业资本的收益程度的值,一般指企业净利润与平均资本(即资本性投入及其资本溢价)的比率。资本收益率可以反映企业资本获利能力的大小,资本收益率越高,表明企业资本的经济效益越好,资产运营能力越强,意味着该企业的投资前景越好,对股份有限公司来说,就意味着股票升值。因此,它是投资者和潜在投资者进行投资决策的重要依据。我们可以根据上证指数的年度收益率来判断市场的平均资本收益率。

运用上证指数和上证公用事业指数,可以计算项目的 β 值和上证指数年度收益率 r_m。利用回归直线法求出风险系数 β 值,$\beta=\dfrac{\sum_{i=1}^{n}X_iY_i-\sum_{i=1}^{n}X_i\cdot\sum_{i=1}^{n}Y_i}{n\sum_{i=1}^{n}X_i^2-(\sum_{i=1}^{n}X_i)^2}$。其中,$X_i$ 为上证公用事业指数收益率,Y_i 为上一年上证公用事业指数相对于下一年公用事业指数的变化,n 为计算年数。上证指数年度收益率 r_m 可以通过 $F_1=F_0\cdot(1+r_m)^n$ 求出。F_1 为一系列年份中最末年终的收盘指数,F_0 为一系列年份中最早年份的年末收盘指数,n 为计算年数。

2. 确定无风险利率 r_f

无风险利率是指将资金投资于某一项没有任何风险的投资对象而能得到的利息率。这是一种理想的投资收益,一般受基准利率影响。美国等债券市场发达的国家,无风险利率的选取有三种观点:

观点一:无风险利率的确定可以参考短期国债利率。短期国债被认为是风险最小的金融产品,用短期国债利率作为无风险利率较为贴近实际,数据也较容易获得。因此,我们可以考虑使用短期国债利率来计算股权资本成本。

观点二:考虑使用即期短期政府债券的利率减去历史风险溢价收益率的结果作为无风险利率。由于即期短期政府债券的利率包含无风险利率和风险溢价,因此可以考虑使用历史风险溢价均值作为即期短期政府债券的风险溢价,由此得出无风险利率的具体数额。

观点三:无风险利率的选择可以考虑选用即期的长期国债利率,而长期国债利率中的风险溢价可以由股票市场的历史风险溢价均值给出,两者的差额即为无风险利率。

以第三种观点来确定无风险利率，即 r_f 取期末的国债加权平均。由此，可以求出项目的资本回报率 A，$A = r_f + \beta(r_m - r_f)$。

（三）城市轨道交通项目的投入

1. 评估城市轨道交通的投入时应考虑投资主体多元化的发展趋势

世界很多国家大城市的地铁融资建设中，特别是在地铁建设初期和高速成长时期，政府投融资都发挥着主要作用。如北京地铁建设初期政府投资比例达100%，香港地铁政府投融资占77%，法国巴黎地铁政府投融资占80%，香港城市轨道交通融资工具类别见表5-4。在过去几十年里除了少数几个例子，政府投入几乎成为所有城市轨道交通系统建设中最重要的资金来源。如前所述，政府主导的轨道交通补贴渠道种类繁多，若政府需要对轨道交通运营企业进行补贴，可采用的资金来源渠道非常广，因此在计算项目的成本时，需要充分考虑每一种资金来源的资本金成本，而不是均一的以市场利率作为资本的成本。

2006年香港城市轨道交通融资工具类别　　表5-4

类　别	比例(%)	类　别	比例(%)
环球债券	37	银行贷款及出口信贷	20
中期票据	25	港元债券	2
欧洲美元债券	16		

根据轨道交通投资主体的不同，需要在计算项目的加权资本成本时对不同的资本按相应的贷款利率进行计算。假设贷款比例为 b，投入资本比例为 a，则项目的加权资本成本为：$K_{wacc} = aK_s + bL$，其中，L 为贷款利率的加权平均，$L = \frac{L_i \cdot DEBT_i}{DEBT}$，$DEBT_i$ 为第 i 项贷款额。由此，计算出轨道交通的加权资本成本。

2. 评估城市轨道交通的投入时应充分考虑资金的时间价值

资金的时间价值是指资金投入周转使用后的增值额，即资金在运动过程中，由于投放和回笼的时间不同而带来的增值。资金的时间价值大小一般采用利息或利率来反映，体现资金的时间价值大小的利率，根据不同资金来源，可以是银行存款利息率、股息率或债券利率。

资金具有时间价值，在评估政府补贴额度时需充分考虑资金的时间价值，如表5-5所示。

深圳市轨道交通二期建设资金需求表(单位:亿元)　　表 5-5

项　目	总额	截至 2007 年	2008 年	2009 年	2010 年	2011 年
1 号线延续工程	110.69	25.5	25	25	16	19.19
2 号线	64.85	9	12.2	20.7	22.95	
2 号线东延段	98.91		7	31	32	28.91
3 号线	106.7	24	29	33	20.7	
3 号线西延段	51.63		11.1	14.2	14.7	11.63
4 号线续建工程	58.8	5.09	16.26	17.87	19.58	—
5 号线	192.58		15.3	55	59	63.28
合计	684.16	63.59	115.86	196.77	184.93	123.01

以深圳地铁 1 号线续建工程为例,分析轨道交通项目前期投资中资金的时间价值。将 1 号线续建工程的投资方案分为两类,第一类为直接全额投资,第二类为原定分期投资计划,如表 5-6 所示。

投资方案对比表(单位:亿元)　　表 5-6

方案计划	现值总额	2007 年	2008 年	2009 年	2010 年	2011 年
甲方案	184.24	110.69	25.5	25	25	16
乙方案	202.19	202.19	0	0	0	0

两方案的计划投资额,在考虑到了资金的时间价值后,所花费的成本是不同的。因此应该引入项目现值的概念,通过资金的成本及项目的回报率来计算项目的现值。

根据项目现值的计算方式,假设一个项目的资本成本为 $K_{wacc} = aK_s + bL$,其中,贷款比例为 b,投入资本比例为 a,L 为贷款利率的加权平均,$L = \frac{L_i \cdot DEBT_i}{DEBT}$,$DEBT_i$ 为第 i 项贷款额,K_s 为项目的资本回报率。设第 t 年项目运营收入为 I_t,付现成本为 C_t,则第 t 年的净现金流 $NCF_i = I_t - C_t$,则项目的现值为 $NPV = \sum_{i=1}^{n} \frac{NCF_i}{(1 + K_{wacc})^t}$。

如表 5-4,假设项目的资本回报率 K_s 为 10%,则甲方案的项目现值为 184.24亿元,乙方案现值为 202.19 亿元,因此,可以得出,资金的时间价值在政

府对轨道交通运营企业进行前期投资补贴时是一项必须考察的内容。

3.城市轨道交通政府财政补贴模型

由于项目的实际价值可以看成是对项目未来净值的预期折现，所以可以利用项目融资理论计算项目的实际价值，并得出项目运营期的财政补贴额。主要步骤包括：计算项目的资本回报率；计算项目的加权资本成本（WACC）；确定项目的未来净现金流；计算项目的现值，并通过与当前的投资额进行对比以判断当前财政补贴的额度。由于技术资产本身具有一定的价值，这种技术资产带来的未来收益一般表现为利润总额、净利润、净现金流等。如果将未来的收益折现，选用的折现率只能是投资于技术资产的投资回报率（或称投资收益率）。因此，企业的综合资本成本也可用作收益现值法中的折现率。

依据资本资产定价模型（CAPM），即有：$E(r_i)=r_f+\beta_i[E(r_m)-r_f]$，运用上证指数和上证公用事业指数，可以计算项目的$\beta$值和上证指数年度收益率$r_m$。利用回归直线法求出风险系数$\beta$值，$\beta=\dfrac{n\sum_{i=1}^{n}X_iY_i-\sum_{i=1}^{n}X_i\cdot\sum_{i=1}^{n}Y_i}{n\sum_{i=1}^{n}X_i^2-\left(\sum_{i=1}^{n}X_i\right)^2}$，上证指数年度收益率$r_m$，可以通过$F=P(1+r_m)^n$求出，无风险利率$r_f$取期末的国债加权平均。由此，可以求出项目的资本回报率K_s，$K_s=r_j+\beta(r_m-r_f)$。假设贷款比例为b，投入资本比例为a，则项目的加权资本成本为：$K_{WACC}=aK_s+bL$，其中，L为贷款利率的加权平均，$L=\sum_{i=1}^{n}\dfrac{L_i\cdot DEBT_i}{DEBT}$，$DEBT_i$为第$i$项贷款额。设第$t$年项目运营收入为$I_t$，付现成本为$C_t$，则第$t$年的净现金流$NCF_i=I_t-C_t$。项目的现值$NPV=\sum_{i=1}^{n}\dfrac{NCF_i}{(1+K_{WACC})^t}$；设$RT$为项目总投资，项目工期为$i$年，到第$t$年的投资额为$RT_i$，则投资的净现值为：$NRT=RT+\sum_{i=1}^{n}RT_i\cdot[(1+K_{WACC})^{m-i}-1]$；最终，项目的基础补贴额为：$FS=NRT-NPV$。

优点：考虑前期投资成本时，充分考量了资金的时间价值和投资主体多元化的趋势，将其融合进入补贴模型之中，能更为实际地为政府提供轨道交通前期投资的相关建议。

缺点：考虑前期投资回报时，运用上证指数和上证公用事业指数，可以很好地计算出国内相似轨道交通运营企业的投资回报率，但是，对于不同轨道交通、不同发展程度的轨道交通运营企业而言，较难以此模型衡量轨道交通项目的投资回报。

三、考虑合理换乘的轨道交通定价

为了充分发挥城市公共交通的运输效益，实现城市综合客运交通体系的优化目标，就要使各类公共交通的服务水平超过私人交通工具，同时为便于城市内外交通的联系，除了进行公共交通线网的优化设计和公交站点的合理布局以及提高公共交通的服务水平以外，有必要发展城市内部各种客运交通方式之间以及城市内部客运交通与城市对外客运交通间的综合换乘系统。在实施优先发展城市公共交通的过程中，交通换乘是被广泛采用的策略。

交通换乘是指交通对象为完成一定出行目的在同种交通方式、不同交通方式或交通设施之间搭乘转换的全过程以及在该过程中所得到的由载运接驳设施如衔接通道及线路、换乘站厅等提供的交通服务[118]。换乘可能给部分市民乘车带来不便，以前能直达的现在也许要转乘，因此，若没有相应的换乘票价优惠措施，则很难被大众广泛接受。票价的制定是构建和谐交通系统规划中的重要组成部分，合理的票价尤其是换乘票价是快速公交吸引乘客、保持运营效率的手段之一。

合理换乘下的轨道交通定价模型构建过程如下：

（一）出行者效用分析

轨道交通转换乘条件下，出行者支出包括票价、出行时间和中转风险。出行者支出票价总额等于公交车票的总额，旅行时间包括乘车时间和中转时间，其中乘车时间等于乘坐公交的在途时间，中转时间由不同类别公交线路确定，如转乘站点的设计、距离、公交出行密度等；中转风险指出行者花费的中转时间及其所额外承担的风险和精力，中转不畅时可能导致支付更多的中转时间和相关开支，从而降低出行者出行的舒适度。如果出行者选择中转换乘方案可以在公交总在途时间上获得节省，但需要付出一定的中转时间，同时需要付出较高的票价和一定的中转风险，出行者综合比较三个影响因素并结合自身特征进行权衡。根据上述思路，我们构建了基于出行者效用的公交换乘票价模型。

（二）通过换乘无差异点构建模型

换乘示意图如图 5-3 所示，计算式为：

$$C_z = P_z + \alpha t_z + \pi g(Q_z, L) + \gamma(t_z - t) \tag{5-2}$$

$$\begin{cases} C_{\mathrm{h}} = P_{\mathrm{h1}} + P_{\mathrm{h2}} + \alpha(t_{\mathrm{h1}} + t_{\mathrm{h2}} + t_{\mathrm{h\omega}}) + \pi[g(Q_{\mathrm{h1}}, L_{\mathrm{h1}}) + \\ \qquad g(Q_{\mathrm{h2}}, L_{\mathrm{h2}})] + \gamma(t_{\mathrm{h1}} + t_{\mathrm{h2}} + t_{\mathrm{h\omega}} - t) \\ L_{\mathrm{h}} = L_{\mathrm{h1}} + L_{\mathrm{h2}}, t_{\mathrm{z}} = \dfrac{L_{\mathrm{z}}}{V}, t_{\mathrm{h1}} = \dfrac{L_{h1}}{V_{h1}}, t_{h2} = \dfrac{L_{\mathrm{h2}}}{V_{\mathrm{h2}}}, g(Q,L) = \dfrac{L}{V}f(Q) \end{cases} \tag{5-3}$$

式中：C_z——直达成本；

C_h——换乘成本；

P_z——直达票价；

P_{h1}——换乘第一段票价；

P_{h2}——换乘第二段票价；

α——单位时间成本；

t_z——直达全程时间；

t_{h1}——换乘第一段乘车时间；

t_{h2}——换乘第二段乘车时间；

t——规定上班时间；

$t_{h\omega}$——换乘等待时间；

V——直达车速度；

V_{h1}——换乘第一段车速；

V_{h2}——换乘第二段车速；

π——拥挤程度成本率；

Q_z——直达乘车人数；

Q_{h1}——换乘第一段乘车人数；

Q_{h2}——换乘第二段乘车人数；

L_{h1}——换乘第一段乘车距离；

L_{h2}——换乘第二段乘车距离；

L_h——换乘总乘车距离；

$g(Q,L)$——与乘车人数 Q、乘坐距离 L 相关的公交拥挤函数；

γ——迟到的单位时间成本。

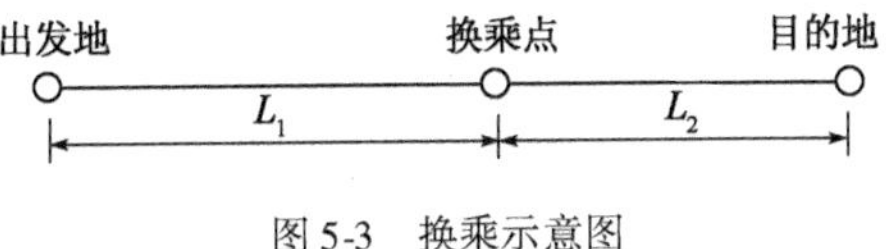

图 5-3　换乘示意图

为计算方便，假设转乘和直达车速满足 $V_{h2} > V_{h1} > V$；出行者迟到的单位时间成本不大于单位时间成本，即 $\alpha \geqslant \gamma$；直达和换乘前后的乘客人数不发生变化，即 $Q_z = Q_{h1} = Q_{h2} = Q$；当两种出行方式无差异时满足 $C_h = C_z$，即：少了假设条件，直达票价和换乘第一阶段的票价相同，导出式(5-4)。

$$\begin{cases} P_{h2} + \alpha(t_{h1} + t_{h2} + t_{h\omega}) + \pi f(Q)\left(\dfrac{L_{h1}}{V_{h1}} + \dfrac{L_{h2}}{V_{h2}}\right) + \gamma(t_{h1} + t_{h1} + t_{h\omega} - t) \leqslant \alpha t_z + \\ \pi f(Q)\dfrac{L_z}{V} + \gamma(t_h - t) \\ \alpha(t_z - t_{h1} - t_{h2} - t_{h\omega}) + \pi f(Q)\left(\dfrac{L_z}{V} - \dfrac{L_{h1}}{V_{h1}} - \dfrac{L_{h2}}{V_{h2}}\right) + \gamma(t_h - t_{h1} - t_{h2} - t_{h\omega}) - P_{h2} \geqslant 0 \end{cases} \tag{5-4}$$

若无等待时间，则 $t_{h\omega} = 0$，此时的二阶段转乘票价为 P_{h2}^*，且 $P_{h2} \leqslant P_{h2}^*$，计算公式为：

$$P_{h2}^* = (t_z - t_{h1} - t_{h2})[\alpha - \gamma + \pi f(Q)] \tag{5-5}$$

$$P_{h2}^* \leqslant (t_z - t_{h1} - t_{h2})[\alpha - \gamma + \pi f(Q)] \tag{5-6}$$

四、轨道交通运营多时段定价政策

考虑到城市轨道交通在不同时间客流量、成本、服务水平等不同，因而对城市轨道交通实行分时段定价是有必要的。王健、周红飞[37]将高峰定价理论应用在轨道交通定价中并建立了轨道交通多时段定价模型。

(一)城市轨道交通多时段定价模型

与其他公共运输方式类似，轨道交通由于不同时段出行需求的变化，城市轨道交通存在着客流非高峰和高峰时段。客流高峰时段，客流量达到顶峰，使得运输服务的质量有所下降，同时存在着安全隐患；客流非高峰时段，客流量减少，会导致运能的浪费以及社会资源的浪费。

针对城市轨道交通早晚客流高峰现象，可根据高峰定价法，在拉姆塞定价理论的基础上建立城市轨道交通的多时段定价模型，此模型具有可行性与实际意义。

拉姆塞定则的前提是假设不同时段的需求都是相互独立的，但实际上它们之间的交叉弹性不等于零或不能忽略不计，因而不同时段的需求会相互影响，如实施高峰定价后会有一部分需求从高峰期向非高峰期移动。所以，有必要对拉姆塞定则进行修正，以保证各类服务的相对消费者的数量与应用边际成本定价时假设的比例相一致。针对拉姆塞定则的上述不足引入不同时段的时间权重系数,对其进行修正。

建立城市轨道交通多时段定价模型,目标函数是社会福利 S 的最大化。它包括企业利润和消费者剩余。考虑到城市轨道交通存在垄断,因此当企业追求利润最大时,社会福利水平并非最大;当采用边际成本定价时,企业会出现亏损,这是任何企业不能接受的,虽然政府会对其进行补贴。本书在此基础上,综合两者间的关系,在政府相关政策下,在企业收支平衡的情况下,使作为社会福利主要尺度的消费者剩余达到最大,从而提出高峰定价的具体模型。

由于城市轨道交通在一天的运营中有早晚两个高峰时段,而非高峰时段有三个,因此在拉姆塞定价模型的基础上,假设运输量需求 Q 在一天的运营时间内可以分成 n 段,每段是相互独立的。高峰时段的需求为 $Q_i(i=1,2)$,非高峰时段的需求为 $Q_j(j=3,4,\cdots,n)$,当需求相互独立时,高峰时段和非高峰时段的逆需求函数可以分别表示成 $P_i(Q_i)$、$P_j(Q_j)$,即该时段的价格只与该时段的需求有关。城市轨道交通运营时,一天中高峰时段和非高峰时段的运营时间不同,每个时段的需求是不同的,但是它们之间存在内在联系,运输企业也会根据不同的需求对其进行投资。因此,高峰时段与非高峰时段所占一天营运时间的比例是影响企业收益的重要影响因素,也影响着整体的社会福利,因而引入一个时间权重系数 $\omega_k(k=1,2,\cdots,n)$,则城市轨道交通日总运营收入为 $\int\sum_{i=1}^{2}\omega_iP_i(Q_i)\mathrm{d}Q_i+\int\sum_{j=3}^{n}\omega_jP_j(Q_j)\mathrm{d}Q_j$,并在此基础上建立改进的拉姆塞定价模型。

对于城市轨道交通运营的总成本,则分为固定成本(容量成本)和可变成本。设城市轨道交通的最大运能为 K,则城市轨道交通的容量成本为 $C(K)$。而可变成本则与时段的运量有关,可以表示为 $\sum_{i=1}^{2}\omega_iC_i(Q_i)+\sum_{j=3}^{n}\omega_jC_j(Q_j)$。于是城市轨道交通日运营总成本可表示为 $\sum_{i=1}^{2}\omega_iC_i(Q_i)+\sum_{j=3}^{n}\omega_jC_j(Q_j)+C(K)$。为了简化模型,假设运输企业收支平衡,为了使社会福利 Sw 最大化,得到目标函数为:

$$\max Sw=\int\left(\sum_{i=1}^{2}\omega_iP_i\mathrm{d}Q_i+\sum_{j=3}^{n}\omega_jP_j\mathrm{d}Q_j\right)-\sum_{i=1}^{2}\omega_iP_i\mathrm{d}Q_i-\sum_{j=3}^{n}\omega_jP_j\mathrm{d}Q_j \tag{5-7}$$

式(5-7)的约束条件为:

$$\sum_{i=1}^{2}\omega_iP_iQ_i+\sum_{j=3}^{n}\omega_jP_jQ_j-\sum_{i=1}^{2}\omega_iC_i(Q_i)-\sum_{j=3}^{n}\omega_iC_i(Q_i)-C(K)=0$$

$$0\leqslant Q_i\leqslant K$$

$$0<\omega_k\leqslant 1,\sum_{k=1}^{n}\omega_k=1$$

利用拉格朗日乘数将有限制的目标函数化为无约束的目标函数,于是得到如下的最优化目标函数:

$$\max Sw=\int(\sum_{i=1}^{2}\omega_iP_i\mathrm{d}Q_i+\sum_{j=3}^{n}\omega_iP_i\mathrm{d}Q_i)-\sum_{i=1}^{2}\omega_iP_iQ_i-\sum_{j=3}^{n}\omega_jP_jQ_j-$$
$$\lambda\left\{\sum_{i=1}^{2}\omega_iP_iQ_i+\sum_{j=3}^{n}\omega_jP_jQ_j-\sum_{i=1}^{2}\omega_iC_i(Q_i)+\sum_{j=3}^{n}\omega_jC_j(Q_j)-C(K)\right\}-$$
$$\sum_{i=1}^{2}\beta_i(Q_i-K)\tag{5-8}$$

式中:λ——拉格朗日因子,含义是企业每增加单位利润对社会福利的影响;

β_i——拉格朗日因子,含义是城市轨道交通的运输容量成本在 i 时段每增加一单位对社会福利的影响。

利用库恩—塔克条件对式(5-8)的最大化问题求解。

对 Q_i 求偏导,可得:

$$\frac{\partial Sw}{\partial Q_i}=-\omega_i\frac{\mathrm{d}P_i}{\mathrm{d}Q_i}Q_i-\lambda\left(\omega_iP_i+\omega_i\frac{\mathrm{d}P_i}{\mathrm{d}Q_i}-\omega_iC'_{Q_i}\right)-\beta_i\tag{5-9}$$

对 q_j 求偏导,可得:

$$\frac{\partial Sw}{\partial Q_j}=-\omega_j\frac{\mathrm{d}P_j}{\mathrm{d}Q_j}-\lambda\left(\omega_jP_j+\omega_j\frac{\mathrm{d}P_j}{\mathrm{d}Q_j}Q_j-\omega_jC'_{Q_j}\right)\tag{5-10}$$

式中:

$$C'_{Q_i}=\frac{\partial C_i(Q_i)}{\partial Q_i}$$

$$\beta_1+\beta_2=\frac{\partial C(K)}{\partial K}$$

令城市轨道交通价格弹性系数 $E_{\mathrm{p}}=\frac{\partial Q}{\partial P}\cdot\frac{P}{Q}$,则式(5-9)、式(5-10)可化为:

$$\frac{\partial Sw}{\partial Q_i}=-\omega_i\frac{Q_i}{E_{\mathrm{p}i}}-\lambda\left(\omega_iP_i+\omega_i\frac{P_i}{E_{\mathrm{p}i}}-\omega_iC'_{\mathrm{Q}_i}\right)-\beta_i\tag{5-11}$$

$$\frac{\partial Sw}{\partial Q_j}=-\omega_j\frac{Q_j}{E_{\mathrm{p}j}}-\lambda\left(\omega_jP_j+\omega_j\frac{P_j}{E_{\mathrm{p}j}}-\omega_jC'_{\mathrm{Q}_j}\right)\tag{5-12}$$

由$\frac{\partial Sw}{\partial Q_i}=0$、$\frac{\partial Sw}{\partial Q_j}=0$,可得城市轨道交通在高峰和非高峰时段的价格分别为:

$$P_i=\frac{\lambda\omega_iC'_{\mathrm{Q}_i}-\beta_i}{\frac{(\lambda+1)\omega_i}{E_{\mathrm{p}i}}+\lambda\omega_i}\tag{5-13}$$

$$P_j = \frac{\lambda C'_{Q_j}}{\frac{\lambda + 1}{E_{pj}} + \lambda} \tag{5-14}$$

从式(5-13)、式(5-14)可以看出，在城市轨道交通运营的高峰时期，居民支付的城市轨道交通价格与各个时段的可变边际成本 C'_Q 和各个时段的 E_p 有关。

(二)案例分析

经对某城市地铁的主集散中心车站的调查研究，得到以下资料数据。

地铁每天运行18h(运营时间为5:00~23:00)。其中:6h为高峰时段(假设早高峰运营时间为6:00~9:00，晚高峰运营时间为16:00~19:00，早晚高峰情况类同);12h为非高峰时段。

两种时段的平均旅客需求模型在正常运营的客流量范围内分别近似满足以下对数函数(忽略它们之间的交叉弹性)。

高峰时段

$$\ln Q_G = 2.36 - 0.3 \times \ln P$$

非高峰时段

$$\ln Q_F = 2.46 - 0.6 \times \ln P$$

式中：P——票价，元；

Q_G——高峰时段的客流量，万人次；

Q_F——非高峰时段的客流量，万人次。

在正常运行客流情况下，运输成本为：边际成本 $2.5 - 0.1 \times Q$；平均成本 $6 - 0.45 \times Q$。其中，成本单位为万元/万人次，客流量 Q 的单位为万人次。

MC、AC、D_F、D_G 等曲线如图5-4所示。

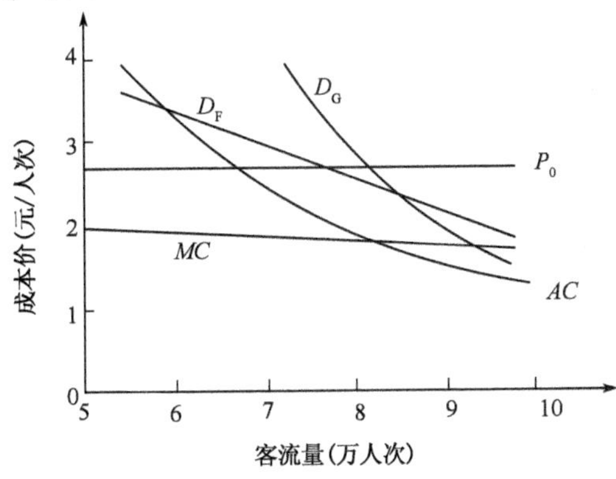

图5-4　地铁成本与客流量需求曲线

根据式(5-13)、式(5-14)可得：

$$\frac{P_i\omega_i/E_{pi}+\beta_i}{\omega_iC'_{Q_i}-(E_{pi}+1)\omega_iP_i/E_{pi}}=\frac{P_j/E_{pj}}{C'_{Qj}-P_j(E_{pj}+1)/E_{pj}} \tag{5-15}$$

根据案例所提供的数据，可以确定上述公式中 $n=5$，$\omega_1=3/18$，$\omega_2=3/18$，$\omega_3=1/18$，$\omega_4=7/18$，$\omega_5=4/18$。由于城市轨道交通的固定成本很大，一般能占到总成本 80% 左右。在所有的运营时间段里，其边际成本变动很小，因此本书假设高峰时段、非高峰时段的边际成本以及全天的平均边际成本近似相等。同时为了计算方便，本书用早高峰的价格代替 P_i，用 9:00 ~ 16:00 时段的票价代替 P_j。已知城市轨道交通在高峰时段、非高峰时段的价格弹性系数分别为 -0.3 和 -0.6，对于单位运输成本 r_i 可以将每年的固定资产折旧作为获得运力的成本支出，于是求得 $r_i=0.15$ 元。利用盈亏平衡约束，同时满足式(5-15)，可以得到不同时段的城市轨道交通票价、客流量、高峰系数等。

在收支平衡情况下，全部的消费者剩余即为社会福利。假设地铁公司利用多时段定价方法得到的消费者剩余为 Cs_{N}，Cs_{NF} 为多时段定价法非高峰时段的消费者剩余，Cs_{NG} 为多时段定价法高峰时段的消费者剩余，则有：$Cs_{\mathrm{N}}=Cs_{\mathrm{NF}}+Cs_{\mathrm{NG}}$ 现以多时段定价中高峰时段的消费者剩余 Cs_{NG} 为例进行计算(图 5-5)。

$$Cs_{\mathrm{NG}}=Cs_{\mathrm{NG1}}+Cs_{\mathrm{NG2}}+Cs_{\mathrm{NG3}} \tag{5-16}$$

式中：Cs_{NG1}——需求曲线 $DG>4$ 元部分的消费者剩余，为图 5-5 中上部的三角形；

Cs_{NG2}——需求曲线 $DG=4$ 元直线部分的消费者剩余，为图 5-5 中的矩形；

Cs_{NG3}——需求曲线 $DG<4$ 元部分的消费者剩余，为图 5-5 中的曲边三角形。

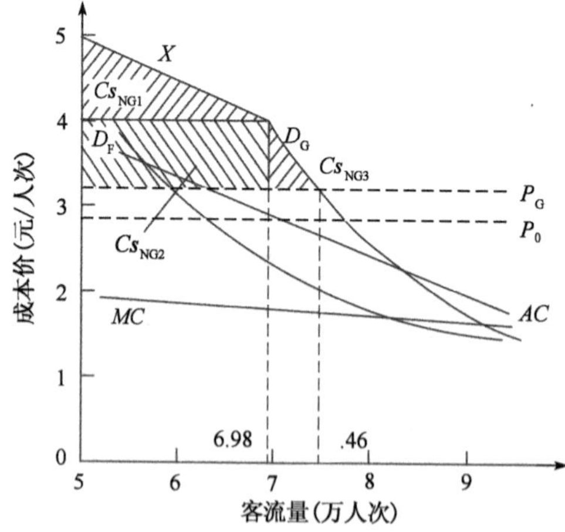

图 5-5　多时段定价法高峰时段消费者剩余计算分析图

由于 $DG>4$ 部分曲线形式未知,只要票价 P 不大于 4 元,统一定价法、高峰定价法与多时段定价的这部分消费者剩余均是相同的,因此对此部分不作具体计算,设其为 M。利用 EXCEL 进行规划求解可以得到:$Cs_{NG}=M+5.52006+0.17936$;同样,可以得到 $Cs_{NF}=M+10.851+2.50890$,则 $Cs_{N}=2M+19.06028$。同样可以分别得到统一定价法和高峰定价法的消费者剩余 Cs_0、Cs_G。具体结果见表 5-7。

不同定价方法的计算结果 表 5-7

定价方法	时段	票价(元)	客运量(万人次)	高峰系数	社会福利 S
统一定价法	高峰	2.79	6.32	2.46	$X_0=2M+15.69918$
	非高峰	2.79	7.78		
高峰定价法	高峰	2.28	7.14	2.12	$X_G=2M+16.94895$
	非高峰	3.08	7.56		
多时段定价法	高峰	1.87	8.03	1.86	$X_N=2M+19.06028$
	非高峰	3.21	7.46		

五、PPP 轨道交通项目定价模式

政府和社会资本合作模式(Public-Private Partnership,以下简称 PPP)是一种新型的社会基础设施投融资模式[119],对地方债务风险的化解及新型城镇化融资缺口的弥补具有积极作用,有利于政府与社会资本的深入合作和公私双方的互惠共赢,PPP 模式能够实现政府与社会资本的优势互补与风险共担,是缓解政府财政压力和提高项目运营效率的重要手段。因此,在我国轨道交通事业中积极引入和推行 PPP 模式可有力地促进轨道交通的可持续发展。

值得注意的是在 PPP 模式中,公私双方对于项目定价目标的利益诉求是不同的。在策划期,PPP 轨道交通项目必须兼顾公私利益,并充分考虑轨道交通市场的特点,制定科学合理的票价,这是 PPP 轨道交通项目获得私营部门的"青睐"、达到各方预期目标及获得最终成功的关键所在。过高的定价会超过公众的承受能力而导致客流的流失;过低的定价则不会对私营部门形成足够的吸引力,可能会导致私营部门的提前退出以致项目的失败。

(一)基于动态多目标的 PPP 轨道交通项目定价机制

易欣[120]考虑了 PPP 轨道交通项目在特许运营期的客流变化,提出了基于动态多目标的定价机制,并给出相应的定价模型。

1. PPP 轨道交通项目的特许运营生命周期

全生命周期(Whole Life-cycle,WLC)是指在企业内部及其关联方之间进行的产品策划、开发、设计、制造、营销、物流,以及消费者购入产品后使用和废弃处置的整个时期[121, 122]。

特许运营的 PPP 轨道交通项目也具有全生命周期的特性,根据轨道交通客流量的变化过程(即产生、培育、发展和稳定的过程),PPP 轨道交通项目的特许经营期可分为客流吸引产生、客流培育发展和客流相对趋稳三个阶段。

(1)客流吸引产生阶段

在该阶段,PPP 轨道交通项目处于运营初期,由于相关设施刚刚投入使用,还不能与其他线路或公共交通工具形成完善的换乘网络,在运营管理方面也需要与其他线路不断磨合。因此,此时的轨道交通的服务能力相对有限,市民可能对该项目还没有形成足够的依赖,在出行时,仍有可能选择其信任的其他交通方式。

在客流吸引产生阶段,由于客流量明显低于项目的设计可承载流量,若单纯采用政府管控的低票价政策显然无法负担项目高昂的运营成本,从而导致企业的亏损,无法维持正常的经营。因此,为扶持项目健康发展,政府必须予以足够的财政补贴。在该阶段,乘客处于尝试和体验期,对轨道交通的票价具有较强的价格敏感性,为吸引客流,定价时要对当地市民的票价承受能力及其他具有价格可替代性的公共交通产品予以充分考虑。此时,轨道交通的定价策略应以增加客流量为主,并以一定低价获取公众认可,尤其是当地的轨道交通从无到有或只有一两条单一线路时,定价最好由政府主导完成。

(2)客流培育发展阶段

在该阶段,随着 PPP 轨道交通项目客流的增长和线路运营服务的渐趋成熟,越来越多的乘客将选择轨道交通作为其主要的出行方式,规模效应开始显现。与此同时,轨道交通与其他公共交通方式之间的竞争也越来越激烈。由于客流规模效应的形成,在项目运营收入逐步增加的同时,运营成本也在逐步下降,但此时仍无法完全达到收支平衡。项目仍然需要从政府获得必要的政策补贴,但是金额会逐年递减,且关于项目的市场化运营的政策会逐步增多,以达到鼓励企业加强管理和控制成本的目的。在该阶段,轨道交通会在市场竞争中逐步显示其优势,定价策略以稳定客流为主。为培育乘客忠诚度,可继续采用“适度低价”的定价策略,辅以必要的增值服务。

(3)客流相对趋稳阶段

在该阶段,PPP 轨道交通项目已形成了完善的运营网络和成熟的运营服务,极大地改善了沿线居民的出行条件,吸引更多的人群入住轨道交通沿线,从而促进了当地的经济发展。虽然,此时的客流量仍在增加,但其变化趋势较为平缓并逐步趋稳。此时,许多乘客会对轨道交通形成较强的依赖,且与其他出行方式相比,轨道交通会在市场中呈现较为明显的竞争优势。由于当时市民收入水平的提高,乘客的价格敏感性会有所降低,但对公共出行的安全性和舒适性的要求会有所提高。在控制运营的同时,企业会更加重视轨道交通的运营服务质量以增加企业效益。与此同时,政府政策补贴会随着企业效益的增加而减少,从而充分显示私营部门的管理优势。在该阶段,可采用"按质付费"的定价策略,进一步细分乘客群体,根据乘客不同的需求提高软硬件服务质量(设置商务软座等),通过服务水平的提高适度地提高轨道交通票价,在获得合理回报的同时也提高了服务质量。在客流高峰期,必要时还可采取差别化定价策略。

图5-6形象地表示了基于动态多目标定价的PPP轨道交通项目的演化特性,三角形的3条边长分别表示政府补贴、项目公司(SPC)的企业效益和乘客付费。

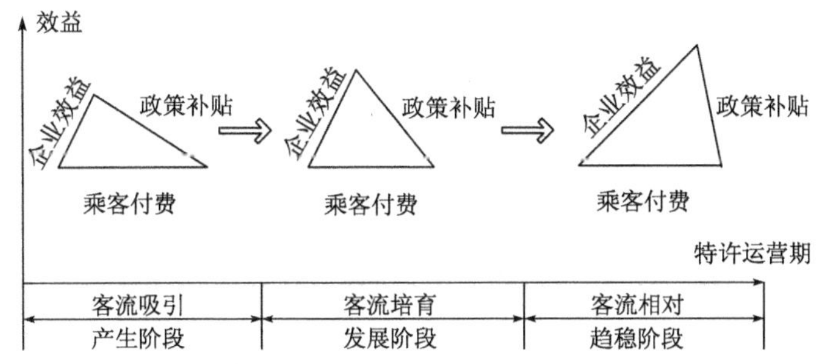

图5-6　PPP轨道交通项目的动态多目标定价流程图

2.定价模型

通过上述分析,PPP轨道交通单位票价的计算如式(5-17)所示:

$$P=(C_{\mathrm{inv}}+OC)\cdot(1+RPI-r_{\mathrm{Pe}})\cdot(1+q_{\mathrm{s}})+P\cdot r_{\mathrm{b}}+Tax \tag{5-17}$$

式中:P——PPP轨道交通项目的单位票价;

C_{inv}——轨道交通项目建设投资的年分摊单位成本;

OC——年运营成本在每人次·公里的分摊;

q_{s}——轨道交通项目的服务质量,依据准点率、舒适度和安全性确定;

RPI——零售价格指数;

r_{Pe}——每年运营企业生产效率增长百分比;

r_{b}——经政府批准的管制利润率;

Tax——运营企业应纳的单位税金。

上式中，轨道交通建设的投资成本主要包括土建投资、机电和电气设备投资等，按每人次·公里进行分摊；年运营成本主要包括各类原材料费用、燃料（电）费用、设备维修费用、管理费用及人员工资和福利等；零售价格指数需依据统计部门发布的相关数据确定，可根据实际情况进行微调；生产效率增长百分比与企业经营效率和先进企业经营效率的差距有关，由政府部门确定；在确定管制利润率时，需比较相关行业的基准收益率和假定该项目完全由公共部门提供时所需要的费用，然后根据比较结果进行合理评估。

除上述公式外，由于其属于公共项目，PPP 轨道交通项目在定价分析项目的社会效益时，必须要考虑当地居民的可负担价格 P'，轨道交通的票价 P 不能大于居民可负担价格，即满足约束条件：

$$P \leqslant P' \tag{5-18}$$

当 P 小于 P' 时，为维持轨道交通的正常运营，政府应给予财政补贴 S 或税收减免优惠，当 P 大于等于 P' 时，则不再给予补贴。虽然有些市民对政府的补贴政策持质疑态度，但 Nelson 和 Baglino 的结果表明轨道交通在缓解区域交通拥堵方面所带来的效益超过政府对轨道交通的补贴，且轨道与公交的联合效益远超出了当地支出的总政府补贴[123]。因此，对于轨道交通项目，关键不在于政府是否应该对其予以补贴，而是要对项目的公益性亏损和经营性亏损进行正确地区分，从而最大程度地发挥政府补贴的作用。同样，为支持 PPP 轨道交通项目，政府也需要给予项目以合理的补贴，同时依据其定价机制对补贴进行同步调整。

针对 PPP 轨道交通项目在特许运营生命周期内客流变化的特点，PPP 轨道交通项目在 3 个阶段内可根据其目标选择不同的定价策略。

（1）客流吸引产生阶段的定价

在该阶段，由于轨道交通的运营服务尚不完善，轨道交通在竞争中不具备优势，因此，定价策略以增加客流为主。此时，可对项目的服务质量放松要求（即参数 q_s 可适当取负值），这并不意味着降低轨道交通运营服务质量，而是为了吸引更多乘客而对原有票价打折。一般情况下，此阶段轨道交通项目的定价满足 $P < P'$，因此，从扶持项目的角度出发，政府应该对项目给予财政补贴或实行税收减免的优惠政策以维持企业的运营和发展。

（2）客流培育发展阶段的定价

在该阶段，轨道交通的运营服务已得到逐步改善，轨道交通在市场竞争中已具备了一定的优势。因此，定价策略应以稳定客流为主，保持“适度低价”。此

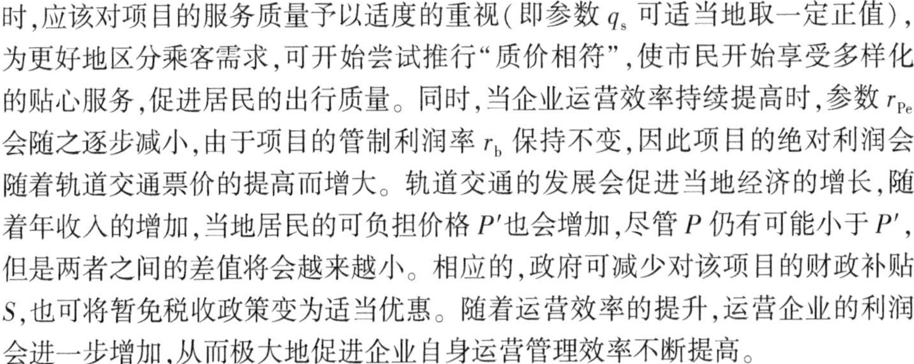

时，应该对项目的服务质量予以适度的重视（即参数 q_s 可适当地取一定正值），为更好地区分乘客需求，可开始尝试推行“质价相符”，使市民开始享受多样化的贴心服务，促进居民的出行质量。同时，当企业运营效率持续提高时，参数 r_{Pe} 会随之逐步减小，由于项目的管制利润率 r_b 保持不变，因此项目的绝对利润会随着轨道交通票价的提高而增大。轨道交通的发展会促进当地经济的增长，随着年收入的增加，当地居民的可负担价格 P' 也会增加，尽管 P 仍有可能小于 P'，但是两者之间的差值将会越来越小。相应的，政府可减少对该项目的财政补贴 S，也可将暂免税收政策变为适当优惠。随着运营效率的提升，运营企业的利润会进一步增加，从而极大地促进企业自身运营管理效率不断提高。

（3）客流相对趋稳阶段的定价

在该阶段，轨道交通的运营服务已经较为完善，在市场具备了较强的竞争优势，因此，可细致地区分乘客类型，推行多样化的增值服务和“按质付费”，采取差别化定价策略，在满足一般市民出行要求的同时，也为特殊人群提供不同等级和更高质量的服务。此时，应该对项目的服务质量予以充分的重视（即针对不同的服务对象，参数 q_s 可灵活地选择不同的数值）。此时，企业会随着运营效率的提高而逐步达到行业先进水平，r_{Pe} 将会持续减小并逐渐趋近于0。

值得注意的是，居民收入水平的差距也会随着经济的快速发展而不断拉大。若以当地居民的平均收入水平计算居民的可负担价格则会掩盖低收入群体的实际状况。因此，为保证轨道交通项目的公益属性，应充分考虑低收入人群的社会效益，同时为防止运营企业的垄断定价，轨道交通下期的管制价格可通过调整运营企业在本期的管制价格来确定。虽然宏观经济环境在不断地变化，但是为保证企业获得合理的收益和维护政府公信力，轨道交通价格的调整周期不宜过长。

另外，当地居民年收入的增加也会使居民的可负担价格 P' 增加，与前期相比，票价 P 也可能已达到了一个较高的水平。此时，运营企业从政府获得的财政补贴 S 将进一步减少，且税收政策也可能由“优惠”改为“正常”。随着财政实力的增强，政府为更好地体现其公共属性，可将项目补贴减少的部分通过转移支付的方式补贴给当地的低收入居民。在该阶段，运营企业的利润增长额会随着客流的趋稳而逐渐减小，运营企业利润的提升主要依靠运营效率的提高和成本控制的加强，市民的出行服务质量也会进一步提高。

（二）城市轨道交通 PPP 项目政府票价补贴测算

合理的票价补贴机制是城市轨道交通 PPP 项目吸引社会资本进入的关键。冯珂[124]提出了一种城市轨道交通 PPP 项目政府票价补贴测算模型。

1. 城市轨道交通 PPP 项目政府票价补贴决策的假设

通过对我国城市轨道交通实际发展及运营状况的分析,对轨道交通 PPP 项目的运营做出以下基本假设:

(1)票务收入为轨道交通 PPP 项目公司的主要收入来源。目前,大多数城市为了缓解交通拥堵压力而建设轨道交通,虽然轨道交通会带动沿线土地和物业的发展,但是项目公司很难享受到由此所带来的收益。因此,票价收入仍是项目公司的主要收入来源。

(2)单一票价制。轨道交通的票价制度主要包括不计里程的单一票价制和按里程或区间计价的票制两种。前者采用均一的票价,充分体现了轨道交通项目的公益性,但因实行低票价政策而导致的公司运营亏损需要由政府进行补贴。后者按出行里程或区间计价,该种定价方式为市场主导的定价方式,但部分线路仍需要政府进行补贴。由于里程制票价可通过项目公司净现金流的调整来反映,不影响结论的推广性,因此本书仅考虑单一里程票制。

(3)政府仅对处在运营阶段的轨道交通项目进行补贴。政府补贴有多种形式,此处仅考虑开发商从政府所获得的票价补贴,属于直接补贴的一种。

2. 城市轨道交通 PPP 项目政府票价补贴决策的计算

制定票价补贴政策所遵循的基本原则是保证项目公司的盈亏平衡并使项目公司的净现值收入维持在一定的水平之上。首先,对项目公司的运营成本及票价收入进行测算,可得到项目公司的预期收益值,将该值与政府和项目公司在特许权协议中约定的最低收入进行比较,若预期收益小于约定的最低收入,则政府对票价进行补贴,从而保证项目公司的盈亏平衡。为保证项目公司的净现值收入维持在一定的水平之上,从净现值 NPV 的角度来看,设某轨道交通项目的建设期为 T_j 年,特许经营期为 T_0 年(包含建设期),$C_r(\tau)=P_r+(T_{jr}+T_{wr})\cdot\tau_r$ 为折现率,f_b 为建设项目投资,OC_m 为项目的运营维护成本。假设经过合理测算,政府和项目公司在签订特许经营合同时提供的最低收入担保为 MRG_m,则该项目预计的净现值为:

$$NPV_1=-\sum_{m=0}^{T_j}\frac{C_{inv}}{(1+i)^m}+\sum_{m=T_j+1}^{T_0}\frac{MRG_m}{(1+i)^m} \tag{5-19}$$

政府限定轨道交通的最高票价会对项目公司的运营造成影响。一方面,由于低票价政策的实行,轨道交通会吸引大量客流,甚至会超过预期客流,从而增加项目公司的收入;另一方面,机器损耗、电费及人力资本等也会随客流的增加而增加。假设 R_m 为项目公司每年的实际收入,OC_m 为项目公司每年的实际运营成本。则该项目的实际净现值为：

$$NPV_2 = -\sum_{m=0}^{T_j} \frac{C_{\text{inv}}}{(1+i)^m} + \sum_{m=T_j+1}^{T_0} \frac{R_m - OC_m}{(1+i)^m} \tag{5-20}$$

若 $NPV_1 > NPV_2$，即预期收益大于该项目的实际收益，则政府需要对项目公司因实行低票价政策造成的运营损失进行补贴，补贴金额为 $NPV_1 - NPV_2$，项目公司能获得的最终收益为 NPV_1；若 $NPV_1 < NPV_2$，政府可按一定比例获得项目公司的超额利润，此时，项目公司所获最终收益为 $[NPV_1 + \alpha(NPV_2 - NPV_1)]$，政府所获利润为 $\alpha(NPV_2 - NPV_1)$，其中 α 为调节系数，$0 < \alpha < 1$。

六、当前我国城市轨道交通票价存在的问题

我国城市轨道交通现行的票价体系主要存在如下问题[125]：

(1)我国的城市轨道交通票价制定策略尚未统一，尤其是对于具有不同建设功能的线路，未从城市总体发展角度将票价制定的多种影响因素综合起来考虑，如轨道交通对新区发展和城市化进程的强大支持作用等。因此，轨道交通难以发挥其在引导城市有序发展方面的作用。

(2)城市轨道交通定价缺乏预期和弹性，调价滞后于市场发展变化。由于目前我国城市轨道交通的票价相关政策尚不完善，轨道交通定价缺乏预期，企业无法合理地预期政府的定价原则、目标以及调价水平，也就不能根据市场的承受能力适时地制定或调整票价，最终导致票价无法发挥调节客流量的作用。

由于轨道交通运营商是最了解市场状况的一方，为更好地发挥城市轨道交通票价的弹性作用，政府应在一定程度上给予轨道交通运营商定价的权利。此外，应充分考虑经济发展的速度和当地居民对票价调整的心理预期，调价周期不宜过长，单次调价幅度应不会导致轨道交通客流量的大幅度下降，进而导致企业票款收入减少，运营效率降低，企业和政府财政的负担加重。

(3)城市轨道交通票价没有考虑区域差别化特征。轨道交通票价是调节交通需求的有效手段，特别是对于城市中心区、铁路断面及江河断面等地区地段。例如，为缓解黄浦江的交通压力，上海轨道交通 2 号线于 2000 年实行增设 1 元优惠票价的尝试，成效显著。但是，目前国内许多城市并没有将这种区域差别化的特征考虑在内，因此，轨道交通难以发挥其在调节交通需求方面的作用。

(4)大量的城市轨道交通中短途运送客流与常规公交的功能重叠，鼓励乘客长距离出行的政策没有直接体现。可以通过票价结构体现城市轨道交通系统

长距离运输的优势，即在运价率上遵循“递远递减”的原则，以吸引长距离出行者。若采用单一的票制或运价率等距不变的票制，则长距离出行的优势无法体现。很多轨道交通所载乘客以中、短距离出行者居多，而这些乘客应该是常规公交的主要对象，不合理的票制是轨道交通与常规公交服务功能重叠的原因之一。此外，城市轨道交通与常规公交的票价水平没有进行合理的衔接，两者之间比价没有充分体现出来，因此，交通没有得到合理的分担。但是，目前我国在制定轨道交通票价时极少考虑上述因素。

（5）政府对轨道交通运营企业的规制手段相对单一。受轨道交通公共福利目标的制约，企业不能自主制定票价，必须受政府严格规制，但是受政府规制的定价不能完全反映实际的市场供求状况。通常，为维持企业的正常运营，政府往往是对票价收入与运营成本的差额进行全额补贴，不利于运营企业结构的优化、运营效率的提高及运营成本的控制。

为刺激企业运营管理效率的提高，政府可通过一定的票价管制政策与措施或采用多元化主体经营的方式建立一种鼓励竞争的激励机制。例如，上海轨道交通已形成了两家运营单位共同竞争的格局，北京和深圳的轨道交通引入了PPP 管理模式，轨道交通激励与约束的有机结合有利于企业运营效率的提高，实现共赢的格局。

本 章 小 结

本章详细分析了轨道交通发展策略；分析了城市轨道交通经济特性，包括基本经济特征和主要经营特点；分析了轨道公交定价的影响因素，包括轨道交通成本、客运需求变化、公众承受能力、其他公共交通竞争、政府补贴、服务水平，这些因素都直接影响轨道交通定价，彼此间又会互相影响；分析了轨道交通建设初期，在财政补贴下、合理换乘下、运营不同时段下、PPP 融资模式下的轨道交通定价政策，提出相应的模型以及案例分析。

第六章　城市出租汽车定价理论与方法

第一节　出租汽车定价的影响因素

城市客运出租汽车行业是一种政府管制下的社会公共行业,其生产的产品(出租汽车出行服务)受到城市客运交通市场配置的影响。因此,城市客运出租汽车价格水平不仅受到其自身成本的影响,还受到外界环境多种因素的影响。城市客运出租汽车价格的主要影响因素,可以概括为四类:出租汽车成本、燃油价格、油价补贴、出租汽车对社会和环境的外部性影响。

一、出租汽车成本

成本的概念向来都是与价格的概念分不开的,出租汽车成本也不例外。出租汽车成本包括其运输生产过程中发生的各种耗费总和,包括固定成本和变动成本。对出租汽车行业而言,其提供的服务是将乘客从出发地安全、方便、顺畅地送达出行目的地,其所能提供运输产品的价值是由运输成本和盈利所构成的。

固定成本包括经营权有偿使用费、营运牌照费、出租汽车公司管理费、保险费、车辆折旧费、运管费车辆检测费、安装顶灯和计价器以及相应的投资设备费等;而变动成本则包括车辆保养与修理费、驾驶员工资、过路(桥)费、燃油费、车辆修理费等[126]。

其中固定成本构成中出租汽车辆折旧和变动成本中燃油消耗的比重较大,进而引起出租汽车辆价格的变化,从而影响出租汽车成本的变化。因此确定城市出租汽车价格水平时必须考虑出租汽车行业的运输成本的变化,并兼顾与城市居民收入水平相适应的出租汽车行业的盈利水平[127]。

一般地,只要城市客运出租汽车的行业政策、经营模式等因素不变,出租汽车经营的固定成本就不会发生变化。燃油消耗费是城市客运出租汽车经营可变成本的主要组成部分,燃油消耗费高低对城市客运出租汽车经营的可变成本有很大影响,进而会影响出租汽车经营的总成本。而燃油消耗费又与燃油价格水平密切相关。因此,燃油价格水平对城市客运出租汽车运价有重要影响。

二、燃油价格

燃油消耗费用支出是城市客运出租汽车营运可变成本的主要部分,燃油价格的高低对城市客运出租汽车行业有直接影响。国内燃油价格的变化是随着国际原油市场价格变化的。

出租汽车作为全天候行驶在路面的机动车,其每天消耗燃油是其营运变动成本中相对较大的一项。以北京[128]和杭州[129]的调查数据为例,出租汽车每天平均行驶里程分别为330km、320km,按照平均油耗为每升油行驶11km,平均每天出租汽车耗油则为29~30L。

2011年4月7日,国家发改委根据国际市场油价的变化情况,上调我国的成品油价格,相当于90号汽油和0号柴油平均每升分别提高0.37元和0.34元,开始进入8元/L的油价时代。而根据2008年12月18日颁发的《关于实施成品油价格和税费改革的通知》,我国从2009年1月1日起对成品油进行税费改革,取消了原有的公路养路费、公路客货运附加费等六项收费,同时将汽油消费税从每升0.2元提高到1元,柴油的消费税从每升0.1元提升到0.8元,其他成品油消费税单位税额也相应提高。

这样算来,平均每天每辆出租汽车在燃油方面需要232~240元,其中包含了29~30元的燃油税,这是出租汽车定价中需要关注的一个因素。

从2014年中旬开始,国际原油经历了一场大跌,截至2016年4月12日,北京90号汽油5.2元/L,0号柴油5.17元/L。相比2014年6月份,油价下跌了将近3元/L。

按照目前油价计算,平均每天每辆出租汽车在燃油方面需要180~188元。因此,燃油价格依然是影响出租汽车定价的重要因素。

三、油价补贴

城市客运出租汽车行业涉及政府、企业、驾驶员和乘客四方。其中,政府是行业管理者,对出租汽车市场进行进入限制、价格限制以及服务质量监督;出租汽车企业和驾驶员是出租汽车行业的共同经营者,提供出租汽车出行服务并获得利润;乘客是出租汽车行业的消费者,通过支付费用获得出租汽车出行服务。当然,出租汽车企业和驾驶员之间存在利益分配问题,这与目前国内普遍采用的出租汽车经营模式有关,本书不做研究。故可将出租汽车企业和驾驶员当作提供出租汽车服务的整体,以下统称为出租汽车经营者(或企业)。因此,出租汽车行业可以抽象为由政府(服务管理者)、出租汽车经营者(服务生产者)和出租汽车乘客(服务消费者)三个主体组成的行业。

在市场燃油价格发生变化时,出租汽车的经营成本必然发生变化。此时,政府、经营者和乘客三方拥有各自不同的利益目标。首先,作为市场经营者,出租汽车企业为追求利润最大化,可能会根据成本变化调整出租汽车经营策略,主要体现在改变运价和调整出租汽车的运营数量。然而,作为行业管理者,政府不可能让出租汽车企业以完全市场化模式对出租汽车经营策略进行调整,而会对出租汽车运价和投放到市场上的出租汽车数量进行控制,其终极目标是出租汽车经营的社会效益最大化,同时确保燃油价格变化对出租汽车行业稳定发展不会产生大的影响。作为服务消费者,尽管知道燃油价格变化会导致出租汽车经营成本的变化,乘客仍然希望能够以较低的费用享受出租汽车服务,但这显然不符合出租汽车企业的目标。因此,当市场燃油价格发生变化时,城市客运出租汽车行业三方之间的目标存在分歧。

当燃油价格上涨时,出租汽车经营成本增加,如果不受政府管制,出租汽车经营者为保证稳定的利润,可能采取提高运价、减少出租汽车经营数量等市场行为。政府从社会效益角度出发,会限制出租汽车经营者的市场行为。出租汽车乘客既不希望运价上涨,也不希望出租汽车数量减少而导致打车难。政府、企业和乘客三方博弈的实质是,燃油价格上涨导致出租汽车经营成本的增加究竟应该由哪一方来承担,或者各方各自承担多大的比例,最终体现在出租汽车企业的利润高低上。

当燃油价格下降时,政府、出租汽车企业和乘客三方之间也存在利益博弈。在完全市场条件下,出租汽车企业为获得更高的利润,会维持以前的高运价。政府从社会效益角度出发,可能会要求出租汽车企业适当降低运价,使燃油价格下降对整个行业带来利好。出租汽车乘客则认为,在燃油价格下降情况下,出租汽车运费理应下降,从而让乘客也能得到实惠。此时,政府、企业和乘客三方博弈的实质是,燃油价格下降带来的利好应该由哪一方来享有,或者各方各自获得多大比例的实惠,最终也体现在出租汽车企业的利润高低上[130]。

目前,国内城市客运出租汽车运价燃油补贴有两种方式:向乘客收取燃油附加费,政府向出租汽车发放燃油补贴。

(一)燃油附加费

许多城市客运出租汽车服务向乘客收取燃油附加费,以缓解燃油价格上涨对出租汽车驾驶员收入的影响,一般是每车次向乘客收取固定金额。北京、上海、广州、深圳、哈尔滨等许多城市都收取1～4元/车次不等的燃油附加费。2012年3月20日，国内成品油价格上涨。随后，深圳、北京、大连、厦门、武汉等多个城市陆续上调燃油附加费。

(二)政府财政补贴

为避免油价上涨时城市客运出租汽车运价过高，考虑市民支付能力有限，政府会对出租汽车发放油补。一般给予每月每台车定额补贴，补贴标准各地不尽相同。例如，2011年哈尔滨市区每台出租汽车平均每天补贴36元，其计算标准为：平均每天行驶距离按360km计算，平均耗油量按10L/百公里计算，平均消耗每升汽柴油补贴1元，合计每天36元。2012年3月20日，国内成品油价格再次上涨后，国家发改委决定在出租汽车运价调整前给予临时补贴，每月每车补贴300元左右。

目前，国内城市客运出租汽车基本运价主要有两种形式：车次运价和行程运价，部分城市还采用了计程和计时双费制的运价形式，将出租汽车等待、低速运行等状况也纳入运价考虑范围。由于受政府管制，出租汽车运价在一定时期内将保持稳定。而国内出租汽车的主要燃料——燃油价格的频繁上涨，直接导致出租汽车经营成本的增加。由于出租汽车行业属城市公共交通范畴，其价格与城市居民的生活密切相关，不可能经常变化。燃油价格变化和出租汽车运价不变的结果是出租汽车驾驶员的经营利润不稳定。为应对燃油价格变化对出租汽车行业的影响，保证出租汽车经营利润的相对稳定，国内许多城市采取对出租汽车经营进行补贴的措施。

财政补贴是指为了实现特定的政治经济和社会目标，国家财政向个人或国有企业提供的一种补偿。其主要是在特定条件下对生产或经营某些销售价格低于成本的企业给予经济补偿，或因提高商品价格而给予消费者的经济补偿。

通过对城市客运出租汽车的特点分析，发现其兼有公共产品和私人物品的属性，而且更接近于私人物品的性质。从城市客运出租汽车的特点及定价方法来看，对其进行运营补贴的理论基础并不充足；但实际中，城市客运出租汽车属于公共交通范畴，其发展和营运受到政府多方面管制，如准入制度、经营模式、价格管制等。由于受到价格管制，因此其价格在一定时期内不能经常变动。然而，作为出租汽车的主要燃料，燃油价格却在一段时期内可能频繁波动，且总体上呈现价格逐年上涨的趋势，该势必导致出租汽车运营成本的增加。

一定时期内，出租汽车客运价格的不变和运营成本的增加，必然导致出租汽车经营者的收入降低。通过对哈尔滨市客运出租汽车的运营情况简单调查结果发现，在油价上涨而运价不变的情况下，出租汽车驾驶员的收入有所降低。在这种情况下，如果政府不采取相应的补贴措施，出租汽车驾驶员经营的积极性及出租汽车服务水平将受到严重影响；当出租汽车经营者的利润低于其能够接受的底线时，甚至会出现出租汽车罢运现象，严重影响出租汽车行业的健康发展及城市的形象。因此，在实践中，政府对城市客运出租汽车营运进行适当补贴显得十分必要。

自2011年至2012年3月，国内成品油价格调整过五次（表6-1），尤其是2012年3月20日，国内成品油价格创造历史新高。市场燃油价格的上涨，对城市客运出租汽车行业带来了直接冲击，各地纷纷酝酿价格调整或实施政府财政补贴。

国内部分省市成品油价格变化情况（单位：元/t）　　表6-1

省（市）	2011年4月7日	2011年10月9日	2012年2月8日	2012年3月20日	2013年2月25日	2014年3月25日	2015年3月20日
北京	9780	9480	9780	10380	10642	10751	7268
上海市	9760	9460	9760	10360	10450	10731	7257
天津市	9335	9035	9335	9935	9760	10465	7168
河北省	9335	9035	9335	9935	9892	10497	7182
山西省	9405	9105	9405	10005	9616	9738	6985
辽宁省	9335	9035	9335	9935	8975	10455	7425
吉林省	9335	9035	9335	9935	9314	10264	7356
黑龙江省	9335	9035	9335	9935	9314	9628	7400
江苏省	9390	9090	9390	9900	10000	10538	7567
浙江省	9390	9090	9390	9900	9988	10538	7267
安徽省	9385	9085	9385	9985	9536	10524	7700
湖北省	9360	9060	9360	9960	9550	10562	7232
重庆市	9550	9250	9550	10150	10264	10676	7126
广东省	9415	9115	9415	10015	10126	10621	7317

注：1. 数据来源：国家发展和改革委员会网站。

2. 北京、上海两市的成品油为90号汽油（Ⅰ），其余省市为90号汽油（Ⅲ）。

四、出租汽车对社会和环境的外部性影响

外部性指的是一个人或一群人的行动和决策使另一个人或一群人受益或受损的情况。出租汽车对社会的外部性影响体现在很多方面。出租汽车抢路、争

路会影响道路交通的运行[131]，易诱发交通事故，威胁市民的生命和财产安全；此外，出租汽车产生的尾气、噪声也给市民带来干扰。城市客运出租汽车在向出行者提供便捷、舒适服务的同时，也给城市带来了一系列外部效应，如尾气、噪声、振动等环境污染，而且由于长时间占用城市道路面积，对环境和道路交通压力大，加重了整个城市的社会成本。目前全国范围内大部分出租汽车均以汽油为燃料，主要排放的有害物质有一氧化碳、碳氢化合物、氮氧化物、光化学烟雾等几类。

专家认为使用出租汽车所产生的拥挤、污染、噪声以及交通安全事故，会以基本无偿的、强制的方式损害城市的整体环境乃至居民的身心健康和人身安全[127]。而随着可持续发展、环保、节能理念的逐步深入，城市客运管理者在制定客运出租汽车发展和改变出租汽车运价时，需要充分关注和考虑到出租汽车运营中外部成本的影响，合理消除或减少出租汽车的外部性。

通过观察表6-2，出租汽车的人均占用道路面积是公交车的十倍左右，也就是说出租汽车的运营效率是公交车的十分之一，目前社会大力提倡节能环保，提高效率，显然，出租汽车违背了上述观点。所以，未来的发展趋势是降低出租汽车的比例，这也就要求管理者在制定出租汽车价格时要充分考虑这一点，不过出租汽车定价主要决定者还包括出租汽车公司，出租汽车公司要有一定的利润空间，所以出租汽车定价需要一个漫长的变化过程，直到另一种交通方式的诞生。

不同交通方式人均占用道路资源比较 表6-2

交通方式	公交服务水平			私人小汽车	出租汽车
	高	中	低		
占用道路面积(m^2/人)	1.75	1	0.7	14	10.5
平均载客人数	20	35	50	1.5	2

第二节　出租汽车价格基础理论

一、出租汽车价格基本构成

起步价、里程价、等候收费、返空费、夜间附加费和燃油附加费等组成了城市客运出租汽车价格体系。其中基本价格由里程价、起步价以及返空费共同构成，其他各项为基本价格的一种附加，任何运价变动只需要对运价水平进行调整，不会对运价结构产生影响[132]。

1. 起步价

起步价是指需要服务的乘客得到一次出租汽车服务的最低价格，即在起步价里程内，基本价格按照这一标准进行计费。起步价一般采用乘客上车时刻开始计量，在起步里程之内只收取起步价的车费。

2. 里程价

里程价是指超过起步价服务里程之后的继续提高服务的价格标准，是一种按照行驶里程计量的基本运价率，单位为元/km。一般是达到 1 元钱时计费一次或者每行驶 500m 计费一次。

3. 等候收费

等候收费也称为等待收费或低速行驶收费，是对低于 12km/h 或 10km/h 低速行驶状态下的出租汽车，按照行驶里程计价时收益会明显低于出租汽车正常服务的运输成本，或者处于等待状态、乘客临时停车、出租汽车怠速时，无法按行驶里程计费的一种补偿。等候收费的目的是将道路拥挤产生的停车等候时间划定在计费范围内，使用者需要支付占用道路资源所消耗的时间和空间成本，不仅能有效调节高峰时段的道路使用量，还能在交通状况恶化的情况下保障出租汽车驾驶员的稳定合理收入[133]。一般为 5min 收取 1km 的里程费用。

4. 返空费

返空是出租汽车行业运营过程中十分普遍的现象，主要是针对需要远距离服务的乘客，在下车之后出租汽车驾驶员回程时难以避免空驶造成经济损失的一种补偿性收费。收费标准一般为行驶里程超过一定值后在后续的里程价中加收一定比例的返空费。如果将里程价与返空费复合，等同于累进制里程价，即在返空费起算里程之内部分，以标示的里程价收费；超过返空费起算里程部分，以标示的里程价乘以(1 + 返空费附加比例)收费[126]。

5. 夜间附加费

夜间附加费是对出租汽车驾驶员夜间劳动补偿的一种津贴性收费，一般是在里程价的基础上加收 50% 的费用。

6. 燃油附加费

出租汽车燃油附加费是由各地级以上市价格主管部门根据燃油市场价格变化情况，实行油价联动，需要结合当地的实际决定是否对乘坐出租汽车收取费用，是出租汽车运价的一部分，主要是为了缓解和抵消成品油价格上涨对出租汽车燃油成本的压力。收取出租汽车燃油附加费是价格调控的一种临时性措施，一般为每运次 1 元或 2 元。

表 6-3 为统计和收集到的全国部分城市出租汽车运价表。

全国部分城市出租汽车运价一览表 表 6-3

城市	起步价（元/km）	里程价（元/km）	等候收费（元/min）	返空费（+%或元）	夜间附加费（%）	燃油附加（元）
北京	10/4	2	0.4	50%（15km 以上）	整体 +20%	2
上海	12/3	2.4	0.48	50%（10km 以上）	整体 +30%	
天津	8/3	1.7	0.34	50%（10km 以上）		
重庆	5/3	1.2	0.1		里程价 +0.8 元	3
广州	7/2.3	2.6	1/2.18	50%（10km 以上）		2
珠海	10/3	2.4	0.5	30%（20km 以上）	整体 +30%	1
成都	8/2	1.9	0.2	50%（10km 以上）	里程价 +0.3 元	
哈尔滨	8/3	1.9	0.38	50%（10km 以上）	里程价 +0.95 元	1
郑州	6/3	1.5	0.3	50%（10km 以上）	整体 +20%	
沈阳	8/3	1/0.55	1/3	50%（15km 以上）	里程价 1/0.5	
大连	8/3	2	0.4	50%（15km 以上）	整体 +30%	1
济南	7.5/3	1.5	0.2	50%（6km 以上）	整体 +20%	0.5
青岛	7/4	1.2	1/3	50%（6km 以上）	整体 +20%	1
南京	9/3	2.4			整体 +20%	2
无锡	10/3	1.8		50%（8km 以上）		
苏州	10/3	2	0.1	50%（5km 以上）	整体 +30%	1
杭州	10/3	2	0.2	50%（10km 以上）		1
温州	10/4	1.4		50%（10km 以上）	整体 +20%	1
厦门	8/3	2	0.2	50%（8km 以上）	整体 +20%	1
合肥	6/3	2	0.1	50%（15km 以上）	整体 +20%	2
南昌	7/2	1.9	0.2	50%（8km 以上）	整体 +20%	

二、出租汽车定价水平分析

乘客对出租汽车需求的不同主要体现在其租车里程的长短上，可以用平均运距或者租车里程的中值来反映出租汽车运价水平高低。下面参考韩彪等的研究，针对哈尔滨市出租汽车运价水平中是否设置返空费进行分析。

（一）设置返空费的基本运价水平

假设出租汽车起步价为 P_0，起步里程为 L_0，里程价格为 P_1，L_j 为乘客实际租车里程，出租汽车返空费起算里程为 L_f，返空费附加为里程价格的 $\beta(0<\beta<1)$，得到平均每千米的运价水平 P'_1（或称运价率）可以表示为：

$$P'_1=\begin{cases}P_0/L_j & L_j\leqslant L_0\\ [P_0+P_1\cdot(L_j-L_0)]/L_j & L_0\leqslant L_j\leqslant L_f\\ [P_0+P_1\cdot(L_f-L_0)+P_1\cdot(1+\beta)\cdot(L_j-L_f)]/L_j & L_j\geqslant L_f\end{cases} \tag{6-1}$$

从式(6-1)可以得到，当 $L_j\leqslant L_0$ 时，

$$P'_1=P_0/L_j \tag{6-2}$$

当 $L_0\leqslant L_j\leqslant L_f$ 时，

$$P'_1=[P_0+P_1\cdot(L_j-L_0)]/L_j \tag{6-3}$$

当 $L_j\geqslant L_f$ 时，

$$P'_1=[P_0+P_1\cdot(L_f-L_0)+P_1\cdot(1+\beta)\cdot(L_j-L_f)]/L_j \tag{6-4}$$

由上述分析可以看到，乘客所支付的出租汽车运价与其租车距离有明显的联系。从式(6-4)可以得到里程价格 P_1、起步价 P_0、起步里程 L_0、出租汽车返空率起算里程 L_f 的斜率绝对值分别为 $\left(1+\beta-\frac{L_0+\beta\cdot L_f}{L_j}\right)$、$\frac{1}{L_j}$、$L_f$、$\frac{\beta\cdot P_1}{L_j}$，这些参数对运价水平的影响程度取决于这四者之间的数值关系。

从表6-3中可以看出，城市客运出租汽车里程价格 P_1 均大于1元/km，则 L_0 的斜率绝对值大于 P_0 的斜率绝对值，说明起步里程变化对运价水平的影响大于起步价的变化；此外由于 $0<\beta<1$，则 L_0 的斜率绝对值大于 L_f 的斜率绝对值，说明起步里程变化对运价水平的影响大于返空费起算里程的调整。

（二）不设置返空费的基本运价水平

在不设返空费情况下，可得平均每千米的运价水平 P'_1 为：

$$P'_1=\begin{cases}P_0/L_j & L_j\leqslant L_0\\ [P_0+P_1\cdot(L_j-L_0)]/L_j & L_j>L_0\end{cases} \tag{6-5}$$

当 $L_j\leqslant L_0$ 时，式(6-5)可以转化为式(6-2)，此时仅起步价对运价水平产生影响，降低起步价有助于降低运价水平。虽然适当降低起步价会减少一次载客运营的收入，但也会刺激消费，增加乘客的短途乘坐出租汽车需求，例如2009年长春市出租汽车起步价为5元/2km，受到短途出行居民的欢迎。

而在运价设计中，P_0/L_0 是始终大于里程价 P_1 的，亦即租车里程小于起步里程时的供给效率总是高于租车里程大于起步里程时的供给效率。因此总的运

营收入还会有增加的可能，具体要看运价结构及水平与运输需求之间的关系，如近年来武汉、成都等市均降低了 P_0/L_0，以增加出租汽车的运营收入。

而当 $L_j > L_0$ 时，式(6-5)可以转化为式(6-3)，此时可以得到里程价格 P_1、起步价 P_0、起步里程 L_0 的斜率绝对值分别为 $(1 - L_0/L_j)$、$1/L_j$、P_1/L_j，这三个参数对运价水平的影响大小取决于三者之间的数值关系。

同前文分析一样，里程价格 P_1 均大于 1 元/km，则 L_0 的斜率绝对值大于 P_0 的斜率绝对值，说明起步里程变化对运价水平的影响大于起步价的变化。

而里程价的变化影响，则为：

(1)若 $(L_j - L_0) > P_1$，则 $(1 - L_0/L_j) > P_1/L_j > 1/L_j$。

(2)若 $P_1 > (L_j - L_0) > 1$，则 $P_1/L_j > (1 - L_0/L_j) > 1/L_j$。

(3)若 $(L_j - L_0) < 1$，则 $P_1/L_j > 1/L_j > (1 - L_0/L_j)$。

第三节　出租汽车定价模型

一、社会最优定价模型(边际成本定价模型)

竞争条件下采用边际成本定价可使社会福利达到最大(假设无外部性)，因此常称此为最优定价法。

边际成本是指生产过程中增减一个单位量而引起的总成本变动[22]。它与单位成本的关系如图 6-1[134] 所示。从图中可以看出：当运输量小于 Q_1 时，单位

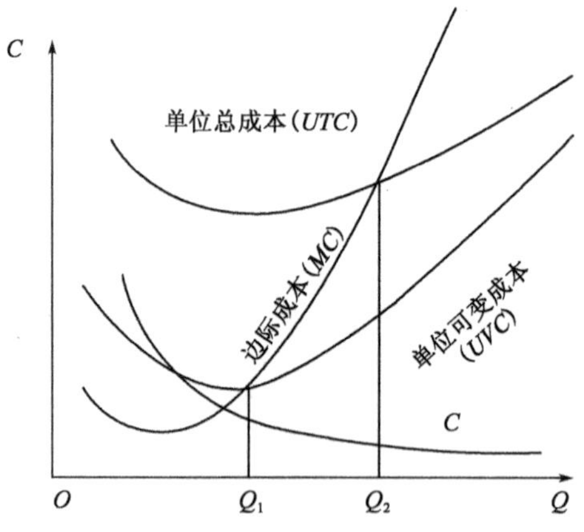

图 6-1　各单位成本关系图

可变成本和边际成本相当；当运输量介于 Q_1 与 Q_2 之间时，表明货物的运量低于运输能力，此时的边际成本小于单位总成本，大于单位可变成本；当运量大于 Q_2 时，表明现有运输能力已远远不能满足运输需求，需要投入新的运输能力，此时的边际成本将高于单位总成本。

由此可见，边际成本定价的实质是增减单位运量以引起总成本的变化从而获得最优的单位经济收益，公式表示如下：

$$MC = \frac{\mathrm{d}C(Q)}{\mathrm{d}Q} \tag{6-6}$$

式中：MC——边际成本，元；

C——运输总成本，元；

Q——运输周转量，人公里。

假设 R 为运输的收益，B 为利润，B、R、C 都是 Q 的函数，则有：

$$B(Q) = R(Q)C(Q) \tag{6-7}$$

当 B 对 Q 的一阶导数为零时，利润 B 取得最大值，于是：

$$\frac{\mathrm{d}B(Q)}{\mathrm{d}Q} = \frac{\mathrm{d}R(Q)}{\mathrm{d}Q} - \frac{\mathrm{d}C(Q)}{\mathrm{d}Q} = 0 \tag{6-8}$$

所以，当$\frac{\mathrm{d}R(Q)}{\mathrm{d}Q} = \frac{\mathrm{d}C(Q)}{\mathrm{d}Q}$时，利润 B 为最大值。从上述推导中可以得到，总成本对运量的导数即为边际成本，票价 P 可表示为：

$$P = \frac{\mathrm{d}C(Q)}{\mathrm{d}Q} \tag{6-9}$$

二、均衡价格定价理论

(一)均衡价格定价理论

均衡价格定价的核心是利用供需关系影响价格，而均衡运输价格是能使供求关系达到平衡。市场中的运输产品的票价与供求关系是负相关的。在这种供求关系与运输产品的相互影响下，会达到市场的供求动态平衡，而均衡价格定价模型就是根据这种平衡去制定价格，平衡点处的票价即为均衡价格点。

如图 6-2 所示，D 为需求曲线，S 为供给曲线，随着运量的增加，需求下降而供给增多，两者变化趋势相反，而当运量为 Q_1 时，供给与需求达到平衡，此时对应的运输价格 P_1 为均衡运输价格。运输价格决定和供求关系是相互依赖的，价格的变化导致工期关系的变化，而供求关系也制约着运输价格，尽管供求关系是波动的，但是都会回到均衡价格点 A。

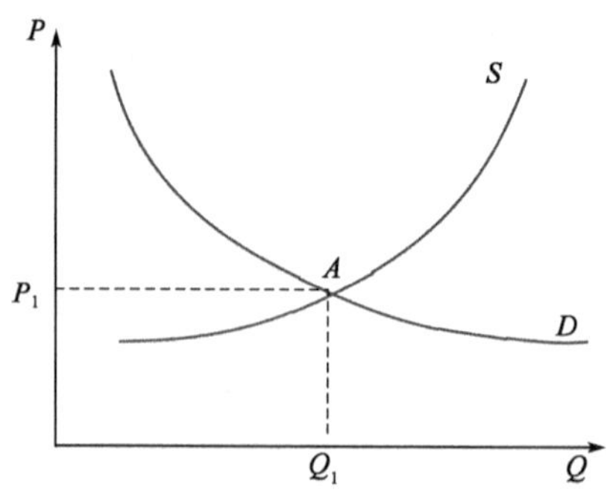

图 6-2 需求与供给曲线

（二）模型适用性

模型是在市场条件下建立的，票价的制定应遵循市场规律，在企业制定价格时只能被动的根据市场关系定价。与企业不同，城市客运出租汽车作为一种公共的运输产业，市场的出租汽车的供需关系有着自己的特点，这种关系是变动的。所以，在对出租汽车定价时不能单纯地考虑供需关系，这样会导致票价波动，而票价波动较大也会使乘客和企业双方的利益都得不到最大的满足。鉴于这样的特点，不能单纯地以均衡定价模型来对出租汽车定价。

三、出租汽车系统动力学定价模型

（一）系统建模目标

出租汽车系统的发展与城市的经济发展是息息相关的，而出租汽车数量的快速增加给城市道路带来了巨大的交通压力，与其他车辆的规律性不同，出租汽车运营时间长，交通污染的问题突出，造成巨大的道路交通压力，同时，日趋突出的乘客与驾驶员，出租汽车公司与政府之间等的利益问题，也需要得到足够的关注，所以，划分清楚城市客运出租汽车系统中不同主体间的利益关系，使得各方的利益得到合理的分配是本书所构建的出租汽车定价系统动力学模型研究的重点。

出租汽车定价系统动力学模型建立的主要目标是探讨城市客运出租汽车定价与各主体间利益分配的演化关系，讨论在考虑城市出租汽车供需均衡条件下，出租汽车定价的合理性，并通过情景模拟进行出租汽车政策发展的效果分析与检验。城市客运出租汽车定价系统动力学模型具体目标如下：

(1)从宏观上研究城市客运出租汽车定价的演变过程,建立社会经济、出租汽车供给、乘客需求、出租汽车运行、出租汽车政策等方面相关要素的因果反馈关系。

(2)根据城市经济发展和出租汽车系统现状,以及出租汽车发展政策、规划等,模拟城市未来出租汽车运行状态。

(3)通过城市客运出租汽车利益分配研究,构建政府、出租汽车公司、驾驶员与乘客之间合理的利益分配均衡结构。

(4)建立不同的出租汽车发展政策情景的实施效果分析模型,通过改变相关政策变量,研究其实施效果对出租汽车行业发展的运行,从而为政府提供可行的政策建议和发展目标。

(二)系统边界与模型要素

根据系统动力学解决问题的步骤,对城市客运出租汽车系统结构的确定首先需要根据建模目的和出租汽车定价中的反馈机制来划定系统边界,之后再确定出租汽车系统中的内生变量和外生变量。

系统动力学认为推动系统发展的根本动力来源于系统内部,系统中某一特定动态行为都来自系统内部要素的相互联系和相互作用,系统边界规定了形成某种特定动态行为所应包含的最小数量的单元[135]。本书在确定城市客运出租汽车系统边界时遵循目的原则、就简原则和有效原则,以确定出租汽车系统中所包含的重要系统要素。

从我国城市客运出租汽车行业的发展与演化进程来看,出租汽车系统不仅包括出租汽车供给、乘客需求、出租汽车运行等,还包括出租汽车发展的社会、经济与文化背景,出租汽车发展规划,以及各主体之间的利益关系。出租汽车系统是一个复杂的、动态的社会经济系统,对该系统中各个要素之间的相互作用关系以及它们对各利益主体行为的影响需要建立在对整个出租汽车系统的合理分析模型之上。本书确定的出租汽车定价系统动力学模型中的系统要素主要包括:

(1)城市社会经济发展要素。作为客运出租汽车发展的背景,主要指经济发展水平、人口规模、人均年收入等,包括:人均国民生产总值(*GDP*)、城市常住人口、人均年可支配收入。

(2)交通需求要素。主要包括出租汽车出行需求量、出租汽车出行需求特征等,如居民日均出行次数、出租汽车日均行驶里程、出租汽车日均载客次数、出租汽车空驶率、出租汽车票价。

(3)出租汽车供给要素。包括道路设施供给、出租汽车供给等,如出租汽车数量、出租汽车公司数量、乘客等车时间、乘客乘车时间。

(4)交通运行状况要素。主要包括交通负荷、道路交通运行状态、出租汽车公司运行状态,如出租汽车流量占路网流量比、出租汽车平均行驶速度、出租汽车公司效益。

(5)出租汽车发展规划与政策要素。主要包括各种管理政策、税费政策等,如出租汽车管理政策、出租汽车油价联动政策、出租汽车燃油附加费、出租汽车信息化发展。

(6)出租汽车各利益主体要素。主要包括各主体及其关系,如乘客、驾驶员、公司、政府。

(三)系统模型结构

城市客运出租汽车定价系统模块主要包括社会经济模块、出租汽车供给模块、乘客需求模块、出租汽车运行状况模块、出租汽车政策模型以及出租汽车主体模块6部分,具体如图6-3所示。

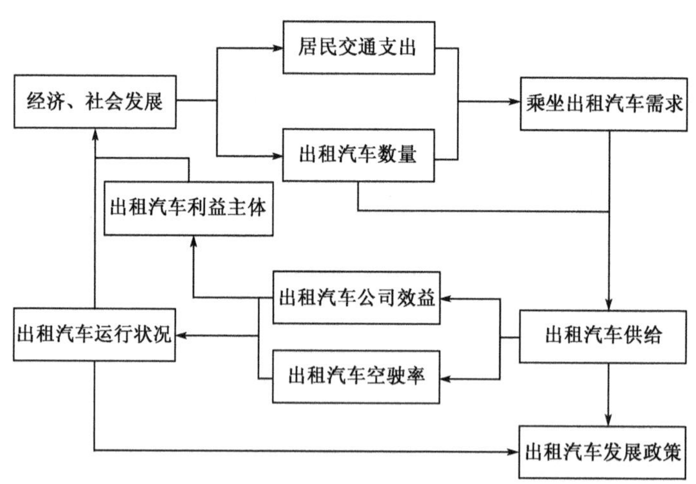

图6-3 城市客运出租汽车系统模块关系图

其中,社会经济模块主要描述社会经济发展对出租汽车保有量、居民收入和出租汽车出行需求的影响;出租汽车供给主要描述道路设施投资、道路通行能力、出租汽车数量等;出租汽车运行状况主要描述出租汽车流量占路网流量比例、出租汽车公司运营效益等;出租汽车政策部分主要依据各种相关联的影响参数测试政策措施的效果;出租汽车主体模块涵盖了政府、出租汽车公司、出租汽车驾驶员和乘客,主要是利益的均衡分配关系。

(四)模块要素因果关系

城市客运出租汽车定价系统动力学模型因果关系结构建立在充分分析出租汽车系统要素之间关系的基础上，本书构建的出租汽车定价 SD 模型中主要因果关系结构如下：

1. 出租汽车周转量

出租汽车周转量主要由出租汽车数量、出租汽车平均出行距离(km/次)、出租汽车平均每天运营次数(次/车)等共同决定，同时受到出租汽车发展政策、经济发展水平、居民交通支出水平的影响，如图 6-4 所示。高峰时段出租汽车周转量 Q 可以表示为：

$$Q = N \cdot f \cdot L \cdot PHD \tag{6-10}$$

式中：N——出租汽车数量；

f——出租汽车运行频次，次/vehicle；

L——出租汽车平均运行里程，km/vehicle；

PHD——出租汽车高峰小时系数。

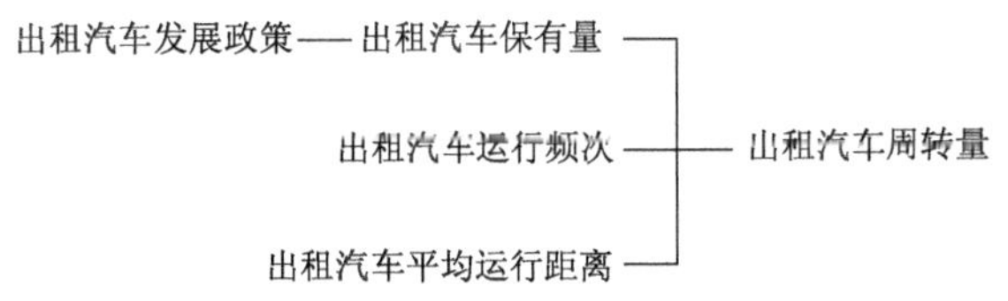

图 6-4　出租汽车周转量影响因素

2. 出租汽车出行量影响因素

出租汽车的出行量与城市整体的社会经济发展水平有关，这是因为社会经济水平决定了出租汽车的保有量和居民出行的次数。经济的发展使得人们出行成本增加，也使得出租汽车出行增加，这样势必会加重道路交通负担和交通污染。所以各种交通方式之间的竞争(如公交优先)和出租汽车出行成本的增加等都会影响出租汽车出行次数。

出租汽车出行量影响因素如图 6-5 所示。

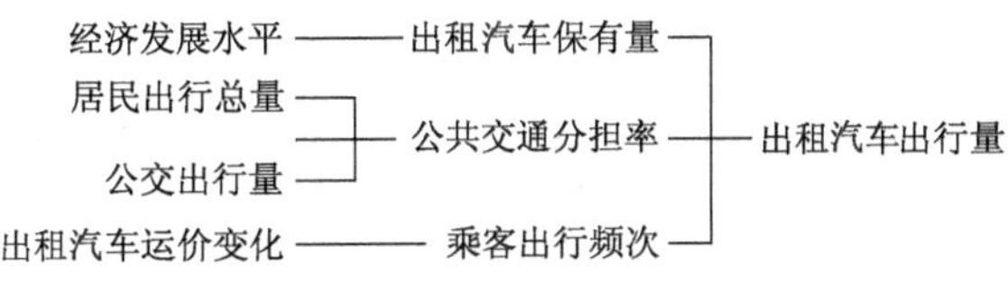

图 6-5　出租汽车出行量影响因素

3. 乘客出行频次影响因素

乘客出行频次与其收入水平、是否拥有车辆、职业等因素相关,我国经济的快速发展与居民收入水平的稳步提高,使得居民在交通出行支出方面也有较大的改善。而出租汽车运价的提高则会对中低收入乘客群体产生较大影响,促使出行向公交等方式转变。

乘客出行频次影响因素如图6-6所示。

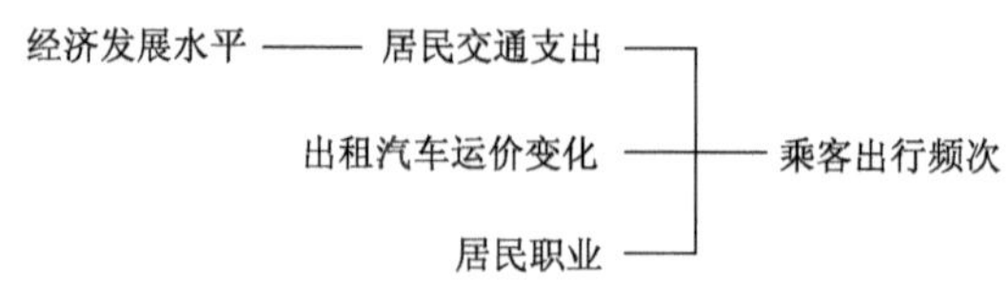

图6-6 乘客出行频次影响因素

4. 出租汽车发展政策

不同的出租汽车发展政策,例如准入政策、数量管制政策、票价变化政策、公交优先政策等,通过不同的影响途径会导致不同的出租汽车发展状态。

出租汽车发展政策影响传递链如图6-7所示。

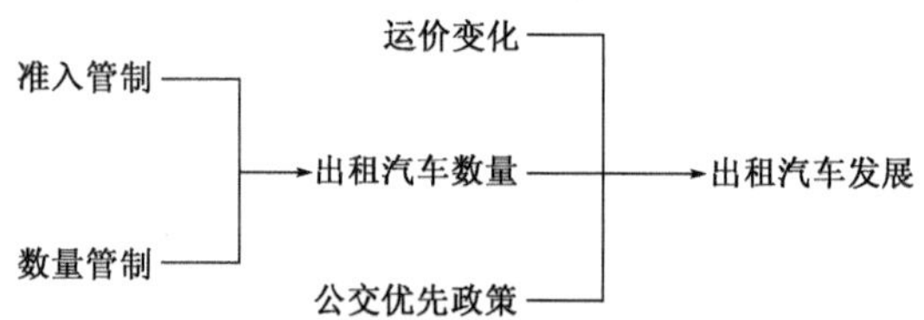

图6-7 出租汽车发展政策影响传递链

5. 出租汽车利益分配

乘客作为出租汽车服务的消费者,其支出的票价将形成出租汽车行业的收益,之后由驾驶员获得劳动收入和投资收益,出租汽车公司则从中获得管理费、投资收益等,政府则通过营业税、经营权与出租汽车牌照拍卖等获得收益。图6-8为出租汽车收益过程传递链。

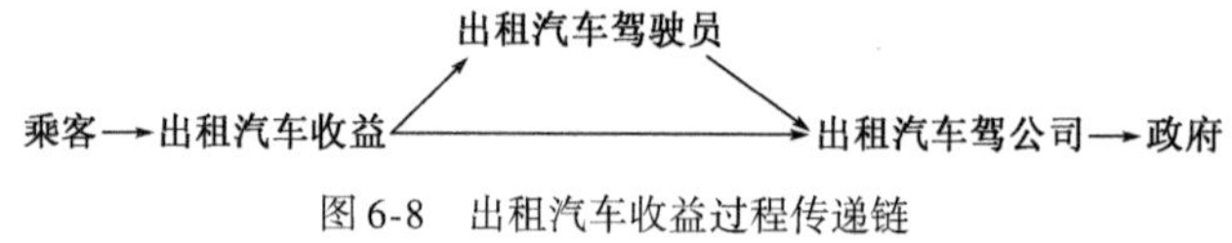

图6-8 出租汽车收益过程传递链

(五)城市客运出租汽车定价因果关系图

通过对以上城市客运出租汽车系统各要素之间的关系及影响传递链的分

析，可以构建复杂的、动态的城市客运出租汽车系统因果反馈结构图，具体参见图6-9。而在出租汽车系统因果关系结构基础上，可以构建出租汽车系统流图与结构方程式，通过确定其中各个参数和变量关系，来反映出租汽车系统中各要素之间的影响、制约关系，最终构建出租汽车系统动力学模型，并进行出租汽车政策模拟分析与不同的情景模拟。

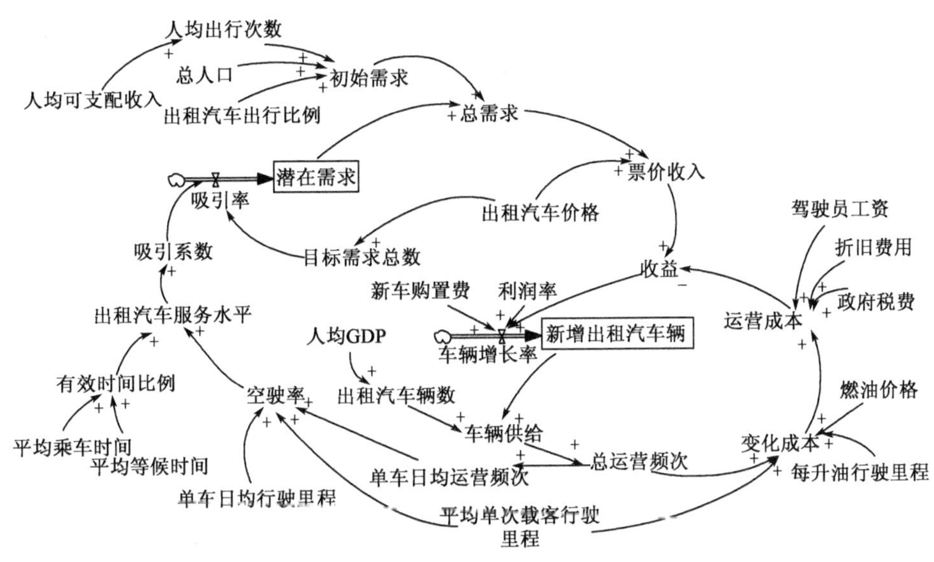

图6-9　出租汽车系统因果关系图

图6-9中出租汽车价格系统基本因果关系图中包含的主要反馈回路有以下几种。

1. 正反馈回路

经济发展水平的提高会增加人均出行次数，人口的增长和居民消费水平的提高会增加出租汽车需求，票价收入的增加会促进收益的增加，进而会促使企业购买新的出租汽车辆，增加出租汽车辆供给和总运营频次，而单车日均运营频次也会随之增加，使空驶率下降，提高出租汽车服务水平，吸引更多的潜在需求乘坐出租汽车，这是一个正反馈回路（图6-10）。

2. 负反馈回路

票价收入的提高会增加企业收益，进而新增出租汽车辆数和车辆供给增加，总运营频次增加会增加变化成本和运营成本，进而使企业收益减少，这是一个负反馈回路（图6-11）。

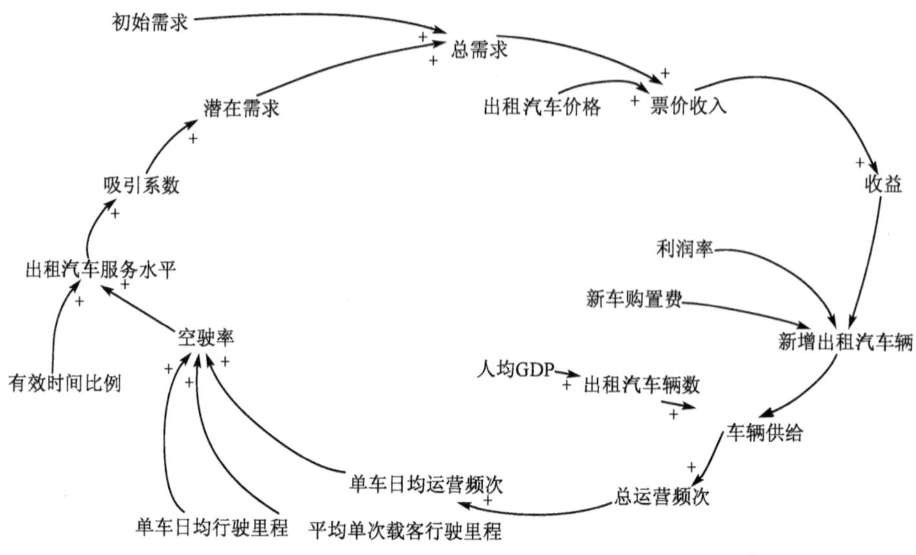

图 6-10　正反馈回路图

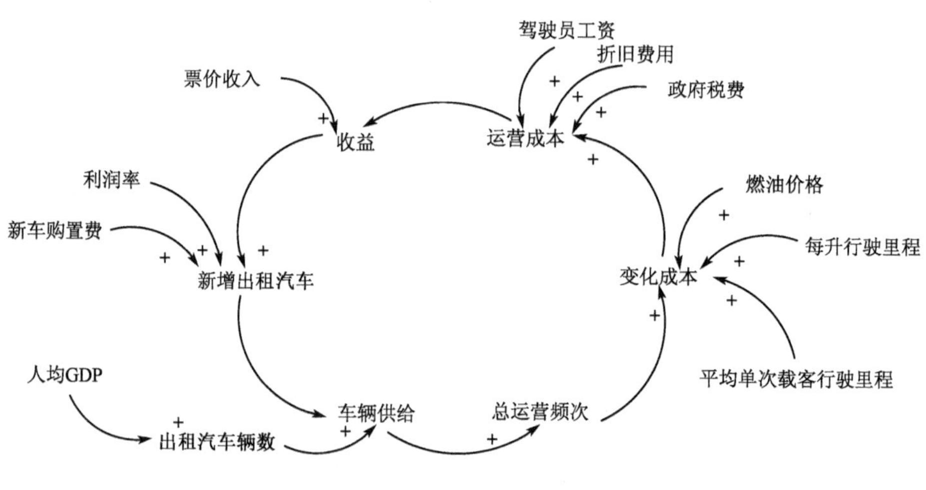

图 6-11　负反馈回路图

(六)城市客运出租汽车定价模型系统流程图

本章建立的出租汽车定价模型将经济发展水平、燃油价格、公交优先政策因素作为出租汽车定价系统的外生变量考虑；而根据经济发展水平、出租汽车投资政策与出租汽车数量之间的关系，预先确定未来出租汽车保有量，将出租汽车运行频次、人口等作为出租汽车定价系统动力学模型的输入量。基于所建立的出租汽车定价系统因果关系图,定量分析后可得出租汽车定价系统动力学模型的系统流图,具体如图6-12所示。

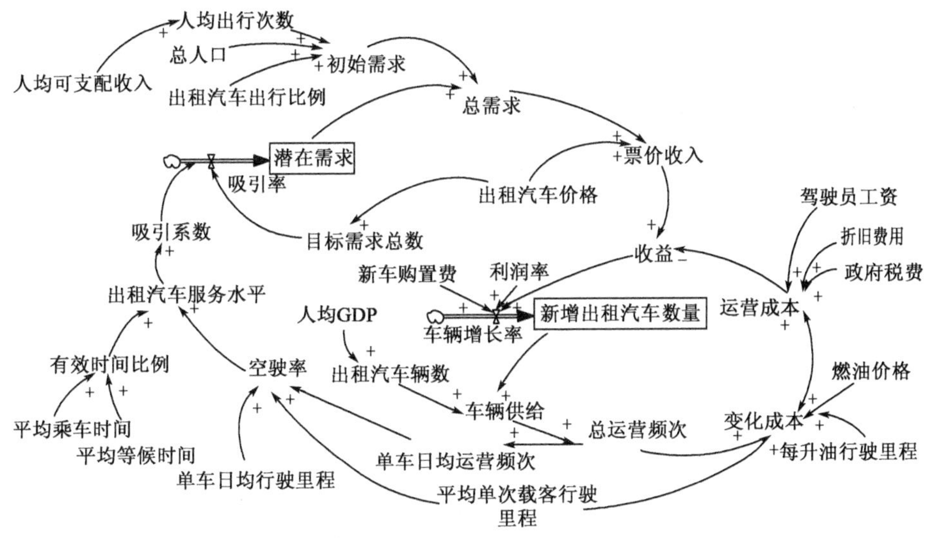

图6-12　出租汽车定价系统流图

(七)模型估计与检验

本模型验证所采用的数据主要来源于2009年哈尔滨工业大学交通科学与工程学院的《哈尔滨市出租汽车运营调查分析报告》,2000~2009年哈尔滨市统计年鉴,以及部分城市的出行调查数据。

通过SPSS和Matlab软件回归分析可以得出人均可支配收入与出租汽车保有量之间、居民收入水平和日均出行次数之间的关系等,将回归分析得到的函数关系带入本节第(三)部分系统模型结构中所建立的出租汽车定价系统动力学模型中,通过Vensim-PLE进行模拟运算,则可得到出租汽车定价系统中各个子系统的发展趋势。

1. 经济发展水平与出租汽车保有量

以哈尔滨市2000~2008年的人均国内生产总值与出租汽车保有量为数据进行拟合(表6-4),可以得到出租汽车保有量与人均国内生产总值的关系如下:

$$N = 2604 \times \ln \overline{\text{GDP}} - 13320, R^2 = 0.901 \tag{6-11}$$

式中:N——出租汽车保有量;

$\overline{GDP}$——人均国内生产总值。

相关性为0.901,拟合度较好,从而可以推算出不同人均GDP水平下城市出租汽车保有量。

哈尔滨市2000~2008年经济发展水平与出租汽车保有量数据表 表6-4

年份(年)	2005	2006	2007	2008	2009	2010	2011	2012	2013
人均GDP(元)	18821	21374	24768	29012	32053	36951	42736	45810	50498
出租汽车保有量(辆)	12256	12706	13224	13425	13646	14366	15435	15657	15831

注:数据来源:2005~2013年哈尔滨市统计年鉴。

2. 居民收入水平与人均出行次数

以《哈尔滨市出租汽车运营调查分析报告》和《长春市居民出行调查分析报告》以及宋程[136]的研究数据作为回归分析的数据(表6-5),经拟合后发现:

$$q = 0.551 \times \ln Z - 2.794, R^2 = 0.912 \tag{6-12}$$

式中:q——人均出行次数;

Z——人均可支配收入;

相关性达到0.912,拟合度非常好,从而可以推算出不同人均可支配收入水平下人均出行次数。

人均可支配收入与人均出行次数数据表 表6-5

城市	武汉	邢台	长春	佛山	北京	广州	东莞
调查年份(年)	1999	2006	2008	2004	2005	2005	2005
人均可支配收入(元)	6763	9020	15003	16045	17653	18287	22882
人均出行次数(次/日)	2.00	2.33	2.54	2.45	2.64	2.68	2.70

3. 状态方程

出租汽车总需求和出租汽车辆供给为累积变量,出租汽车总需求的变化取决于潜在需求,而出租汽车辆供给的增加则取决于新增出租汽车辆数。潜在需求和新增出租汽车数量方程如下所示:

$$D_1 = D_0 + \Delta T \cdot \mu \tag{6-13}$$

式中:D_0、D_1——潜在需求;

μ——吸引率;

ΔT——时间变化量。

$$N_1 = N_0 + \Delta T \cdot \lambda \tag{6-14}$$

式中:N_0、N_1——新增出租汽车数量;

λ——车辆增长率。

ΔT——时间变化量。

4. 速率方程

吸引率和出租汽车辆增长率是本模型的速率变量，吸引率取决于吸引系数和目标需求总数，而出租汽车辆增长率则和新车购置费、利润率和收益相关。具体如下所示：

$$\mu = D_{\mathrm{aim}} \cdot \alpha \tag{6-15}$$

式中：D_{aim}——目标需求量；

α——吸引系数。

$$\lambda = \frac{R \cdot r_{\mathrm{b}}}{C_{\mathrm{taxi}}} \tag{6-16}$$

式中：R——收益率；

r_{b}——利润率；

C_{taxi}——出租汽车新车购置费。

第四节　合乘模式出租汽车定价模型

一、常规出租汽车定价模型建立

在常规出租汽车定价中，起步价和单位里程价格两个计费项目是主要的考虑因素，定价模型如下[137]：

$$P_{ci} = \begin{cases} P_0 & L_i \leqslant L_0 \\ P_0 + P \cdot (L_i - L_0) & L_i > L_0 \end{cases} \tag{6-17}$$

二、基于百分比分摊的出租汽车合乘定价模型

由于本书建立的基于公平性分摊合乘模式的出租汽车定价模型只考虑起步价和单位里程价格两个计费项目，因此在介绍我国部分城市现实施的合乘计费方式时，也忽略其他四个计费项目。根据有关研究表明，我国大部分城市出租汽车合乘的计费方式主要分为三种：

(一)合乘路段的百分比

对于合乘路段，乘客按照合乘路段费用的百分比支付，而单独出行时支付全

部费用。出租汽车定价如下式所示：

$$P_{ci}=\begin{cases}P_0\cdot A\% & L_i^*\leqslant L_i\leqslant L_0\\ P_0\cdot A\%+P\cdot(L_i-L_i^*) & L_i^*\leqslant L_0\leqslant L_i\\ [P_0+P_0\cdot(L_i-L_0)]\cdot A\%+P_0\cdot(L_i-L_i^*) & L_0<L_i^*<L_i\end{cases}\tag{6-18}$$

(二)单位里程费率的百分比

低于起步价时,乘客全额支付,而高于起步价时乘客只支付一定百分比的单位里程费率。

$$P_{ci}=\begin{cases}P_0\cdot A\% & L_i^*\leqslant L_i\leqslant L_0\\ P_0\cdot A\%+P\cdot(L_i-L_0) & L_i^*\leqslant L_0\leqslant L_i\\ P_0+P\cdot(L_i-L_0)\cdot A\% & L_0<L_i^*<L_i\end{cases}\tag{6-19}$$

(三)总费用的百分比

无论是全程合乘还是部分路段合乘,一旦有合乘,乘客就只需要支付一定百分比的总出行费用。

$$P_{ci}=\begin{cases}P_0\cdot\alpha & L_i\leqslant L_0\\ [P_0+P_1\cdot(L_i-L_0)]\cdot\alpha & L_i>L_0\end{cases}\tag{6-20}$$

上述式中：P_{ci}——第 i 位合乘乘客的出行费用,元；

P_0——常规出租汽车的起步价格,元；

P_1——常规出租汽车单位里程价格,元；

α——合乘费用折减比例因子,根据各城市的实际情况确定；

L_i——第 i 位合乘乘客的合乘出行距离,km；

L_0——常规出租汽车的起步里程,km；

P——常规出租汽车单位里程价格,元/km；

$A\%$——合乘费用折减比例因子,根据各城市的实际情况确定；

L_i^*——第 i 位合乘乘客的合乘出行距离,km。

三、基于公平性分摊合乘模式的出租汽车定价模型

(一)合乘模式的出租汽车定价制定原则

公平性分摊合乘模式的出租汽车定价需根据出租汽车行业的实际情况,结

合城市的经济发展水平，遵循以下原则确定：

(1)符合目前我国及各城市对于出租汽车发展所实施的相关法律和政策。

(2)充分考虑地方的经济发展水平以及居民收入水平，维护出租汽车行业的稳定性。

(3)避免与轨道交通和常规公共交通形成不公平竞争，优化城市交通结构，充分利用道路资源。

(4)保障出租汽车驾驶员的利润收益。

(5)为保障乘客乘坐出租汽车舒适性，每辆出租汽车最多允许搭载三位乘客。

(6)模型算法实际操作性强，便于广泛应用。

(二)公平性分摊合乘出租汽车定价模型建立

使出租汽车驾驶员和乘客的利益达到均衡是合乘模式出租汽车定价的主要目标。在考虑出租汽车驾驶员收益的同时，也要兼顾乘客的承受能力。由于乘客出行目的地的不同，在实施出租汽车合乘的过程中，不可避免地会出现绕道，因此考虑弥补长途乘客所受到的损失。假设每位合乘乘客的费率与非直达系数成反比，出行距离越长，费率越低。基于公平性分摊合乘模式的出租汽车定价模型为：

(1)在 $L_i \leqslant L_0$ 的情况下，即各合乘乘客的出行距离均在起步距离之内时，收费标准为：

$$P_{ci} = \frac{P_0}{n} \tag{6-21}$$

(2)在 $L_i > L_0$ 的情况下，即各合乘乘客的出行距离均在起步距离之外时，收费标准为：

$$\min R = \sum_{i=1}^{n} P'_i \tag{6-22}$$

实施出租汽车合乘后，出租汽车驾驶员的收入应有所增加，即：

$$\sum_{i=1}^{n} P'_i \cdot (L_i - L_0) + P_0 \geqslant P_1 \cdot (L_n - L_0) + P_0 \tag{6-23}$$

实施出租汽车合乘后，每位合乘乘客的出行费用应较非合乘模式降低：

$$P'_i \cdot (L_i - L_0) + \frac{P_0}{n} \leqslant P_1 (L_i - L_0) + P_0 \tag{6-24}$$

假设每位合乘乘客的费率与非直达系数成反比，即：

$$\frac{P'_i}{P'_{i+1}} = \frac{\mu_{i+1}}{\mu_i} \tag{6-25}$$

则第 i 位合乘乘客的出行费用为：

$$P'_{ci} = \frac{P_0}{n} + P'_i \cdot (L_i - L_0) \tag{6-26}$$

上述式中：n——出租汽车合乘过程中的乘客数量；

R——所有合乘乘客的费率总和，元/km；

P'_i——第 i 位合乘乘客的单位里程费率，元/km；

L_n——合乘费用折减比例因子，根据各城市的实际情况确定；

L_i——第 i 位合乘乘客的合乘出行距离，km；

L_0——合乘模式下，最后下车乘客的出行距离，km；

μ_i——第 i 位合乘乘客的非直线出行系数，由合乘出行距离比非合乘出行距离得到 $\mu_i = \frac{L_i}{L_i'}$；

其余符号意义同前。

四、出租汽车定价模型实例分析

假设有三个乘客合乘一辆出租汽车，城市部分区域道路网络如图 6-13 所示。

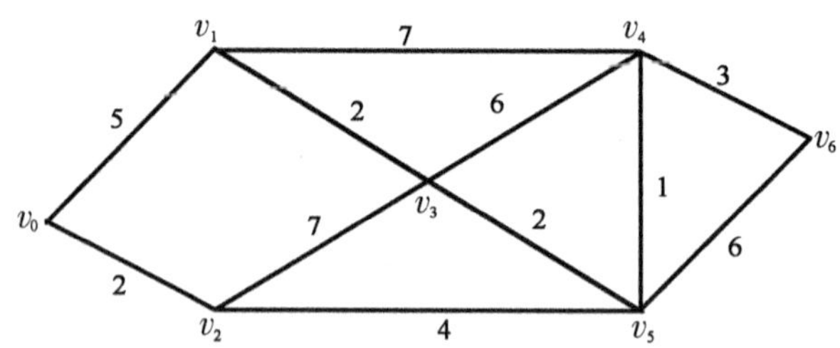

图 6-13　城市部分区域道路网络图

图 6-13 中，v_0 为乘客出行起点，v_1、v_5、v_6 分别为乘客 1、2、3 的目的地，v_2、v_3、v_4 为路网中的其他节点，直线上的数字表示两节点间的距离，假设路网中没有单行道路。

通过 Floyd（弗洛伊德）算法求解最短路径常用的计算最短路径的方法有 Dijkstra 算法、Floyd 算法、粒子群算法、遗传算法和模拟退火算法。其中，Floyd 算法能够求解路网中任意两个节点之间的最短距离，代码编写方便，易于理解。鉴于 Floyd 算法的上述优点，本书在计算出租汽车出行最短路径时，选用 Floyd 算法。逐步迭代计算得：

$$D^{(7)}=\begin{bmatrix}0&5&2&7&7&6&10\\5&0&7&2&5&4&8\\2&7&0&6&5&4&8\\7&2&6&0&3&2&6\\7&5&5&3&0&1&3\\6&4&4&2&1&0&4\\10&8&8&6&3&4&0\end{bmatrix}$$

根据计算,最优合乘路径为 $v_0—v_1—v_3—v_5—v_4—v_6$。各合乘乘客的出行距离分别为:$d_1=5\text{km}, d_2=9\text{km}, d_3=13\text{km}$。若单独乘坐出租汽车,各乘客的出行距离分别为 $d_1'=5\text{km}, d_2'=6\text{km}, d_3'=10\text{km}$。分别计算非直线系数得到 $N_1=1$, $N_2=1.5, N_3=1.3$。

五、各种计费方式优缺点分析

实施出租汽车合乘后,每位乘客的出行距离出现了一定程度的增加,但乘客出行费用均有所降低。出租汽车驾驶员在合乘模式下的收益均大于非合乘模式下。基于百分比分摊合乘模式的出租汽车定价计费方式和基于公平性分摊合乘模式的出租汽车定价计费方式两者相比,具有各自的优缺点:

(1)基于百分比分摊合乘模式的出租汽车定价模型算法原理简单,计算方法简明易懂。但是对于众多影响合乘出租汽车定价的因素完全没有考虑,比如在合乘过程中出现的绕行对合乘定价的影响,出租汽车驾驶员收益和乘客费用降低的保障等,相对欠缺公平性。适用于实施出租汽车合乘的初期,以提高居民对合乘出租汽车出行的认可程度。

(2)基于公平性分摊合乘模式的出租汽车定价模型计算原理及过程较基于百分比分摊合乘模式的出租汽车定价模型相对复杂。但在利益权衡方面既考虑了合乘模式下乘客出行费用的减少,又同时兼顾了驾驶员收益的增加。并提出非直达系数,考虑在出租汽车合乘模式中乘客出行距离的折损。但是由于没有考虑驾驶员收益增加比例的影响和乘客费用降低比例的影响,出现在算例分析中驾驶员收益增加幅度较小的现象。同时,将合乘绕行与合乘价格的关系考虑得过于简单。适用于居民普遍接受出租汽车合乘的时期,考虑多种影响因素的引入,提高出租汽车合乘的公平性。

综合对比分析,基于百分比分摊合乘模式的出租汽车定价模型和基于公平性分摊合乘模式的出租汽车定价模型适用于普遍情况,但是对出租汽车合乘的实际可行性考虑较少。本书在后续研究中将参考对出租汽车驾驶员和乘客利益的考虑。同时考虑合乘出租汽车的实际实施性，提出考虑站点设置模式的出租汽车合乘定价模型。

第五节　出租汽车定价政策分析

一、城市客运出租汽车行业利益主体关系分析

在国外，出租汽车的经营权都是由个人或者企业所有，故有学者提出同其他交通系统的组成类似，城市出租汽车交通系统也是由乘客、运营者和管理者三者所组成[138,139]。这三类利益主体间的关系可以分解为：政府作为管理者主体制定政策和目标，客运企业作为运营者主体提供具体的客运服务来使出行者满意，而出行者则选择不同方式的客运交通服务[140]。

而目前我国城市客运出租汽车行业可以分为 4 类利益主体：出租汽车驾驶员、乘客、出租汽车公司、政府，绝大部分城市还存在“黑出租”驾驶员这一特殊群体，这是与国外研究有较大不同的地方。如何将这 4 类利益主体之间的关系剖析清楚，建立起政府、出租汽车公司、出租汽车驾驶员和乘客之间合理分摊的均衡机制，是城市客运出租汽车定价建模分析的一个核心问题。

(一)国内外出租汽车主要经营模式现状

纽约市的出租汽车经营权既可以由企业拥有也可以为个人所有，相应的经营者也可分为公司和独立车主两类，新增运力采用的是拍卖方式。只要拥有两个以上的出租汽车运营牌照，就可成为公司，而运营牌照达到 25 个时公司就可以成为“车队”。而独立车主则是只拥有一个出租汽车营运牌照的个人。出租汽车企业与驾驶员之间部分是雇佣关系，驾驶员按照工作时间领取工资；部分是租赁关系，驾驶员每月向企业缴纳租金[141]。

伦敦出租汽车驾驶员均为个体经营者，其中 2/3 的驾驶员使用自己的车辆，其余人员使用租赁的汽车[142,143]。

目前我国大中城市客运出租汽车的经营模式可以分为承包经营、个体经营和公司直营三种模式[126]，有不同的出租汽车产权、经营权和营运权关系。具体分析如下：

1. 承包经营模式

我国 80% 以上的城市都采用承包经营模式，如北京、深圳“红的”、广州、哈

尔滨等，方式是出租汽车所有者与经营者是合二为一的，出租汽车经营权只属于企业，驾驶员以承包经营的方式，通过缴纳承包金或风险抵押金及每月的管理费（俗称“份儿钱”）来获得出租汽车的营运权。

2. 个体经营模式

个体经营模式的应用城市主要有香港[144]、温州，采用的是所有者、经营者和驾驶员三位一体的方式，实现经营权、产权和营运权的统一；这与英国伦敦、法国巴黎出租汽车经营模式相类似。

3. 公司直营模式

公司直营模式主要有上海、深圳“绿的”这两个城市应用，采用的是出租汽车经营权和产权统一由企业直接经营，企业直接出资购买车辆、聘用驾驶员的公司直营模式，企业与驾驶员之间是雇佣的关系，收入实施承包责任制；与此类似的有美国纽约部分企业的出租汽车经营。

（二）我国出租汽车行业利益主体地位分析

城市客运出租汽车行业相关利益主体可以用图 6-14 来表示其地位和所关注的目标。

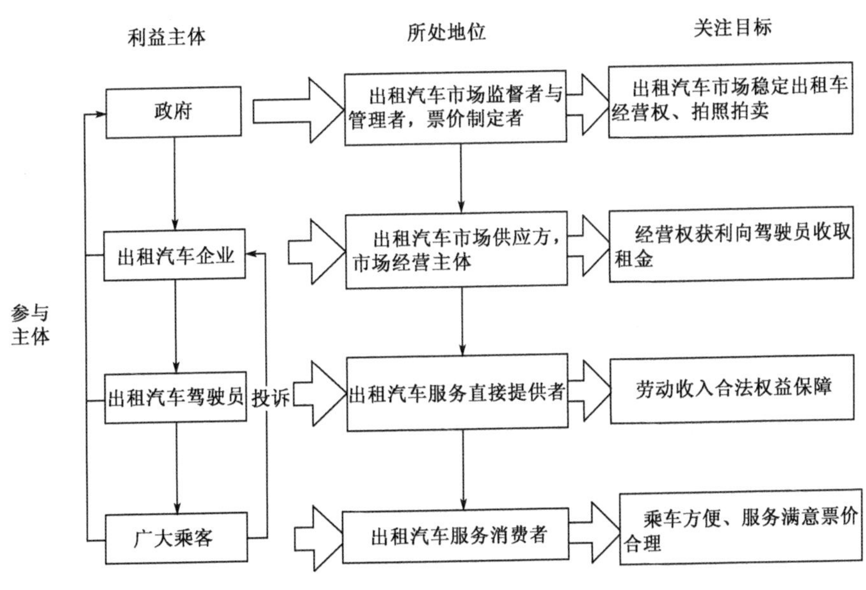

图 6-14　城市客运出租汽车系统相关利益主体

1. 政府主体地位分析

由于出租汽车市场提供的服务具有公共服务的性质，具有一定的社会公益性，因此政府有对市场及市场主体管理和监督的职责。它既是主管出租汽车发展、管制出租汽车营运行为的社会管理部门，也是发放和拍卖出租汽车营运牌照及经营权的既得利益集团，具有双重的地位和身份。我国于 2008 年组建交通运输部，把指导城市客运的职能划归交通运输部门，实现了城市客运出租汽车管理主体的统一。

目前我国政府对出租汽车行业实行严格的管制而采取较为严格的政策和法规，如数量管制、运价管制、准入管制、异地管制等，将促进城市道路基础设施建设、减少交通拥挤、保护出行者利益。但是部分管制政策保留了计划经济时代的特点，行政审批较多。通过出租汽车公司来管理整个出租汽车市场，导致出租汽车市场竞争机制作用发展的不充分，造成乘客利益受损、驾驶员收入降低、国家财税流失，而出租汽车公司成为最大受益者的不良局面。

政府应对出租汽车的发展做出科学的决策，按照市场的需求对出租汽车的总量进行控制，并建立科学有效的出租汽车经营权准入、退出机制[127]。同时政府应当为出租汽车市场的发展创造有利的条件，并严格监管和约束出租汽车公司乱收费等行为，鼓励出租汽车公司积极运用先进的信息化和智能化交通设施，降低出租汽车空驶率和提高驾驶员人身安全保障。

2. 出租汽车企业地位分析

出租汽车企业是出租汽车市场的供应方和市场经营的主体，在从政府手中获得经营权后，雇佣驾驶员或将出租汽车辆租赁出去赚取利润。但是由于没有严格的行业规范和机制约束，部分出租汽车公司利用掌控的“指标”在市场上转卖或高额炒卖，获取巨额利润；依靠出租汽车经营牌照垄断获取高额“份儿钱”，掠夺驾驶员的大部分运营收入；不为驾驶员提供任何服务，驾驶员在整个出租汽车市场中处于弱势地位[145]。

出租汽车企业并没有承担起出租汽车服务质量改善和提高的应有责任，出租汽车营运系统中 GPS 卫星定位系统没有推广普及，出租汽车防盗、驾驶员人身安全问题缺乏有效的保障。同一出租汽车公司下属的车辆对讲装置落后，电话订车服务没有普及，主要以路面巡游的方式招揽乘客，使得出租汽车空驶率比较高，占用城市道路空间比重较大，例如，2009 年哈尔滨市出租汽车空驶率高达 50.6%，在城市主要交叉口和路段的占有率在 27% 左右[146]。

出租汽车企业必须认真执行政府的有关规定、政策和法规，合法经营，严格

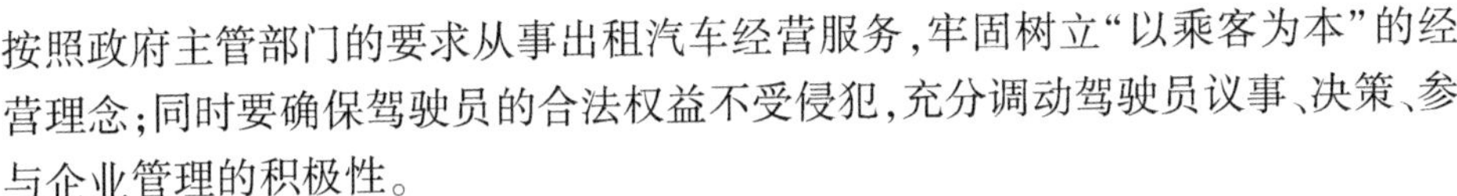

按照政府主管部门的要求从事出租汽车经营服务，牢固树立“以乘客为本”的经营理念；同时要确保驾驶员的合法权益不受侵犯，充分调动驾驶员议事、决策、参与企业管理的积极性。

3. 出租汽车驾驶员地位分析

驾驶员处于整个出租汽车市场的底层，直接为乘客提供从起点到目的地服务，且每天工作时间较长，一般为10～12h。对天津市出租汽车驾驶员的调查发现，90%以上驾驶员平均每天工作10～15h，但是较高的劳动强度却没有得到合理的报酬，有72%的客运出租汽车驾驶员每月的净收入在1500元以下[147]。张冬生的调查发现，2004年北京市出租汽车驾驶员的平均月收入为2218元、上海市为3000元，而天津、西安、福州和兰州市则为1000～1250元，驾驶员收入普遍不高[148]。而近年来不断升高的燃油价格，出租汽车公司肆意提高“车份钱”、滥罚款、克扣风险抵押金等因素，也影响了驾驶员的收入水平。

4. 乘客地位分析

乘客是出租汽车市场中的需求者，其关注的是打车的容易程度、价格以及服务质量是否满意，同时也是出租汽车运价上涨的直接受影响者。广大乘客可以直接向出租汽车企业投诉服务的满意程度，并需要积极参与到关乎切身利益的出租汽车票价制定中。

(三)我国出租汽车行业利益主体关系分析

在汪亚军[149]在对出租汽车市场相关主体之间的利益和分配关系研究基础上，结合北京工业大学宗刚教授[150]对不同主体利益关系的分析，将乘客利益加入进来，构建整合的出租汽车市场营运利益分配关系图，如图6-15所示。

从图6-15可以看到，在城市客运出租汽车市场经营收益相对稳定与利润分配框架与比例事先明确的前提下，乘客为所享受的快捷、舒适的出租汽车运输服务买单，而政府、出租汽车企业、驾驶员三方主体的利益关系不会发生冲突。但是出租汽车市场中存在着不确定性、风险性以及与其他客运方式的竞争性，难以保证出租汽车市场运营收益的稳定性。与此同时政府、出租汽车企业获取的是固定数额的利润，此时出租汽车运营的风险全部转移到驾驶员身上，一旦经营恶化将会影响驾驶员与出租汽车企业、政府之间关系的和谐、健康发展，不利于出租汽车市场的稳定。

目前我国城市客运出租汽车市场各主体之间的利益纠纷主要为以下几个方面：

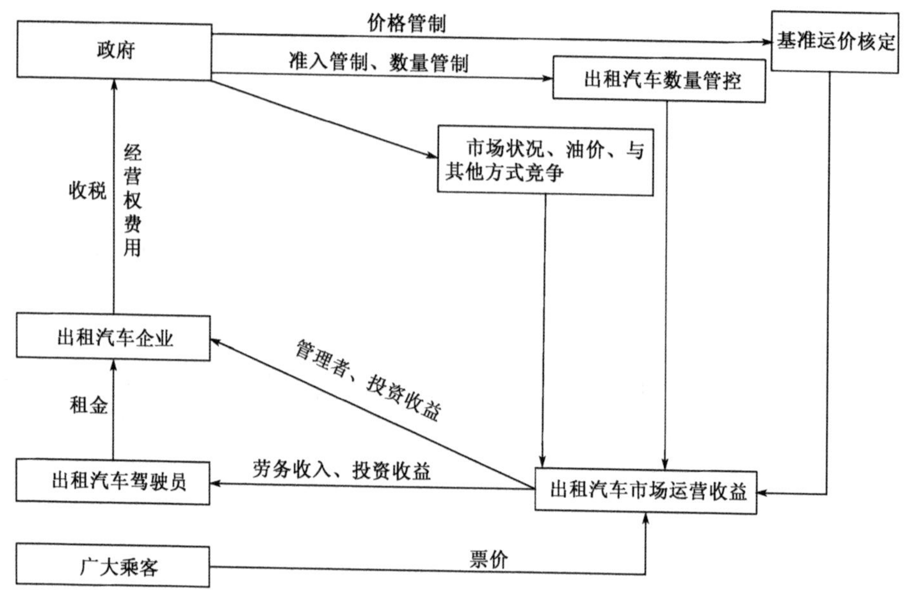

图6-15　城市客运出租汽车市场经营利润分配图

1. 城市与出租汽车驾驶员之间的利益纠纷

我国目前电话叫车服务尚不完善，多数乘客是在路边招手即停来乘坐出租汽车，目前存在的不良现象有拼车、绕路宰客、驾驶员拒载、在计价器做手脚等，严重降低了乘客对出租汽车行业的信任，破坏了出租汽车行业的形象。

2. 乘客与政府之间的利益纠纷

出租汽车价格是关系到乘客切身利益的方面，而目前我国的出租汽车价格制定中对乘客的利益考虑较少，而燃油附加费的增加更是让乘客成为弱势群体，为上涨的燃油价格买单。

3. 出租汽车驾驶员与企业之间的利益纠纷

我国大部分城市出租汽车所有权和经营权归出租汽车公司所有，但是需要驾驶员承担出租汽车连同经营权在内的全部费用，“份儿钱”较高，而企业却不为驾驶员提供合理的服务，导致这两类主体间利益纠纷不断。

4. 出租汽车驾驶员与政府之间的利益纠纷

部分城市出租汽车管理部门与出租汽车驾驶员之间存在着燃油费补贴少、出租汽车管理费高、加油难、加气难等现象，同时城市基础设施的不完善，如公共

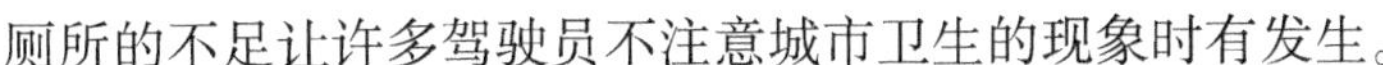

厕所的不足让许多驾驶员不注意城市卫生的现象时有发生。

5. 出租汽车企业与政府之间的利益纠纷

政府通过出租汽车经营牌照的拍卖、经营权的投放将出租汽车客运服务委托到出租汽车企业，但是部分出租汽车企业通过瞒报利润额度来逃避应当上缴的税费，造成国家财产的流失。

由于政府的服务和管理职能定位，要求其更应该重视的是社会效益和出租汽车客运市场的稳定；而出租汽车企业作为经营者和提供服务方，更关注的是经济效益和利润；而驾驶员最期望的是自身收入的提高；广大乘客则希望得到满意、快捷的出租汽车服务。目前出租汽车行业的共性现象是出租汽车定价中对乘客的利益考虑不周，因此本书将城市客运出租汽车市场各利益主体的关系作为第三节中出租汽车定价的系统动力学模型中的一个子系统，充分考虑客运出租行业不同利益主体之间的关系对出租汽车定价的影响。

二、油价补贴下出租汽车定价政策分析

当燃油价格发生变化时，在政府实施出租汽车燃油补贴政策并维持价格管制的情况下，出租汽车经营者的策略是改变出租汽车营运数量，从而实现经济效益最大化。因此，可以建立以出租汽车营运数量为决策变量、以出租汽车经营的经济效益最大化为目标的数学模型。模型如下：

$$\begin{cases} \max \quad z = P \cdot D - (FC + h \cdot V \cdot P_{\mathrm{oil}}) \cdot N + S \cdot N \\ \text{s.t.} \quad D = \overline{D}\exp\left[\left(-E_{\alpha} \cdot (P + Vot_{\mathrm{j}} \cdot T + Vot_{\mathrm{w}} \cdot \dfrac{T_{\mathrm{w}}}{N - D \cdot T}\right)\right] \\ N - D \cdot T > 0 \\ P \cdot D - (FC + h \cdot V \cdot P_{\mathrm{oil}}) \cdot N + S \cdot N > B \cdot N \\ P = \overline{P} \\ N > 0, N \text{为整数} \end{cases} \tag{6-27}$$

$$P = P_0 + P_1 \cdot (L - L_0) \tag{6-28}$$

式中：P——出租汽车票价，元；

P_0——出租汽车起步价，元/次；

P_1——出租汽车单位里程价，元/km；

L——出租汽车乘客的平均乘车距离；

L_0——出租汽车的起步价里程，km；

D——乘客需求量；

FC——每辆出租汽车单位时间固定成本,元/辆·h;

h——出租汽车平均单位里程油耗,L/km;

N——出租汽车总量,辆;

V——出租汽车平均运行速度,千米/h;

P_{oil}——燃油价格,元/L;

S——政府对出租汽车经营的单位补贴;

$\overline{D}$——出租汽车乘客的潜在出行需求;

E_{α}——出租汽车出行需求的成本弹性系数;

Vot_j——乘客乘车的单位时间价值,元/h;

T——出租汽车乘客的平均乘车时间,h;

Vot_w——乘客等车的单位时间价值,元/h;

T_w——出租汽车乘客等待时间系数,为常数,辆·h;

$\overline{P}$——政府管制下的出租汽车平均运价;

B——出租汽车经营者可以接受的最低单位利润。

表6-6为哈尔滨市出租汽车市场相关变量及参数取值。

哈尔滨市出租汽车市场相关变量及参数取值 表6-6

参　数	单　位	数　值
单次平均运距 L	km	6.1
起步价 P_0(含燃油附加费)	元/3km	9
里程单价 P_1	元/km	1.9
出租汽车实际平均运行速度 V	km/h	25
出租汽车乘客平均出行时间 T	h	0.244
出行成本需求弹性系数 E_{α}	1/元	0.045
出租汽车乘客等待时间系数 T_w	辆·h	400
出租汽车乘客车内时间价值 Vot_j	元/h	20
出租汽车乘客等车时间价值 Vot_w	元/h	25
单位时间潜在乘客需求 $\overline{D}$	次/h	120000
单位时间出租汽车营运固定成本 FC	元/h	20
出租汽车单位里程耗油量 h	升/km	0.1
哈尔滨市出租汽车实际数量 N_F	辆	12000

假设哈尔滨市出租汽车经营的利润下限 $b=10$ 元/辆·h。出租汽车乘客的平均出行距离为6.1km,当93号汽油价格上涨至7.95元/L后,政府根据自身

判断制定补贴标准，并相应的适当放松出租汽车经营管制，那么哈尔滨市出租汽车经营者将会制定使自身经济效益最大的经营策略。

在政府实施出租汽车燃油补贴政策并维持价格管制的情况下，出租汽车经营者的策略是改变出租汽车营运数量，从而实现经济效益最大化。将表 6-6 中有关变量和参数值代入式(6-24)并化简后得：

$$\begin{cases} \max \quad z = 14.89D - 39.875N + S \cdot N \\ \text{s.t.} \quad D = 120000\exp\left[-0.045 \times \left(14.89 + 4.48 + \dfrac{10000}{N - 0.224D}\right)\right] \\ N - 0.244D > 0 \\ 14.89D - 39.875N + S \cdot N > 10 \cdot N \\ N > 0, N \text{ 为整数} \end{cases} \tag{6-29}$$

利用 lingo 软件，可以对上述模型进行求解。在政府制定不同补贴标准的情况下，出租汽车经营者的最优出租汽车数量及相应的经济效益见表 6-7。

不同补贴标准下出租汽车经营者的最优出租汽车数量及经济效益　表 6-7

政府补贴标准（元/辆·h）	最优出租汽车数量（辆）	最大经济效益（元/h）
0.0	10272	128699.8
0.5	10361	133858.0
1.0	10448	139060.3
1.5	10534	144305.9
2.0	10619	149594.4
2.5	10703	154925.0
3.0	10786	160297.4
3.5	10868	165710.8
4.0	10949	171165.1
4.5	11029	176659.6
5.0	11109	182194.2

从表 6-7 中可以看出，在汽油价格上涨至 7.95 元/L 后，如果政府放松出租汽车数量管制，随着政府补贴标准的提高，经营者的出租汽车最优营运数量会逐渐增加，相应的最大经济效益也会逐渐增加。同时还能发现，与油价上涨之前相比，当政府制定补贴标准低于 5.0 元/辆时，经营者会选择减少出租汽车营运数

量,以获得出租汽车经营的最大经济效益,表明出租汽车数量的减少导致的收入降低值低于成本降低值。尽管经营者采取减少出租汽车营运数量的措施可以使其利润稳定,但出租汽车数量的降低将造成乘客等待时间的增加,从而影响了城市居民的出行方便程度,降低了出租汽车客运的普遍服务性。

综合以上分析可知:当燃油价格发生变化时,政府的补贴策略和管制政策将直接影响出租汽车客运的普遍服务性,直接关系到城市居民的出行便利程度,从而也印证了出租汽车行业管制的必要性。

三、燃油税下出租汽车定价政策分析

开征燃油税会导致燃油价格的变化,通过国外在燃油税征收方面的经验,影响燃油税的定价因素有很多,燃油在生产、流通、分配和消费的过程中,每个环节都会对燃油税定价产生影响,这些因素应考虑在内。美国税务署提交的报告中已经明确规定,在燃油税的制定时必须考虑高速公路信托基金、汽车制造业和道路使用群体等相关因素,更有学者提出了自己的定价模型和影响因素,Christopher S. Decker 和 Mark E. Wohar 提出在燃油(柴油)税制定过程中应将燃油消费指数、公路总里程,以及采矿业和建筑业在所有行业中所占比例等因素考虑在内,而澳大利亚 Brantley Liddle 也将燃油价格、交通需求和居民收入列入燃油税定价的考虑因素当中。

但值得注意的是,《国务院关于实施成品油价格和税费改革的通知》(国发〔2008〕37 号)中没有给出我国燃油税价格制定的具体依据和解释,更没有给出相应的定价模型和在燃油税价格制定中应考虑的影响因素。这就导致我国燃油税政策中关于燃油税价格的制定存在一定的不足,因此在我国的燃油税的定价过程中应该对各种影响因素给予充分的重视和多方面的考虑,结合本书提出的我国燃油税征收原则和目的,对各因素进行相应地分析与筛选,平衡各因素在燃油定价中起到的作用,为我国燃油税政策提供可靠的依据和政策建议(基于层次分析法区间估计对我国燃油税定价影响因素筛选)。

(一)我国燃油税征收原则

1. 收回成本与合理利润原则

由于取消了原有公路养路费等 6 项收费,并将在此基础上逐步取消对政府还贷的二级公路收费,所以在燃油税的定价过程中必须对相关的政府支出和成本进行充分的考虑。

原有的二级公路收费政策的逐步取消，在此之前由地方企业出资、地方集资建设的公路和BOT模式下建设的公路都将面临极大的挑战。国外在燃油税征收后会将部分税金纳入新建的道路信托基金中，以满足道路建设的基金需要。因此，在燃油税价格制定的过程中也应考虑成本的回收和相关利润，从而解决养路费取消后所带来的维护和建设资金不足的问题。

2. 缓解交通和保护环境原则

国外的成功经验表明：燃油税作为重要的税种之一，在国民经济中发挥着巨大的作用，能够很好地控制私人交通量的产生和汽车排放所导致的交通污染。燃油税所带来的出行成本的增加会使得私家车拥有者减少汽车的使用频率，进而转向公共交通，从而缓解了城市的交通压力，提高了城市道路的通行能力。在我国燃油税的价格制定过程应以较少交通拥堵，控制私家车出行为目的进行考虑。

私家车出行量的减少可以在一定程度上降低燃油消耗，缓解我国所面临的石油资源越用越少，供小于求的局面。同时，交通行驶环境的提升可以使得汽车在较好的工况下运行，减少有害气体、可吸入颗粒物（IP）和铅（Pb）等的排放，达到环境保护的目的。所以在燃油税价格的制定中要充分考虑石油资源的可持续利用和私家车数量等相关因素。

3. 区域定价原则

大多数国家的燃油税主要是以省为单位，根据各省的实际情况进行征收。其中的一种形式为中央和地方分别结合自身情况出台相应的价格，对驾驶员进行双重征收的方式，另一种是中央在燃油的定价时直接考虑到各地方的实际情况，统一征收时在各省实行不同的燃油税的税率。由于我国地广人多，地域经济特点明显，各省的汽车保有量，道路总里程数等都存在很大的差异，具体表现为路上交通量的不同和交通需求的巨大差别。因此在制定燃油价格时应充分考虑到地方交通量和交通需求的情况，分区域或省份进行制定，从而保证燃油税征收的公平性和平等性。而如今在我国现有的燃油税政策下，全国油价“一刀切”的含税燃油价格模式显然存在相应的缺陷。

（二）燃油税对出租汽车行业的影响分析

据调查，一辆出租汽车日均行驶300～500km，百公里耗油9L，年养路费1320元，燃油支出占总成本的65%以上。燃油税实施后，出租汽车单车的年养路费用将通过燃油税的形式上缴，实际运营成本将提高12%～14%，总体来说，燃油税开征对出租汽车行业的影响是中性的。

目前,全国大多数城市出租汽车行业都是一种政府对企业实行特许经营的模式。政府的管理手段是向企业发放经营牌照,个人需成为企业的员工,通过向企业支付单车承包费用获得车辆和牌照的使用权。出租汽车公司现行的这种运营模式将燃油、车辆维修等成本风险与额外的收益都转嫁给驾驶员。开征燃油税,会直接影响到车主的利益,主要可能在以下方面表现出来:

(1)短途客成为主力

一般来说,出租汽车的固定费用是每月上缴的营运费和工商管理费。油费是车辆承包人自己负责的。这样的固定费用模式下,车主一般都是愿意多拉客人多跑路。但是,开征燃油费后,多耗油意味着多上税,显而易见地加大了出租汽车的运营成本。燃油税开征后,很可能出现长途没人跑,短途车辆竞争很激烈的状况。

(2)营运晚高峰提前结束

下班高峰结束后,出租汽车的业务量迅速下降,而他们等待的是夜晚的一个消费高峰期。加班或换班的人流,一些晚间消费的民众,都是夜晚出租汽车营业的主要对象。但是,伴随轨道交通线网的逐渐延伸扩大,出租汽车的市场定位将发生明显改变,将在公共交通体系里更多地体现拾遗补缺的作用。整体趋势必然使动辄穿越整个城市的长途业务成为凤毛麟角,代之为在各个交通车站与办公楼、居住区间的频繁短途业务。

开征燃油税后,一些夜间营业场所的晚间用车量下降,直接导致晚上用车的人数减少。

本章小结

本章首先分析了出租汽车定价的影响因素,其中包括:出租汽车成本、燃油价格、油价补贴、出租汽车对社会和环境的外部性影响。接着,介绍了出租汽车的定价理论,平均成本定价理论和社会福利最大化理论。在提出了定价理论的基础上,本章对出租汽车定价模型进行了详细的介绍,包括社会最优定价模型、均衡价格定价模型和系统动力学定价模型等。最后结合哈尔滨市出租汽车运营状况,进行了出租汽车定价政策分析,得出了当燃油价格发生变化时,政府的补贴策略和管制政策将直接影响出租汽车客运的普遍服务性,直接关系到城市居民的出行便利程度的结论,从而也印证了出租汽车行业管制的必要性。

第七章 城市道路系统拥挤收费理论与方法

如今城市、社会、经济、环境协调发展,城市交通问题已经上升到城市的战略问题,对于城市的健康发展影响巨大。目前交通拥挤问题是世界上许多大中城市的通病,从根本上讲,就是城市的交通供给不能满足日益增长的交通需求的表现。城市交通需求可因城市社会经济活动的发展而持续增长,且能在较短时期内得到迅速增长,但城市交通供给能力的增长却呈现跳跃性、阶段性的特征。

交通拥挤已经成为城市交通的普遍性问题。城市交通拥挤还会给城市带来许多问题,除了会给人们的出行带来不便、影响城市功能的发挥,还会产生额外的环境污染,造成资源浪费。根据国外交通发展经验来看,城市交通需求随着经济不断发展,而城市交通供给受到社会经济等因素的影响,不能无限制增长。因此交通需求管理显得尤为重要,而拥挤定价就是交通需求管理的重要方面。

单靠“公交优先”政策,从长远角度看在增加政府负担(财政补贴是各国在推行该政策时的一贯做法)的同时抑制了个性出行的需求,需要其他政策的配合,拥挤定价是该政策的必要补充。

拥挤定价(Congestion Pricing)的定义是利用经济学的价格原理通过限制交通需求来达到缓解交通拥挤目的的管理手段。拥挤定价是最近40多年来交通管理者关注的热点和核心。从广义上讲,交通拥挤是由于各种城市交通服务方式的价格低于成本而引起的,尤其是城市机动车使用者仅仅支付其直接费用和少量管理费用,而未支付其出行给社会和其他出行者带来的全部成本,从而鼓励了机动车交通量的迅速增长。在此意义上,交通价格是治理交通拥挤的另一关键。

第一节 城市道路系统拥挤收费的影响因素

交通价格受到诸多因素的影响,为探究拥挤收费,首先就要对影响拥挤收费的因素进行分析。其中影响拥挤定价的因素主要有以下几个方面:

一、政策措施

交通价格是一种由政府管制的公共价格，尤其是在公共交通方面，因为公共交通不仅具有经济性，还具有公益性和政策性。

二、居民收入

交通价格要考虑到当地的居民收入水平，价格既不能过高也不能过低，若指定价格过高，会降低交通设施的利用率；若价格过低，会导致交通需求增长过快。两种极端情况都不是理想的，所以应该寻求一个合理的交通价格。

三、土地利用

城市土地利用与交通紧密相连，城市化的进程伴随着城市土地的开发、土地利用性质的改变，而城市交通系统也依托城市土地的开发与利用得到发展。城市土地系统与交通系统彼此相互依存，相互作用形成互通、互动的反馈关系模式。

城市的土地布局是指在现有的城市规模和范围内土地的使用性质、土地的空间布局和土地建设开发的强度与密度。通常情况下，一个城市的土地布局模式决定了该城市及所在区域的交通吸引、交通出行、交通方式的划分等诸多交通因素，城市土地布局模式甚至决定了城市交通系统的建设和发展的方向。

四、交通需求

交通价格波动的实质就是交通供应与交通需求之间的变化。交通需求的特点是在短时期内可能增长速度很快，而交通供给则以建设周期长著称，所以交通供给一般不能无限度满足交通需求。

而交通价格能够很好地限制交通需求，在一定时期内，可以通过调整交通价格来达到调整交通供求关系的效果。

第二节　城市道路系统拥挤收费理论发展历程以及新进展

一、城市道路系统传统拥挤收费理论发展历程

为了解决城市交通拥挤问题，Pigou[13]和 Knight[14]分别于 1920 年和 1924 年提出了拥挤定价的概念，且从经济学的角度分析了交通拥挤情况下的外部费

用和最优拥挤费用。之后较长的时间内该理论进展缓慢。

直至20世纪60年代,严重的交通拥挤问题随着发达资本主义国家中私人机动车的普及而凸显了出来,因而急需利用经济学的方法来对交通拥挤进行缓解。Walters[16]、Smeed[151]、Sharp[152]等对交通拥挤定价理论进一步扩展,在边际成本定价模型的基础上,提出了短期边际成本定价理论,确定了传统拥挤定价理论。之后,拥挤定价理论分成了两种类型:第一种是静态定价理论——一般道路最优拥挤定价(Optimal Congestion Pricing),其理论基础是边际成本(Marginal Cost)定价理论,代表人物为Walters;第二种是动态定价理论——瓶颈路段的拥挤定价,相应的理论基础和代表人物分别为排队论和Viekrey[17],该定价理论以后依据算法不同又发展为不同的三种拥挤收费模型:最优惩罚收费模型[66]、最优单阶段拥挤收费模型[153]和阶梯式拥挤收费模型[69]。

20世纪80年代初期,美国专家意识到了交通需求管理的重要性,提出了TMD技术,即交通需求管理技术,基本原理为:根据居民的交通出行特征,压缩交通量,把其压缩到最经济路段,通过限制出行者的出行时间和道路使用时间,来达到管理交通需求的目的。TMD主要策略是把交通需求的不断增加限定在一定的范围内,提供一个不需要投资或少投资就可以提高交通运输效率的机会,通常采取的方法是结合土地利用规划,改变个人出行分布,由交通拥挤终点向非拥挤终点转移,由交通拥挤时间段向非拥挤时间段转移,以减少高峰小时对交通供给的需求。拥挤收费作为需求管理的一种措施也被提了出来,20世纪80年代末期,英国的瓦尔特(Walter)定量研究道路拥挤的外部效果,把拥挤问题的各方面综合起来,提出了短期边际成本定价模型,确立了传统拥挤定价理论。

静态拥挤定价研究起源于20世纪90年代,主要研究一般道路的最优拥挤定价,其理论基础是边际成本定价模型。以Meyer[62]和Small[61]等人为代表,早期的研究主要集中于使社会效益取得最大化的拥挤定价模型的研究。此后,大量学者对该研究进行了扩展,如Lam等针对拥挤定价建立了以路网总出行时间为上层目标、以用户均衡问题为下层目标的双层规划模型[154]。Dail考虑了用户出行时间价值的随机性,并将其加载到费用时间固定的网络上,运用Wardrop原理建立了均衡方程,同时对求解算法进行了说明[155]。

动态拥挤定价理论源于动态瓶颈模型,其理论基础是排队论。瓶颈路段在高峰时期,由于交通需求超过道路容量,会出现排队的现象。根据是否考虑排队的时间和空间维度,道路拥挤收费定价模式可分为两类。第一类定价模式仅考虑拥挤定价随时间的变化,不考虑排队的空间维度,Braid通过建立道路的速度—流量模型研究了该种拥挤收费的定价模式,但是该定价模式仅适用于单个瓶颈路段[156]。第二类定价模式将排队的时间和空间同时加以考虑,如 Amott 等分析了具有平行路径的瓶颈路段在固定需求下的拥挤定价策略[153];Carey 和 Srinivasan 将拥挤定价在瓶颈路段上的应用扩展到拥挤的道路网络以求得最优的定价方案,从而得到系统的边际成本及用户的外部成本[157];Ghali 和 Smith 将动态交通分配原理应用到拥挤定价模型中,模型将边际成本和交通控制方案考虑在内[158];Yang 和 Meng 运用时空网络的方法扩展了瓶颈模型[159]。

21 世纪初,随着道路拥挤定价理论的发展,道路收费的政策成为研究的热点。例如对收费机制的研究、对政策实施后社会福利的研究及对多时段和多用户收费政策的探讨。例如,Proost 等人(2002)[160]通过对欧洲 6 个不同城市和区域客货运及收费方式的调查研究,认为现行的城市运输收费并不高效,得出高效的运输收费(包含拥挤收费在内)能够最大化社会的经济福利,同时提出,要使收费效果最优,运输收费政策应针对不同的人群和时段制定;Palma 等人(2004)[161]建立了拓扑学路网,并在此基础上分析了影响收费效果的关键因素及路网中出行者不均匀出行的原因。随着部分城市运输收费改革的发展,近年来,Proost 等人(2006)[162]提出了收费改革要面临的两大问题,即如何制定使社会福利最大化的收费机制及所制定的收费机制如何在不同层次的政府管理部门得到高效利用。随后 Proost 和 Dender(2008)[163]通过对布鲁塞尔市和伦敦市的调查研究,建立了交通收费的最佳模型,从而得到布鲁塞尔市高峰小时的最优公交价格,此外,利用该模型分析了交通收费对交通均衡及社会福利的影响。

二、城市道路系统传统拥挤收费的新进展

虽然拥挤定价理论并不是一个新的理论,但是直到近三十年这一政策才在部分城市及地区中得以有效实施。拥挤定价早期发展缓慢主要是受技术的制约。近年来,科学技术飞速发展,不停车收费技术应用的成功为拥挤收费的实施提供了可能。然而,现如今,公众对于拥挤收费的态度成为该项政策能否得以实施的关键因素。政府和公众对拥挤收费的关注点不同是政府和公众在该项政策上缺乏共识的原因。社会效益的最大化和效率的提高是政府关注的重点,而自身利益是公众关注的重点,即政府关心的是政策的效率问题而公众关心的是政策的公平问题,而两者往往难以统一。目前,对拥挤定价效率问题的成果较多而对公平性问题的研究却相对较少,将两者相结合的研究则更少。

许多公众对拥挤定价政策持反对态度,因为他们认为拥挤收费政策的实施会恶化他们自身的处境。还有许多公众混淆了拥挤收费和还贷收费的概念,认为没有新建或改建的交通基础设施付费是不合理的,比起缴费,他们更愿意维持

现有的道路建设。Winsotn(2001)分析了公众反对该政策的原因,并将其归结为以下两点:一是公众不明确缴纳拥挤费所带来的利益,而将其看作是一种附加税(Additional Tax);二是若不存在其他可供选择的出行路径,公众对于现有公路(Existing Freeway)征收拥挤费政策的反对态度更加强烈[164]。即使是在拥挤收费政策得以实施的新加坡和挪威等国家,该政策所提出的出发点也是交通系统扩容融资而不是交通需求管理,尽管 Viegas(2001)已对两者效果的统一性进行了说明。

许多学者研究了拥挤定价政策的实施对社会福利的影响,证明了对于一些特定的群体,拥挤收费的实施会使他们的处境变得更加糟糕。Small(1982,1992)提出了在没有收入再分配时,拥挤收费存在受益群体和受害群体,并分别以旧金山海湾和洛杉矶地区为例进行了分析[165,166]。在旧金山海湾案例中,拥挤收费政策的受害者是中低收入群体,若该政策实施后,公众的出行时间并不能够显著减少,则高收入群体也会成为受害者。Hau(1992a)通过拥挤定价政策的经济学分析也得到了相同的结论,即除一些时间节省价值高于其支付费用的用户外,其他用户的利益都会受损,无论该用户是选择继续使用该公路还是被迫转移到其他道路。若高时间价值用户的时间价值不能达到某一水平时,也会成为受害者,而政府则成为唯一的受益者,这是最糟糕的情况。尽管拥挤收费政策的实施会增加社会整体的效益,但并不能保证所有用户的处境都变好。Cools M 等(2011)认为公众对拥挤收费政策的接受性与该政策实施效果之间的关系还有待进一步验证[167]。Dimitriou 与 Tsekeris(2009)也考虑了出行者的时间价值,并将演化博弈的思想运用到拥挤收费的策略中[168]。

由此可以看出政府对拥挤费用收入分配的重要性。Calfee(1998)认为拥挤费用收入的分配对于公众能否支持拥挤定价政策起关键性作用[169]。还有许多学者将目光放在拥挤费用收入再分配的研究上:Dganazo(1995)研究了一种最优拥挤减缓方案,综合考虑了分配与定价两方面的内容,结论为有可能不会损害任何人的利益;Adler(2001)提出了一种基于两节点两路线网络的路线再分配模型,具体做法是将一条收益高的道路的拥挤收费收入分配给另一条收益不高的道路,结果为减少了路网内所有出行者的出行成本以及排队时间,这种再分配模型所达到的效果与社会最优分布有一定的可比性;Ferarri(2002)的研究认为,让政府公共财政与道路收费共同承担道路的建设与维护成本是一种实现社会福利最大化的有效方法,他的实验结果表明,最优道路收费与道路固定成本相互独立,而收费取决于政府公共财政的边际成本和出行者支付意愿,若这两个因素都比较高,那么道路的最优收费收入可能会高于道路建设运营成本,这时多出的这部分收益可以返还给支付出行费用的出行者身上而不是投入在道路上。

Viegas 研究了道路定价的目的，并探讨了政治敌意的原因，他认为应该把效率和公平作为交通管理系统中应该考虑的重要因素；还有在管理中应注意可持续发展问题，考虑效率的同时，也要考虑资源的消耗；在政治敌意方面，他认为，拥挤定价的政治敌意基于用户不得不在原来免费的道路上付费，以及一些低收入的用户会因为收费而被城市拒之门外。Khisty 针对公共投资问题，总结了其中公平与效率的问题，定性描述了几种公平理论以及依据这些理论对公共项目投资决策的影响。Khisty 认为，公共基础设施投资时，在着眼于社会福利提升的同时，还需要注重个人福利的提升，利用成本效益分析（CBA）法，分析几个备选方案，所以选择其中净收益最大的方案是行不通的。事实上，在他给出的案例分析中，六种公平理论分析得到的结果各不相同。

Liisa Ecola 等人（2010）研究发现尽管拥挤收费政策在美国很多地方实施，许多策略却遭到拒绝，原因是这些拥挤收费策略并不公平，同时识别并评估了拥挤定价的公平性。Byung Do Chung 等人（2012）研究了基于需求变化的动态拥挤收费策略，他们在二进制交叉粒子群算法的基础上应用了鲁棒性的方法解决最优拥挤收费的问题。Lindsey R 等（2012）研究了瓶颈路段的分步拥挤收费模型[170]。Mahmood Zangui 等人（2013）研究了一种基于驾驶追踪技术的拥挤收费策略，针对不同的驾驶情况收取不同费用。Kim（2014）建立了拥堵控制的演化博弈模型，以最大限度地优化路网[171]。Nasim S 等人（2014）研究了拥挤收费对不同区域的动态影响，同时研究了拥挤收费对同一地区长时间的影响。Gorge A 等人（2015）在分析动态交通分配问题时发现，不同的定价策略能够降低整个系统的延迟，同时发现在总延迟最小情况下系统想要获得最大收益的条件是整个系统几乎没有排队。Zhijia Tan 等人（2015）研究了一种动态拥挤收费策略，这个策略的目的是能够使得系统运行最优，并提出了系统时间、系统花费等指标来评价系统性能。

第三节　城市道路系统拥挤收费定价模型

一、拥挤定价的社会福利分析

（一）道路拥挤定价福利经济学供需平衡关系分析框架的建立

城市道路的经济属性导致了道路拥挤现象的出现，也构成了实施道路拥挤定价的主要依据。由于城市道路使用具有以下特征：首先，城市道路为全社会提供服务,社会所有成员均可享用,也具有一定程度的可分割性。其次,在拥挤形成之前,城市道路边际成本为零,不收费,具有很明显的非独占性和非排他性,属于公共物品。再次,实际使用时,城市道路具有排他性,根据上面的分析,城市道路具有公共性,同时又具有私人性,城市道路是准公共产品。城市道路产权是政府的,所以产权就不会得到确定,模糊的产权制度使得城市道路由准公共产品转变为纯公共产品。人们在使用城市道路时不会考虑到成本问题,无需对道路的使用效率负责。由于外部效应,造成了边际个人成本与边际社会成本不相等,它们之间的差额造成了拥挤现象。另外,对于交通供给者而言,交通基础设施的供给能力在相当长的时期内是固定不变的,供给能力很难与经常变动的需求保持平衡,这样在交通高峰期自然会出现交通拥挤现象。而道路拥挤定价正是把价格机制引入城市交通管理中来,使得城市道路的产权得到了确定,为市场有效的配置城市道路资源提供了保障[172]。

根据福利经济学供需平衡关系可以说明收费对交通流量的调节作用及福利影响[173]。根据速度—流量关系曲线可以直接转化出单位距离内的出行时间—流量关系曲线,表示单位距离里交通流量的变化所导致的车辆行驶时间的变化。反映到速度—流量关系模型中,则为令 $V = 1/t$,从而可得到时间—流量的关系表达式:

$$Q = K_{\mathrm{j}}\left(\frac{1}{t} - \frac{1}{t^2 V_{\mathrm{f}}}\right) \tag{7-1}$$

转化过程如图 7-1 所示。

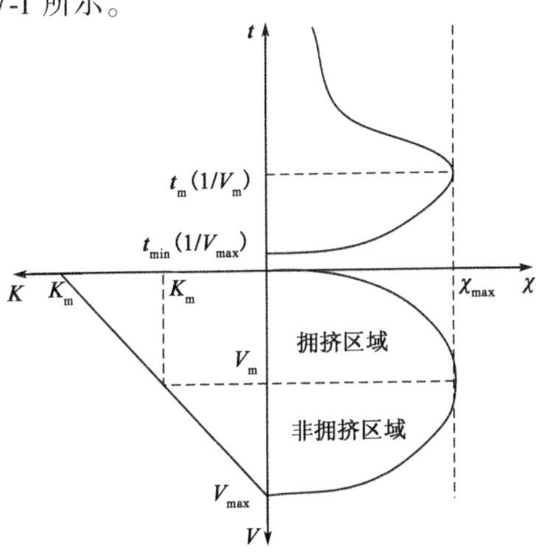

图 7-1　车流密度、行车速度、出行时间和交通流量关系图

在不考虑外部影响的情况下，出行者出行成本主要包括出行者行驶时间费用、车辆运行成本（Vehicle Operating Cost，包括燃油费、维修费和折旧费等）和道路可变维护成本（Road's Variable Maintenance Cost）。根据 Mohring（1976）和 Walters（1968），Nash（1976）和 Button（1982）的研究成果，出行者出行成本中的车辆运行成本及道路可变维护成本均可看作是与交通流量近乎不相关的常数，可以看作是出行者成本中的固定成本，不影响出行者的交通行为决策[173]。因此，一般情况下，出行者出行的可变成本主要由出行者行驶时间费用构成，出行者的可变成本可以表示为出行时间的函数。如果假设出行者单位出行时间价值为常数，将出行时间乘以单位时间价值就可以得到出行者的单位距离出行成本。由此，单位距离出行时间—流量关系曲线也可表示为单位距离出行成本—流量关系曲线。单位距离出行的总成本即为出行者平均可变成本（Average Variable Cost，AVC），鉴于一个出行者加入交通系统之后，其所承担的成本等于平均可变成本，所以又可称为边际个人成本（Marginal Private Cost，MPC）。在考虑到出行者出行时所产生的外部不经济时，需要对边际社会成本（Marginal Social Cost，MSC）进行分析。边际社会成本为交通系统中每增加一个交通出行者，对系统其他出行者和非交通系统造成的成本，可包括 3 个部分：出行者自身承担的费用、给其他出行者增加的费用（时间延迟、燃油增加等）和对非交通系统的影响（环境污染、交通事故等）。假设交通系统中原有 n 个交通出行者，平均可变成本为 AVC，新增加 1 个交通出行者所造成的平均可变成本的增加为 $\Delta AVC=\frac{\mathrm{d}(x)}{\mathrm{d}x}$，则：

$$
\begin{aligned}
MSC &= (n+1)(AVC+\Delta AVC)-nAVC \\
&= (AVC+\Delta AVC)+nAVC
\end{aligned}
\tag{7-2}
$$

式中，$AVC+\Delta AVC$ 为新增加交通出行者的可变成本，$nAVC$ 为新增加的第 $n+1$个交通出行者对交通系统中其他出行者和非交通系统造成的成本。由于行驶时间与交通流量存在函数关系，因此出行者的平均可变成本也可以表示为交通流量的函数，即 $AVC=C(Q)$。则总成本 $TC(Q)=Q\cdot C(Q)$，由此可得到边际社会成本等于：

$$
MSC=\frac{\mathrm{d}TC(Q)}{\mathrm{d}Q}=C(Q)+Q\frac{\mathrm{d}C(Q)}{\mathrm{d}Q} \tag{7-3}
$$

由此可见，当路段交通流量很小时，$Q\frac{\mathrm{d}C(Q)}{\mathrm{d}Q}=0$，$MSC=AVC$，当交通流量增加到一定程度时，$MSC>AVC$，并且 MSC 增加的速度要远远大于 AVC 增加的速度。令 TD 为交通需求函数的逆函数，可得到均衡分析的需求曲线，反映了不同出行成本下出行者出行需求，即交通流量的变化，也可以理解为在不同交通流量下出行者的支付意愿。因此，需求曲线下的面积反映了出行者在既定交通流量下获得的总效用。出行成本与交通流量以及坐标轴围成的面积就是交通系统总成本。根据上述分析，得到道路拥挤定价的福利经济学供需关系分析框架，如图7-2所示。

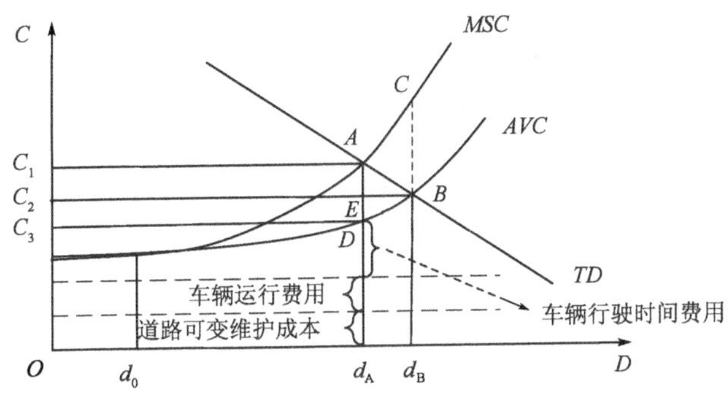

图7-2　道路拥挤定价的福利经济学供需关系分析框架

图7-2中纵坐标表示出行时间(成本)，横坐标表示交通需求量(交通流量)。*TD*曲线表示交通需求，*AVC*曲线表示平均社会成本(等于边际个人成本)，*MSC*曲线表示边际社会成本。对出行者而言，曲线上*D*点代表出行者实际出行平均可变成本；曲线上*E*点代表路网中增加一个出行者时新增加出行者的个人成本与原有出行者因拥挤而承担的额外费用之和。曲线*MSC*和曲线*AVC*之差为交通拥挤的外部性，即没有通过市场价格交换或者补偿的部分出行者对其他出行者产生的影响。在交通流达到之前，即交通维持自由流状态时，由于出行者之间不会相互干扰，曲线*MSC*和曲线*AVC*一致，表明不存在交通拥挤的外部性。

(二)道路拥挤定价过程中社会总体福利变化过程

根据均衡理论，社会最优均衡为逆需求函数和边际社会成本的交点，即图7-2中的*A*点，对用户而言，均衡点为逆需求函数与边际个人成本的交点*B*，显然由两个均衡点分别决定的交通量为d_A和d_B，在任何需求水平下，边际社会成本曲线*MSC*与边际个人成本曲线*AVC*的差反映了该需求水平下的拥挤成本。当路网不收费时，由于用户仅考虑自身的成本，在逆需求函数D^{-1}与边际个人成本曲线*AVC*的交点*B*处达到平衡，此时用户忽略了他们强加给其他用户的外部不经济，任何用户将以大于他所感知的费用d_BB出行，即以d_BC出行。结合经济学原理:完善的市场条件下,资源的有效配置发生在所有商品和服务的价格都是基于边际社会成本定义的情况下;边际社会成本和边际收益相等时的均衡价格是最优的。因此,由图7-2中可以看出,该最优点为边际社会成本 MSC 与逆需求函数 D^{-1} 的交点 A 处,对应的交通流为 d_A。从系统的角度来说,不收费下的实际需求是超负荷的,因为第 d_B 个用户得到的效益为 d_BB,而它引起的边际社会成本为 d_BC,此时用户的出行给系统带来了 BC 的损失。超出最优交通流 d_A 的交通量 d_Ad_B 所产生的成本为区域 d_Ad_BCA,而这些交通量所获得效益为区域 d_Ad_BBA,因此,福利损失为 ABC。对于超出交通量 d_A 的其他交通量有类似的结果,而低于交通量 d_A 的交通量也不是最优的,因为它将使得路网潜在的消费者剩余没有被充分利用。在最优交通量 d_A 处,道路拥挤定价为 $AD = d_A - d_AD$,在该定价水平下,即按照最优拥挤收费使得交通流减少了 $d_B - d_A$,从整个系统而言,出行收益损失了 d_Ad_BBA,成本节约了 $d_Ad_BCA = d_Ad_BBE + C_2C_3DE$,产生的社会净收益为:$ABC = d_Ad_BCA - d_Ad_BBA = C_2C_3DE - ABE$。

(三)道路拥挤定价过程中交通出行者福利变化过程

把拥挤道路使用收费所影响的主体分为政府和出行者,其中出行者分为支付费用继续出行者(The Tolled)、改选其他出行方式的出行者(The Tolled Off)和选择收费时间公交出行或非收费路线(时间)出行的出行者(The Tolled On)三类。下面分别分析拥挤收费对他们的福利影响。

第一类,拥挤道路使用收费对支付费用继续出行者的福利影响。对于该出行者而言,需交纳的个人拥挤费为 AD,总的拥挤费为区域 C_1C_3DA,拥挤收费使得个人时间费用节省为 ED,总的节省区域为 C_2C_3DE,从图7-2中可以看出,节省的时间费用 ED 小于支付的拥挤费用 AD,总的福利损失为区域 C_2C_3EA,即在所有出行者时间价值相同的情况下,该类出行者遭受了损失。实际情况下,不同的出行者对出行时间的估值会有所不同。即使同一个出行者,在出行目的不同时对出行时间的估值也会有所差异。Mohring(1976)从数学上证明并得出结论,不同类型的出行者具有不同的时间价值。在考虑出行者具有不同时间价值时,假设所有出行者的费用都是可以识别的。而最优拥挤收费 AD 是根据不同类型出行者的边际时间价值加权计算的平均值,因此,对于选择付费继续出行的出行者而言,如果其由于缴费所节约的时间价值较大,并且超过所付拥挤费的情况时,该类出行者也是受益者。

而对于时间价值低于平均时间价值的继续出行者而言,支付平均费用会令其受损。当然对于这两类出行者来说,与那些选择其他出行方式、路线和时间的出行者相比,其出行的个人支付意愿仍然超过出行成本,所以选择支付费用继续出行[176]。

第二类,拥挤道路使用收费对改选其他出行方式的出行者的福利影响。对于该出行者而言,由于不愿付费而被迫选择了其他的出行方式或时间,导致其损失了原来即得的净收益 ABE,即 $d_A d_B BA - d_A d_B BE$,因此其利益受到了损失。

第三类,拥挤道路使用收费对选择收费时间公交出行或非收费路线(时间)出行的出行者的福利影响。对于选择非收费路线(时间)出行的出行者而言,在公共交通未得到改善的情况下,由于一部分原来选择高峰期出行的出行者或者私家车的车主转移到非高峰期出行或者公共交通,增加了其所在路段拥挤程度和边际个人成本,同样也使他们利益受损。对于选择收费时间公交出行的出行者,由于拥挤状况得到改善,公交出行速度得到提高,他们节约了时间成本,该类出行者获得了利益。

(四)拥挤道路使用收费对政府的福利影响

由于政府是拥挤收费政策的制定者和直接获利者,因此,政府是拥挤收费过程中的唯一获益者,从图7-2中可以看出,拥挤收费使其获得的收益为区域 C_1C_3DA。

根据 Kaldor(1939)提出的潜在帕累托最优原则或者"补偿原则",如果政策的受益者能够补偿受损者的损失并且还有余额,即可认为社会福利增加了[177]。从上述道路拥挤定价的福利分析中可以得出,通过道路拥挤定价,受损者的损失为 $C_1C_2BA = C_1C_2EA + ABE$,受益者的收益为 C_1C_3DA,按照潜在帕累托最优原则,如果将政策实施后的收益用于补偿损失,即 $C_1C_3DA - C_1C_2BA = C_2C_3DE - ABE = ABC$,根据社会总体福利影响分析结果可知,$ABC$ 为道路拥挤定价后产生的社会净收益,大于零,因此,道路拥挤定价政策满足潜在帕累托最优原则。但潜在帕累托最优原则只考虑了整个社会的福利效果,而未考虑福利效果的分配,在进行道路拥挤定价的情况下,除了政府和小部分时间价值高的出行者外,大部分出行者都从道路拥挤定价政策中遭受损失。除非对道路拥挤定价收入进行再分配或者对受损者进行补偿,才能实现潜在帕累托的改进,保障大部分出行者的利益,从而获得他们对道路拥挤定价政策的支持,提高该政策实施的可行性。

从福利经济学角度,评价一项政策的好坏,关键是该政策能否使得该系统中任一主体的福利增加的同时,不会造成其他主体的福利受损。从上面的分析中,我们可以看到,拥挤道路使用收费政策的实施除了使得政府及时间价值较大的出行者受益外,对其他各种属性的出行者都造成了损失,因此,在考虑个人得失的情况下,该政策在实施过程中得不到多数出行者的支持,有必要通过道路拥挤定价收入再分配实现帕累托改进。

二、次优定价理论

(一)次优定价理论的介绍

次优的概念最先是由加拿大经济学家 Lipsey 和美国经济学家 Lnacaster 在研究税收制度时提出的。近年来,次优的思想被逐步应用到拥挤定价理论的研究中,并不断发展。次优拥挤定价理论成功的发展了最优定价理论,两者一起构成了一般道路拥挤定价理论,已成为当前拥挤定价理论研究的重要分支。

次优税收的目标主要有两个[36]:一是内在优化目标,二是外在优化目标。在次优拥挤定价理论中,次优定价的外在目标常见的表现为通过拥挤收费矫正交通的外部性,谋求效率损失的最小化;其内在目标常见的表现为拥挤收费政策操作的可行性和对社会公平的约束方面,但不仅限于此。事实上,现实中许多约束条件都可以作为上述的内外目标,如由于交通投资资金的约束,必须使投资效率最大化;或财政营运目标的最小约束等。很多情况下,甚至可以根据实际情况把内、外在目标相互交换。这些优化目标中,最优拥挤定价的可操作性问题是次优拥挤定价理论发展的最好理由。最优方案,即拥挤道路网络中的每一路段的拥挤收费等于其边际外部成本,只是理论上的产物;而在现实中,最优方案的实施面临着一系列技术上或政治上的限制。比较典型的例子是,城市交通管理部门在实施一系列范围道路拥挤收费系统前往往在一局部范围内进行示范项目试验。因此,从某种意义上来说,最优拥挤定价理论是次优拥挤定价理论的一个特例。

次优理论在拥挤定价领域也受到了很多学者的追随。verhoef 等人(1996)研究了一个有两条并行路径的简单拥挤网络中的第二最优拥挤收费问题,其中假定有一条路径不收费,另一条路径是收费路径,使用了一个模拟模型讨论了需求函数和费用函数对收费路径相对效率的影响,比较了第一最优拥挤收费和第二最优拥挤收费下的相对福利增长指数,并详细地讨论了私人垄断下收益最大化的定价问题。Verhoef(2002a,2002b)研究了静态一般路网的次优拥挤定价模型。在一般路网中,不是所有的路段都能被收费,Verhoef 引入了“相关路径(Relvenat Path)”的概念,设计了寻找一般路网部分路段收费的次最优收费水平和收费点的启发式算法。Liu 和 MeDonald(1998,1999)建立了一个基于高峰和非高峰的两条并行道路的次优拥挤定价模型。考察了两条并行道路上高峰和非高峰期间的几种不同的收费方案,包括不收费、最优收费、次优收费(只有一条道路收费)。结果表明最优收费方案在改进交通拥挤和提高社会福利上都是最有效的;次优方案次之,但其效果却差得多。Braid(1989)对弹性需求瓶颈模型中分别实施均匀收费和时变收费进行了比较,也考虑了两条道路中只有一条收费的问题,即多条路径选择的次优问题。Yang 和 Huang(1999)对多车道公路网的合乘和拥挤收费问题进行了研究,结果表明,当路网中无 HOV 专用车道时,第一最优收费要求对所有车辆征收相同的通行费;当路网中出现 HOV 车道时,第一最优拥挤收费要求对 HOV 车道和非 HOV 车道的车辆实行差别收费,而在路网中有 HOV 专用车道且差别收费方案难以实施时,具有均匀收费下的第二最优收费将是非合乘车乘客和合乘车乘客(非车辆)的边际外部拥挤成本的加权和。

(二)次优定价理论的应用

带公平限制的两时段一般路网次优模型分析:

多时段一般路网最优定价模型和次优拥挤定价模型通过对某些时段和路段实行拥挤收费来减缓交通拥挤。虽然总体的社会福利上升了,但是不可否认的是用户的出行成本通常都会有所增加,而且不同 OD、不同时段的出行成本增加的幅度并不相同。这与拥挤定价实施的具体时段和路段有关。一般的,在空间上而言,被征收拥挤费用的道路往往属于城市交通路网的繁忙路段,甚至许多路段都位于城市中心,是公众经常出行的道路,拥挤定价政策的实施必然使得部分用户选择其他道路出行;在时间上而言,以两时段为例,由于高峰期出行成本部分转移到非高峰期,导致本来在非高峰期出行的用户的出行成本增加。这样拥挤定价政策就对不同时段、不同 OD 产生了时间和空间上的不公平,并可能由于出行者的反对而使得该政策实施的阻力大大增加[36]。

事实上,拥挤定价政策必然带来不公平因素。如果要控制公平的因素,需要对拥挤定价政策实施前后各时段、各 OD 的出行成本变化比例作一定的限制。基于这一思路,本书设计对城市路网中各时段、各 OD 拥挤定价政策实施前后用户出行价格之比作为公平限制,用公式表示为:

$$\frac{p_{\mathrm{r}}^{i}}{\bar{p}_{\mathrm{r}}^{i}} \leqslant \phi_{\mathrm{r}}^{i} \quad \forall r, i \tag{7-4}$$

其中,p_{r}^{i} 表示 i 时间段 OD 对 r 在引入次优拥挤定价后用户的出行价格;$\bar{p}_{\mathrm{r}}^{i}$ 表示 i 时间段 OD 对 r 在没有收费的用户均衡状态下的用户出行价格。这里的出行价格都等于用户所经路段的出行成本与拥挤收费之和。ϕ_{r}^{i} 在这里作为公平指数用来表征对不同 OD、不同时段不公平现象的约束程度。把 ϕ_{r}^{i} 作一定的处理,那么公平程度可以用另一个决策变量 φ_{r}^{i} 来衡量,两个指数之间的关系如下:

$$\phi_{\mathrm{r}}^{i}=\begin{cases}1+\varphi_{\mathrm{r}}^{i}\left(\dfrac{\tilde{p}_{\mathrm{r}}^{i}}{\bar{p}_{\mathrm{r}}^{i}}-1\right) & \dfrac{\tilde{p}_{\mathrm{r}}^{i}}{\bar{p}_{\mathrm{r}}^{i}}>1 \quad \forall r,i \\ 1 & \dfrac{\tilde{p}_{\mathrm{r}}^{i}}{\bar{p}_{\mathrm{r}}^{i}}\leqslant 1 \quad \forall r,i\end{cases} \tag{7-5}$$

这里的 $\tilde{p}_{\mathrm{r}}^{i}$ 表示 i 时间段 OD 对 r 在实施最优拥挤定价时的用户出行价格，等于各路段出行成本和最优拥挤费用之和。显然，决策变量 φ_{r}^{i} 满足 $0\leqslant\varphi_{\mathrm{r}}^{i}<1$；当 $\tilde{p}_{\mathrm{r}}^{i}>\bar{p}_{\mathrm{r}}^{i}$ 时，$1\leqslant\varphi_{\mathrm{r}}^{i}\leqslant\tilde{p}_{\mathrm{r}}^{i}/\bar{p}_{\mathrm{r}}^{i}$。而且，当 $\varphi_{\mathrm{r}}^{i}=0$ 时，$\varphi_{\mathrm{r}}^{i}=1$，表示公平程度等同于没有实施拥挤收费的均衡状态；当 $\varphi_{\mathrm{r}}^{i}=1$ 时，$\varphi_{\mathrm{r}}^{i}=\tilde{p}_{\mathrm{r}}^{i}/\bar{p}_{\mathrm{r}}^{i}$，表示公平程度等同于实施了最优拥挤收费的状态，即次优拥挤定价政策所能达到的最不公平极限。显然，这是两个极端，并且与拥挤定价政策所能带来的对空间和时间的公平程度的跨度相吻合。带公平限制的两时段一般路网次优拥挤定价模型可以用下面的双层规划问题来表示：

$$\text{U3:max}\quad W=\sum_{r}\int_{0,0}^{(q_{\mathrm{r}}^{1},q_{\mathrm{r}}^{2})}p_{\mathrm{r}}^{1}(w_1,w_2)\,\mathrm{d}w_1+p_{\mathrm{r}}^{2}(w_1,w_2)\,\mathrm{d}w_2-\sum_{i\in I}\sum_{a\in A}x_{\mathrm{a}}^{i}c_{\mathrm{a}}^{i}(x_{\mathrm{a}}^{i}) \tag{7-6}$$

$$\text{s.t.}\quad p_{\mathrm{r}}^{i}/\bar{p}_{\mathrm{r}}^{i}\leqslant\phi_{\mathrm{r}}^{i}\quad\forall r,i \tag{7-7}$$

其中，$x_{\mathrm{a}}^{i}(\tau),a\in A,i=1,2$，OD 需求函数 $q_{\mathrm{r}}^{i}(\tau),r\in R,i=1,2$ 由下层多时段收费均衡模型得到。

$$\begin{aligned}\text{L3:max}\quad W=&\sum_{r\in R}\int_{0,0}^{(q_{\mathrm{r}}^{1},q_{\mathrm{r}}^{2})}p_{\mathrm{r}}^{1}(w_1,w_2)\,\mathrm{d}w_1+p_{\mathrm{r}}^{2}(w_1,w_2)\,\mathrm{d}w_2-\\&\sum_{i\in I}\sum_{a\in A}\int_{0}^{x_{\mathrm{a}}^{i}}c_{\mathrm{a}}^{i}(w)\,\mathrm{d}w-\sum_{i\in I}\sum_{a\in A}\int_{0}^{x_{\mathrm{a}}^{i}}x_{\mathrm{a}}^{i}(w)\tau_{\mathrm{a}}^{i}\end{aligned} \tag{7-8}$$

$$\text{s.t.}\quad\sum_{k\in R}f_{\mathrm{k,r}}^{i}=q_{\mathrm{r}}^{i}\quad\forall r,i \tag{7-9}$$

$$\sum_{k\in R}\sum_{k\in K}f_{\mathrm{k,r}}^{i}\delta_{\mathrm{a,k,r}}^{i}=x_{\mathrm{a}}^{i}\quad\forall r,a \tag{7-10}$$

$$f_{\mathrm{k,r}}^{i}\geqslant 0\quad\forall i,r,k \tag{7-11}$$

$$q_{\mathrm{r}}^{i}\geqslant 0\quad\forall i,r \tag{7-12}$$

带公平约束的两时段次优模型模拟分析：

1. 模拟路网

模拟路网如图 7-3 所示。整个路网包含了三个节点，三个路段，两个 OD 对 13 和 23，三条路径 1、23 和 3。本模型仅考虑单向 OD，即 1→3 和 2→3；其中 OD 对 13 拥有两条路径：1 和 23；OD 对 23 只有一条路径 3。在这个路网中，节点 1

相当于城市郊区,节点3相当于市中心;路段1是一条取道城郊进入市区的道路,路段3属于中心市区的道路,路段2则为连接城郊与市区的道路。

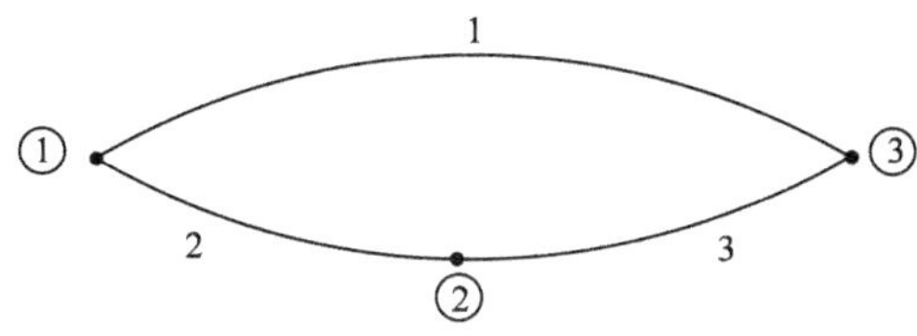

图7-3　模拟路网

2.成本函数说明

路段的平均出行成本包括出行时间成本和计划相关成本:

$$c_{a}^{i}(x_{a}^{i}) = \alpha T_{a}^{i} + \beta S_{i} \quad (i = 1,2; a \in A) \tag{7-13}$$

式中:α——出行时间;

β——计划相关时间的时间价值。

α 和 β 的值由Small(1982)中得到:

$$\alpha = 11 \text{ 美分/min}, \beta = 6.5 \text{ 美分/min}$$

出行时间 T_{a}^{i} 采用美国公共道路局(BPR)函数:

$$T_{a}^{i} = T_{a}^{0}\left[1 + 0.15\left(\frac{x_{a}^{i}}{K_{a}}\right)^{4}\right] \quad (i = 1,2; a \in A) \tag{7-14}$$

式中,T_{a}^{0} 表示路段 a 的非拥挤出行时间(min),K_{a} 为路段 a 的通行能力水平(车辆/h)。由于 K_{a} 小于路段 a 的最大容量,交通量 x_{a}^{i} 可能超过 K_{a}。

表7-1给出了路段出行成本函数的参数设置。对于计划相关时间,高峰期 $T_{s}^{i}=0$,非高峰期假定为一常数 $T_{s}^{i}=1$(min)。

路段出行成本参数　　表7-1

路段	1	2	3
T_{a}^{0}(min)	2	1	1
K_{a}(min)	2000	3000	3000

3.需求函数说明

假定高峰期和非高峰期的需求函数为线性,对于任一OD,假设其需求函数形式如下:

$$q_{1} = Q_{1} - \beta_{11}P_{1} + \beta_{12}P_{2} \tag{7-15}$$

$$q_{2} = Q_{2} - \beta_{21}P_{1} + \beta_{22}P_{2} \tag{7-16}$$

式中的参数满足下列假定:

(1) $Q_1 > Q_2 > 0$,即高峰期的潜在需求高于非高峰期。

(2) $\beta_{i,j} > 0, i,j = 1,2$,即本时间段价格效应为负,而交叉时间段价格效应为正。

(3) $\beta_{11}\beta_{22} - \beta_{12}\beta_{21} > 0$,表示本时间段价格效应超过交叉时间段价格效应。

(4) $\beta_{12} = \beta_{21}$,由此可导出反需求函数的可积性条件成立(Liu 和 MDcnoald,1999)。

基本需求参数根据 Wohl 和 Hendrickson(1984)由表 7-2 给出。

两时段模型需求参数　　表 7-2

OD 对	Q_1	Q_2	β_{11}	$\beta_{12}(\beta_{21})$	β_{22}
13	7500	4000	21	15	25
23	1800	1200	6	4	7

注:Q_i 单位为车辆/h,β_{ij}单位为车辆^2/(美分/h)。

为方便描述,在模拟算例中对一些符号作特殊约定(模拟算例以外部分除外,未作约定的符号意义同上文):p 表示高峰期;o 表示非高峰期;Q 表示总交通量;W 表示社会福利;$W(\%)$表示社会福利的相对改进程度(假定最优方案的社会福利改进程度为 100%)。

这一部分考察对路段 1 和路段 3 高峰期收费的公平限制。特别的,假设 $\varphi_r^i = \varphi$ 时,即对所有时段、路段的公平限制都是一样的。表 7-3 列出了该方案在带公平限制时的路网模拟结果。第一行为 φ 从 0 ~ 1 变化。当 $\varphi = 0$ 时,对于各时段各路段的公平限制是最严格的,与原有的用户不收费模型基础相比不允许有进一步的不公平因素,而拥挤定价模型不可避免地要带来不公平的因素,因此这时该次优拥挤定价模型实际上就是不收费均衡模型;当 $\varphi = 1$ 时,由于社会福利最大化条件的限制,所允许的不公平程度是最大的(若不以社会福利最大化为条件,不公平程度可以达到无限),但是由于受次优的约束,此时模型所能达到的最大的社会福利水平即为次优拥挤定价模型所能达到的社会福利水平。

带公平约束的算例模拟结果　　表 7-3

φ	0	0.1	0.2	0.3	0.4	0.5	0.6	0.7	0.8	0.9	1
$x1p$	3260	3191	3158	3124	3091	3058	3024	2991	2957	2923	2891
$x2p$	3827	3816	3772	3729	3685	3641	3598	3554	3511	3467	3425
$x3p$	5521	5487	5420	5353	5286	5219	5152	5086	5019	4952	4888
$x1o$	2447	2455	2463	2472	2480	2490	2500	2510	2520	2531	2542
$x2o$	1335	1383	1429	1474	1518	1562	1606	1649	1691	1733	1774

续上表

φ	0	0.1	0.2	0.3	0.4	0.5	0.6	0.7	0.8	0.9	1
$x3o$	2527	2590	2650	2710	2770	2829	2887	2945	3003	3060	3114
$N13p$	7087	7007	6930	6853	6776	6699	6622	6545	6467	6390	6315
$N23p$	1694	1671	1647	1624	1601	1578	1555	1531	1508	1485	1463
$N13o$	3782	3838	3892	3945	3999	4052	4105	4158	4212	4265	4316
$N23o$	1191	1207	1222	1237	1252	1267	1282	1297	1311	1326	1341
$\tau1p$	0	5.80	10.41	15.01	19.58	24.14	28.68	33.21	37.71	42.20	46.52
$\tau3p$	0	4.40	9.21	14.00	18.75	23.47	28.17	32.83	37.46	42.07	46.49
W	47941	48023	48094	48157	48211	48256	48292	48320	48340	48352	48355
约束	All	$23p$	$23p$	$23p$	$23p$	$23p$	$23p$	$23p$	$23p$	$23p$	None

注:交通量单位为辆/h;费用单位为美分/辆;社会福利单位为美元。

一般情况下,拥挤定价模型越是接近于最优拥挤定价模型,高峰期向非高峰期的总交通流量转移就越多,一些 OD 对的交通流量也呈现这一特点。随着公平约束的放松,OD 对①③和 OD 对②③的高峰期流量不断减小,而非高峰期的流量不断增加,并且呈严格递减和递增关系。说明随着次优拥挤定价模型公平约束条件的放松,社会福利最大化的目标不断接近最优状态。

所有路段的高峰期流量随着公平约束的放松不断增长,而非高峰期流量则刚好相反。类似的情况也发生在总交通流量的变化上,随着公平约束的放松,总交通流量单调递减,在最不公平状态时达到最小,也意味着这时对交通拥挤的减缓效果最佳。拥挤费用的变化情况与总交通量的变化相反。社会福利的变化与拥挤费用的变化情况类似,但是社会福利的变化渐趋平缓,随着公平约束的不断放松,社会福利的增加值逐渐减小。这说明公平约束的不断放松使得公平约束对总体社会福利最大化目标的约束力不断削弱,反而次优收费方案的空间约束与时间约束的作用逐渐增强。事实上,当 φ 接近于 1 时,对高峰期路段 2 与非高峰期各路段实施拥挤收费更能促进社会福利的提高。表 7-3 的最后一行表示受公平约束限制的 OD 对。当 $\varphi=0$ 时,所有高峰期与非高峰期的 OD 对都受公平约束,因为此时任一 OD 对出行成本的增加都会带来不公平因素;当 $\varphi=0.1\sim0.9$ 时,受约束的是高峰期 OD 对 23,这说明当公平约束逐渐放松的时候,高峰期 OD 对 23 的出行成本比 OD 对 13 的出行成本增加更快,这也从一个侧面反映了路段 3 的拥挤程度;当 $\varphi=1$ 时,高峰期与非高峰期的各 OD 对都不受约束,此时公平约束的进一步放松并不能进一步增加社会福利。

三、拥挤收入再分配

(一)道路拥挤定价收入再分配理论

1.道路拥挤定价收入性质的界定

道路拥挤定价本质上是按照经济学的基本原理,通过市场交易使交通拥挤外部性的内部化过程,是交通资源利用的优化工具,是利用经济学中的价格原理对交通需求加以限制从而使系统处于最优或者适度拥挤状态的交通管理手段。

道路拥挤定价主要对象为拥挤道路的使用者。就交通出行者而言,道路拥挤费用是其为满足交通运输需要由其个人直接实现的最终消费支出,属于居民消费支出中的运输支出部分,对应于交通管理部门,所收取的拥挤费是其为实施交通需求管理,缓解道路拥挤状况而得到的附带财政收入。与道路使用的相关税收一样,道路拥挤费用在分配形式上具有一定的共性。它们的主体均为政府部门及其拥有的众多单位和机构,都属于财政性资金,都是政府参与国民收入分配的一种方式,交通出行者交纳拥挤费和交通管理部门收取拥挤费的过程反映的是拥挤道路使用者与交通管理部门之间的分配关系。

需要指出的是,一般情况下,城市道路由政府财政、税收投资建设,政府向道路使用者征收的费用(或税),是道路使用者(受益者)为使用道路所付的一种补偿,交通管理部门通过建设道路向社会提供交通运输服务而获得的收入,形成市场经济中政府财政收入主要来源。由于城市道路准公共产品的特点,决定了该收入只能由政府获得,而征收对象为道路使用者或受益者。政府在提供公共产品的过程中将财政收入转化为财政支出。正常情况下,政府已经通过道路的车辆通行费、道路使用者税(汽油税或公路养路费)、非道路使用者税(一般税收和开发利润税)等形式得到了相应的补偿,这些费(税)属于国家收入再分配政策的首要环节,主要目的在于形成国家财政收入来源、积累道路建设资金、偿还贷款或收费经营。公共产品的提供和消费意味着政府参与宏观收入的再分配,参与了经济活动,并得到广大公众的认可。而道路拥挤定价收入再分配政策与传统的国家收入再分配政策中以获取财政收入为目的、具有强制性和普遍性特征的税收政策在目的和约束力上存在本质差异,拥挤定价作为一种交通需求调控手段,其主要目的是通过拥挤定价减少拥挤路段交通源的产生、增加公共交通和共乘交通出行方式的比例、促使弹性交通需求避开高峰时间,利用平峰时间出行,实现交通需求在时间上的平衡、促进交通空间结构的合理分布,从而引导和调节交通需求，并与当前的交通供给相适应，缓解交通拥挤。而由拥挤定价产生的财政收入只是该政策所产生的副产品，属于非税财政收入，对于该部分资金的使用并没有特定的目的。

2. 道路拥挤定价收入再分配的界定

与道路拥挤定价收入形成过程所反映的分配关系相对应，交通管理部门在获得道路拥挤定价收入的基础上，通过转移收支进一步在社会各部门、单位和个人之间及部门和单位内部所完成的非交换性分配活动，构成了道路拥挤定价收入再分配过程。参与道路拥挤定价收入再分配的主体包括交通管理部门、拥挤道路使用者及其他受到道路拥挤定价影响的单位和个人。

此处的转移收支可界定为"单方面"的经常性转移，内容包括社会福利及其他经常性转移，其中社会福利是居民个人从交通管理部门收到的经常转移，形成居民的转移性收入、交通管理部门的转移性支出；其他经常性转移则是社会福利之外，发生在交通管理各部门、交通运营单位之间或其内部的经常性转移。再分配的结果形成各部门、单位和个人的可支配收入或调整后的可支配收入。

（二）道路拥挤定价收入再分配公平性分析

经济学中使用洛伦茨曲线（Orens Curve）和基尼系数来量化社会中收入的不公平程度，可用来分析某项经济政策实施以后对收入分配的影响，因此，也可以将此理论用于道路拥挤定价收入再分配政策的横向公平的评价。洛伦茨曲线理论是美国统计学家洛伦茨提出用来表明社会收入分配与财产分配平均程度的曲线[178]。基尼系数是根据洛伦茨曲线计算出反映社会分配公平程度的指标，它是意大利经济学家基尼提出的，基尼系数越小，收入分配越公平。

这种设想的基础是认为用户对道路拥挤定价收入的占用比例与社会中的个人收入分配比例具有接近相关的公平性内涵，其中心是对社会资源享有的份额。对道路拥挤定价收入再分配政策的横向公平研究可以将洛伦茨曲线的横轴理解为在道路拥挤定价中福利变化程度不同的人数占总人口的百分比，依据前述福利影响分析过程，将福利变化程度不同的出行者分为非驾车出行者、低收入驾车出行者、中等收入驾车出行者、高收入驾车出行者。对于纵轴所表示的收入百分比理解为上述四类群体获得拥挤定价收入份额占总拥挤定价收入的百分比，根据四个类型的人口比例和实际占有的道路拥挤定价收入份额就可以绘制洛伦茨曲线，具体如图7-4所示。

图7-4中，对角线 a 表示道路拥挤定价中不同福利变化程度的群体按其占总人口的比例获得了道路拥挤定价收入份额，福利变化情况绝对横向公平。

横轴表示绝对的横向不平等，即道路拥挤定价收入只分配给了一个人。实线 b 和虚线 c 表示实际的道路拥挤定价收入再分配曲线，此时的道路拥挤定价收入再分配综合反映了横向公平、纵向公平和效率准则，既要考虑不同收入和社会等级之间对道路拥挤定价收入份额的分配情况，也要考虑对弱势群体给予必要的政策支持，最终实现交通运输效率的提高。其中实线 b 在三者之间更注重定价收入分配的效率与纵向公平性，虚线 c 则更注重定价收入分配的横向公平性。

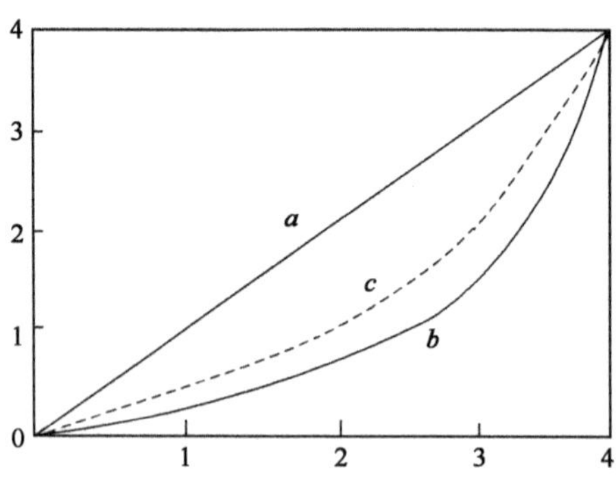

图 7-4　道路拥挤定价收入再分配洛伦茨曲线分析

(三)道路拥挤定价收入再分配准则与方式

福利经济学家认为评价一个社会的福利水平包含着一对相互矛盾的准则：效率(Efficiency)和公平(Equity)。因此，效率和公平可作为道路拥挤定价收入再分配中两个最基本的准则。

1. 道路拥挤定价收入再分配效率准则

福利经济学中效率准则主要强调社会资源的充分利用和有效配置以达到净收益的最大化。根据道路拥挤定价的福利影响分析可知，道路拥挤定价能够通过分配交通容量减少排队来提高效率，使得道路资源得到更有效的利用，增加社会净收益，符合潜在帕累托最优原则。在此前提下，效率准则对于道路拥挤定价收入再分配的要求主要集中表现为：拥挤定价收入只需用于服务社会即可，而不需要对其使用进行具体而明确的规定，并且服务于社会的程度越大，效率越高。

一般情况下，道路拥挤定价收入可用于两个方面：用于改善交通运输条件，包括道路建设与维护、改善公共交通基础条件和服务水平等方式；通过减少车辆注册费、燃油税,或者直接现金返还的方式对由于道路拥挤定价而改变福利状况的交通出行者给予补偿。尽管效率准则未对道路拥挤定价收入的使用提出具体要求,但是在下面两种情况下,道路拥挤定价收入的使用对于提高交通效率并不能起到显著的作用。第一,道路拥挤定价收入用于道路建设与维护。在此情况下存在两个问题:一是道路拥挤定价收入不能够满足交通容量日益增长的资金需求,由于昂贵的土地成本和建设成本以及环境要求的约束,交通设施的改进需要大量资金,而根据短期边际成本形成的道路拥挤定价能够产生大量的额外收入,但是依然不能满足交通容量日益增长的资金需求[179];二是即使通过道路建设与维护增加了拥挤路段的交通容量,但新增容量经常会诱发新的交通流,进而增加交通出行的外部成本[180]。第二,道路拥挤定价收入以现金返还形式直接用于补偿道路拥挤定价中利益受损的交通出行者。在此情况下,由于交通出行者使用拥挤道路的支出在一定时期后又得到了经济补偿,其利益没有发生实质性改变,从而也就不会改变其自身交通出行行为,这种补偿方式甚至会诱发更多的交通出行,因此,违背了效率准则的要求。根据上述分析,可以得出结论,道路拥挤定价收入再分配中的效率准则是最易实现的。该准则仅仅要求拥挤定价收入再分配应该对社会有利,而不对道路拥挤定价收入的使用提出明确要求。

2. 道路拥挤定价收入再分配公平准则

公平在理论上属于伦理学、社会学和政治学的范畴。公平概念涉及层面较多,也存在多种定义。亚当斯(1965)将公平定义为一种自身的付出与得到、努力与结果之间的纵向和横向比较。在经济学中,公平被理解为收入更加平等的分配。厉以宁(1995)将公平认为是收集或获取财富的机会的均等。总体而言,公平是一种价值判断,是一种相对的公平,是主观认识对客观存在的一种反映,从自身利益出发,不同的人会有不同的公平观。现代社会的公平是一个多层次的复合体系,包括三层含义:伦理公平、经济公平和社会公平。其中伦理公平强调满足社会成员基本生存条件,是低层次的公平要求,在道路交通拥挤定价收入再分配中不作考虑,经济公平强调机会均等和投入与收入的对称两个方面,社会公平强调运用行政、经济和法律的手段对社会个人收入差别的调节。社会公平是在伦理公平的基础上,对经济公平的必要修正[181]。国家收入再分配政策的主要目的之一即为实现社会公平,道路拥挤定价收入再分配从属于国家收入再分配政策,因此这里讨论的公平准则可理解为社会公平准则。从对公平评价的角度分析,根据 Litman(1998)的研究成果,交通范畴的公平准则可包括横向公平和纵向公平两个方面[182]。

(1)横向公平

道路拥挤定价收入再分配横向公平准则的内涵是平等的对待每一个人,无须考虑交通出行者之间能力与需求的差异,要求“支付他们所得到的和获得他们所支付的”,做到支付与所得均等化,从而减少外部成本或者外部成本内部化。要求道路拥挤定价收入再分配政策能够使得在拥挤定价过程中受相似影响的人群拥有同样的获得道路拥挤定价收入的机会。

同时,应该避免发生政策的倾斜,而对其中某一类交通出行群体特殊对待。依据横向公平准则,目前,对于拥挤定价收入应该在多大范围内进行分配有不同的观点。一种观点认为拥挤定价收入至少应该用于补偿收费道路的外部不经济;另外一种观点认为拥挤定价收入可以用于补偿特定交通出行者或者每一等级的所有交通出行者的外部成本。根据前述横向公平准则的内涵可知,后一种分配方式明显存在政策倾斜和特殊对待的横向不公平性,因此,根据横向公平准则的要求,道路拥挤定价收入应该用于道路拥挤定价中产生支付行为的所有交通出行者。其分配可考虑为:①用于改善道路设施使得所有受拥挤定价影响的交通出行者获得享受交通资源增加所带来利益的平等机会。②当不考虑道路拥挤所产生的外部不经济时,根据道路拥挤定价路段上行驶的驾车出行者在实施道路拥挤定价后所增加的成本,将道路拥挤定价收入按比例对其进行分配。包括道路拥挤费的实际支付者,也包括因为躲避缴纳拥挤费而改变了出行方式的交通出行者,因为对于后者而言,他们为了避免缴纳拥挤费而改变交通方式,承担了出行不便所带来的成本,而将拥挤程度降低所带来的收益让给了缴纳了拥挤费的交通出行者,因此,应该将拥挤定价收入分配给这些将交通出行方式改为公共交通、自行车或者步行的交通出行者,其分配方式包括现金折扣或者减低税收。③当考虑道路拥挤所产生的外部不经济时,横向公平会变得更加复杂,这些外部成本包括交通事故风险、环境恶化、资源消耗、非机动车出行者便利性降低等。拥挤定价同时也会增加邻近的非收费路段的拥挤程度从而对其产生负面影响。这种外部性本身就是一种横向不公平的体现。因此,在此情况下,横向公平要求拥挤定价收入应该在补偿外部成本之后再返还给车辆使用者[183]。补偿外部不经济性的方式可采取建立环境和社会基金来减轻机动车出行所产生的损害,所进行的补偿是应该针对特定道路还是机动车出行所产生的所有外部不经济取决于如何对责任范围的认定。任何剩余的拥挤定价收入则可以按照第①种和第②种情况进行再分配。

(2)纵向公平

相对于横向公平而言,道路拥挤定价收入再分配纵向公平准则的内涵在于关注那些不是同一个等级的交通出行者的纵向公平程度，要求收入的再分配能够反映交通出行者需求和能力的差异，对于那些在拥挤定价过程中处于劣势的群体相对于处于优势的群体应该得到更多的道路拥挤定价收入。

这里的弱势群体是一个广泛的概念，分类标准并不单一，根据收入划分，可以定义收入在一定水平之下的群体为弱势群体；根据身体状况划分，残疾人士、孕妇可以被认为是弱势群体；根据有无收入状况划分，学生可以被认为是弱势群体；根据年龄划分，年龄大于60岁，可以被认为是弱势群体。从交通出行的情况来看，收入水平和社会等级是决定出行方式选择的一个重要因素，因此，可以将收入情况作为划分弱势群体的标准。根据弱势群体的划分可确定道路拥挤定价收入再分配政策。例如以身体状况而言，使用轮椅出行的人应该得到高于平均水平的财政补贴，并且由于他们的需求要大于平均需求，从纵向公平性考虑这也被认为是公平的。鉴于交通出行行为的差异主要反映在交通出行方式、出行时间和出行路径的选择上，而选择不同交通出行方式和路线的主要决定因素在于收入水平和驾驶能力的差异，因此，道路拥挤定价收入再分配的纵向公平性问题主要考虑收入和驾驶能力两种情况。

第一，根据收入衡量纵向公平性。道路拥挤定价通常被认为是纵向不公平的，因为固定的定价对于低收入人群而言产生了更大的负担[184]。例如，每天2美元的拥挤收费可能是横向公平的，但是这些费用对于低收入人群而言占据了比高收入人群收入更大的比例。尽管由于低收入人群相对高收入人群平均更少的驾车出行，使其缴纳更少的拥挤费而减少负担，但是根据前文的福利影响分析可知，从总体而言，低收入人群在道路拥挤定价中相对高收入人群是受损的。一些研究也表明当拥挤定价收入不进行再分配时拥挤定价是纵向不公平的，但是如果拥挤定价收入按比例分配给每一个收入等级的人群或者代替现行的车辆时，那么对于所有收入的人群都是有利的[185]。

第二，根据驾驶能力衡量纵向公平性。作为同一等级，不驾车出行的人群在经济效益、社会等方面处于不利局面。通过增加出行方式可选择种类，拥挤定价对于非机动车出行者有潜在的利益，出于规模经济和行政支持的提高将有利于服务水平的提高[186]。纵向公平通常要求把拥挤定价收入用于提高交通出行方式的可选择性，降低税收或者资助那些对于处于劣势地位群体有利的公共服务。

综上所述，如果考虑纵向公平性，拥挤定价收入应该用于补偿那些低收入的交通出行者或者处于劣势的所有群体。可以通过改善低收入机动车出行者和非机动车出行者的交通状况，通过递减更多的税收，为劣势群体提供服务或者通过现金折扣来对低收入人群进行补偿。

表7-4对拥挤定价收入在四个等级的群体中按照横向公平和纵向公平进行分配的情况进行了评价。

拥挤定价收入再分配的公平性要求 表7-4

等级	描述	横向公平	纵向公平
非驾车出行者	多为乘车人，驾车能力差或者收入低，对于拥挤路段占用很小	不支付拥挤费，但考虑到对交通外部不经济进行补偿，则可得到一部分收入	包括了在经济、社会和身体上处于劣势地位的大多数群体，应最大限度地进行补偿
低收入机动车出行者	驾车出行，受出行费用影响大，经常通过改变出行行为来避免缴费	缴纳少量拥挤费，因改变出行行为所增费用超过拥挤程度减轻所带来利益，应得到相应补偿	属于劣势群体，应对其进行补偿
中等收入机动车出行者	拥有机动车并驾车出行，受出行费用影响比较温和，有时通过改变出行行为来避免缴费，出行净收益会因拥挤定价受损	支付拥挤费，存在净收益受损，在补偿外部不经济后，得到一部分拥挤定价收入	不是劣势群体，不应得到补偿
高收入机动车出行者	拥有机动车并驾车出行，出行计划不受出行者费用影响，在拥挤定价所减轻的拥挤中获得了最大的利益	由于拥挤减轻获益，在外部不经济得到完全补偿后，可分享一部分拥挤定价收入	不是劣势群体，不应得到补偿

3. 道路拥挤定价收入再分配准则之间的关系

从经济学的角度看，公平与效率是相互矛盾的。经济学中的公平主要是指社会成员在收入分配上的均等化程度。以公平作为分配标准，其目的在于缩小贫富之间的差距，以消除对抗性冲突。以效率作为收入分配目标，其目的在于刺激人们追求更高的经济增长和更快的经济发展。但是它不利于收入公平。两者区别在于对待差异的态度不同。公平认为个体之间存在差异，对差异的态度是控制，效率主要研究最优配置资源使得产出最大，即承认个体之间的差异，但是为了最优配置资源，而对差异不进行控制。在我国制定可持续发展政策时，其价值基础就是“效率优先，兼顾公平”，政策制定的价值基础也可以表达为“效率优先，兼顾公平”。

基于上述分析,道路拥挤定价及其收入再分配政策的价值基础也应为"效率优先,兼顾公平",即首先通过道路拥挤定价政策缓解交通拥挤状况,提高交通运输效率,实现交通运输目标,同时依据公平性准则要求实施道路拥挤定价收入再分配政策,对交通出行者进行适当的补偿。主要表现为:

(1)作为道路拥挤定价政策的配套政策,道路拥挤定价收入再分配政策反映了"效率优先,兼顾公平"的价值基础。道路拥挤定价政策为交通需求管理政策,是为了缓解交通拥挤而实施的经济调控手段,该政策在减少交通拥挤及拥挤产生的外部不经济方面能够发挥重要作用,同时产生一定的财政收入,但是存在较大的纵向不公平性,不易被交通出行者所认同,也因此易导致该项政策不易得到实施。为了使得该项政策得以实施,必须以适度公平为前提。因此,道路拥挤定价收入再分配政策作为道路拥挤定价的配套政策,对道路拥挤定价中受损群体进行补偿,其主要目的应是解决道路拥挤定价政策实施后提高交通运输效率同时所产生的不公平性问题,符合"效率优先,兼顾公平"的要求,同时也符合我国当前的收入分配政策中所提到的"再分配中更注重公平"的要求[187]。

(2)道路拥挤定价收入再分配政策本身应该在"效率优先"的同时"兼顾公平"。道路拥挤定价收入再分配政策的"效率优先"主要体现为交通运输效率的提高,这与交通运输系统的目标密切相关,交通运输目标的不同决定了不同的分配方向。

总体而言,交通运输目标经历了两个发展阶段:以车辆的移动为目标,所有交通设施和交通服务水平的提高和改善都是以车辆的快速移动为主要目标;以人的移动为目标,当人们意识到车辆的无限增长与道路资源相对稀缺的根本矛盾时,交通学者认为可以通过减少小汽车的使用来缓解交通问题。

同时,我们也应该注意到,在交通系统中,道路资源总量受制于城市土地可利用程度,不可能无限制的增加道路空间,存在总量上限,就长期而言是定量的。根据边际效益递减规律,对定量的资源,如果仅以效率为目标进行分配,存在无效率的可能性,因为当定价收入持续用于拓宽道路,并使得道路资源总量达到上限时,道路空间增大所诱发新的交通需求量最终还会超过交通供给量,导致交通运输效率降低,此时,道路拥挤定价收入只能用于解决道路拥挤定价政策所产生的公平性问题。其次,把道路拥挤定价收入用于发展公共交通,提高公交服务水平,体现在公交行驶速度、搭乘便利性及公交票价上,通过交通需求由小汽车向公共交通的转移,降低道路资源占用情况,从而提高交通运输效率。并且该分配方式对于公交出行者和低收入人群等弱势群体是有利的,但对于小汽车使用者而言,在定量的道路资源空间下,由于公共交通占有道路资源的增加导致其可利用道路空间的减少而受损,尽管可能情况并非如此[188]。因此,将道路拥挤定价收入用于公共交通,在考虑效率的基础上,也注重了公平性问题。

因为道路拥挤定价收入再分配政策属于道路拥挤定价政策的配套政策,即最终目的还在于弥补道路拥挤定价政策的不足,从而解决交通拥挤问题。而对于解决交通拥挤问题,提高道路通行能力与发展公共交通是两种有作用的方法,但是其作用机理与效果有很大的不同,图 7-5 给出了两种政策的改善效果[189]。

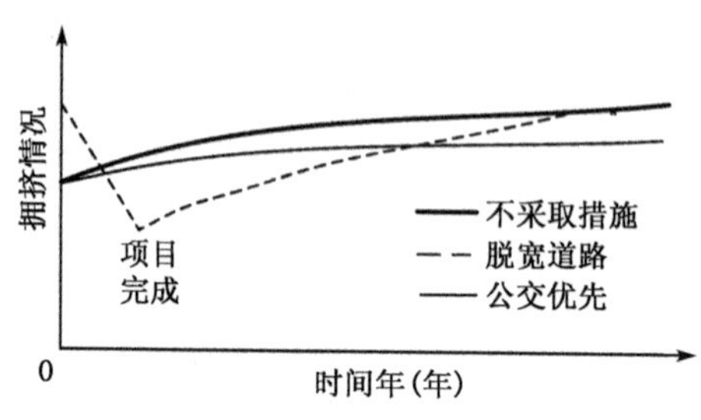

图 7-5　两种政策减少拥挤的效果比较

通过上述分析可以肯定的是,基于公平和效率的道路拥挤定价收入再分配政策需要考虑交通运输目标的转变,从而促进人或车辆的移动,在无法持续扩大道路通行能力的情况下,最佳的分配方向是发展公共交通。

(四)道路拥挤定价收入再分配方式

根据道路拥挤定价收入的准则不同,其分配对象和方式也存在较大差异,主要存在以下三种方式。

1. 通过现金返还或抵减其他税赋的方式补偿机动车

出行者包括以直接现金返还方式和通过抵减道路使用者的税赋或其他与道路有关的税赋两种方式对道路拥挤定价路段交通出行者进行补偿。

以直接现金返还方式对道路拥挤定价路段交通出行者进行补偿,该种方式主要是针对拥挤路段实行定价前就使用该路段的交通出行者,尤其是针对上下班需要经过道路拥挤定价路段的通勤人员设定。通过该种方式可把道路拥挤定价收入以现金的形式直接返还到此类交通出行者的手里,使得他们因为缴纳拥挤费,或改变出行方式、出行路径或者出行时间中的一些或者全部的费用能够得到补偿。在忽略出行方式和出行时间的情况下,该补贴对于每一个通勤人员而言应该是一个固定的额度。另外,交通补贴基金的每一部分的使用都必须有依据。该种方法利弊共存,益处在于通过交通出行补贴能够克服交通出行者由于增加出行费用而日益增长的不满;弊端在于实施交通补贴使得交通出行者因道路拥挤定价而增加的费用得到了补偿,使其失去了改变出行行为的动机,违背了道路拥挤定价通过影响交通出行者出行成本,改变出行行为,进而缓解拥挤状况的初衷,也违背了道路拥挤定价收入再分配效率准则。

抵减道路使用者的税赋或其他与道路有关的税赋,这种方式是与直接现金返还的方式相对应的另外一种直接补偿方式。该方式把拥挤定价收入用于取代道路使用者与道路相关的燃油税(养路费)、道路使用者的所得税,或者用于取代提供道路建设和维护资金的销售附加税、财产税等税赋。一般情况下,道路拥挤定价收入分配额度,对于抵减所得税,可考虑与每一个成年人收入相匹配;对于抵减燃油税,可考虑与其私人汽车出行的次数相匹配;对于销售附加税、财产税等则可与销售及财产情况相匹配。上述税赋均具有递减税的性质,随着收入的提高税赋占收入的比例越小,因此,收入越低的人,该税赋占其总收入的比例越高,具有纵向不公平的特点,用拥挤定价代替它们对纵向公平将产生中性或者积极的影响。鉴于上述税赋均是用于道路建设和维护资金的主要来源,用于抵减上述税赋的道路拥挤定价收入也应该用于建设和维护道路,以满足相应资金的需求,才有利于提高交通运输效率。

2. 用于拓宽道路或改善交通相关设施与服务

Small(1992)的研究结果表明在现实中对道路拥挤定价收入进行普遍的利益分配以抵减大多数居民的交通出行成本是可行的。并且,普通大众和主要利益群体的负责人能够感知并认同这些利益。而将道路拥挤定价收入用于拓宽道路,或通过修缮和清洁道路,维修道路照明设施,改善人行道、自行车道,道路的景观美化,交通站点的屏蔽设备等,改善交通相关设施及服务水平将有利于交通大众、道路产业以及为新增交通容量服务的开发商和土地所有者。从长期而言,在合理规划的前提下,通过将交通容量提高到可达到的最适度量,能够提供更好的服务,将交通出行可能产生的在空气和噪声污染方面的外部不经济降低到最低,也有利于环境保护,符合大多数人的利益,能够满足普遍需求,并且和道路费用之间直接相关,因此也成为被大多数公众所接受的最具有说服力的分配政策。这种分配方式符合道路拥挤定价收入再分配的效率和公平准则。

3. 用于改善公共交通服务水平

将道路拥挤定价收入用于改善公共交通系统,提高其服务水平,降低公交出行费用,一般情况下,道路拥挤定价收入的再分配额度可与公交出行者的出行次数相匹配,该分配方式可以看作是对那些由于要交纳拥挤费而改为公交出行的人群的"关联性补偿",并且由于公交服务水平提高或者出行费用降低能够使得公交出行需求增加,促使更多人改为高容量的公交出行,提高交通运输效率,而由于出行方式的改变所增加的交通量又需要更多的公交服务,从而形成良性循环,符合道路拥挤定价收入再分配的效率准则,并且能够得到环境保护主义者、公共管理官员、交通协会以及那些低收入人群的认可。

四、拥挤定价的行为分析和效果比较

城市道路交通拥挤定价政策是为稀缺的道路资源提供了一种理性的使用机制,比其他纯粹的交通管制措施更加灵活。从各国对城市道路拥挤定价政策的研究和实践中可以看到,道路拥挤定价政策能够充分影响城市中道路使用者的出行行为,能够使得收费路段的交通量发生空间和时间的转移,从而减少收费路段的交通拥挤。

一次完整的出行行为应包括出行时间选择、出行方式选择和出行路径选择[190],而拥挤定价政策直接影响到出行者的出行时间选择、出行方式选择和出行路径选择。当人们从事出行活动时,通常在出行的起点与讫点之间存在多条可行路径,因此便产生了路径选择行为。然而因城市路网非常复杂,各可行替代路径之间不完全独立(即可行替代路径间会有部分路段的重复),又因出行者个人决策偏好、出行经验、出行目的、出行距离、对空间路网的认知、对交通信息的掌握的不同,而使得其路径选择行为变得非常复杂。但由于路网交通流模式是全体出行者路径选择行为的集计体现,因此出行者的路径选择行为会对交通网络产生极大的影响,造成诸如交通拥挤、部分道路资源浪费。

交通量的转移是指在交通运输系统中,由于运输网络中的线路及其特性发生变化而引起的交通量的重新分配。拥挤收费道路的交通量转移通常发生在收费路段的起讫点间,由于拥挤路段实施收费政策,影响了出行者行为,使得原本在拥挤道路上的交通量分流到与之平行或者可替代的其他道路上去。等级低或者交通拥挤的路线上的交通量会转移到等级高、交通不拥挤的路线上去,收费道路上的交通量会转移到不收费的道路上去。拥挤定价政策对交通量转移的影响主要表现在以下几个方面:

(一)拥挤定价政策对道路使用者路线选择行为的影响

交通量转移的确定是建立在道路使用者路线选择行为理论的基础之上的。假定出行者出发点和目的地之间有两条路线可以选择,其中一条为收费路线,另一条为不收费路线。道路使用者在进行路线选择时一般来说应该考虑如下几方面因素:

(1)运行时间和总在途时间。即道路使用者从出发点到目的地用在道路上的时间和总时间。运行时间受道路状况、车辆状况和交通状况的影响。总在途时间除了道路上运行时间外,还包括准备出发时间和准备到达时间,总在途时间对道路使用者进行路线选择则更具有指导意义。

(2)车辆运营成本水平。即由于车辆的运行所产生的有关费用,主要为燃油费、轮胎磨损费等,同时还包括拥挤成本(拥挤成本指的是在拥挤条件下,燃油费等物质损耗的增加与所等待的时间的机会成本之和)。显然在相同的车辆状况下,道路等级越高、道路状况越好,车辆的运营成本越低,出行者选择此路径的可能性越大。

(3)道路使用效益和收费水平。所谓道路使用效益是指由于使用道路使道路使用者获得了不使用道路时所不具有的效益,主要表现在运营时间节约的效益、运营成本降低的效益和增加运次的效益。

(二)拥挤定价标准对交通量转移的影响

拥挤定价标准是指对行驶在实施拥挤定价政策的道路上的车辆征收额外费用(Toll)的标准。在实际情况中,收费对交通流分布有着十分重要的影响。在一般情况下,如果存在着相互平行的或可替代的路线供道路使用者选择,即存在着较为明显的交通流量价格弹性,收费标准的变动将会引起交通量的较大变化。道路收费是影响收费道路交通量转移到相邻的道路上的主要因素。收费标准越高,转移到其他道路上的交通量越多,收费标准越低,转移到其他道路上的交通量越少。由于收费,一般车辆在选择路线之前,总要先权衡得失,判断支付的通行费与行驶收费道路所获得的效益之比,不同的道路使用者有着不同的标准。

(三)路网及其道路条件对交通量转移的影响

路网及道路条件的变化会对交通量的转移产生重要影响。如果路网中存在着多条可替代路线,那么收费道路上的交通量对收费标准有较大的弹性,收费标准制定得偏高,则转移到其他路线上的交通量增加。如果可替代路线少,那么收费标准的变动就不会引起较大的交通量转移,即道路交通需求弹性小,即使管理部门制定较高的收费标准,发生交通转移的交通量依旧很小。其次,如果与收费道路平行或可替代的道路服务水平改善,通行能力增强,则会有更多的道路使用者选择可替代路线,那么转移交通量也就增加,反之,转移交通量就会减少。

五、道路拥挤定价收入再分配双层规划模型

(一)道路拥挤定价收入再分配下层规划模型

1. 一般路网弹性需求随机用户平衡状态分析

根据交通需求是否变化以及平衡态的特征,可将一般路网的交通系统分为四种平衡状态:固定需求用户平衡状态、弹性需求用户平衡状态、固定需求随机用户平衡状态和弹性需求随机用户平衡状态。在实际出行过程中[191],由于用户的出行行为受到各种因素(如气候、交通事故等)的影响,以及用户对路网状况、交通现状并不可能完全地了解,而且存在一些难以量化的因素,在现有的交通信息水平下凭个人经验不可能掌握路网的全部信息,因此用户对出行费用的估计存在偏差,是一个随机变量,为此,有必要用随机变量来描述用户的行为,根据"随机用户平衡"条件,即系统中不再存在出行者认为他能通过单边改变路径来降低其阻抗的机会,可以将出行者选择出行路线的过程描述为一个随机用户平衡分配问题(Stochastic User Equilibrium Assignment Problem)。另外,由于任意一个起讫点对间的交通需求量受路网拥挤程度、收费策略等因素的影响,当网络中两个节间之间的拥挤程度增加时,交通量会相应减少,即交通需求 OD 矩阵是变动的,因此,任意一个起讫点对间交通需求量是一个变化的量。通过对动态路网定价的四种平衡态的分析可知,固定需求是需求函数为常数的特例,用户平衡是阻抗的方差为 0 时的随机用户平衡的特例,因而其他三种模型均是弹性需求随机用户平衡模型的特例。为更好地再现交通需求量的可塑性和用户选择行为的随机性,将双层规划模型的下层描述为弹性需求的 SUE 问题。构造如下数学规划模型(M1):

$$\min \quad Z(x,u) = \sum_{rs}\sum_{k} f_k^{rs}(\ln f_k^{rs} - 1) - \sum_{\mathrm{a}} q_{\mathrm{rs}}(\ln q_{\mathrm{rs}} - 1) + \alpha\left[\sum_{\mathrm{a}}\int_0^{x_{\mathrm{a}}} c_{\mathrm{a}}(w,u_{\mathrm{a}})\,\mathrm{d}w - \sum_{rs}\int_0^{q_{\mathrm{rs}}} D_{rs}^{-1}(w)\,\mathrm{d}w\right] \tag{7-17}$$

$$\text{s.t.} \quad \sum_k f_k^{rs} = q_{\mathrm{rs}} \quad \forall r \in R, \forall s \in F \tag{7-18}$$

$$x_{\mathrm{a}} = \sum_r\sum_s\sum_k f_k^{rs}\delta_{\mathrm{a},k}^{rs} \quad \forall a \in A \tag{7-19}$$

$$q_{\mathrm{rs}} \geqslant 0 \quad \forall r \in R, \forall s \in F \tag{7-20}$$

命题:规划模型 M1 与弹性需求下的基于 Logit 的随机用户平衡(SUE)问题等价。

证明：模型（M1）的 Lagrangian 函数为：

$$L = Z(x,u) + \sum_{rs} \pi_{rs}(q_{rs} - \sum_{k} f_{k}^{rs}) \tag{7-21}$$

式中：π_{rs}——式（7-18）的对偶变量。

由 Kuhn-Tucker 一阶最优条件，得：

$$\ln f_{k}^{rs} + \alpha \sum_{a} c_{a}(x_{a},u_{a})\delta_{a,k}^{rs} - \pi_{rs} = 0 \tag{7-22}$$

$$-\ln q_{rs} - \alpha D_{rs}^{-1}(q_{rs}) + \pi_{rs} = 0 \tag{7-23}$$

由式（7-18）、式（7-22）和式（7-23），可以得出式 $f_{k}^{rs} = \dfrac{\exp(-\alpha c_{k}^{rs})}{\sum_{k}\exp(-\alpha c_{k}^{rs})} q_{rs}, \forall k,r,s$。

由式（7-22）和式（7-23），得 $\ln\left(\dfrac{f_{k}^{rs}}{q_{rs}}\right) = \alpha[D_{rs}^{-1}(q_{rs}) - c_{k}^{rs}]$，将此式变换后对 OD 对 r 和 s 之间的所有路径求和后并化简，从而得出式（7-17）证明完毕。

2. 道路拥挤定价收入再分配下层规划模型

城市客运交通系统包括公共交通和个体交通两部分。公共交通和个体交通的弹性需求下的随机用户平衡均可按照上述推导和证明过程构造相应的等价数学规划模型，两者之间的差别只在于由于出行方式的不同而面临的道路拥挤定价标准、运行费用和折旧等的不同所导致的广义出行费用的差异。

考虑公共交通和个体交通两个系统的随机用户平衡时，下层规划需要同时满足三个平衡：私人机动车路网弹性需求随机用户平衡、公交线网弹性需求随机用户平衡以及私人机动车与公交出行工具选择平衡。通过多目标优化可实现这三个平衡，分别用 $Z(x,\hat{u})$、$F(v,\tilde{u})$ 和 $Y(x,v)$ 表示，则下层规划模型（M2）为：

$$\min_{x,v,\hat{q},q}(Z(x,\hat{u}),F(v,\hat{u},Y(x,v))) \tag{7-24}$$

$$Z(x,\hat{u}) = \sum_{rs}\sum_{k}\hat{f}_{k}^{rs}(\ln \hat{f}_{k}^{rs} - 1) - \sum_{a}\hat{q}_{rs}(\ln\hat{q}_{rs} - 1) + \alpha[\sum_{a}\int_{0}^{x_a}\hat{c}_{a}(w,\hat{u}_{a},g_{a})\mathrm{d}w - \sum_{rs}\int_{0}^{q_{rs}}\hat{D}_{rs}^{-1}(w)\mathrm{d}w] \tag{7-25}$$

$$F(v,\tilde{u}) = \sum_{rs}\sum_{k}\tilde{f}_{k}^{rs}(\ln \tilde{f}_{k}^{rs} - 1) - \sum_{a}\tilde{q}_{rs}(\ln\tilde{q}_{rs} - 1) + \alpha[\sum_{a}\int_{0}^{v_a}\tilde{c}_{a}(w,\hat{u}_{a},g_{a})\mathrm{d}w - \sum_{\tilde{w}}\int_{0}^{\tilde{q}_{rs}}\tilde{D}_{rs}^{-1}(w)\mathrm{d}w] \tag{7-26}$$

$$Y(x,v) = Z(x,\hat{u}) + F(v,\tilde{u}) \tag{7-27}$$

$$\text{s.t.} \quad \sum_k \hat{f}_k^{rs} = \hat{q}_{rs} \quad \sum_k \tilde{f}_k^{rs} = \tilde{q}_{rs} \quad \forall r,s \tag{7-28}$$

$$\hat{q}_{rs} \geq 0, \tilde{q}_{rs} \geq 0, \hat{f}_k^{rs} \geq 0, \tilde{f}_k^{rs} \geq 0, x_a \geq 0, v_a \geq 0 \quad \forall r,s \tag{7-29}$$

式中：α——一个取值为正的参数。

(二)道路拥挤定价收入再分配上层规划模型

上层规划目标的确立,可依据该城市的交通管理目标。一般来讲,交通管理出发点不同,作为上层决策者的交通管理部门的目标函数是不同的。在制定道路拥挤定价收入再分配政策的决策过程中,对决策有影响的管理机构和部门有多个,在总体目标一致的前提条件下,各个部门和机构都有其各自独立或相互矛盾的目标[192]。在此引入用户盈余 CS(Consumer Surplus)这一个概念,用户盈余这一概念最初是由 Kocur 和 Hendrickson 在 1982 年提出,属于经济学上的概念,Williams 和 Lam(1991)、Yang 和 Bell(1997)使用这一概念来评测交通政策实施给人们带来的社会效益。应用到交通规划管理者制定道路拥挤定价策略和收入再分配策略,其目的是考虑在实施道路拥挤定价政策,并将收入用于路网扩容和公交补贴后出行者对其所做出的反应,使整个路网的净效益最大。路网的净效益是路网的总的用户盈余与路网扩容的总投资额及公交补贴额度的差。

根据 H. Yang and H. J. Huang(1998)关于用户盈余 CS(Consumer Surplus)的定义[193],在弹性需求下公交出行和私人出行的用户盈余分别为:

$$CS_{\mathrm{P}} = TUB_{\mathrm{P}} - TSC_{\mathrm{P}} = \sum_{rs}\int_0^{\hat{q}_{rs}} \hat{D}_{rs}^{-1}(x)\,\mathrm{d}x - \sum_a \hat{t}_a[x_a(\hat{u},g_a)]x_a \tag{7-30}$$

$$CS_{\mathrm{B}} = TUB_{\mathrm{B}} - TSC_{\mathrm{B}} = \sum_{rs}\int_0^{\tilde{q}_{rs}} \tilde{D}_{rs}^{-1}(x)\,\mathrm{d}x - \sum_a \tilde{t}_a[v_a(\tilde{u},g_a)]v_a \tag{7-31}$$

式中：CS_{P}——私人交通系统的用户盈余；

CS_{B}——公共交通系统的用户盈余；

TUB_{P}——私人交通系统的用户效益(Total User Benefit)；

TUB_{B}——公共交通系统的用户效益；

TSC_{P}——私人交通系统的总费用(Total Social Cost)；

TSC_{B}——公共交通系统的总费用。

在考虑路网扩容费用和公交补贴费用时,根据前文道路拥挤定价收入再分配准则与缓解交通拥挤有效手段的分析,本书考虑将道路拥挤定价收入用于如下两个方面：一是对某些路段进行投资，扩大路段的通行能力；二是补贴给公共交通管理部门及运营企业，提高公共交通服务水平。本书设定在将道路拥挤定价收入用于支付道路拥挤定价系统本身运行费用 $\theta_c \sum_a \hat{u}x_a$ 的基础上，将剩余部分都用于道路扩容或者公共交通，设定用于道路扩容的投资额度为 $\sum_a \varphi(g_a) = d_a g_a^2$，$d_a$ 为投资函数的参数，用于公共交通的补贴额度为 $S = C_P y - \tilde{u}\tilde{q}$，$C_P$ 为 OD 对 rs 间公交每次出行的运行成本，包括每次出行产生的车辆折旧、维修、驾驶员和售票员工资以及燃油消耗等有关成本。由此可以得到路网的净效益为：

$$\begin{aligned} NB &= CS_P + CS_B - S - \sum_{a\in A}\varphi_a(g_a) \\ &= \sum_{rs}\int_0^{\hat{q}_{rs}} \hat{D}_{rs}^{-1}(x)\,\mathrm{d}x - \sum_a t_a[x_a(\hat{u},\hat{g}),\hat{g}_a]x_a(\hat{u},\hat{g}) + \\ &\quad \sum_{rs}\int_0^{\tilde{q}_{rs}} \tilde{D}_{rs}^{-1}(x)\,\mathrm{d}x - \sum_a \tilde{t}_a[v_a(\tilde{u},\tilde{g}),\tilde{g}_a]v_a(\tilde{u},\tilde{g}_a) - S - \sum_{a\in A}\varphi_a(g_a) \end{aligned} \tag{7-32}$$

式中：$\varphi_a(g_a)$——路段 a 扩容（通行能力增加）的投资函数；

g_a——路段 a 的扩容量；

g——向量$(\cdots,g_a,\cdots)$，$a\in A$；

S——公共交通补贴额度。

因此，假定 $\hat{u}$、$\tilde{u}$、$\varphi(g)$ 和 S 是由公共管理部门依据交通出行者消费者剩余最大化为目的确定的，以路网净效益最大化为目标，上层规划模型（M3）可描述为：

$$\max_{u,u,y,g} H[\hat{u},\tilde{u},g_a,x(\hat{u},\hat{g}),\hat{q}(\hat{u},\hat{g}),\tilde{q}(\tilde{u},\tilde{g})] = CS_P + CS_B - S - \sum_{a\in A}\varphi_a(g_a) \tag{7-33}$$

$$\text{s.t.}\quad x_a(u) + \tau v_a(u) \leqslant B_a + g_a \tag{7-34}$$

$$\sum_a \varphi(g_a) + S \leqslant (1-\theta_c)\sum_a \hat{u}x_a \tag{7-35}$$

$$u_a,\tilde{u}_a,g_a \geqslant 0 \quad \forall a \in A \tag{7-36}$$

$$0 \leqslant \theta_c \leqslant 1 \tag{7-37}$$

式中：B_a——路段 a 的私人小汽车容量；

τ——车辆折算系数。

式（7-34）表示路段 a 上交通容量约束；式（7-35）表示路段扩容投资预算和公交财政补贴约束的收入再分配总额度约束；式（7-36）表示拥挤费、公交票价、道路扩容的非负约束；式（7-37）表示道路拥挤定价收入分配比例约束。

（三）道路拥挤定价收入再分配双层规划模型算法

采用遗传算法与模拟退火算法相结合的双层规划模型求解算法，该算法被称为遗传—模拟退火混合优化策略（GASA）[193]。该算法基本思路可以归纳如下：GA 利用 SA 得到的解作为初始种群，通过复制、交叉、变异等遗传操作使种群得以进化；SA 对 GA 得到的进化种群进行进一步优化，温度较高时表现出较强的概率突变性，体现为对种群的“粗搜索”，温度较低时演化为局部搜索，体现为对种群的“细搜索”。GASA 混合优化算法在优化性能、优化效率和鲁棒性能方面具有明显的优越性。

采用遗传—模拟退化算法混合优化策略求解道路拥挤定价收入再分配双层规划模型的基本思想是：对上层规划问题的变量进行编码，通过求解下层规划问题计算每个串的适应度。经过复制、交叉、变异和模拟退火操作后，可以得到最佳串。具体算法步骤如下：

第一步：初始化。

（1）确定遗传算法中的交叉概率 p_c，变异概率 p_m，每一代产生的种群中的个体（染色体）的数目 N，最大进化代数 maxgen，置进化代数 $gen=0$。

（2）确定模拟退火算法中内循环次数 M，温度的初始值 T_0，令 $T=T_0$。

（3）根据上层规划问题的目标函数确定合理的适度函数形式，确定将上层规划问题的决策变量 u 进行编码的方式，随机产生初始种群，$X(1)=(\cdots, x_i(1),\cdots)$，$i=1,2,\cdots,N$，置 $gen=1$。

第二步：将 $X(gen)$ 带入下层规划进行 SUE 分配计算，得到配流模式，计算每一个体 $x_i(gen)$（$i=1,2\cdots,N$）的适应度。如果 $gen=\max Gen$，适应度最大的染色体即为双层规划问题的全局最优解。否则转第三步。

第三步：根据适应度分布复制种群 $X(gen)$。

第四步：根据交叉概率 p_c，执行交叉操作。

第五步：根据变异概率 p_m，执行变异操作。令 $gen=gen+1$，从而得到新种群 $X(gen)$，并计算 $X(gen)$ 中个体的适应度。

第六步：令 $i=1$，对种群 $X(gen)$ 进行模拟退火操作。

（1）若 $i=N$，转第七步；否则令循环轮次计数 $k=1$，转本步骤的（2）。

（2）利用状态产生函数产生个体 $x_i(gen)$ 的新状态，并对新个体进行解码后带入下层规划问题进行 SUE 分配计算，从而得到上层规划的目标函数值，并计算其适应度。

（3）以 Metropolis 概率接受公式接受新个体。

(4)若 $k=M$,令 $i=i+1$,转本步骤的(1);否则,令 $k=k+1$,转本步骤的(2)。

第七步:退温,令 $T=0.5T$,转第二步。

(四)道路拥挤定价收入再分配双层规划模型算例分析

在考虑同时存在私人小汽车和公交车两种出行方式的道路网络时,大多数学者都选择由公交栅格线路组成的四方形城市区域作为应用算例[194]。这样的公交线路安排由 Holroyd(1965)[195,196]提出,是所有交通起讫点均匀分布的矩形线路中最佳的路网(Newell,1979)。本书选择 Jiang Qianying & Haiyang(2005)的路网算例为基本框架[197],如图 7-6 所示。

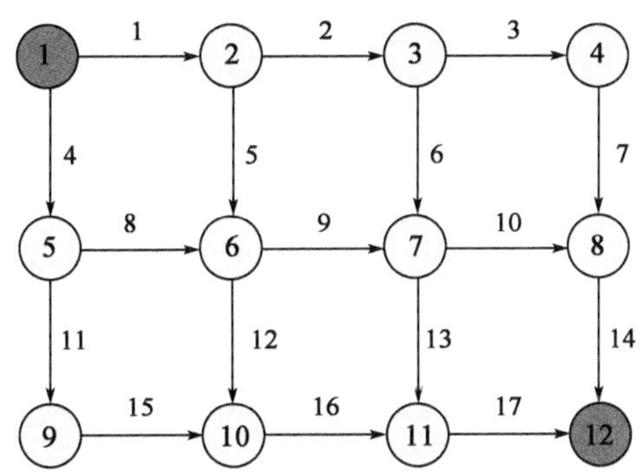

图 7-6　算例示意图

算例所示路网存在(1,12)一个 OD 对,有 12 个节点和 17 条路段,公共交通与私人交通共享同样的街道。各路段相关参数见表 7-5。

各路段相关参数数据　　表 7-5

路　段	C_a^0	B_a	路　段	C_a^0	B_a
1(1,2)	20	1000	10(7,8)	13	1000
2(2,3)	23	500	11(5,9)	24	800
3(3,4)	17	500	12(6,10)	20	500
4(1,5)	18	1500	13(7,11)	26	500
5(2,6)	19	500	14(8,12)	19	1000
6(3,7)	16	500	15(9,10)	7	800
7(4,8)	22	500	16(10,11)	18	800
8(5,6)	14	1000	17(11,12)	17	800
9(6,7)	17	1000			

OD 对(1,12)之间的需求量为3750,即 $\tilde{q}_{rs}+\hat{q}_{rs}=q_{rs}=3750$,根据模型 M3,运用所给出的 GASA 算法进行求解,可得到实施道路拥挤定价,并对所得收入进行再分配情况下的公交车发车频率为 8 辆/h,OD 对(1,12)之间的最优公交票价为0.51元/人,各路段的拥挤定价额度和道路扩容量见表 7-6。

各路段拥挤定价额度及道路拥挤扩容量　　表 7-6

路　段	$\hat{u}$	g_a	路　段	$\hat{u}$	g_a
1(1,2)	4.8	9.78	10(7,8)	6	4.61
2(2,3)	2.3	12.00	11(5,9)	3.3	12.74
3(3,4)	0.3	7.56	12(6,10)	2.2	9.78
4(1,5)	7.4	8.30	13(7,11)	0.3	14.21
5(2,6)	2.4	9.04	14(8,12)	6.3	9.04
6(3,7)	2.1	6.82	15(9,10)	3.3	0.17
7(4,8)	0.3	11.26	16(10,11)	5.6	8.30
8(5,6)	4.1	7.56	17(11,12)	5.9	7.56
9(6,7)	4.3				

六、基于路网拥挤度的交通拥挤收费费率研究

近年来,随着我国城市化的加速和经济发展水平的提高,城市人口和机动车保有量都在迅速增长,交通拥挤是目前我国多数大中城市普遍面临的问题。城市交通拥挤问题导致居民出行不便、交通事故多发、环境污染加剧、能源消耗增加,使城市整体运行效率降低,阻碍城市健康、快速发展。为了解决大城市交通拥挤这一世界性难题,国内外城市交通部门已经开始运用各种交通需求管理策略,其中拥挤收费定价及收费政策受到广泛的关注,现在已经有斯德哥尔摩[198]等城市成功应用了交通拥挤收费的政策。

交通拥挤作为目前世界上多数大中城市普遍面临的问题,是城市交通需求系统与交通供给系统发生矛盾的突出表现。从广义上讲,交通拥挤是由于各种城市交通服务方式的价格低于成本而引起的,尤其是城市机动车使用者仅支付其直接费用、燃油税和少量管理费用,而未支付其出行给社会和其他出行者带来的全部成本,从而鼓励了机动车交通量的迅速增长[199]。因此,通过对过度拥挤路段上的驾驶员合理收费,依据社会财富最大化的观点来控制交通拥挤,即实行交通拥挤定价,是一个缓解城市交通堵塞较为有效的经济手段[200]。

合理的收费策略可以提高城市道路交通网络的运行效率。本节针对小汽车的交通方式，研究交通拥挤路段收费费率的问题，其中广义交通费用函数考虑了出行时间和油耗，建立了双层收费模型。上层为最小化路网拥挤度模型，下层为固定需求下的用户平衡模型（User Euilibrium，UE），并用组合算法进行了求解，并通过算例说明模型和算法的有效性。

（一）用户广义交通费用的确定

1. 基本假设

（1）用户对路网中的信息是完全掌握的，例如：收费路段，路段的广义交通阻抗。

（2）OD 对之间的交通需求是固定的。

（3）路网有多条出行路径供出行者选择。

（4）路网中所有路径的出行时间和成本是可以叠加的。

2. 符号定义

交通网络由 $G=(N,A)$，N 代表交通网络中结点集合，A 代表交通路网中路段集合。R 是出行者出行起点，s 是出行的终点。P_{rs} 表示连接路网中 OD 点对 $r \to s$ 的交通需求。v_{a}、C_{a} 和 t_{a} 分别表示路段 a 的交通流量、通行能力和广义出行成本。f_{p}^{rs} 和 c_{p}^{rs} 分别表示路径的 P_{rs} 交通流量和出行成本。$\delta_{\mathrm{ap}}^{rs}$ 为指示变量，若路段 a 在路径 P_{rs} 上，则 $\delta_{\mathrm{ap}}^{rs}=1$，否则为 0。

3. 交通拥挤收费情况下的交通费用分析

交通拥挤的经典理论认为，出行者的广义交通费用包括车辆行驶费用、出行者承担的交通设施建设费用、出行者行驶时间三部分，交通拥挤的表现形式是出行时间增加，与前两者无关。因此，在交通拥挤分析中将车辆行驶费用和出行者承担的交通设施建设费用视为出行者的固定成本。交通费用是由行驶时间、距离、车辆营运费用、道路收费、排队延误、舒适性、安全性及个人偏好等因素决定，而且和各路段特性有关[201]。

采用广义交通费用函数，即是在固定的时间价值（Value of Time，VOT）情况下，将所有的出行成本都折算为当量的时间费用来计算，其广义交通费用函数如下：

$$t_{\mathrm{a}}(v_{\mathrm{a}},\tau_{\mathrm{a}}) = t_{\mathrm{a}}(v_{\mathrm{a}}) + \frac{C_{\mathrm{L}}L_{\mathrm{a}}}{Vot} + \frac{\tau_{\mathrm{a}}}{Vot} \tag{7-38}$$

式（7-38）中，第 1 项是路段 a 交通流量为 v_{a} 时的路段出行时间，考虑了路段交通流量对路段阻抗的影响;第 2 项为狭义的出行成本,C_L 为小汽车行驶单位距离的出行成本,L_a 为路段长度,Vot 是居民出行的时间价值;第 3 项是交通拥挤收费,τ_a 为路段 a 收取的交通拥挤费用。

(二)拥挤收费的双层规划模型

交通系统可以看作具有两个决策者集合——交通规划管理者和用户的复杂系统,两者之间的相互影响实际上是一个 Stackelberg 博弈[202],本研究将拥挤道路使用收费组合问题描述为一个双层数学规划问题,其中交通规划管理者称为上层决策者,而网络用户称为下层决策者,上层决策者并非直接控制下层决策者的策略选择,而仅是通过收费来影响出行者路径选择的决策。

将双层规划模型的下层描述为固定需求的 UE 问题。Wardrop(1952)提出交通均衡 UE 分配原则:拥挤网络上的交通以这样一种方式分布,使得任意 OD 对之间的所有被利用的路径具有相同的最小费用,而其余所有未被利用路径的费用则大于或等于此最小费用。

上层决策目标函数为最小化交通路网上的拥挤度[203],当交通路网平衡后,交通路网的拥挤度计算公式如下:

$$\frac{\sum_a v_a t(v_a)}{\sum_a v_a t(0)} \tag{7-39}$$

最小化交通路网拥挤度道路使用收费模型可表示成如下的双层规划模型(Q1):

$$\min: P(v_a) = \frac{\sum_a v_a T(v_a)}{\sum_a v_a(\tau) T(0)} = \frac{\sum_a v_a(\tau) t_a^0 \left[1 + \alpha\left(\frac{v_a}{C_a}\right)^\beta\right]}{\sum_a v_a(\tau) t_a^0} \tag{7-40}$$

式(7-40)中的 $v_a(\tau)$ 和 $T(v_a)$ 由下层规划得到:

$$\min: Z(v,\tau) = \sum_a \int_0^{v_a} t_a(v)\,\mathrm{d}v = \sum_a \int_0^{v_a} t_a^0 \left[1 + \alpha\left(\frac{v_a}{K_a}\right)^\beta\right]\mathrm{d}v + \sum_{a\in A}\frac{C_L L_a}{Vot} + \sum_{a\in A}\frac{\tau_a}{Vot} \tag{7-41}$$

$$\text{s.t.} \quad \sum_{p\in p_{rs}} f_p^{rs} = D_{rs} \quad \forall (r,s) \in W \tag{7-42}$$

$$t_a(v) = \sum_r \sum_s \sum_p f_p^{rs}\delta_{ap}^{rs} \quad \forall (t,s) \in W, \forall a \in A \tag{7-43}$$

$$f_p^{rs} \geqslant 0 \quad \forall r,s,p \tag{7-44}$$

$$\tau_a \geqslant 0 \quad \forall a \in A \tag{7-45}$$

式(7-41)是下层模型的目标函数,最小化路网内用户总的交通费用,约束式(7-42)是流量守恒约束,式(7-43)表示任意路段上的流量等于经过这条路段的所有路径流量之和，约束式(7-44)和式(7-45)分别是流量和收费费率非负约束。

在模型(Q1)中，上层模型表示交通网络规划管理者使整个交通网络的拥挤度最小，因此有必要同时利用经济手段——拥挤道路使用收费使固定需求下的小汽车出行的空间重分布，来减少交通拥挤，实现城市交通综合治理；下层模型是一个固定需求下的用户平衡分配(UE)模型。

(三)模型的求解算法

在双层模型(Q1)中，由于交通均衡时的路段流量 $v_a(\tau)$，$a \in A$，通常情况下是收费费率 τ 的非凸的和不可求导的函数，传统的优化算法无法得到模型的全局最优解。对于这一类问题，基于概率统计学的算法有一定优势，因为这一类的算法可以在不需要求导的情况下求得全局的最优解。

遗传算法 GA(Genetic Algorithms)是一种有效的算法，因为它有一套良好的自然选择程序。遗传算法是用来求解上层模型的最优化问题，下层模型在双层模型(Q1)中的作用是传递变量值，需要进行反复的求解，求解的算法是使用连续平均算法 MSA(Method of Successive Averages)[204]，在此不多做介绍。并采用下式作为下层固定需求下的 UE 模型的迭代收敛准则：

$$\overline{v_a^n(\tau)} = \frac{1}{m}\left[v_a^n(\tau) + v_a^{n-1}(\tau) + K + v_a^{n-m+1}(\tau)\right] = \frac{1}{m}\sum_{i=0}^{m} v_a^{n-i}(\tau) \tag{7-46}$$

$$\frac{\sqrt{\sum_a \left[\overline{v_a^{n+1}(\tau)} - \overline{v_a^n(\tau)}\right]^2}}{\sum_a \overline{v_a^n(\tau)}} \leqslant \varepsilon \tag{7-47}$$

式(7-46)和式(7-47)中，ε 为下层固定需求下的 UE 模型的迭代精度；n 为求解 UE 问题的第 n 次迭代；$m(m<n)$是事先确定的，通常取 $m=3$ 就足够了。

遗传算法步骤如下：

第一步：令 $m=0$，指定收费策略的上下限，随机产生初始一个收费路段组合的原始群体 $P(n)=(\tau_i^n, i=1,2,\cdots,L)$，使得 $\lambda_1 \leqslant \tau_i^n \leqslant \lambda_2$，原始群体中有 N 个染色体。

第二步：在 $P(n)$中，对每个染色体的编码串解码，会得 N 个收费策略，然后针对每一个收费策略运用 MSA 算法去求解下层优化问题，会得到 N 组 UE 模型的流量分布。

第三步：计算 N 个收费策略所对应的上层模型的函数值，计算适应度值，适应度值越小，该个体的质量越好。

第四步：根据个体适应值，按照一定规则，从群里 $P(n)$ 中选择优良的个体，将其复制到下一代群体 $P(n+1)$ 中；然后按照交叉概率 P_c 交换它们的部分染色体；最后对每个个体一变异概率 P_m 改变其某些基因座上的基因值。

第五步：全局最优收敛，当最优个体的适应度值达到给定的阈值时，算法结束，否则返回第二步继续执行循环。

(四)算例分析

网络如图 7-7[205]所示，有 4 个 OD 点对(1,2)、(1,6)、(5,2)、(5,6)，6 个节点和 7 个路段，这 4 个 OD 点对的需求分别为 500、400、400、600，路段的出行时间采用 BPR 公式，模型中的参数 VOT 为 20 元/h，路段的设计速度为 40km/h，C_L 为 0.5 元/km，m 为 3，ε 为 0.001。各路段出行时间函数的参数见表 7-7。在 MATLAB 环境下编程对模型进行求解。收费方案 1 和收费方案 2 都是只对路段 3 进行收费，上层的目标函数分别为路网拥挤度和用户总出行时间。求解结果见表 7-8、图 7-8 和图 7-9。

$$t_a(v_a) = t_a^0\left[1 + 0.15\left(\frac{v_a}{K_a}\right)^4\right] \tag{7-48}$$

路段出行时间函数的参数 表 7-7

路 段 a	t_a^0	yl_a	C_a
1	1	20	200
2	0.25	5	300
3	0.25	5	700
4	0.25	5	300
5	0.25	5	300
6	0.25	5	300
7	1	20	200

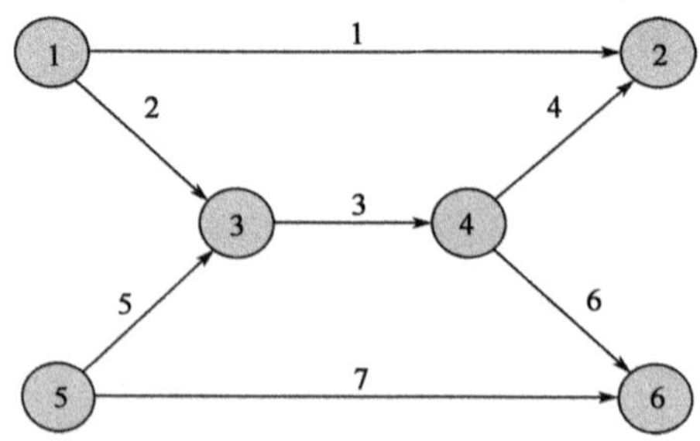

图 7-7 算例的交通网络

路段出行时间函数的参数　　表 7-8

路段	系统平衡	用户平衡	对路段 3 收费					
			收费方案 1		收费方案 2		收费方案 3	
1	336.48	327.56	343.83	—	336.48	—	336.48	—
2	563.52	572.45	556.18	—	563.52	—	563.52	—
3	1194.59	1210.11	1181.98	0.585	1194.59	0.453	1194.59	0.200
4	563.52	572.45	556.18	—	563.52	—	563.52	—
5	631.08	637.67	625.8	—	631.08	—	631.08	—
6	631.08	637.67	625.8	—	631.08	—	631.08	—
7	368.92	362.33	374.2	—	368.92	—	368.92	—
总出行时间	4479.34	4487.13	4484.39		4479.34		4479.34	
拥挤度	2.797	2.809	2.795		2.797		2.797	

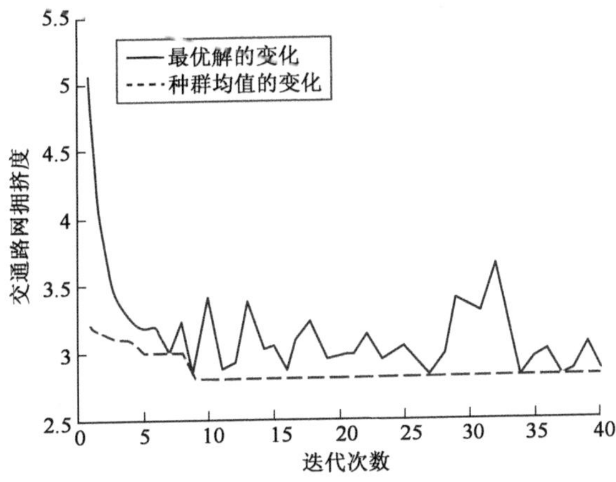

图 7-8　固定需求下路网拥挤度变化

从表 7-8、图 7-8 和图 7-9 可以得出以下结论：

(1)由图 7-8 和图 7-9 中变化趋势可以看出：随着路网拥挤度的减少，路段 3 的收费费率不是一味在增加或者一味在减少，而是存在一个最佳的收费费率。

(2)收费方案 1 和收费方案 2 得出的收费费率分别为 0.585 和 0.453，得出的总出行时间分别为 4484.39 和 4479.34，路网的拥挤度为 2.795 和 2.797。说明了路网的拥挤度和用户总出行时间并不能同时达到最优。要使路网的拥挤度达到最优，如本算例中，需要提高路段 3 的收费费率，同时会获得更多的福利。

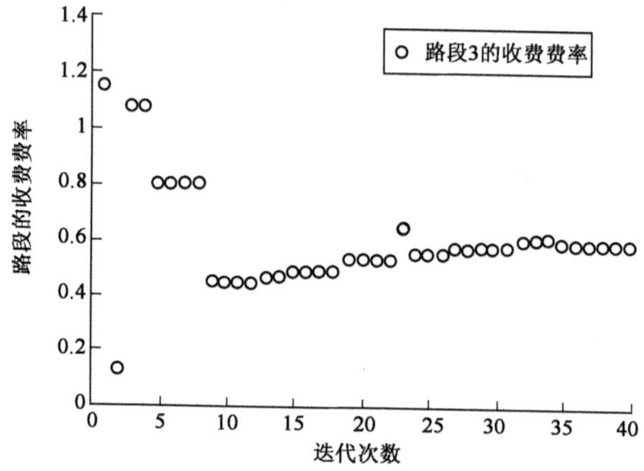

图7-9　固定需求下路段3收费费率的变化

本 章 小 结

本章首先分析了城市道路系统拥挤收费的影响因素，包括政策措施、居民收入、土地利用、交通需求等。然后简单讲述了城市道路系统拥挤收费理论的发展历程。城市道路系统拥挤收费新进展主要介绍了拥挤定价的社会福利分析、次优定价理论的应用、拥挤收入再分配、拥挤定价的行为分析和效果比较、道路拥挤定价收入再分配双层规划模型。

第八章　城市停车收费理论与方法

第一节　停车设施及其准公共产品特性

众所周知,车辆停放是道路交通运行过程中不可分割的组成部分。城市交通包括静态交通和动态交通,停车属于静态交通范畴。不合理的停车组织会挤占可用道路面积,降低道路的通行能力从而诱发交通阻塞,影响城市动态交通的运行,对城市的生活和工作环境产生消极的影响。停车包括车辆到达目的地后的停车及上下乘客或装卸货物及其他原因所需的临时停车。停车设施是指供车辆驾驶员临时或长时间停放车辆的场地、场所及相应辅助性设备,它包括在道路上施划的临时停车泊位、专门兴建的停车场、停车库、停车楼、各类建筑附近的停车空间以及各类专业性停车场。广义"停车场"与停车设施的概念是相近的。当前,城市中存在多种停车设施类型,可按服务对象、停车场位置、使用车型、建筑类型、管理方式等方面进行分类,如以服务对象来分类,停车设施包括社会公共停车设施、配建停车设施和专用停车设施,如表 8-1 所示;按车辆停放位置可以分为路内停车场和路外停车场;按建造形式可分为地面停车场、地下停车场和立体停车场;按管理方式可分为免费停车场、限时免费停车场和收费停车场。

以服务对象为依据的停车设施分类　　表 8-1

名　称	定　义
社会公共停车设施	设置在交通枢纽或商业和娱乐等公共场所附近的面向社会开放的停车设施,其投资和建设具有相对独立性,能够为各类交通参与者提供停车服务
配建停车设施	为主体建筑物的附属设施,满足与之相关的停车需求
专用停车设施	建在工厂或行政企事业单位内部的停车设施,仅为单位内部人员提供停车服务

就社会公共停车设施而言,大致又可分为路内公共停车设施和路外公共停

车设施。路内公共停车设施是指采用特定的标志或标线在道路的一侧或两侧划分出来的供车辆停放的场所,其占用道路资源,一般适宜于车辆临时性停放;后者是指在道路控制线(又称“道路红线”)以外专门划定一定区域来兴建各类停车设施,吸引车辆离开道路进入停车场所停放,这类停车设施由停车泊位、停车出入口通道以及给排水、绿化、无障碍设施等其他附属设施组成。

作为城市交通基础设施的社会公共停车设施具有较强的社会公益性,能够为社会生产和人民生活提供相关的产品和服务,应列入公共产品的范畴。具体来讲,公共停车设施利用包括国有土地和优惠税收政策在内的公共资源或制度进行设置或建设,具有公共性;其次,公共停车设施是一种具有非排他性的产品,可供集体进行消费,任何使用者对公共停车设施的消费都不会影响其他使用者的利益。同时,它也存在着消费的非竞争性,但这种非竞争性主要体现在该产品还未达到充分消费时,当一个城市车辆保有量还比较少时,有一定盈余数量的公共停车场的消费不会影响其他消费者的停车消费。而当社会进入车辆快速增长的时期后,公共停车设施在逐步演变成为“拥挤产品”“紧缺产品”的同时,其属性也转变成为准公共产品。

作为准公共产品的社会公共停车设施,其特性可概括为以下三点:

(1)拥挤性

公共停车设施对消费主体的数量有一定限制,即存在“容量匹配”问题,当停车需求小于现有停车场的容量时,停车场的使用者之间不存在利益冲突,对公共停车设施的消费存在非竞争性。但一旦超过了临界点,部分车辆无法找到公共停车位停放时,那么正在消费的主体就会产生对其他想消费的主体的排他性,在形式上就表现为公共停车场的“拥挤性”。

(2)非均等性

公共产品的消费主体具有多样性,消费主体需求的差异性可能会造成公共产品消费的非均等性。相对于有车一族,借助于公交、地铁等其他出行方式的参与者对社会公共停车设施的使用频率较低,没有均等地享有该类公共停车资源。

(3)利益外溢性

利益外溢性是指产品所提供的利益一部分为其所有者享有,是可分的,另一部分由所有者以外的人享有,是不可分的。建立一定数量社会公共停车设施,最大限度地满足驾驶员的公共停车需求,有利于提高道路通行能力,优化道路交通环境,这体现的是一个社会的整体利益,是不可分的;但就个体而言,在占用某一公共停车资源的同时,其他人暂时无法使用,即个人停车需求得以满足,这种即得利益是可分的。

第二节 停车收费定价影响因素研究

停车费率受停车供求及停车设施的建设经营成本等多种因素的影响,合理的停车费率应该在保证经营者通过合法正常经营获得一定利润的前提下,充分考虑使用者的停车行为偏好和承受能力等其他因素。

一、停车设施的建设经营成本

停车设施的成本是制定停车收费标准的重要依据,主要包括土地拆迁与使用费用、停车设施的固定成本和可变成本[45]。

(一)土地拆迁与使用费

停车设施需要占用一定的土地进行建设,因此,所占用土地既有建筑的拆迁费用和土地出让费用(包括拆迁费用在内)需要投资建设企业或由政府代拆迁企业支付,另外企业还需要缴纳经营使用权的土地出让金等。同时,随着城市中心区汽车保有量的持续攀升,停车需求不断增加,但是城市土地供给日益紧张,城市中心区的土地拆迁费用也越来越高。因此,停车设施的土地使用费用越来越成为停车场建设选址和费率制定不可忽视的一个重要因素,尤其是对于大城市和特大城市。一般来说,土地使用费越高,停车场的建设成本越高,相应停车费率也就越高[45]。

(二)停车设施建设的固定成本

停车设施建设的固定成本除包括行业平均建设成本(如停车设施建筑建造费用等)外,还包括停车场的设备成本费用,后者主要对于地下停车场或机械化停车场而言,主要包括停车设施建筑建造费用、停车机械设备的购置费用、管理设备的购置费用、设备安装费用等[45]。路外停车场的行业平均建设成本和运行费用是停车定价的重要依据之一,平均建设成本与运行费用越高,根据停车费率制定的经济效益原则,所制定的收费标准也应越高。

(三)停车设施经营的可变成本

停车场的可变成本主要是维持停车设施正常运营所需费用,包括设备运行和维修费、水电费、勤杂费、保险、税费、治安管理费与人员工资等,其中营业税是日常开支的主要内容。

二、停车供求

停车泊位价格表现形式为停车费率，受有效停车需求和供给的影响。当有效停车需求量小于供给量时，停车费率将会降低；相反，停车费率将会升高。停车费率的降低或升高将刺激停车供给量的减少或增加，最终使有效停车需求量和供给量达到均衡，此时的停车费率即为均衡费率[206]。均衡费率的变化通常受有效停车需求和停车供给影响，如图 8-1 和图 8-2 所示，图中 S 表示停车供给，D 表示有效停车需求量，P 为停车费率，P_0 为均衡费率，在停车供给不变的情况下，有效停车需求增加，停车费率增加，停车费用的增加又会促使有效停车需求的减少，进而费率进行相应调整，最终停车费率稳定在均衡费率附近上下波动。

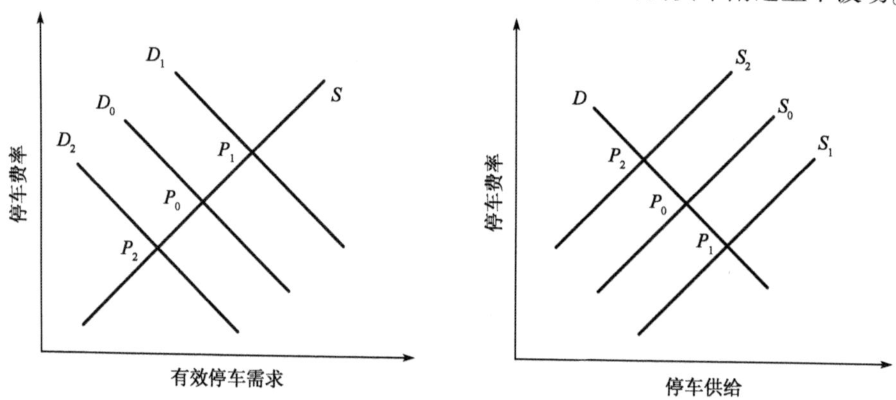

图 8-1　有效停车需求变化对停车费率的影响　　图 8-2　停车供给变化对停车费率的影响

影响停车场有效停车需求的因素很多，主要有以下几个方面：

（一）停车费率

由前述分析可知，在停车设施供给一定时，停车费率升高将导致有效停车需求的减少。由于路边停车比路外停车更便捷，因此，路边停车费率通常高于路外停车费率。但由于某些特殊原因（如人为因素）而使路边停车费率低于路外停车费率时，停车者将更倾向在路边停车，这将对路外停车产生挤出效应，使路外有效停车需求减少，停车费率降低。

（二）停车行为偏好

停车行为偏好是指停车者在对两种以上停车方式进行选择时，更倾向选择哪种停车方式。如果停车者认为路边停车较之于路外停车更加便捷，则其宁愿

接受路边停车较高的停车费率。停车行为偏好虽然不能影响停车总需求，却能够单独地对路边或路外有效停车需求产生影响。

(三)停车时段

区域的停车需求可以表示为时间的分布函数，即不同时间段上的停车需求量是不同的。一般来说，交通高峰期停车需求较高而平峰期的停车需求较低。因此，国内外许多城市实行差异化停车收费政策，即在停车高峰期收取较高的停车费率。

三、车辆类型

由于不同类型的车辆占有泊位的面积不同，即车辆停放成本不同，因此路外停车场通常按车辆的类型收费，大型车费率较高，小型车费率相对较低。

四、停车者对费率的容忍极限

停车者对费率的容忍极限反映了停车者对停车费率的最大承受能力。不同类型的停车者对停车费用的承受能力存在很大差别。一般而言，高收入群体时间价值相对较高，对出行时间的要求高于对出行费用的要求，因此，对作为出行费用重要组成部分的停车费率的容忍度也就较高；相应的，低收入群体对出行费用的要求较高，而对出行时间的要求却相对宽松，故对停车费率的容忍度较低[45]。通常情况下，容忍极限越高，所制定的费率也就越高，它与费率呈正相关关系。因此，为更好地发挥停车收费的经济杠杆作用，停车费率的制定应当充分考虑停车场使用者的经济状况及其承受能力。

五、时间因素

时间因素通常通过影响停车者的停车选择行为对停车设施有效停车需求产生影响，进而影响停车设施费率的制定。时间因素包括驾驶员完成停车后从停车场步行至目的地所花费的步行时间、停车搜索时间和行程时间[207]。

(一)步行时间

步行时间指驾驶员从停车场到目的地的走行时间，是衡量停车场布局是否合理的重要指标，影响着驾驶员的停车选择行为。一般而言，为使驾驶员能够方便快捷地到达目的地，停车场的服务半径应尽量小一些。驾驶员对步行时间的长度是有容忍限度的，不同城市的调查结果表明，驾驶员可以忍受的最大步行时间随着城市规模的减小而增加[207]。驾驶员对步行时间的反应与驾驶员的出行目的和停车时长有关，通常来说，停车时长越长，驾驶员所能接受的步行时间也就越长[208]。

（二）停车搜索时间

停车搜索时间为从开始搜索车位至完成停车所用的时间[209]。停车搜索时间受道路交通条件等多种因素设施的影响，具有不确定性，也是影响驾驶员停车选择的重要因素之一。

（三）行程时间

此处的行程时间是指驾驶员从起始点出发至停车完成所需要的总时间，包括起始点到停车场附近的路径行程时间和从停车场附近到停车场的停车搜索时间[207]。当目的地周边的停车场较为分散时，行程时间也是影响停车选择的重要因素。

六、停车政策法规性因素

停车场的收费费率受国家和地方综合性管理法规的影响，尤其是受停车场收费指导定价的影响[210]。为约束和规范停车设施经营者的收费行为、保障停车者的合法权益，我国各个城市在制定停车收费管理条例与办法时必须要依据发改委颁布的收费管理办法。现在，很多国家和城市都在中心城区实施停车控制，主要的控制手段就是采取较高的停车费率进行收费，这通常在一定程度上可以缓解交通拥堵。另外，执法力度通过影响路外停车的有效需求也间接地影响着停车费率。

第三节　城市道路系统停车收费原理

停车收费是指通过对停车设施的使用者征收费用来调节和引导城市交通需求的静态交通管理措施，是一种通过停车收费的费率调整来进行区域的交通控制以达到平衡停车供需、改善居民出行方式和协调土地与交通发展的有效手段。

根据征收停车收费的设施范围的不同，广义上停车收费可分为路外停车收费和路内停车收费两种。路外停车收费主要指对道路红线以外的停车设施的收费,包括社会停车场和建筑物配建的停车场收费,征收对象为停车设施的使用者。路内停车收费是指针对驾驶者路内停车(又分为路边停车和路上停车)设施的使用征收一定的费用。由于路内停车具有短时和快捷等优势,所以相应的路内停车收费可以对区域短时停车需求产生较大的影响和调节作用。此外,根据停车收费方式的不同,停车收费可以分为计次停车收费与计时停车收费两种。前者指对使用停车场(库)的每辆车每次停车均收费一次而不计时间长短,这种收费机制针对的是车辆的停车行为,却忽略了该行为长期对停车资源的占用所带来的"不经济",故费率相对固定。计时停车收费是指根据停车时间的长短对车辆按照不同的费率征收停车费用,该种收费方式充分考虑到短时停车与长时停车的收费极差,可以在一定程度上增加停车设施的周转效率。

一、停车收费原理

停车外部性是指停车者的停车活动对其他经济主体所带来的影响。当停车活动使他人或社会收益,这种性质的外部影响被称为"正外部性";反之,称为"负外部性",停车的外部成本如表8-2所示,停车收费的作用是将私人交通出行者所带来的"负外部效应"内部化。从边际成本定价原理出发,停车收费是在对一定区域内的停车设施的充分利用下,对有停车需求的交通出行者征收的费用。个人边际成本的增大使得交通出行者放弃原有的交通出行方式,以达到缓解区域交通压力与合理利用停车设施的目的。

停车的外部成本[211]　　表8-2

项　　目	内　　容
环境污染	土地占用、景观破坏、路权侵占、空气污染、固体废物污染、噪声污染
生态破坏	环境污染造成的不同程度的生态破坏
社会矛盾	人车矛盾、车车矛盾
交通拥挤	停车区及对道路动态交通的影响
交通碳排	资源消耗、交通碳排的增加
交通事故	财产损失、人身伤亡
就业损失	停车产业欠发达致使潜在就业人口损失
财政支出	土地开发、建设维护费用、财政补贴

如图8-3所示,图中*AD*曲线为停车需求曲线,*S*(Parking Supply)曲线为停车供给曲线,*MPC*(Marginal Private Cost)曲线为个人边际成本曲线,*MSC*(Marginal Social Cost)曲线为边际社会成本曲线,两者都会随着停车费用的增加而逐渐上升。在不实行停车管理手段时,停车需求曲线与供给曲线会在停车位数 N_0 处达到均衡,此时停车费用很低,出行者的出行意愿(承担能力)均大于出行成本(边际个人成本)。但过多的交通出行造成了区域交通路网的压力增加,整体运行效率降低,形成"负外部效应"或"外部成本",图中 ΔEFO 的面积即为社会效益的损失。为了取得社会效益的最优化,通过征收或增加停车费用使得需求与供给在停车位数 N_1 处达到平衡,政策实施前后所对应的停车费用之差($P_1 - P_0$)就是停车收费的费率。在停车位数从 N_0 向 N_1 变化的过程中,出行者费用的减少 TR 总是小于费用的支出 OR,此状况下出行者会放弃原有的交通出行或改为其他的出行方式[212]。

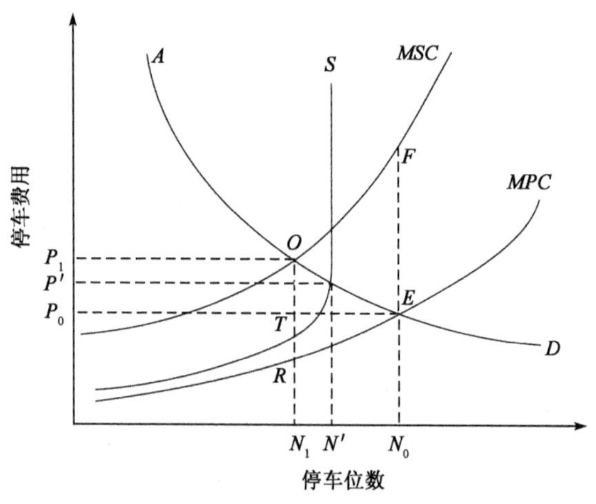

图 8-3 停车收费的原理图

然而交通拥挤区域多为人口稠密、商业发达的城市中心区域,土地的开发程度和利用率极高,停车供给曲线不能一直增长,停车位也不能无限制地增加,所以就导致区域内的停车供给达到最高限度,能提供的停车位数最大为 N',结合 MPC 曲线与 MSC 曲线会有下列三种情况:

(1)当 $N' \geqslant N_0$ 时,无须进行任何停车管理措施,区域停车供给量能够满足停车需求,该种情况在大城市的实际状况中并不多见。

(2)当 $N_1 \leqslant N' \leqslant N_0$ 时,在进行停车收费时如果完全按照社会效益最优化的费率 P_1 征收停车费,会使部分停车位得不到充分利用而达不到停车设施的最佳使用效率。

(3)当 $N' \leqslant N_1$ 时,停车需求与停车供给之间存在严重的不平衡,此时停车费率只能按照最大停车位数 N'所对应的停车费率 P'来进行征收。

车辆在行驶或者停放状态下对社会其他成员由于交通拥堵和环境污染等产生的外部效果常常是不能通过价格手段来补偿的，使得市场价格机制无法有效分配社会资源，政府为了补偿车辆产生的外部成本，常常通过采用对负的外部效果增加税收，对正的外部效果给予财政补贴两种手段将外部效果内部化[213]。

二、停车收费作用

停车费用占整个汽车使用成本的比重很大。因此，对停车收费进行控制也是调控交通需求量的一个有效手段，特别的，对于城市中心区域来说，停车收费控制与征收燃油税相比更直接、更有效[46]。

城市道路系统停车收费的作用具体体现在以下几个方面：

（一）停车收费有助于抑制机动车拥有量增长

有研究[46]显示，影响城市机动车拥有量的因素按重要性排序如下：居民收入水平、城市交通政策、生活方式、车辆全成本。私人小汽车的全成本可以分为购买成本和使用成本两部分，停车费用的增加提高了使用成本，会在一定程度上抑制小汽车的购买需求。

（二）停车收费有助于改善居民的出行方式

出行者进行出行方式选择主要受出行者特征（包括性别、年龄、家庭结构、收入及小汽车拥有状况等）、出行者出行特征（包括出行目的、出行距离、出行时间、出行次数等）和交通设施特征（包括设施完备程度、出行舒适度、便利程度、准点性、安全性等）三方面因素的影响。一般来讲，对于有一定出行目的的驾驶员，其出行目的地相对于停车地点的距离是大致确定的，这时不同停车场的停车收费价格就成了其选择停车地点的主要因素，高停车价格会使得部分自驾出行者放弃自驾选择其他交通方式，因此停车需求可以通过改变停车价格的方式来进行调整。停车收费的实施将使得停车设施公共商品的属性进一步得以明确，停车设施的价值也可以向价格转变。在“谁使用，谁付费”的原则下，出行者使用停车设施必须缴纳一定费用，进而改变了出行者的广义出行费用。出行成本的增加将促进部分出行者放弃原有的私人驾车出行而转向选择其他交通方式出行。

（三）停车收费有助于优化停车设施的使用

停车收费对停车设施的积极作用是多方面的，可以概括为以下三个方面：其一，通过停车收费价格的调整实现对停车设施使用时间和空间的调整，优化设施的使用效率；其二，停车收费可以为停车场（库）等设施建设回收资金并提升设备质量，提高停车场服务水平；其三，停车设施的商业化经营可以吸引更多的投资，促进了停车设施由“政府化”向“商业化”和“民营化”转变。

（四）停车收费有助于提升路网的运行状况

停车收费对于城市整体路网的作用会受到停车场站布局的限制，但对于停车场周边路网，尤其是交通拥挤且停车费用较高的中心城区将产生较为显著的积极作用。高额的停车费用将使驾车出行的居民选择在收费区域停车换乘，选择公共交通方式或者多人合乘的方式进入拥挤区域，从而缓解交通压力，提升区域路网的运行状况。

（五）停车收费是停车需求管理的重要手段

停车需求管理是交通需求管理的重要手段，是通过一定的手段对城市中潜在的交通需求以及现状已经存在的需求进行控制或者鼓励管理，以保证停车设施的供给与停车泊位的需求在空间以及时间上平衡[46]。目前，停车需求管理通常采用的方法主要有三种：停车执法管理、停车费率政策和调整停车供应数量及结构[213]。停车费率政策能够影响私家车的使用成本，改善居民出行结构，使大量的出行由低容量交通方式转向了大容量交通方式，非常有效地降低了小汽车的交通需求。在停车需求管理对策中停车收费政策经济效率最高，它针对性与可操作性强、易于实时调整，同时也易于被公众所接受，无论是在停车需求管理策略还是在交通需求管理策略中，停车收费政策都是最行之有效的。

停车收费政策是停车需求管理中的核心部分，停车收费政策对停车需求管理产生的影响总结为以下四个方面[213]：

（1）交通产生阶段：对人们购买机动车的欲望产生消极影响，让部分机动车拥有者放弃机动车出行，有效地降低机动车的使用率，显著降低道路上的交通量，缓解交通压力。

（2）交通分布阶段：引导车辆使用者将车辆停在大城市中心区外围，有效缓解中心区的交通拥堵问题，引导拥堵区域的交通向非拥堵区域转移。

（3）交通方式选择阶段：让更多的人选择公共交通、自行车或步行出行，改变小汽车承载率，使低容量的交通方式更多地转向高容量的交通方式。

（4）交通分配阶段：引导车辆向非拥挤路段行驶，避免中心区道路过于拥堵，合理的停车收费结构能够使部分驾车员避开高峰时间出行。

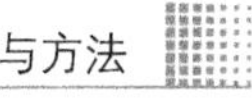

合理的停车收费可以大大促进停车需求管理对城市交通的积极效果，在交通的产生、分布、方式选择以及分配四个阶段，停车费率政策对停车需求管理的积极影响几乎等同于停车需求管理对交通需求管理的影响[214]。

第四节　停车收费定价模型

一、国内外研究现状

国外对路内停车定价模型的研究较多，如 Verhoel[18] 等提出路内停车收费价格由其引起的外部边际成本确定，包括对道路通行能力的影响及由于占用停车位而引起其他停车者寻找泊位的成本。部分学者也对其他收费政策对停车收费的影响与具体的模型进行了分析比较，Higgins（1986）[215] 提出控制交通拥挤最为有效的方式是道路收费，停车收费作为第二最优方案存在一定的不足，即受停车收费的影响，驾驶员为避免进入中心城区停车使得收费区域边缘的交通量增加，增加幅度为 25% ~50%，从而造成新的交通拥堵。Amihai Glazer 等人（1992）[216] 认为停车收费导致了个人平均停车时间的降低，增加了停车设施的周转率，使得停车收费在一定程度上提高了消费者的整体福利，在提出搜寻停车时间模型的同时，也指出停车收费对出行成本的提升作用只对在收费区域的工作者有效，因为他们的停车时间是固定值，反而对于停车时间为变量的过境者并不能起到较好的抑制效果，甚至会加剧交通的拥挤程度。

同时，很多学者将停车收费定价应用到道路瓶颈模型的研究中，瓶颈模型最早由 Vickery 于 1969 年提出，模型假设由于早高峰上游车辆到达率大于设施的通行能力，产生排队现象，形成瓶颈。此后，一些学者考虑不同的情况并结合各种收费措施对模型的应用进行了扩展。Arnott 等（1991）考虑了停车收费及拥挤收费，并将其与道路瓶颈模型相结合[217]。模型假设停车位位于道路瓶颈与工作地（CBD）之间，出行者选择出行时间，经过道路瓶颈路段，而后选择停车位停车，步行到达工作地。出行者到达工作地点的理想时间为 t^*，然而由于道路瓶颈的存在，出行者到达时间会产生差异。模型以最小化总出行成本为目标，其中，出行成本包括路段行程时间成本、迟到的惩罚成本、早到的机会成本以及停车后的步行时间成本。文献比较了拥挤收费和停车收费下总出行成本，结果表明，以时间为变量的拥挤收费能够消除道路拥挤现象（即排队现象），以停车地点为变量的停车收费能够改变出行者停车地点的选择，显著减少总出行成本，将拥挤收费与停车收费相结合能够实现系统最优。

Zhen(Sean) Qian(2011)等在上述瓶颈模型的基础上,考虑由私人拥有的有停车位容量限制的停车场,根据与工作地点的距离,停车场形成了两个停车区域,即中心停车区域及外围停车区域,两停车区域内停车收费价格及与工作地的可达时间相同,文献分析了停车在竞争条件下四种均衡状态及三种市场管理措施[218]。同时,Zhen(Sean) Qian(2012)等对公共停车场进行了同样分析[219]。

Mogens Fosgerau 等(2013)考虑拥挤区域内的早晚通勤出行,提出了一种减少排队的时变停车收费模式,通过改变停车收费的价格改变出行者的出行时间,从而达到缓解道路拥堵的目的[220]。文献将收费时段划分为两个时段,在第一个时段内,排队形成,收费价格为0,第二个时段内排队开始消散,停车收费随时间发生变化。文献同时提出,将早晚通勤结合起来考虑可完全消除排队现象,而单一的考虑早通勤或晚通勤只能减少排队而不能完全消除排队现象。

在上述模型的基础上,Yang 等(2013)[221]和 Wei Liu 等(2016)[222]将考虑停车收费的道路瓶颈模型应用到方式划分中,得到小汽车和公交车出行比例,文献同时考虑了停车位预定对方式划分的影响。Zhang 等人(2011)研究了该两种出行模式下的停车许可分配问题[223]。此外,Liu 等(2014)还提出了停车预定有效时间的概念[224]。

为探求停车收费对商业活动的影响,Kent Hymel 等(2014)对 California 的 Long Beach 的商业区进行了实地调查,比较了停车收费价格增加后商业区客流量数据,结果表明,在停车位饱的情况下,停车收费价格的升高会导致客流量减少,停车位饱和的情况下,客流量对停车收费价格的变化并不敏感[225]。

Fulya Yuksel Ersoy 等(2016)认为为将顾客的出行外部成本内部化,商场停车位定价应低于其边际成本,其价格损失由商品价格进行补偿[226]。文献通过建立模型分析了商场停车收费对商品定价的影响并考虑了顾客的两种出行方式(小汽车出行和公交车出行),由城市管理者确定公交票价,商场确定停车收费的价格及商品价格,两者共同影响顾客的出行方式选择。其他学者也考虑了停车收费对于房地产等其他产业的经济影响。

信息技术的发展使得实时停车信息的共享以及泊位共享成为可能,泊位共享及实时停车占有率等信息也对停车者的停车选择行为和停车收费定价产生影响。

Zhen (Sean) Qian 等(2014)提出了基于实时检测的动态停车泊位定价方法,以实时停车占有率信息及实时停车需求预测为基础,以系统总时间为优化目标函数,将确定停车场的实时最优收费价格作为随机控制问题,并运用动态规划的方法进行求解[227]。文献考虑了需求不确定性和停车者时间价值的不确定性,数值实验的结果表明,该实时需求随机控制对最小化系统总时间具有显著作用,仅提供实时占有率信息而不提供收费信息对减少停车阻塞的作用较小。为保证目标函数的凸性,文献是以最小化系统总时间为目标函数,以其他指标为目标函数有待进一步讨论。

Wenwen Zhang(2015)分析了自动驾驶车辆共享(SAV)对区域内停车需求的影响,运用 Matlab 微观仿真模型研究了不同系统设置的条件下区域内停车需求的时间和空间分布变化[228]。仿真结果表明,在 SAV 低市场参与率(20%)下,对采用自动驾驶车辆共享的用户,该策略可减少区域内 90% 的停车需求。此外,文献还分析了 SAV 的规模、乘客合乘意愿和车辆巡航时间对仿真结果的影响。文献对停车者出行特性、停车选择行为特性、SAV 的运行规则进行了详细的叙述和限定,但 SAV 用户费用仅涉及等待时间成本和旅行时间的成本,未考虑停车场收费价格和环境等因素对停车需求的影响。

我国的停车收费研究起步较晚,20 世纪 90 年代,随着停车收费被认为是我国城市交通管理的重要内容之后,停车收费的研究才开始逐步进入广泛与快速发展的阶段。早期的研究热点集中在对我国停车收费机制和停车收费管理等方面。吴涛和晏克非等人(1999)[15]提出了在我国进行公共停车收费的重要性和相关依据与原则,并采用“成本定价法”提出了包含车位成本和停车费率的公共停车收费两阶段法,但是由于缺乏相关的数据和考虑的因素过少,所以无法给出具体的停车价格需求弹性。裴玉龙(2002)[229]从交通管理、停车规划和出行观念的角度出发,对我国路边停车出现的诸多问题进行了分析,对比美国哥伦比亚停车管理局的管理办法,提出我国城市中心区停车收费的相关管理办法。

随着研究的不断深入,更多的学者开始关注我国停车收费政策下的停车收费价格模型和效用模型的建立。安实等人(2000)[230]针对我国路外停车和路边停车管理制度的不同,分别对路外停车和路边停车建立停车收费模型。在提出停车供求平衡、不变成本等四项假设的基础上建立了路外停车收费的经济效益分析定价模型,结合路边停车的政策性因素和其准公共产品特性建立了路边停车收费的次优定价模型,并根据广州市实际情况总结出停车收费的费率对停车时间的弹性。此外,安实与王健等人(2001)[231,232]以广州为例通过 G-logit 模型对停车需求预测与管理进行了研究,并结合路边停车的企业管理模型利用遗传算法对我国城市路边停车的方法进行了研究,提出我国路外停车场的停车定价相关原则和方法。关宏志等人(2006,2008)[233,234]研究了停车收费对居民出行的影响和驾车出行人群对停车收费的敏感程度,提出城市中心城区停车收费标准的制定方法,并利用非集计理论建立了包含停车收费价格、公交服务水平等因素的行为模型。周珂文(2015)以重庆市为例建立了泊位共享下山地城市停车收费模型。从停车场经营者的角度,考虑路外停车场的建设成本和经营成本,以停车场利润最大化为目标,将共享停车需求表示为停车费用的函数,求解模型得到利润最大时的停车费率。

我国城市停车问题十分严重,一方面路边停车泊位和中心商业区停车泊位严重不足,另一方面路外大型公共停车场停车泊位闲置,停车收费制度不合理是造成这种供需失衡的重要原因之一。我国各城市的停车场收费标准多是由物价部门制定,而物价部门对停车问题认识不够,在定价时考虑的因素主要是居民的消费承受能力,没有考虑路网容量、交通管理政策目标等因素,一方面使停车收费无法发挥调节停车供需平衡的作用,另一方面由于路边停车场和露天停车场收费过低,违章停车现象大量存在,造成多数路外停车场利用率低,经营亏损严重,挫伤了企业投资建设停车场的积极性。因而,对停车场的收费进行合理定价是吸引社会资金投资停车设施建设的保证,也是解决停车设施供给不足问题的关键。

二、路外停车收费定价模型

(一)基于经济效益分析的城市道路系统路外停车收费模型

目前,我国大城市一般规定路外停车收费标准由停车场根据其所处的城市空间位置、建设成本等自主制定,报物价局审批后执行。停车场在制定收费标准时,其出发点在于经济效益。路外停车场的收费收入首先应能满足停车设施的运行费用支出,其次要保证能够偿还停车设施建设所发生的融资费用,此外还要使停车设施建设经营公司的收益达到一定的水平[230]。因而,根据我国城市道路收费标准的原则,提出一种路外停车收费的经济效益分析定价模型。

在制定路外停车场停车收费标准时需遵循如下原则:

(1)经济效益原则。路外停车场定价时,应充分考虑其经济效益。停车场收费收入首先应该能满足停车设施的运行费用支出,其次是保证能够偿还停车设施建设所发生的融资费用。此外,还要使停车设施建设经营公司的收益达到一定水平,以鼓励企业积极参与该行业的建设经营。

(2)社会效益原则。路外停车场的定价应考虑社会效益,确保大多数停车者能够接受,避免因费率过高或过低而对社会产生较大的负效应。

(3)实用性原则。路外停车场在收费定价时,应针对影响停车定价的因素,结合该城市实际情况,从实用性和可操作性角度加以制定。

(4)有效性原则。停车收费定价必须符合国家有关法律法规,同时要贯穿停车收费的各个层面以及每一运作环节,使之成为所有车辆驾驶员严格遵守的行动指南。

路外停车收费的经济效益分析定价模型的构建是基于以下假设:

(1)供求均衡假设。有效停车需求与停车供给在一段时间内大体保持均衡。

(2)不变成本假设。路外停车场的建设成本和运行费用在一段时间内保持不变,即不考虑通货膨胀、利率等因素变动对停车建设成本的影响。

(3)合理布局假设。路外停车场的布局较为合理,即每一停车场的服务半径均达到相应标准(300~500m),在服务半径内没有另外停车场,且附近不存在路边停车场。

(4)政策法规完备假设。有完备的停车政策法规,市民有较强的守法意识;执法机构能够从严执法,违章停车现象较少。

在确定路外停车场收费标准时,需要明确下列各参数:C 为单位泊位的实际成本;C_{t} 为单位泊位的土地使用费;C_{s} 为单位泊位的设备成本;C_{j} 为单位泊位的建筑成本;OC_m 为单位泊位第 m 年运行费用;Dv 为停车场年折旧值;TC_{t} 为总土地使用费;TC_{j} 为总建筑成本;TOC_m 为第 m 年运行费用;Q 为停车场的泊位数;N 为投资回收期[$INN(N)$表示对投资回收期取整];R_m 为单位泊位第 m 年停车收入;r 为所得税税率;U_n 为第 n 天夜间停车场利用率;t_n 为第 n 天车辆计费时间(注:车辆停放时间不到 1h 按小时计费);P_{y} 为车辆的夜间保管费;P_{p} 为停车费率;i 为折现率。

基于经济效益分析的路外停车场定价计算如下:

$$C = C_{\mathrm{t}} + C_{\mathrm{s}} + C_{\mathrm{j}} \tag{8-1}$$

$$C_{\mathrm{t}} = \frac{TC_{\mathrm{t}}}{Q} \tag{8-2}$$

$$C_{\mathrm{j}} = \frac{TC_{\mathrm{j}}}{Q} \tag{8-3}$$

$$OC_m = \frac{TOC_m}{Q} \tag{8-4}$$

而要保证路外停车场能够回收其投资并获取一定的利润,需满足下列约束条件:

$$\text{s.t.}\quad \begin{cases} C \geqslant \sum_{m=1}^{INV(N)} \{(R_m - OC_m) \times (1-r) + Dv\} \times \dfrac{1}{(1+i)^m} \\ C \leqslant \sum_{m=1}^{INV(N)+1} \{(R_m - OC_m) \times (1-r) + Dv\} \times \dfrac{1}{(1+i)^m} \end{cases} \tag{8-5}$$

式中,N 取整数,运用资本回收公式将参数 R_m 和 OC_m 用其均值 $\overline{R}$ 和$\overline{OC}$代替,可将式(8-5)简化为:

$$C = \{(\overline{R} - \overline{OC}) \times (1-r) + Dv\} \times \frac{i(1+i)^N}{(1+i)^{N-1} - 1} \tag{8-6}$$

式中,N 取整数,则:

$$\overline{R} = \left\{\left(C \times \frac{(1+i)^{N-1} - 1}{i(1+i)^N} - Dv\right) \Big/ (1-r)\right\} + \overline{OC} \tag{8-7}$$

由于

$$R_m = \sum_{n=1}^{365} (P_{\mathrm{p}} \cdot t_n + P_{\mathrm{y}} \cdot U_n) \tag{8-8}$$

将该式展开得:

$$R_m = \sum_{n=1}^{365} P_{\mathrm{p}} \cdot t_n + \sum_{n=1}^{365} P_{\mathrm{y}} \cdot U_n = P_{\mathrm{p}} \cdot \sum_{n=1}^{365} t_n + P_{\mathrm{y}} \cdot \sum_{n=1}^{365} U_n \tag{8-9}$$

因此可得到停车费率为:

$$P_{\mathrm{p}} = \frac{R_m - P_{\mathrm{y}} \sum_{n=1}^{365} U_n}{\sum_{n=1}^{365} t_n} \tag{8-10}$$

若将式(8-10)中的参数 R_m、U_n 和 t_n 用其平均值 $\overline{R}$、$\overline{U}$ 和$\bar{t}$代替,可将停车费率的计算公式简化为:

$$P_{\mathrm{p}} = \frac{\overline{R} - P_{\mathrm{y}} \cdot \overline{U} \times 365}{\bar{t} \times 365} \tag{8-11}$$

将式(8-7)代入上式,可得到停车费率的计算公式,如式(8-12)所示:

$$P_{\mathrm{p}} = \left\{\left[\left(C \times \frac{(1+i)^{N-1} - 1}{i(1+i)^N} - Dv\right) \Big/ (1-r) + \overline{OC}\right] - P_{\mathrm{y}} \cdot \overline{U} \times 365\right\} \Big/ (\bar{t} \times 365) \tag{8-12}$$

考虑停车需求的时间差异对停车费率的影响,用 P_0 表示上式计算出的费率,λ_t 表示均衡费率随时间 t 的变动,则费率函数可以表示为:

$$f(P_p) = \lambda_t \cdot P_0 \tag{8-13}$$

考虑城市静态交通的特性,λ_t 可以表示为:

$$\lambda_t = \frac{\int_T^{T+1} U_T(t)\,\mathrm{d}t}{t \cdot \overline{U}} \tag{8-14}$$

其中,$U_T(t)$ 为停车场利用率的时间分布函数。当 t 趋向 0 时,则可计算出任意时刻 T 的停车费率。在实际制定停车费率时,即使实行时段定价法,也只需制定高峰时段和平峰时段的费率,无需根据停车泊位利用率计算出任意时刻的停车费率,用高峰时段平均利用率 U_1 和平峰时段的利用率 U_2 代替停车泊位利用率的时间函数 $U_T(t)$,则可计算出高峰时段和平峰时段的费率 P_1 和 P_2,其中 $\overline{U}$、U_1、U_2 均可通过调查和数理统计的方法计算。

$$P_1 = P_0 \cdot \frac{U_1}{\overline{U}} \tag{8-15}$$

$$P_2 = P_0 \cdot \frac{U_2}{\overline{U}} \tag{8-16}$$

(二)基于可变泊位容量的停车收费定价模型研究

与路内停车场不同,路外停车场需要建设专门的停车场地(如地下停车场、立体停车库等),泊位数量的变化具有周期性,建设周期较长,停车泊位数量随着时间增加呈阶段性增长[235]。

基于可变泊位容量的路外停车收费定价模型是以可变泊位容量为前提,以经济利润最大化为目标。模型考虑路外停车场建设的周期性特点,同时考虑路外停车场周围公司、机关等单位夜间可用停车泊位数量,通过计算确定各建设阶段的路外停车收费价格,最终再用求平均值的方法得出该周期内的最优路外停车收费价格,从而保持路外停车收费价格在时间上的稳定性。与传统的停车泊位容量固定的模型相比,该方法将更切合实际。

因此,在确定路外停车收费定价模型时,考虑规划路外停车泊位数量 N_0 是以时间为变量的阶段性函数,即:

$$N_0 = \sum_{j=0}^{m} \lambda_j N_j \qquad \lambda = \begin{cases} 0 & j > m \\ 1 & j < m \end{cases} \tag{8-17}$$

式中：λ_j——停车场建设第 j 阶段系数；

N_j——第 j 阶段路外停车泊位数；

m——规划停车场总建设阶段数。

基于可变泊位容量的路外停车收费定价模型的构建可分为三个阶段[25]：

（1）停车泊位容量计算

考虑规划路外停车泊位数量是以时间为变量的阶段性函数，并考虑夜间可用停车泊位数量，路外停车场泊位容量计算如式（8-17）和式（8-18）所示：

$$N = N_0 + \alpha N_1 \qquad \alpha = \begin{cases} 0 & \text{白天} \\ 1 & \text{夜间} \end{cases} \tag{8-18}$$

式中：N——总停车泊位数；

N_1——路外停车场周围公司、机关、商场等单位夜间可用停车泊位数。

（2）车位成本计算

路外停车场的车位成本主要包括全年总支出成本（投资建设成本及经营成本）、社会成本（包括废气、噪声污染及延滞成本），同时考虑获得一定的合理回报，则每一个停车泊位的实际成本计算如下：

$$C_{\mathrm{PS}} = \frac{TC + R + SC}{N} \tag{8-19}$$

$$TC = A + OC \tag{8-20}$$

$$A = Ca \cdot \frac{i \cdot (1 + i)^n}{(1 + i)^n - 1} \tag{8-21}$$

$$R = TC \cdot \varphi \tag{8-22}$$

式中：TC——路外公共停车设施全年总支出成本；

R——合理报酬；

SC——由停车活动所引起的全年社会成本；

A——资本 Ca 的恢复费用；

OC——路外公共停车设施的经营成本；

i——银行的贷款利率（取投资年银行一年期企业贷款利率）；

φ——合理报酬率；

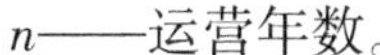

n——运营年数。

(3)停车费率计算

依据阶段二计算的车位成本,得到路内停车收费价格如下:

$$P = \frac{C_{PS}}{T \cdot \overline{U}} \tag{8-23}$$

式中:P——标准车停车费率;

T——停车场总营业时间;

$\overline{U}$——停车场平均利用率。

算例分析:取1年为一个建设周期,在该周期内,停车场泊位容量分4个阶段增长,每一阶段停车泊位的增长量不同。由于11~1月份为冬季,不适合施工,因此设定该时间内停车泊位数固定不变,设定2~4月份新增停车泊位数50个,5~7月份新增停车泊位数80个,8~10月份新增停车泊位数60个。根据制造商规定的设备使用寿命(15年),将固定成本(设备、建造费)的资本恢复期相应定为15年,合理报酬率φ和资本恢复费用计算中的利率i均取投资年(1994年)银行1年期企业贷款利率10%,SC近似取为0,假设路外停车场周围公司、机关等单位夜间可用停车泊位数量N_1为80。具体资料见表8-3。

上海市南京路公共停车收费的基本资料 表8-3

阶段	路外公共停车设施全年总支出成本 TC(万元)	白天车位成本 C_{PS1}(元)	夜间车位成本 C_{PS2}(元)	停车场平均停车利用率 $\overline{U}$(%)	白天标准车停车费率 P_1(元)	夜间标准车停车费率 P_2(元)
11~1月份	347.28	53526.27	25356.01	18.4	33.21	15.73
2~4月份	347.26	63178.54	38157.34	18.4	39.20	23.67
5~7月份	347.26	57236.01	40998.85	18.4	35.52	25.44
8~10月份	347.26	58838.04	45074.75	18.4	36.48	27.96

计算可得,白天平均停车费率为$\overline{P}_1 = 36.10$,夜间平均停车费率$\overline{P}_2 = 23.2$。

对权衡经营者、管理者和消费者三方各自的利益分析如下:经营者根据此模型确定路外停车收费价格,以期获得较大的经济利润。管理者应加大停车场设施建设力度,解决消费者基本停车问题,方便消费者出行。同时应与路外停车场周围公司、机关、商场等单位协商,将各单位自用停车场在夜间以较低的价格租给经营者,适当降低夜间停车费用,既减轻经营者自身的负担,又满足消费者停车的需求。

(三)基于停车需求控制的停车收费模型

合理的控制停车需求能够优化区域内停车设施的配置,减少泊位搜寻时间,从而减少由停车活动引起的不必要的时空消耗。按照停车设施的位置,停车需求控制主要分为路边公共停车控制和路外公共停车控制两类[214]。

(1)路边公共停车控制:由于路边停车位通常设置在道路两侧或一侧且对交通流干扰较小的地方,因此,为使路外停车不致影响城市动态交通的运行,一般是通过限制车辆在路边停放的时间(一般在15min至2h之间)和收取较高的停车费率以达到控制路边停车需求的目的。路边停车的收费费率高于路外停车。除此之外,一些城市还规定在交通高峰期车辆禁止停放,即对路边停车加以停放时段的限制。

(2)路外公共停车控制:一般来说,在城市中心区,由于潜在的停车需求巨大,路外停车场往往供不应求,尤其是对于发达城市。为限制城市中心区的停车需求,可在满足停车设施的投资和运营成本的前提下设置较高的停车费率,根据停车时长采用差别化停车收费策略,从而提高停车泊位的周转率。此外,通过对周边的外围停车场收取较低的费用而在中心区停车场收取较高的费用也可抑制城市中心区路外停车场的停车需求。

基于停车需求控制的路外停车场定价分为两个阶段[214]:

1. 车位成本的计算

将路外停车设施全年总成本即全年总支出成本(投资建设成本及经营成本)、社会成本(包括废气、噪声污染及延滞成本),分摊到每一个停车泊位,同时考虑一定的合理回报,即得"车位成本",计算公式如式(8-19)~式(8-22)所示。

2. 路外停车需求控制定价优化模型(利润最大化模型)

路外停车场停车收费收入为:

$$R = P_1 \cdot T_1 \cdot \overline{U_1} + P_2 \cdot T_2 \cdot \overline{U_2} \tag{8-24}$$

式中:P_1、P_2——高峰时段、非高峰时段标准车停车费率,元/车位·h;

T_1、T_2——高峰时段、非高峰时段总营业时间,h/a;

$\overline{U_1}$、$\overline{U_2}$——高峰时段、非高峰时段平均停车利用率;

R——停车收入。

路外停车场的最大化利润为:

$$\max(R - C_{PS}) \tag{8-25a}$$

$$\text{s. t.}\quad \begin{cases} C_{\mathrm{PS}} \geqslant \sum_{m=1}^{INV(N)} \{(R_m - OC_m) \times (1-r) + Dv\} \times \dfrac{1}{(1+i)^m} \\ C_{\mathrm{PS}} \leqslant \sum_{m=1}^{INV(N)+1} \{(R_m - OC_m) \times (1-r) + Dv\} \times \dfrac{1}{(1+i)^m} \end{cases} \tag{8-25b}$$

式中,各符号含义同前。

三、路边停车收费定价模型

路边停车是目前我国城市交通管理中面临的重要问题之一,多数大城市路边违章停车现象十分严重,其治理对策之一是制定合理的路边停车价格。Donald C. Shoup(1999)认为:为了实现交通平衡,促进停车设施的有效利用,路边停车应当收费,其收费标准至少应使路边停车泊位保持15%的空闲。我国城市停车管理机制正在进行着变革,路边停车定价策略也逐渐地由完全政府行为向市场行为过渡。因而,研究路边停车定价具有重要意义。

(一)基于次优定价理论的城市道路系统路边停车收费模型

路边泊位和路外公共停车场泊位的性质不同,路边泊位具有明显的公共物品的性质。路边停车泊位的使用和定价在政府制订的停车政策的直接控制之下,由于政府追求的是社会效益的最大化而不是经济效益的最大化,使得泊位的价格(费率)与其真实价值(最优定价理论下的价格)产生扭曲(Distortion)(K. A. Small,1992)。因此,对其收费定价不宜采用等同于路外私人建设公共停车泊位定价的最优定价理论,而应采用次优定价理论。

在我国,路边停车存在两种管理模式:政府直接管理模式和企业管理模式[232]。本书针对这两种不同的路边停车管理模式分析其定价问题。

1. 政府直接管理模式下路边停车定价模型

政府直接管理模式是指有关政府部门直接进行路边停车场所规划、建设和经营管理,这也是中国城市路边停车管理的一贯做法。政府部门管理模式下,政府在路边停车收费的标准的制订上具有最终和直接决策权,因而属于单层决策问题。路边停车收费的目的在于偿还建设费用(如设置咪表、标线、标志、隔离牌等)、日常运营费用等,确定收费标准的基本原则是满足财政约束条件下的社会效益最大化,社会效益体现为出行者的效用。因而路边停车泊位的定价问题,即路边停车收费问题可表示为一种非线性决策问题:

$$\max \quad SB(t) = \sum_{i=1}\left[\int_0^T (1+s)^{-t} U_i(P_i, l_i, t_i, v_i) Q_i(t) \mathrm{d}t\right] \tag{8-26a}$$

$$\text{s.t} \quad \begin{cases} \sum_{i=1}^{n}\left[\int_0^T (1+s)^{-t} P_i(t) Q_i(t) \mathrm{d}t\right] \geqslant \sum_{i=1}^{n}\left[FC_i + \int_0^T (1+s)^{-t} \cdot VC_i(t) \mathrm{d}t\right] \\ P_i(t) \leqslant P'_i(t) \end{cases} \tag{8-26b}$$

式中：SB——社会效益；

n——机动车分类数，一般为小型车、中型车和大型车 3 类；

T——开始盈利年份；

$U_i(\cdot)$——第 i 类机动车驾驶员出行效用函数；

P_i——第 i 类机动车停车费率；

$P_i(t)$——第 i 类机动车停车费率的时间分布函数；

l_i——第 i 类机动车停放后的步行距离；

t_i——第 i 类机动车寻找停车泊位的时间；

v_i——第 i 类机动车的出行价值；

$Q_i(t)$——第 i 类机动车路边停车需求函数；

FC_i——第 i 类机动车路边泊位建设的固定成本；

$VC_i(t)$——第 i 类机动车路边泊位变动成本的时间分布函数；

$P'_i(t)$——i 类机动车路边停车费率容忍度调查时间分布函数；

s——社会折现率。

模型中，第 i 种机动车驾驶员出行效用函数可表示为：

$$U_i(P_i, l_i, t_i, v_i) = \beta_{i1} P_i + \beta_{i2} l_i + \beta_{i3} t_i + \beta_{i4} v_i + \varepsilon_i \tag{8-27}$$

式中：β_{ij}——参数；

ε_i——出行效用的其他因素冲击项。

通过调查简化有关函数关系，确定相关参数，进而构造拉格朗日函数，可以求解盈利年份和各类机动车的停车费率。

函数的求解较为复杂，首先确定与时间相关的各类函数的时间分布函数，其中，第 i 类机动车停车需求函数 $Q_i(t)$ 的确定和求解是模型的关键。

（1）停车需求函数的确定

由于我国城市交通研究主要集中在居民出行，而停车需求研究在我国城市静态交通研究中不具有持续性，因而在我国城市的停车需求预测中，不宜采用生成率模型和多元回归分析模型[236]。基于以上原因，从居民出行的角度，采用一种基于 G-Logit 的停车需求预测模型：

$$Q_i(t) = \lambda_i \cdot p_i \cdot Q(T) + \varepsilon_i \tag{8-28}$$

式中：$Q(T)$——交通量函数；

p_i——选择第 i 类机动车出行的概率；

λ_i——第 i 类机动车出行中产生停车需求占出行的比例，参数；

ε_i——不能影响第 i 类机动车出行而影响其停车需求的因素变动项。

基于多元回归的交通量预测模型可以表示为：

$$Q(T) = \sum_{j=1}^{N} Q(T_j) = \sum_{j=1}^{N} \left[a_0 + \sum_m \left(\sum_k a_{mk} x_{jmk} \right) \right] \tag{8-29}$$

式中：$Q(T_j)$——预测时点第 j 交通小区的交通量；

x_{jmk}——第 j 交通小区的 m 类指标中的第 k 个指标，如人口类指标中的常住人口；

a_{mk}——参数。

在未来交通方式不变的假设下，预测时点选择第 i 种机动车出行的概率 p_i 等同于现状选择第 i 种机动车出行的概率，可通过 Logit 模型计算，设 U_i 为交通方式的效用函数，p_i 表示如下：

$$p_i = \frac{\exp(U_i)}{\sum_{i=1}^{n} \exp(U_i)} \tag{8-30}$$

$$U_i = \sum_i b_k y_{ik} \tag{8-31}$$

$$\sum_i p_i = 1 \tag{8-32}$$

式中：y_{ik}——第 i 种交通方式的第 k 个说明要素，例如时间费用等；

b_k——为交通方式的第 k 种效用的贡献率，参数。

将式(8-30)～式(8-32)代入式(8-29)，得到第 i 种机动车停车需求总量为：

$$p_i = \lambda_i \frac{\exp\left(\sum_k b_k y_{ik} \right)}{\sum_{i=1}^{n} \exp\left(\sum_k b_k y_{ik} \right)} \sum_j \left[a_0 + \sum_m \left(\sum_k a_{mk} x_{jmk} \right) \right] + \varepsilon_i \tag{8-33}$$

基于 G-Logit 的停车需求预测模型引入了主观效用 U_i 和实际效用 V_i 的概念，将式(8-31)转化为：

$$U_i = V_i + \varepsilon_i = \sum_k b_k y_{ik} + \varepsilon_i \tag{8-34}$$

式中：ε_i——主观效用和实际效用的差，为随机变量。

出行者根据主观效用 U_i 而不是实际 V_i 选择交通方式出行，即选择 U_i 最大

的交通方式。由于 U_i 是非确定的,对于任一出行者,选择交通方式 i 的概率 p_i 可以表示为:

$$p_i = p(U_i > U_j, j \in C, i \neq j) = p(\varepsilon_j < V_i - V_j + \varepsilon_i, j \in C, i \neq j) \tag{8-35}$$

根据 Bernoulli 提出的弱大数定理,概率 p_i 可以看作是出行群体选择交通方式 i 的概率,假定各交通方式效用的残差向量的边际分布服从 Gumbel 分布,则可推出广义 Logit 模型中 P_i 的表达式,如式(8-36)所示:

$$p_i = \sum_{\{m, i \in C_m\}} \frac{\exp\left[\frac{V_i(b)}{1-\alpha_m}\right]\left\{\sum_{i \in C_m} \exp\left[\frac{V_i(b)}{1-\alpha_m}\right]\right\}^{-\alpha_m}}{\sum_{m=1}^{M}\left\{\sum_{j \in C_m} \exp\left[\frac{V_j(b)}{1-\alpha_m}\right]\right\}^{1-\alpha_m}} \tag{8-36}$$

式中:α_m——第 m 种交通方式的参数,当 $\alpha_m = 0$ 时,表示各交通方式的随机效用误差的相互独立,则随机效用误差的联合分布函数是其边际分布的乘积,式(8-36)可转化为式(8-30)。

(2)基于 G-Logit 模型停车需求函数求解

①影响交通量的指标筛选与参数标定

在求解式(8-29)时,由于影响交通需求的因素很多,所以在建立方程时需采用逐步回归分析模型分析入选方程的各影响因素变量是否对交通需求有显著的影响。逐步回归分析模型的基本原理是:对所有待选的自变量,按其对因变量作用的程度从大到小依次引入回归方程。每引入一个新的变量,都要对方程中的每一个自变量进行显著性检验,当发现方程中存在某个无显著作用的自变量就将其剔除,然后对方程内已有的自变量和方程外待选的自变量进行检验,直到方程内已不存在作用不显著的自变量,方程外也没有值得引入的有较显著作用的自变量,从而保证建立数学上最优的回归方程[236]。

②G-Logit 模型求解

G-Logit 模型难以通过适当的数学处理线性化,因此,其参数估计要比 Logit 模型的参数估计困难。G-Logit 模型的参数估计需采用非线性最小二乘法,即求解下列无约束极值问题:

$$\min \sum_n \sum_{i \in C} [p_{in} - p_{in}(\alpha, b)]^2 \tag{8-37}$$

式中:p_{in}——第 n 个人对交通方式 i 的选择概率;

$p_{in}(\alpha, b)$——式(8-36)的计算值。

③分车型停车需求计算

标定了影响交通量的参数并计算出 G-Logit 模型参数之后，可以推导出不同类型机动车的交通量 $Q(T_i)$，相应地式(8-33)转化为：

$$p_i = \lambda_i Q(T_i) + \varepsilon_i \tag{8-38}$$

为简化计算，对不能影响第 i 种车辆出行而能影响其停车需求的因素变动项 ε_i 取均值 $\bar{\varepsilon}_i$，从而构成了第 i 种机动车停车需求关于该种机动车交通量的一元线性方程，利用最小二乘法可以方便地求解该方程。

④基于 G-Lgoit 的停车需求预测模型的检验

根据本书所提出的停车需求预测模型的建立过程，提出二步检验方法，即第一步检验不同类型的机动车的交通量的预测精度，在预测精度满足需要的前提下进行第二步检验，检验停车需求的预测精度[236]。

第一步检验的依据为交通调查，第二步检验的依据为停车调查。第一步检验为城市交通流量预测的常规检验，可参照有关资料进行。第二步检验的关键是如何确定真实停车需求，本书认为某一交通小区产生的某一时刻真实停车吸引就是该时刻的真实停车需求，即某一时刻以该小区为停放目的地的停泊在任意场所的车辆总数，可通过车辆停放目的的调查统计得出。当统计量过大时，可采用蒙特卡罗模拟法进行数学处理。在模型检验时，根据预测精度要求设置置信区间，必要时采用贝叶斯技术对模型参数进修正，同时借助于 t 检验、χ^2 检验和似然率检验等方法来分析模型的标定精度，保证模型参数时间序列的稳定性和区间的稳定性。

2. 企业管理模式下路边停车定价模型

企业管理模式是指企业在政府有关部门的授权和监督下从事路边停车设施的建设、经营和管理。政府与管理公司之间构成了两层决策问题：政府部门在此模式下通过其制订的停车政策影响和控制路边停车泊位的经营和使用，追求社会效益的最大化；企业在此模式下追求经济效益的最大化。两者之间的目标不一致性导致了泊位的价格（费率）与其真实价值（最优定价理论下的价格）产生扭曲，此种公共产品的定价应采用次优定价理论[237]。该模式下，政府属于上层决策者，而管理公司属于下层决策者。市政府与管理公司之间的决策满足下列假设条件：

(1)上层只有一个决策者（政府），下层有 N 个平等非合作的决策者（即存在 N 个路边停车管理公司）。

(2)上下层决策者具有相对的独立性，即上下层决策者各自控制自身的决策变量。

(3)决策过程按照自上而下的顺序进行，即上层（政府）首先宣布其决策，下层(N个管理公司)在接受这个决策后按自己的利益或偏好做出反应,上层再根据这些反应做出符合全局利益的决策。

(4)下层决策者的反应是“理性”的,即下层对上层的反应对下层而言是最优的。

(5)上下层决策者有相互依赖、有时彼此冲突的多个目标准则。

(6)决策过程中不涉及不确定性,即上层决策域在决策过程中不变,且上层决策者大体上知道下层决策者的目标准则和约束条件。

根据 Aiyoshi、Shimizu 和 Papavassilopoulos 等人的研究成果,考虑到在路边停车管理的决策过程的实际情况:上层决策者考虑的因素多而复杂,且常常有多个目标需要优化;下层决策者考虑的因素相对单一而具体(例如公司利润最大化),需要优化的目标通常只有一个,或者虽有多个也可以用合并的方法使之成为单目标,因此,此两层优化问题可用一般性数学模型表示为:

$$\begin{cases} optF[x,y(x)] \\ x \in X \\ y(x) = [y_1(x),\cdots,y_N(x)] \\ (x) = Arg[optf_j(x,y_j)] \qquad (j = i,\cdots,N) \\ y_j \in Y_j(x) \end{cases} \tag{8-39}$$

式中: x——上层的决策变量;X为上层决策域;

$F[x,y(x)]$——上层目标准则的数学期望(目标函数);

y_j——下层第j个决策者的决策变量;

$Y_j(x)$——下层第j个决策者的决策域;

$f_j(x,y_j)$——下层第j个决策者的目标准则的数学期望(目标函数);

opt——最优化。

政府在授权路边停车管理公司经营路边停车设施时,以特许经营权的形式收取国有资产应得收入。假设政府的政策目标为:

(1)路边停车价格是市民所能接受的。

(2)多数路边停车管理公司是能够盈利的,且利润率较低。

(3)政府通过特许经营收益尽可能大。

(4)路边停车需求尽可能得到满足。

路边停车管理公司的目标为公司利润尽可能大。假设存在N个路边停车管理公司,基于以上分析和假设,把路边停车价格作为决策变量,建立二层优化模型如下:

$$
\begin{cases}
\min F(P,Q) = [F_1(P,Q), F_2(P,Q), F_3(P,Q), F_4(P,Q)] \\
F_1(P,Q) = |P - P'| - \mu \\
F_2(P,Q) = \dfrac{\sum_{j=1}^{N}(P \cdot Q_j - C_j)}{\sum_{j=1}^{N} C_j - \eta} \\
F_3(P,Q) = -k_j P \sum_{j=1}^{N} Q_j \\
F_4(P,Q) = \dfrac{-\sum_{j=1}^{N} Q_j}{\alpha \cdot Q(P)} \\
\text{s.t.} \quad \lambda_1 \leqslant P \leqslant \lambda_2 \\
\min -f_j(P,Q_j) \qquad (j = 1,2,\cdots,N) \\
f_j(x,y_j) = P \cdot Q_j - C_j \qquad (j = 1,2,\cdots,N) \\
\text{s.t.} \quad y_j = 365 l_j \alpha \int_0^{24} Q(t)\,\mathrm{d}t \\
\alpha = \dfrac{Q_c(P)}{Q(P)}
\end{cases}
\tag{8-40}
$$

式中：$\min F(P,Q)$——政府决策的目标函数；

$F_1(P,Q)$——停车价格的容忍度函数；

P——政府制定的停车价格，政府决策变量；

P'——市民对停车价格的合理预期；

μ——市民所能接受的停车价格波动幅度；

$F_2(P,Q)$——行业利润率函数；

Q_j——j 公司泊位全年有效需求（使用次数或时间）；

C_j——第 j 个公司的全年成本；

η——政府期望的盈利停车管理公司的比重；

$F_3(P,Q)$——政府通过特许经营获得的收入函数；

k_j——政府对第 j 个公司征收的特许经营使用费占该公司收入的比重；

λ_1——政府决策中停车价格下限；

λ_2——政府决策中停车价格上限；

$F_4(P,Q)$——路边停车需求的满足程度函数；

$\min -f_j(P,Q_j)$——第 j 个公司决策的目标函数；

α——路边停车需求占停车总需求的比例；

$Q(P)$——停车总需求函数；

$Q_c(P)$——路边停车总需求函数；

$Q(t)$——停车需求时间的分布函数，其中，$Q(P)$ 和 $Q_c(P)$ 函数可采用基于 G-Logit 的停车需求预测模型计算。

两层优化模型的求解算法主要有三种类型：第一类是专门处理两层线性优化问题；第二类是将两层优化问题转化为等价的一般非凸非线性单层规划问题；第三类是基于下降算法，即通过各种方式首先从下层优化问题中获得梯度信息，再对上层决策进行优化，例如可行方向法和束—变尺度集成法等。

第一类方法对线性优化问题较为有效，而对于非线性优化问题则很难取得最优解，甚至连满意解都难以取得。第二类方法的主要困难在于对下层问题使用 KKT 条件（包括互补松弛条件）后得到的单层非线性规划问题非常复杂，难以求解；基于罚函数的方法易产生"病态"现象，且收敛速度慢。由于两层优化模型存在非光滑，下层优化所得的极值函数或解函数的梯度往往不易计算，这是第三类方法的本质困难。后两类方法对构成函数分析性质要求较高（如强二阶充分条件，线性独立条件，Mangasarian-Fromowitz 约束等），且一般只能得到局部"优"解。

遗传算法（Genetic Algorithms，GA）对优化问题的限制极少，且求得全局最优解的可能性较大，因而本书采用 GA 求解上述二层优化模型。当政府决策者给出偏好信息时，GA 求解步骤如下[237]：

步骤一：根据偏好信息将政府目标函数线性标量化，从而转化为两层单目标优化问题。

步骤二：令 $t=0$，随机产生初始群体 $P_i^{(t)}$，使得 $\lambda_1 \leqslant P_i^{(t)} \leqslant \lambda_2$。

步骤三：在种群 $Pop(t)$ 中，对每个编码串 $P_i^{(t)}$ 解码后，求解满足下层约束的优化问题 $\min -f_j[P_i^{(t)}, Q_j(P_i^{(t)})]$，$j=1,2,\cdots,N$，然后计算其适合度：

$$e_i = \max_{1 \leqslant i \leqslant N}\{\overline{F}[P_i^{(t)}, Q_j(P_i^{(t)})]\} + 1 - \overline{F}[P_i^{(t)}, Q_j(P_i^{(t)})] \tag{8-41}$$

步骤四：设

$$\overline{F}[P_{i_0}^{(t)}, Q_j(x_{i_0}^{(t)})] = \min_{1 \leqslant i \leqslant n}\{\overline{F}[P_i^{(t)}, Q_j(P_i^{(t)})]\} \tag{8-42}$$

令 $P_{i_0}^{(t)} \in Pop(t+1)$。

步骤五：根据适合度大小，从 $Pop'(t) = \{x_i^{(t)}; i=1,\cdots,i_0-1,i_0+1,\cdots,N\}$ 中选择双亲 $P_{i1}^{(t)}$ 和 $P_{i2}^{(t)}$，通过交叉、变异后得两个后代 $\hat{P}_{i1}^{(t)}$ 和 $\hat{P}_{i2}^{(t)}$。

步骤六：将两后代解码后，求解满足下层约束的优化问题：

$$\min -f_j[\hat{P}_{ik}^{(t)},Q_j(\hat{P}_{ik}^{(t)})] \qquad (k=1,2,j=1,2,\cdots N) \tag{8-43}$$

步骤七：若 $\lambda_1 \leqslant \hat{P}_{ik}^{(t)} \leqslant \lambda_2$，且满足

$$\overline{F}[\hat{P}_{ik}^{(t)},Q_j(\hat{P}_{ik}^{(t)})] \leqslant \overline{F}[P_{ik}^{(t)},Q_j(P_{ik}^{(t)})] \tag{8-44}$$

则令 $\hat{P}_{ik}^{(t)} \in Pop(t+1)$，否则令 $\hat{P}_{ik}^{(t)} \in Pop(t+1)$。

步骤八：重复步骤5～步骤7，直至 $Pop(t+1)$ 中的元素个数 $|Pop(t+1)|=N$。

步骤九：设

$$\overline{F}[P^*,Q(P^*)] = \min_{P\in Pop(t+1)}\{\overline{F}[P,Q(P)]\} \tag{8-45}$$

以 P^* 为基元，计算 $Pop(t+1)$ 中元素的平均 Hamming 距离 $\overline{H}(t+1)$；令 L 为变量 P 的编码串的码长，若 $\overline{H}(t+1)<0.1L$，则算法停止，输出 P^*，P^* 即为模型的近似 Pareto 最优解；否则置 $t=t+1$，返回步骤3。

当上层决策者（政府）没有给出偏好信息时，则无法把政府决策的目标函数线性标量化。采用实数比较大小的方法，将群体以某种规则分为若干个等级。其规则是相对于整个群体满足非劣性条件的个体处在第一级，去掉这些个体后余下的个体组成一个亚群，在亚群中满足非劣性条件的个体排在第二级，依次类推，直至群体中的每个个体都排在某个级别为止。由于不考虑决策者的偏好，同一级别中任何两个个体对决策者来说是无差异的，可同等对待，赋予相同的适合度值。设将第 t 代的群体 $Pop(t)$ 分为 r_t 个等级，又设 $Pop(t)$ 的第 i 个个体 $P_i^{(t)}$ 处在第 j 个级别，定义它的适合度为：

$$e[P_i^{(t)}] = N - \frac{N}{r_i}(j-1) \qquad (j=1,2,\cdots,r_t;i=1,2,\cdots,N) \tag{8-46}$$

从而可以确定在决策者没有给出偏好信息时的 GA 遗传算法步骤：

步骤一：令 $t=0$，随机产生初始群体 $Pop(t)=\{P_i^{(t)};i=1,2,\cdots,N\}$，使得 $\lambda_1 \leqslant x_i^{(t)} \leqslant \lambda_2$。

步骤二：在 $Pop(t)$ 中，对每个编码串 $P_i^{(t)}$ 解码后求解满足下层优化问题。

步骤三：计算各点 $P_i^{(t)}$ 所对应的上层目标函数值（向量值），求出各个级别的非劣解，根据式(8-46)计算适应度。

步骤四：根据适合度大小，从 $Pop'(t)=\{P_i^{(t)};i=1,\cdots,i_0-1,i_0+1,\cdots,N\}$ 中选择双亲 $P_{i1}^{(t)}$ 和 $P_{i2}^{(t)}$，通过交叉、变异后得两个后代 $\hat{P}_{i1}^{(t)}$ 和 $\hat{P}_{i2}^{(t)}$。

步骤五：将两后代解码后，求解满足下层约束的优化问题：

$$\min -f_j[\hat{P}_{ik}^{(t)},Q_j(\hat{P}_{ik}^{(t)})] \qquad (k=1,2,j=1,2,\cdots N) \tag{8-47}$$

步骤六：若 $\lambda_1 \leqslant \hat{P}_{ik}^{(t)} \leqslant \lambda_2$，则令 $\hat{P}_{ik}^{(t)} \in Pop(t+1)$，否则令 $P_{ik}^{(t)} \in Pop(t+1)$，$k=1,2$。

步骤七：重复步骤4～步骤6，直至 $Pop(t+1)$ 中的元素个数 $|Pop(t+1)|=N$。

步骤八：设 $P_1^*,\cdots,P_l^*$ $(1 \leqslant l \leqslant N)$ 为群体 $Pop(t+1)$ 中处于第一级的 l 个点，令

$$P^* = \frac{1}{l}\sum_{i=1}^{l} P_i^* \tag{8-48}$$

若 $\lambda_1 \leqslant P^* \leqslant \lambda_2$，以 P^* 为基元（否则以 $P_1^*,\cdots,P_l^*$ 的任一元素为基元），计算 $Pop(t+1)$ 中元素的平均 Hamming 距离 $\overline{H}(t+1)$；令 L 为变量 P 的编码串的码长，若 $\overline{H}(t+1) < 0.1L$，则算法停止，输出 P^*，P^* 即为模型的近似 Pareto 最优解；否则置 $t=t+1$，返回步骤二。

（二）基于可变泊位容量的停车收费定价模型研究

（1）可变泊位容量分析

假定规划路内停车泊位数量 N 是以时间（t）为变量的线性函数[235]：

$$N = kt + N_0 \tag{8-49}$$

式中：N_0——原有路内停车场泊位数量；

k——参数。

（2）路内停车定价模型

确定路边停车收费价格的基本原则是以满足社会效益即驾驶员出行效用函数（机动车停车费率、驾驶员停放后步行距离、寻找停车泊位时间、机动车出行价值4个因素）和停车需求的最大化为目标。同时，由于路边停车收费价格的变化具有时间性，因此在路边停车收费定价模型的目标函数中应考虑社会折现率因素。路边停车收费定价在满足经营者获得合理报酬的同时，又要考虑驾驶员对停车费率的容忍度。在求出基本路内停车费率后，考虑路边停车场用地的紧张性，为提高停车泊位利用率，路边停车费率应随着停车时间的增加而增长，实行阶梯价。路边停车泊位的定价问题目标函数形式与政府直接管理模式下路边停车定价模型相同，见式（8-26）和式（8-27）。

各参数的含义见“政府直接管理模式下路边停车定价模型”部分。对于该模型中的需求函数 $VC_i(t)$、停车费率的时间分布函数 $P_i(t)$ 和第 j 小时停车费率的计算，主要公式如下：

$$VC_i(t) = N \cdot (C_0 + C_1) = (kt + N_0) \cdot (C_0 + C_1) \tag{8-50}$$

$$P_i(t) = xP_i + yt \tag{8-51}$$

$$P_j = P_i + j \cdot (t_j - 1) \tag{8-52}$$

$$P_{\mathrm{p}} = \sum_{j=1}^{m} P_j \tag{8-53}$$

式中：C_0——单位泊位的建设成本；

C_1——单位泊位的运营成本；

P_i——第 i 类机动车的基本停车费率；

P_j——第 i 类机动车第 j 小时停车费率；

P_{p}——第 i 类机动车累计停车收费费率；

t_j——停车时间；

x、y、j——均为参数。

(3)模型求解算法设计

对于路边停车泊位模型，可简化有关函数关系，确定相关参数，采用拉格朗日乘数法求解机动车的停车费率，具体方法如下：

求解该模型的拉格朗日函数：

$$\begin{aligned} L(P,t) = & \sum_{i=1}^{n} \left[\int_0^T (1+s)^{-t} \times U_i(P_i, l_i, t_i, v_i) \cdot Q_i(t) \mathrm{d}t \right] - \\ & \lambda_2 [P_i(t) - P'_i(t_i)] - \lambda_1 \left\{ \sum_{i=1}^{n} \left[\int_0^T (1+s)^{-t} \times P_i(t) \cdot Q_i(t) \mathrm{d}t \right] - \right. \\ & \left. \sum_{i=1}^{n} \left[FC_i + \int_0^T (1+s)^{-t} \times VC_i(t) \mathrm{d}t \right] \right\} \end{aligned} \tag{8-54}$$

其一阶等价条件如下：

$$\begin{cases} \dfrac{\partial L}{\partial P} = \beta_{i1} \displaystyle\int_0^T (1+s)^{-t} Q_i(t) \mathrm{d}t - \lambda_1 x \int_0^T (1+s)^{-t} Q_i(t) \mathrm{d}t - \lambda_2 x = 0 \\ \dfrac{\partial L}{\partial t} = (1+s)^{-t} (\beta_{i1} P_i + \beta_{i2} l_i + \beta_{i3} t_i + \beta_{i4} v_i + \varepsilon_i) Q_i(t) - \\ \qquad \lambda_1 [(1+s)^{-t}(xP_i + yt) Q_i(t) - (1+s)^{-t}(kt + b_0) \times (C_0 + C_1)] - \lambda_2 y = 0 \\ \dfrac{\partial L}{\partial \lambda_1} = \displaystyle\int_0^T (1+s)^{-t}(xP_i + yt) Q_i(t) \mathrm{d}t - \left[C_i + \int_0^T (1+s)^{-t}(kt + N_0) \times (C_0 + C_1) \mathrm{d}t \right] = 0 \\ \dfrac{\partial L}{\partial \lambda_2} = (xP_i + yt) - P'_i(t) = 0 \end{cases} \tag{8-55}$$

求解该方程组即可得到各类型机动车的停车费率。

(4)算例分析

为简化计算，本算例中只计算小汽车停车费率。以广州市路内停车场为例，广州市日均有效路内停车需求为 1.2 万人次，取 $Q = 12000 \times 365 = 438$ 万人次，现有路内停车泊位 2544 个[237]，停车场总成本为 108416 元/泊位，资金回收系数为 0.1361，参数取值为 $\beta_1 = 0.1, \beta_2 = 1.8, \beta_3 = 1.4, \beta_4 = 1.0$[238]。

设定路内最大容忍度为 73%，$x = -1.0, y = 1.0, k = 200, b = 2544, d = 300, h = 0.08, v = 50, \varepsilon = 0, j = 5$，停车 3h。

将各数值代入一阶等价条件中，结果如下：

$$\frac{\partial L}{\partial P} = (1 + 0.1361)^{-t} \times 4380000 \times 0.1 - (1 + 0.1361)^{-t} - \lambda_1 \cdot (-1) \times 4380000 - \lambda_2 \cdot (-1) = 0$$

$$\frac{\partial L}{\partial t} = (1 + 0.1361)^{-t}(0.1P + 1.8 \times 300 + 1.4 \times 0.08 + 1.0 \times 50) \times 4380000 - \lambda_1(1 + 0.1361)^{-t} \cdot (200t + 2544) \times 108416 - \lambda_1(1 + 0.1361)^{-t} \cdot (-p + t) \times 4380000 - \lambda_2 = 0$$

$$\frac{\partial L}{\partial \lambda_1} = \int_0^T (1 + 0.1361)^{-t}(-P + t) \times 4380000\mathrm{d}t - \left[108416 \times 2544 + \int_0^T (1 + 0.1361)^{-t} \cdot (200t + 2544) \times 108416\mathrm{d}t\right] = 0$$

$$\frac{\partial L}{\partial \lambda_2} = (-P + t) - 75 = 0$$

解得：$P = 14.98, P_j = 14.98 + 5 \times (t_j - 1), P_{总} = \sum_{j=1}^{3} P_j = 60$

此模型考虑了经营者、管理者和消费者三方的利益。经营者可以参照路边停车收费定价模型，在不超出消费者容忍度的前提下考虑停车场泊位成本和近期规划建设路边停车场泊位数量，科学地制定停车收费价格，在保证路边停车场正常运营的同时谋取适当的利益。管理者可根据区域和场所的不同，要求经营者实行阶梯式停车收费，在停车泊位紧张的中心区通过阶梯式收费可以降低消费者对泊位的使用时间，提高路边停车泊位的利用率和周转率，以缓解城市中心区"停车难"的现状。同时对于居住区的路内停车场，管理者可要求经营者适当降低对小区居民的收费价格，以保证消费者的合法权益。

（三）基于停车需求控制的停车收费模型

冯焕焕等[239]根据停车收费的目的和停车容忍度函数，提出了以调节停车位的供需关系为目的的路边停车收费定价模型。

在制定停车费率时,应该充分考虑停车场使用者的支付意愿和经济承受能力,可以将其作为停车定价模型的约束条件。通过对研究区域内停车场使用者的调查,可确定不同停车时间限制下停车场使用者对停车费率的容忍度函数 $f(P_{ai})$,其中,i 表示停车时间限制的时段,P_{ai} 表示研究区域 a 在时段 i 的停车收费费率。

在研究时段内,当停车泊位供不应求且路边停车对动态交通的影响较小时,即在该时段内道路交通并不拥挤时(采用路段饱和度 V/C 衡量,假设 $V/C \leqslant 0.8$ 为非拥挤的状态),调节停车位的供求关系是路边停车收费的主要目的。在满足停车场容量限制的条件下,停车费用应低于停车者的容忍度且使停车场使用者被拒绝的概率 $F_1(P_{ai})$ 最小。由于长时间停车会导致停车资源的浪费,为满足停车需求,停车场应具有较高的周转率,即最大化停车场的周转率 $F_2(P_{ai})$。

当停车泊位供不应求时,可采用计时收费的方式,停车时间越长,停车场使用者所缴纳的停车费用也就越高,当费用高于停车者的经济承受能力时(即停车者的容忍度),停车者会缩短停车时间,从而达到提高停车场周转率的目的。文献通过对调查数据的统计分析,引入了 3h 以内停车吸引量(用符号 ξ 表示)的概念,即表示停放时间在 3h 以上的车辆相当于多少停放时间 3h 以内的车辆,可由统计分析获得[10]。由此,建立了以调节停车位的供需关系为目的的路边停车收费定价模型,如下述公式所示:

$$\min F = \min[F_1(P_{ai}), F_2(P_{ai})] \tag{8-56}$$

$$F_1(P_{ai}) = \frac{Q_a - \sum_{T_{ai}, i=1}^{k} [Q_{ai} \cdot f(P_{ai})]}{Q_a} \tag{8-57}$$

$$F_2(P_{ai}) = \frac{1}{\sum_{T_{ai}, i=1}^{k} [Q_{ai} \cdot f(P_{ai})] + \xi / K_a} \tag{8-58}$$

$$\text{s.t.} \quad \sum_{T_{ai}, i=1}^{k} [Q_{ai} \cdot f(P_{ai})] \leqslant \tau \cdot K_a \tag{8-59}$$

式中:Q_a——区域 a 的路边停车需求量;

K_a——区域 a 的路边停车容量;

Q_{ai}——区域 a 在不同停车时间限制下的路边停车量;

τ——区域 a 路边停车的平均周转率;

T_{ai}——区域 a 的路边停放时间。

本章小结

本章首先对城市道路系统停车设施及特性进行了概述,研究了城市道路路外停车收费定价和路边停车收费定价的影响因素及停车收费原理。在此基础上,依据路外公共停车场泊位和路边泊位的性质不同,基于不同的准则分别建立了路外及路边停车收费模型。

第九章　城市客运交通系统价格联动政策

第一节　城市客运交通系统价格联动的影响因素分析

城市客运交通为人们的空间位移提供了基础，进而促进了社会生产的发展和人们生活质量的提高。作为城市客运交通系统重要组成部分的城市公共交通更是满足了人们最基本的出行需求，尤其是对于中、低收入的人群。城市客运交通价格政策是城市客运交通资源分配的重要手段，涉及城市经济、社会和环境协调发展等关键问题，在城市现代化进程与和谐社会建设中居于重要地位。城市客运交通价格是指为提供某种客运交通服务而制定的价格或收费标准，包括公交票价、出租汽车收费、道路拥挤收费、停车收费和轨道交通票价等。制定城市客运交通价格是一项系统工程，需要综合考虑城市总体发展水平、居民购买力水平、交通市场供求关系、城市交通发展战略、企业成本与利润等多方面的因素。

客运价格联动是指随着外部条件（如成品油价格、居民收入、交通供需等）的变化，城市客运交通系统的一种或几种客运方式价格的动态变化过程。城市客运价格联动机制可协调各客运主体间的相互关系。

近年来，我国的城镇化和机动化水平不断提高，由此导致的城市交通供需矛盾也日益突出。因此，如何协调不同的城市客运交通方式的价格，合理地配置及优化资源，从而增强城市客运交通政策的柔性以达到减少出行延误和缓解交通拥堵是关乎民生的重要课题，是城市交通规划与管理部门关注的核心问题。现代交通政策的发展趋向于多种策略的整合，而合理的客运价格体系是交通策略整合的核心研究内容之一，城市客运价格联动是构建合理客运价格体系的必然途径。作为城市客运交通经济政策的一部分，合理的价格联动机制能够利用价格杠杆，调整各种客运资源的分配，从而改变出行需求的价格弹性、时间弹性及出行机会成本，使出行者改变其出行决策行为，进而从交通方式及时空上平衡区域的交通需求。

影响城市客运交通系统价格联动的因素包括以下几个方面：

1. 运输成本

客运交通提供的服务是将乘客从出发地安全、方便、顺畅地送达出行目的地,其所能提供运输产品的价值是由运输成本和盈利所构成的。经营成本包括其运输生产过程中发生的各种耗费总和,包括固定成本和变动成本。其中固定成本构成中的车辆折旧和变动成本中燃油消耗的比重较大,进而影响客运交通成本的变化。因此,确定客运价格水平时必须考虑运输成本的变化。

2. 交通需求

客运需求通过影响客运交通市场的供求关系影响城市客运交通价格的制定。一般来说,当市场的需求大于供给时,价格就会高一些,反之,价格就会低一些。同时,价格的变动也会影响市场的需求总量。与其他商品不同,客运交通需求具有派生性、多样性及时空特定性(在时间及空间上是一定的,总体表现为一定的规律性)[106]。对于公共交通,客运需求是制定票价必须要考虑的因素。对于拥挤收费和停车收费,交通需求是其制定收费标准时主要的依据,同时,拥挤收费与停车收费也是控制区域交通需求的有效手段。因此在制定城市客运交通价格时,必须科学合理地预测区域内的交通需求,避免造成供需失衡及资源的浪费。

3. 城市土地利用

在城市土地布局一定的情况下,交通生成量与吸引量基本上与土地的利用形态有关,因此城市土地的利用模式决定了城市交通分布形式。城市土地利用模式与城市交通的关系本质上就是土地利用形态与交通需求、交通供给之间的关系,三者相互作用进而形成"土地利用形态—交通需求—交通供给(方式与设施)—交通通达性—土地价值—土地开发"的循环模式[212],如图 9-1 所示,土地利用通过调节交通供需关系影响城市客运交通价格的制定。

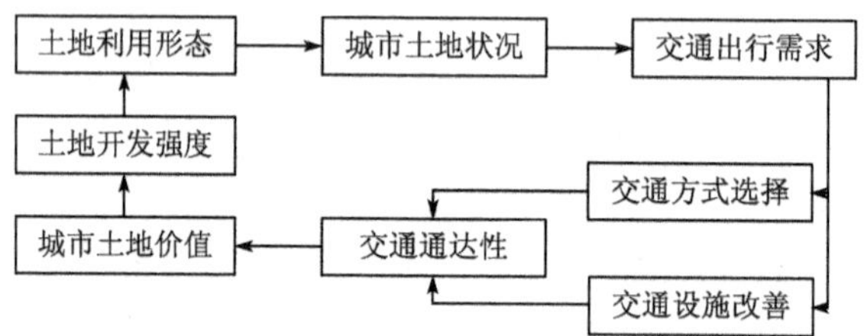

图 9-1 城市土地利用模式与城市交通循环模式图

土地利用形态的变化、土地的开发强度、利用规模、空间形态以及土地利用结构的提升将从根本上改变城市的土地利用状况,具体表现为城市土地单位面积的活动量增加、人口增多、开发强度加大和配套设施量增加等。城市土地利用状况的改变将产生和吸引更多的交通量；同时，为了满足城市的现有交通需求，城市会相应地增加交通供给，体现在改善现有交通设施的状况和提供更多的出行方式。交通状况的改善将增加城市路网的路网容量，降低车辆的时空消耗，提高交通设施使用效率，进而提升城市交通的通达性。通达性的提高和周边路网配套设施的增加会吸引更多的居民入住，带来更多的商业机会和就业机会，城市整体的土地价值也随之升高，会获得更多的开发商和投资者的青睐，土地开发强度将进一步扩大，土地利用形态也会获得更好的改善与提升。

值得一提的是上述城市土地利用模式与城市交通之间的各个环节之间都是相互联系、相互作用和相互影响的，任何因素的改变都会对整个循环回路产生影响。例如，如果交通供给不足并得不到相应的改善，交通需求将得到抑制，城市通达性的降低也会抑制土地价格，使交通需求得不到满足，造成交通状况的恶化，使城市的运行效率和通达性进一步降低。

4. 居民出行支付能力

居民的支付能力是制定城市客运交通价格及政策时必须考虑的因素。居民的支付能力不同，其对客运交通的服务质量、出行条件等要求也不同。在现阶段，居民的经济承受能力仍是影响其方式选择的重要因素，尤其是对于中低收入人群。在制定客运交通价格时，应对区域内居民的经济状况等进行详细的调查分析，为客运价格的制定提供参考依据。

第二节　城市公共交通系统价格传导机制分析

一、公共交通主体间结构关系分析

作为城市客运交通的重要组成部分，城市公共交通（以下简称“公交”）价格策略的整合其本质是利用经济手段调控公交需求与供给，实现公交价格系统主体间利益的均衡，同时实现公交需求与公交资源配置之间的协调。因此，城市公交主体间结构关系分析包含两层含义：第一层含义是依据各公交主体决策行为，建立主体间递阶层次结构并识别联系各主体的关系变量；第二层含义是分析构成公交主体结构关系的各子系统间相互作用的结果，即公交价格策略的实施效果[81]。

（一）公交主体结构关系

研究城市公交主体结构关系必须首先确定公交价格系统的边界，即公交价格策略所包含的系统变量要素。按照公交主体类型,城市公交系统划分为三个子系统:公交管理子系统(管理者)、公交需求子系统(出行者)和公交供给子系统(运营者)。城市公交价格系统主体结构关系如图9-2所示。

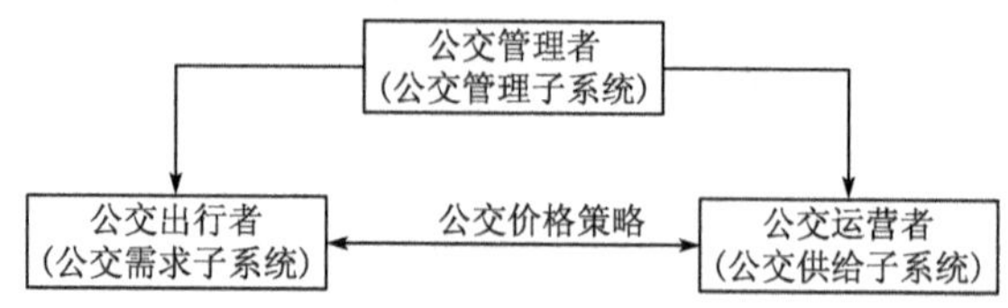

图9-2　公交价格系统主体结构关系图

在图9-2中,公交运营者主体与公交出行者主体间的关系表现为以公交价格策略为中心的领导者—追随者的递阶层次关系,两者相互影响、相互制约。公交管理者主体充当上层管理者的角色,通过制定公交市场管制政策来引导和约束公交运营者和出行者的行为决策。此外,公交运营者和公交出行者间按有序的和非合作的方式相互作用,公交运营者依据管理者的管制政策优先做出价格策略决策,公交出行者在价格策略下按出行效用最大化的目标做出出行方式选择决策,其决策信息直接反馈给公交运营者;公交运营者依据公交出行者的反应,做出符合公交行业社会福利最大化的价格策略决策。

(二)公交价格策略实施效果

研究公交价格策略成功与否关键是准确衡量价格策略产生的积极影响,包括主体收益均衡、公交需求与供给均衡的正效应。公交价格子系统间相互作用结果如图9-3所示。

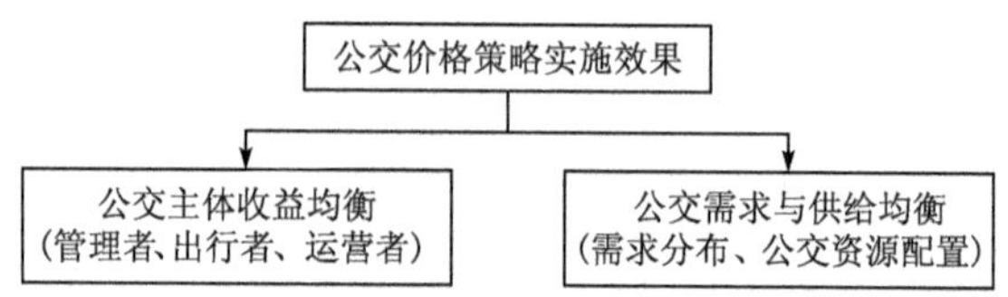

图9-3　公交价格子系统相互作用结果图

在管理者公交市场管制条件下,公交价格策略实施的首要目标是实现公交参与主体间收益的均衡,以及公交供给和需求间的均衡;其次,是公交价格策略实施所产生的社会、环境等效应。依据公交价格联动策略对主体收益和供需变量的影响,衡量公交主体收益均衡、公交需求与公交供给资源配置匹配的影响效果;进一步以公交价格策略对公交需求、供给变量影响的累积效果为计算依据,

衡量公交价格策略对机动车主要排放物的减排效果,评价公交价格策略实施对改善城市大气环境的作用。

二、公交价格传导机制内涵

公交主体行为决策相互作用的结果将引起公交需求在各公交方式上的分配结果发生变化。同时,公交需求重分配为公交价格发生传导提供了动力,促使相互竞争或合作的公交方式的服务价格发生变化,为形成公交价格联动机制创造了条件;反之,公交价格联动机制能够反作用于公交需求,影响公交出行者出行方式选择行为。因此,公交价格传导机制是由某一公交方式服务价格变化引起其他公交方式的服务价格变化的内在机制。在不同的经济和政策环境下,某种商品或服务的价格向其他商品或服务价格传导的范围与程度是不同的[240]。

价格传导的形式可以划分为两类:第一类,是以生产资料成本为主线,价格沿产业链从上游向下游传导;第二类,是依据价格—需求弹性原理,需求分配格局的变化推动商品或服务价格上升或下降。依据以上价格传导形式,本书将城市公交价格传导机制定义为:由构成公交运营成本相关的上游产品价格的变化推动公交票价调整的过程,或者由公交主体行为决策变化引起的公交需求的改变推动公交票价调整的内在机制。

(一)价格传导的方式

依据公交价格的传导形式,公交价格传导方式可划分为两类,即公交运营成本推动传导方式和公交需求推动传导方式[81]。

(1)公交成本推动传导方式:指公交价格上游与公交运营成本相关的商品价格变化以价格为载体,最终引起公交服务价格变化的过程。其中,与公交运营成本相关的商品是指与公交车辆、动力能源、公交运营的配套设施相关的原材料等,其价格的变化将直接导致公交运营成本的变化;另一方面,公交价格是公交运营企业平衡公交运营成本支出的唯一收入来源。因此,公交价格上游产品成本的变化必然要在公交服务价格上体现出来,消化公交运营成本变化带来的企业收益的降低,该公交价格传导方式为成本推动传导方式。

(2)公交需求推动传导方式:公交运输服务具有“拥挤性”的特点,当采用公交方式出行的乘客数目增加到某一个阈值后则会出现拥挤,表现为边际成本为正,即每增加一位乘客,将减少原有乘客的效用。此时,公交运营者有条件通过提高公共客运服务价格来增加企业收益,为提供更大服务供给提供动力和条件。此外,当某一公交方式供需矛盾增加时,可通过服务价格的杠杆作用有效地提高公交方式的分担率,平衡系统的交通需求。由公交需求变化引发的供需问题是推动公共客运服务价格发生横向传导的动力,它促使公交客运价格结构达到新的平衡,该传导方式为需求推动传导方式。

(二)价格传导的路径

城市公交价格传导的路径是指在公交价格传导机制作用时,在上游商品价格变化向公交价格传导的过程中所有商品或价格构成的传导链,或由各传动链形成的传导网络。城市客运服务价格变化传导链的形成是以客运成本为推动力发生的价格纵向传导和以需求变化为动力发生的价格横向传导过程。假设不存在任何外部约束机制,公交企业有可能成为价格的制定者而不是价格的接受者。由于企业的逐利行为可能导致公共资源分配失衡,从而失去公交的公益属性,因此,政府必须对公共事业实行价格管制,保障资源分配和利用的效率。所以,政府对价格的形成和传导路径发挥重要作用,价格的传导与否以及传导方向均由政府管制力量决定。

(三)传导的多因素决定属性

公交价格传导过程会受到多种因素的影响,使其传导方式和路径发生变化,或产生传导时滞。公交服务的价格形成、车辆运营等过程中都要受到政府、燃料、公共交通需求等因素的影响,导致价格传导机制发生变化。

(四)价格传导的时滞特征

公交价格传导的时滞表现为城市公共客运上游价格的变化未能在下游价格中及时体现出来。理想的市场经济条件下,价格的传导是没有时滞的。公交价格发生传导时滞一方面是由于政府的公交价格管制措施导致了公交价格在传导过程中发生时滞;另一方面是由于政府和公共交通企业共同消化或转移了上游价格变化带来的压力,例如政府对公交行业的税收优惠、票价补贴、专项资金等,而非传导产生时滞的结果,是由公共交通服务的公益性所决定的。

三、公交价格的传导机理

(一)成本推动型

成本推动型公交价格传导是以工业产业链的价格变化为动力,通过传导载体和路径形成公交价格传导网络。

1. 传导载体及路径

成本推动型是以上游产品的成本变化为动力，产生以上游产品的价格变化为起点向下游产品传导的产业链，它决定了产业链上各环节半成品或成品的价格。上游产品价格一般包括人力资源价格、原材料价格等[241]。城市公交服务一般需要人力资源(包括驾驶员、管理人员、服务人员等)、生产资料(如燃油、公交车辆等)、公交运营配套供给设备、管理和服务设施等。

公交车辆生产的原材料为钢铁，而钢铁又是矿产资源炼制的结果。钢铁经过机械加工，再加上电子设备装配成为公交车辆，进一步为出行者提供公交运输服务。最终形成了从矿产资源价格到公交服务价格的传导链，实现了从基础生产资料的价格变化向公交服务价格的传导。因此，矿产、能源等产品的价格是价格传导链的重要载体，为上游产品价格，燃油、客运车辆销售价格是中游产品价格，公共客运服务价格是下游产品价格。因此，成本推动型价格传导路径可描述如下：人力资源、生产资料价格↑→运营公交车辆、燃油价格↑→公交服务价格↑。其中，价格传导都是正相关的，"↑"表示价格上涨。城市公交价格纵向传导路径如图 9-4 所示。

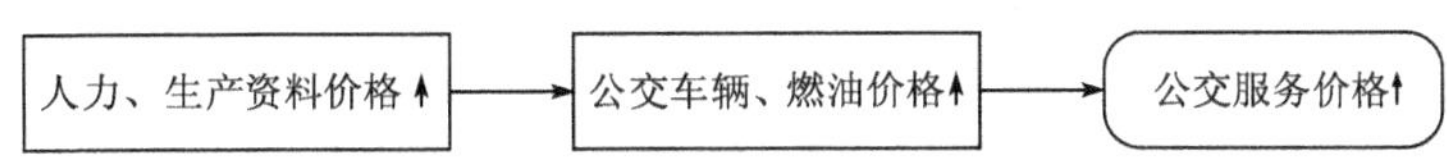

图 9-4　公交成本推动型价格传导路径

2. 传导网络

城市公交价格以上游产业的成本变化为动力，沿纵向传导路径进行传导，使公交服务价格反映上游产品价格的变动，整个传导过程构成传导网络图(图 9-5)。

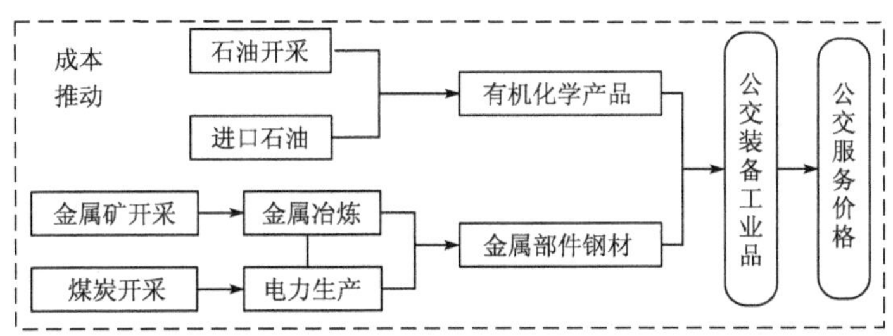

图 9-5　公交成本推动型价格传导网络图

(二)需求推动型

需求推动型公交价格传导以公交主体行为决策产生的公交需求变化为动力,通过传导载体和路径形成公交价格传导网络。

1. 传导载体及路径

城市公交价格传导需求推动型的动力主要来自公交主体行为决策引起公交需求分布的变化。在公交需求发生变动的情况下,各公交方式的需求分担率将会发生变化,从而引起部分公交资源使用的拥挤或闲置,导致运输效率下降。因此,研究公交价格联动策略,可运用价格传导这一内在机制,通过优化不同公交方式的服务价格,重新形成各公交价格的合理比价关系,引导公交需求。相反,公交需求分配的结果会反作用于公交服务价格体系,即需求分配结果同时也可以检验公交价格体系的合理性。因此,公交需求与服务价格互为传导载体,公交服务价格的传导路径如图9-6所示。

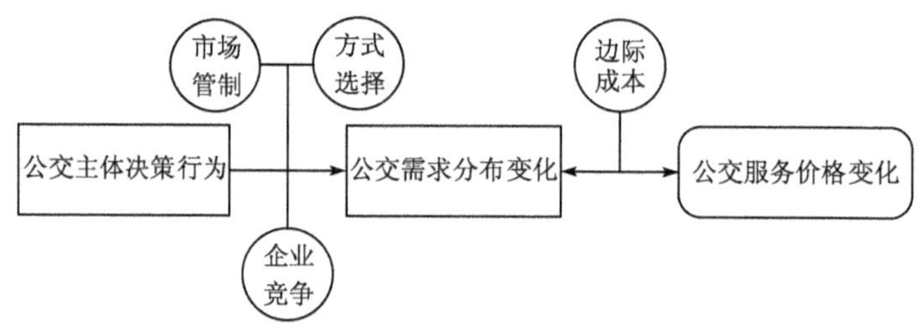

图9-6　公交需求推动型传导路径

2. 传导网络

需求推动型公交价格传导以公交主体行为决策为动力,与公交需求在各公交方式上的变动相对应,公交价格沿纵向和横向传导路径进行传导,整个传导过程构成的传导网络如图9-7所示。

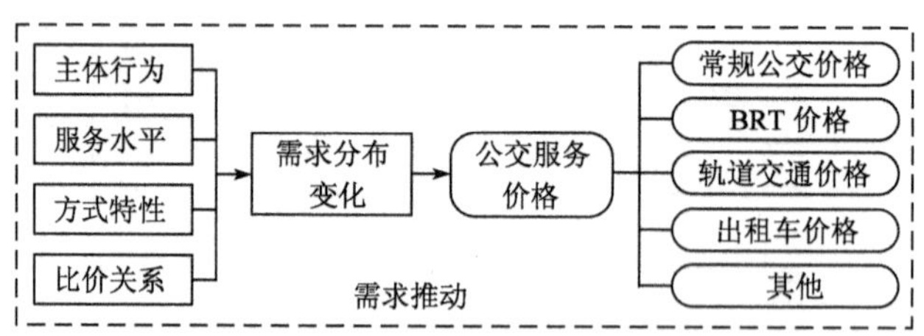

图9-7　公交需求推动型价格传导网络图

第三节　公交价格联动策略演化博弈模型

一、博弈理论

博弈理论是以理性人为假设,研究个体与群体间利益冲突、个体利益间冲突或群体间利益冲突条件下的最优决策问题。博弈理论强调决策者的风险中性,通过建立描述参与者间利益冲突的博弈模型,设计算法求得稳定解,为决策者选择最优策略提供依据[242]。城市公交系统中,公交运营者收益与公交服务的社会福利性或出行者效用具有冲突性,如何平衡公交主体各方利益达到均衡,是采用博弈理论研究公交主体间层次关系的目标。

公交价格主体博弈构成:对照博弈理论的构成要素即参与人集合、策略集合和策略收益集合[243]。本书城市公交价格策略系统主体是指公交价格系统中的三个主体,包括:公交管理者(政府)、公交运营者(公交企业)和公交出行者(乘客)。不同的公交主体间进行博弈可选择的公交策略集合不同,本书共涉及两类博弈问题,一类是公交运营者与公交出行者之间的博弈,其博弈策略为公交联动价格体系优化问题;另一类是公交运营者群体间价格联动策略演化博弈,博弈策略集合包括公交价格联动策略和公交价格独立策略。收益集合为公交价格联动和独立两种策略的收益函数值。

公交价格主体博弈均衡:采用博弈理论研究公交价格主体间层次关系的目的是获得博弈的均衡结果,即“纳什均衡(Nash Equilibrium)”状态。纳什均衡,是指每个博弈参与者选择的策略是对其他参与者所选策略的最佳反映[244]。其在城市公交系统中表现为在定义博弈参与者公交主体和博弈策略收益的基础上,构建博弈模型获得各公交主体最优策略的过程,博弈结果是参与博弈的公交主体实现收益(效用)的双赢。

纳什均衡状态下,每个博弈参与者均获得了最优策略,即任一博弈参与者 i 选择其他策略的收益均小于最优策略收益。假设任一博弈参与者 i,策略 s_i^* 为其他博弈参与者选择策略 $s_{-i}^* = \{s_1^*, \cdots, s_{i-1}^*, s_{i+1,\cdots}^*, s_n^*\}$ 条件下参与人 i 的最优策略,并且博弈策略和策略收益表示为 $G = \{s_1, \cdots, s_n; u_1, \cdots, u_n\}$,如果对 $s_i \in S_i$ 和 $i = 1, 2, \cdots, n$ 满足式(9-1),则 $s^* = \{s_1^*, \cdots, s_i^*, \cdots, s_n^*\}$ 为纳什均衡策略集。

$$u_i(s_i^*, s_{-i}^*) \geqslant u_i(s_i^a, s_{-i}^*) \tag{9-1}$$

公交价格联动策略是公交运营行为决策之一,是城市公交运营者之间相互竞争与合作的结果。不同公交运营者群体规模和价格不同,公交价格策略随时间演化的过程和结果表现为选择不同公交价格策略的公交企业群体规模或比例不断变化和逐渐趋于稳定的过程。因此,城市公交价格联动策略演化博弈研究能够揭示公交价格联动策略在时间维度上的演化规律。

(一)演化稳定策略

演化稳定策略(Evolutionary Stable Strategy,ESS)和复制者动态(Replicator Dynamics,RD)是演化博弈理论研究和应用的基础。Maynard Smith 将演化稳定策略定义为阻止物种入侵(或变异)的鲁棒性,进一步描述为:当系统选择演化稳定策略时,每个种群数量比例不再发生变化;当系统处于演化稳定状态时,种群对于小数量物种的入侵(或变异)具有免疫能力[245]。该概念要求博弈参与者不能通过单方改变自身行为获得更大的收益。因此,演化稳定的性质比纳什均衡更为严格。

一个博弈群体,由不同类型的子群体构成,其中个体参与者偶尔进行不同策略的决策行为。假设研究子群体选择策略 Sx,其他子群体采用策略 Sy,定义 $J(Sx,Sy)$ 为研究子群体的期望收益,称为适应度,并且适应度大的策略在群体中传播越快,即选择该策略的子群体数量越大。假设有 N 种纯策略,并且每一种策略对应一个概率分布,并等于选择该策略子群体的数量占群体总量的比例。如果选择策略 Sy 而不选择策略 Sx 则其演化压力有如式(9-2)所示关系:

$$J[Sy,\varepsilon \cdot Sx + (1-\varepsilon)Sy] > J[Sx,\varepsilon \cdot Sy + (1-\varepsilon)Sy] \tag{9-2}$$

如果 $\forall Sx \neq Sy$,$\exists \hat{\varepsilon}_y > 0$,对于所有 $\varepsilon \in (0,\hat{\varepsilon}_y)$ 满足式(9-2),则策略 Sy 为稳定演化策略。若对于所有策略 $Sx \neq Sy$,均满足式(9-3):

$$J(Sy,Sy) > J(Sx,Sy) \tag{9-3}$$

则发生变异的种群比例逐渐趋向减小,即策略收益小表现为较低的增长率。因此,策略 Sy 对于变异具有免疫功能。$\forall Sx \neq Sy$,如果式(9-4)所示关系成立:

$$\begin{cases} J(Sy,Sy) = J(Sx,Sy) \\ J(Sy,Sy) > J(Sx,Sy) \end{cases} \tag{9-4}$$

则采用策略 Sy 的群体对于阻止采用策略 Sx 发生变异的免疫能力较弱。若变异群体数量增长,采用策略 Sy 的群体不断与变异发生相抗争;在此条件下,$J(Sy,Sy) > J(Sx,Sy)$ 成立时,保证了初始种群的增长率超过了变异种群增长率。当同时满足式(9-3)和式(9-4)时,则策略 Sy 为演化稳定策略。

式(9-3)表明演化稳定策略一定满足纳什均衡,则群体所有参与者选择策略

Sy,任何一个参与者选择其他策略 Sx 获得收益均小于选择策略 Sy。式(9-4)表明演化稳定策略是对称的纳什均衡的一种精炼,则选择策略 Sy 与选择策略 Sy 的参与者进行博弈时并不能获得更高的收益,但与选择策略 Sx 的对手博弈时能够获得更高的收益。

(二)复制者动态

生物学背景下,复制者动态反映了群体的自组织行为,或群体规模的自组织过程。为研究公交价格联动策略时间演化过程和结果在公交运营者群体规模或比例变化上的表现,引入复制者动态系统描述采用不同策略种群数量的演化过程。复制者动态系统研究各子群体依照外部环境和自身条件分别选择不同策略进行博弈,假设选择策略获得收益最大的群体或适应能力最强的群体能够生存并选择该策略群体的数量不断增长,此过程刻画了选择各种策略群体数量动态调整的过程。有限理性的参与者在重复博弈的过程中,往往不可能一开始找到最优策略,或基于当时的条件获得了最优策略,但随着外部条件的变化最优策略转变为次优或非优化策略。因此,需要参与者不断学习和积累经验,通过模仿或试错逐步寻优以获得最优策略。生态系统中描述群体演化博弈通常采用马尔萨斯动力系统,即复制者动态。依据复制者动态模型,如果某个群体的策略收益超过了平均水平,则采用该策略的群体数量增加;相反,策略收益低于平均水平,此子种群比重就会降低。

假设群体中不同的参与者进行策略博弈,在种群数量演化过程中,采用某种策略种群以一定增长率变化的比重等于该策略收益和种群平均策略收益的差值。具体来说,考虑含有 S 个策略的集合,x 为 S 维向量,其第 i 个元素为 x_i,表示采用某策略的种群比重。因此,$\sum x_i = 1, x_i \geqslant 0$。假定 n_{ij} 为选择策略 $s_j(j=1,2,\cdots,S)$ 的种群 i 数量,N 表示博弈参与者总数量。因此,采用策略 s_j 的种群比重如式(9-5)所示。

$$x_{ij} = \frac{n_{ij}}{\sum_j n_{ij}} = \frac{n_{ij}}{N} \tag{9-5}$$

假定 $J(j,k)$ 为参与者采用策略 s_j 与对方参与者采用策略 k 的期望收益,如式(9-6)所示:

$$J(j,k) = \sum_k J(j,k) x_k \tag{9-6}$$

目前,复制者动态模型存在两类形式,分别由 Maynard Smith 和 Taylor 提出[246]。因此,得到式(9-6)常用的两种方法:一个是基因复制动态过程的代际交叠模型,另一个是基因复制动态过程的非代际交叠模型。本书中,两者具有相同的形式，如式(9-7)所示，则解轨迹相同，相关证明见参考文献[81]。

$$\dot{x}_i = x_j(J_j - J_k) \tag{9-7}$$

城市公交系统中，公交运营者通常面临动态公交需求环境，运营初始阶段往往找不到最优的公交价格策略，采用何种策略决策过程是运营者的一个学习过程。

假设所有公交运营者均为有限理性的群体，运营者作为公交服务的提供者和公交企业的组织者，首要目标是为出行者提供公交运输服务，同时实现公交企业利润最大化。然而，公交需求始终处于动态变化的环境中，公交运营者对公交需求动态变化信息的捕捉具有滞后性，导致运营初始阶段往往找不到最优运营策略，只能不断尝试优化现有运营策略。经过反复实践以上运营策略寻优过程，使公交运营者收益增加的策略逐渐被接纳，并且采用该策略的公交企业群体规模不断增加，最终公交价格策略出现公交运营者群体意义上的稳定。

公交企业群体是城市公交系统的主导者，依照公交管理者市场管制政策和市场公交需求，选择不同的运营策略组织公交方式或线路运营，为公交出行者提供运输服务。同时，不同公交运营策略选择产生的运营支付和收益不同。因此，不同公交市场条件下相同公交策略选择和策略收益的不同，或同一公交市场条件下不同公交策略选择和策略收益各异，促使公交企业群体规模发生演化，趋向演化稳定策略和群体比例稳定。

二、城市公交主体行为分析

城市公共交通主体行为是构成公交系统运营的基础要素，而价格传导是公交主体行为决策作用的结果。公交运营者在提供运输服务过程中，一方面要遵从管理者的市场管制政策，另一方面要兼顾公交出行者对于公交价格策略的行为反应；同时，公交出行者依照各公交方式运营服务水平、票价、运营特性进行公交方式选择，调整需求分布反作用于公交价格，使公交价格在不同公交方式间发生传导。因此，城市公共交通主体行为是构建公交价格联动策略机制的理论基础，是公交价格发生传导的动力要素。

(一)出行者决策行为分析

1.出行者效用分析

城市公共交通出行者的个体出行模式因出行时间、出行习惯、备选公交方式和服务水平等因素而表现各异，并且个体之间对以上影响因素的感知亦不同。

因此,建立以个体出行行为为单位的非集计模型对分析公交出行者公交方式的选择行为更具有现实意义。非集计模型的基础为效用理论,效用是指公交出行者在做出方式选择决策时,综合票价费用、行程时间费用以及服务水平等多方面考虑后,选择效用最大的公交方式出行。

效用理论通常采用概率论方法描述决策者面临的多方案选择问题。为模拟人们的心理活动,效用模型为每个方案确定一个效用值,假设决策者总是选择效用最大的方案[247]。

基于效用理论的选择行为描述按发展过程可以划分为确定性选择和概率性选择两类。其中,确定性理论是针对完全信息理想化选择行为的描述,概率性选择是对不完全信息选择行为的描述。公交出行者进行方式选择决策时,往往存在着许多不确定的因素的影响。因此,概率性选择描述能够更好地刻画出行者公交方式选择行为,该概率性选择描述即为随机效用理论。

根据随机效用理论,假设出行者选择公交方式 i 的效用为 U_{in},则 U_{in} 如下式所示:

$$U_{in} = Vf_{in} + \varepsilon_{in} \tag{9-8}$$

式中:Vf_{in}——出行者 n 选择交通方式 i 的效用函数中的固定项;

ε_{in}——出行者 n 选择交通方式 i 的效用函数中的概率项。

城市公共交通价格政策对出行者行为的影响,可以理解为通过出行者效用函数来改变公交方式选择行为的过程,出行者效用函数如下式所示:

$$Vf_{in} = Vf(Ch_n) + Vf(M_i) + Vf(Ch_n, M_i) \tag{9-9}$$

式中:　Vf_{in}——确定性效用;

$Vf(Ch_n)$——公交出行者特性效用;

$Vf(M_i)$——备选公交方式属性效用;

$Vf(Ch_n, M_i)$——公交出行者与公交方式间关联效用。

(1)公交出行者特性效用 $Vf(Ch_n)$

与公交出行者特性相关的变量包括:性别、年龄、收入、小汽车保有量、公交运营信息储备、对公交路网的熟悉程度等。每个公交出行者对相关变量的认知和反应均不同。因此,描述公交出行者方式选择行为时,对于同样的变量应确定不同的权重,计算如式(9-10)所示。

$$Vf(Ch_j) = \gamma_{i1} Ch_{1j} + \gamma_{i2} Ch_{2j} + \cdots + \gamma_{in} Ch_{nj} \tag{9-10}$$

式中:Ch_{nj}——公交出行者 j 的第 n 个特性值;

γ_{in}——公交方式 i 的第 n 个出行者特性的权重系数。

(2)公交方式属性效用 $Vf(M_i)$

效用计算中与公交方式有关的变量包括:票价、发车频率、等待时间、车厢内拥挤程度、公交运行速度、行程时间、换乘次数、步行距离(包括起点步行至上车公交站点距离以及下车公交站点至目的的步行距离)等。以上变量是公交出行者进行方式选择时需要首要考虑的要素,也是公交运营策略对公交出行者决策行为作用的基础。由于乘客等其他要素对公交方式属性变量本身基本没有影响,即公交方式属性效用值对与每个选择该方式的公交出行者都是相同的,其效用值计算如式(9-11)所示。

$$Vf(M_i) = \beta_1 M_{i1} + \beta_2 M_{i2} + \cdots + \beta_n M_{in} \tag{9-11}$$

式中:M_{in}——公交方式 i 的第 n 个属性值;

β_n——公交方式 i 的第 n 个属性值的权重系数。

(3)关联效用 $Vf(Ch_n, M_i)$

有些变量与出行者特性有关的同时又与公交方式属性存在关系。例如,公交出行者收入水平变量,一方面不同收入水平的出行者对于使用公交出行方式费用的敏感程度不同;另一方面,收入水平高的出行者更注重公交方式服务水平,而收入低出行者往往更关注公交方式的可达性。

综合以上三类出行者效用函数项,出行者选择公交方式 i 出行的效用函数的一般表达式为:

$$Vf_i = \tau_{i,0} + \sum_k \tau_k \pi_{i,k} \tag{9-12}$$

式中:$\pi_{i,k}$——效用函数 Vf_i 的第 k 个效用因素的值,例如票价、时间成本等;

τ_k——第 k 个效用因素的权重系数;

$\tau_{i,0}$——公交方式 i 效用函数的常数项。

2. 出行者决策行为模型

针对传统集计模型将个人交通活动按照交通小区进行简单统计分析的缺点,MNL 模型能够从个人属性和公交方式特征出发描述公交出行者方式选择行为,能更准确地把握影响公交出行者方式选择决策的关键因素。根据效用最大化理论,出行者 n 在所有公交方式构成的集合 A_n 中选择公交方式 i 的概率即为出行者公交方式选择模型,该模型为非集计模型,如式(9-13)所示:

$$\begin{aligned}\Psi_{in} &= Pr(U_{in} > U_{jn}; i \neq j; i,j \in A_n) \\ &= Pr(Vf_{in} + \varepsilon_{in} > Vf_{jn} + \varepsilon_{jn}; i \neq j; i,j \in A_n)\end{aligned} \tag{9-13}$$

基于以上概率模型,利用二重指数分布性质可导出 Logit 模型。上述公式中,当概率项 ε_{in} 服从具有同一参数的、独立的二重指数分布时,U_{in} 服从参数为 $(Vf_{in}, 1)$ 的二重指数分布。因此,出行者选择交通方式 i 的概率如式(9-14)所示:

$$\begin{aligned}\Psi_{in} &= Pr(Vf_{in}+\varepsilon_{in} > Vf_{jn}+\varepsilon_{jn}; j=2,3,\cdots,J_n) \\ &= Pr[Vf_{in}+\varepsilon_{in} \geqslant \max_{j=2,\cdots,J_n}(Vf_{jn}+\varepsilon_{jn})]\end{aligned} \tag{9-14}$$

设 U_n^* 如式(9-15)所示：

$$U_n^* = \max_{j=2,\cdots,J_n}(Vf_{jn}+\varepsilon_{jn}) \tag{9-15}$$

U_n^* 服从参数为$(\ln\sum_{j=2}^{J_n}e^{Vf_{jn}},1)$的二重指数分布，令 $U_n^*=Vf_n^*+\varepsilon_n^*$，则 $Vf_n^*=\ln\sum_{j=2}^{J_n}e^{Vf_{jn}}$，由于 ε_n^* 服从参数为(0,1)的二重指数分布，则：

$$\begin{aligned}\Psi_{in} &= Pr(Vf_{in}+\varepsilon_{in} \geqslant Vf_n^*+\varepsilon_n^*) \\ &= Pr[(Vf_n^*+\varepsilon_n^*)-(Vf_{in}+\varepsilon_{in}) \leqslant 0]\end{aligned} \tag{9-16}$$

利用两个独立的二重指数分布的差服从 Logistic 分布的性质，得到：

$$\begin{aligned}\Psi_{in} &= \frac{1}{[1+e^{(U_n^*-Vf_{in})}]} = \frac{e^{Vf_{in}}}{(e^{Vf_{in}}+e^{Vf_n^*})} \\ &= \frac{e^{Vf_{in}}}{[e^{Vf_{in}}+(\ln\sum_{j=2}^{J_n}e^{Vf_{jn}})]} = \frac{e^{Vf_{in}}}{\sum_{j=1}^{J_n}e^{Vf_{jn}}}\end{aligned} \tag{9-17}$$

式(9-17)为 MNL 模型的基本形式，其一般形式为：

$$\Psi_{in} = \frac{e^{Vf_{in}}}{\sum_{j\in A_n}e^{Vf_{in}}} \text{ 或 } \Psi_{in} = \frac{e^{Vf_{in}}}{\sum_{j=1}^{J_n}e^{Vf_{in}}} \tag{9-18}$$

MNL 模型表达式结构为常见的多项式形式，容易接受和应用，能够准确描述出行者公交方式选择决策行为。

（二）运营者决策行为分析

公交运营者作为城市公共交通政策实施者，是主导公共交通政策趋向多种策略的整合发展趋势的重要主体因素。城市公共交通运营者之间合作竞争决策行为，是以公交管理者对公交市场的管制条件和公交出行者行为为背景，通过调整公交运营策略实现社会福利最大化目标。因此，公交管理者对城市公共交通市场的管制条件，是分析公交运营者合作竞争行为的前提，为公交运营者行为提供了框架体系。

城市公交市场管制的主体是政府或政府授权的公交管理部门，公交管理者依据市场条件，制定公交管理政策，引导公交行业持续健康发展。一方面，通过对公交市场的管制确保公交行业运营的社会福利水平，为公交出行者提供更好的公交服务；另一方面，利用价格管制和补贴等手段，保障公交运营企业的合理利润，提高公交企业的可持续发展能力。政府通常采取的管制手段包括：运营模式管理、市场准入管制、价格管制、服务质量管制。

公交行业的运营模式有垄断专营、区域专营、线路专营、方式专营四种，通常根据城市发展实际情况和需求特征，在不同发展阶段选择不同的行业发展模式[248]

公交市场准入管制，是指公交管理部门采用行政审批的方式投放企业公交运营权，以及行使企业运营退出机制。常采用公交线路特许经营制度，实施公交线路租赁经营模式和线路权转让经营模式。

城市公交价格具有多种票制形式，按计费方式划分为：一票制、区域票制、分段票制。为简化计算各公交方式价格采用一票制计费方式。

城市公交服务水平，主要体现在以下指标：公交出行者站点等待时间、公交服务范围、公交可达性等。本书研究主要集中在公交价格策略上，不考虑与公交路网设施相关的指标，选取出行者等待时间作为公交水平变量。出行者乘车等待时间与公交发车频率相关，本书采用“乘客等待时间是发车频率一半”的原则确定乘车等待时间[249]。假设出行者出发前不确定公交到达时间信息，出行者乘车等待时间如式(9-19)所示：

$$T_{Wi} = \frac{1}{2f_i} \tag{9-19}$$

式中：T_{Wi}——公交方式 i 乘车等待时间，min；

f_i——公交方式 i 发车频率，班次/h。

因此，公交服务水平管制转化为对公交发车频率的约束。由于公交发车频率最小值受线路配置车辆规模水平限制，通常管理者对发车频率最大值 f_i^{max} 进行管制，如式(9-20)所示。

$$f_i \leqslant f_i^{max} \tag{9-20}$$

城市公交运营者在公交市场管制约束条件下，依据公交需求和企业经营状况和管理水平不断改变运营策略，增强公交方式服务吸引力。城市公交系统主要由常规公交、BRT、地铁、轻轨和出租汽车子系统构成，由于各个城市公共交通发展政策和模式选择的原因，形成了多种公交经营方式共存的局面，由不同企业主体提供同一种或多种公交服务，为公交出行者提供差异化的运输服务。

为研究不同公交服务的价格策略，将公交系统中的公交运营者划分为以下两类：

(1)第一类是提供普通公交服务的运营者 s_1，主要面向时间价值较低的出行者提供公交运输服务，包括常规公交和 BRT 系统运营者。

(2)第二类是提供高水平公交服务的运营者 s_2，主要面向时间价值较高的出行者提供快速、高效的运输服务,包括地铁和出租汽车系统运营者。

假设普通公交运营者和提供高水平服务的公交运营者是具有相同运营模式的企业群体,并且在公交市场管制约束条件下,能够按照企业服务能力和管理水平自由选择运营策略,参与公交企业群体之间的竞争与合作,实现企业的生存和发展。在开放的城市公交市场环境中,公交运营者依据公交市场需求情况,或采用公交价格联动策略,或采用公交价格独立策略保持或提高公交企业收入的合理利润水平。因此,选择价格联动或独立策略的过程表现为公交运营者之间合作或竞争的行为。基于城市公交服务运营的竞争与合作关系,采用博弈模型描述公交运营者选择价格策略的行为,具有明显的优越性。

公交运营者随机选择策略集 $S=\{s.1,s.2\}$ 中的价格策略进行博弈,表示如下:

(1)价格联动策略 $s.1$:以公交系统社会福利最大为运营目标,按照公交管理者公交市场管制约束条件,公交运营者制定公交价格策略时相互考虑各企业或公交方式的特点和优势,优化公交票价和发车频率。

(2)价格独立策略 $s.2$:以公交运营者主体自身收益最大为目标,按照公交管理者公交市场管制约束条件,依据公交企业服务能力优化公交票价和发车频率,为出行者提供公交运输服务。

因此,从采用价格策略的角度,可将整个城市公交运营者分为两类:一类是采用价格策略 $s.1$ 的运营者,使不同公交方式服务价格策略趋向于整合;一类是采用价格策略 $s.2$ 的运营者,公交运营者公交价格策略趋向于相互独立。

三、城市常规公交价格联动策略演化博弈模型

(一)公交价格策略

1.公交价格策略集合

城市公交运营策略是公交企业组织公交方式或线路运营,改进运输服务水平的基础条件之一;此外,公交价格策略是公交企业收益和可持续发展能力的保障。按照公交运营者决策行为分析结果,公交运营者价格策略集合表示为:$S=\{s.1,s.2\}$,即各公交企业群体选择价格联动策略 $s.1$ 或价格独立策略 $s.2$ 进行博弈。同时,按照价格策略选择不同,划分城市公交运营者为两类:一类是采用价格策略 $s.1$ 的运营者,使公交价格策略趋向于整合;一类是采用价格策略 $s.2$ 的运营者,公交价格策略趋向于相互独立。

2. 公交运营环境

公交运营环境表现为公交需求、供给或公交政策环境，通常处于阶段性动态变化中。由于不同公交市场条件下相同公交策略选择和策略收益的不同，可能导致公交企业群体规模演化路径发生变化，以及演化稳定策略和系统平衡时公交企业群体比例不同。因此，验证不同公交运营环境条件下公交价格策略的演化路径和演化稳定策略能够更全面地揭示影响公交价格策略演化方向和结果的关键要素。

本书考虑三种公交运营情景，包括高公交需求情景、中等公交需求情景和低公交需求情景。城市公交运营过程中，由于公交服务的公益属性，公交供给规模和公交管理者政策要求保持相对稳定性；与此相对应的公交需求环境受出行者自身特性、公交价格和服务水平的影响不断发生变化。因此，分析不同需求情景下公交价格策略演化路径和演化稳定策略更具有实践意义。

（二）公交价格策略收益

城市公交运营者实施公交价格联动策略与否，其决策过程相当于在公交系统中是否引入一种新公交服务的问题，并且与实施公交价格联动策略的社会、经济收益相关。此外，公交价格联动策略的社会、经济收益是决定公交价格策略与社会、经济政策整合的关键。该问题与文献[82]中是否引入迷你公交服务相关企业收益的计算方法类同。因此，引用文献[82]中计算方法，以两种公交方式为例计算公交运营者采用不同价格策略的收益，符号定义如下：

$\{P_m, f_m\}$——普通公交方式的票价和发车频率；

$\{P_e, f_e\}$——高水平服务公交方式的票价和发车频率；

$\{\tilde{P}_m, \tilde{f}_m\}$——实施价格联动策略的普通公交方式的票价和发车频率；

$\{\tilde{P}_e, \tilde{f}_e\}$——实施价格联动策略的高水平服务公交方式的票价和发车频率；

$\{T_m, T_e\}$——普通和高水平公交服务出行的平均行程时间；

$\{K_m, K_e\}$——普通和高水平公交容量；

$\{f^m_{min}, f^m_{max}\}$——普通公交方式发车频率的下限值和上限值；

$\{f^e_{min}, f^e_{max}\}$——高水平服务公交方式发车频率的下限值和上限值；

$\{P^m_{min}, P^m_{max}\}$——普通公交方式票价的下限值和上限值；

$\{P^e_{min}, P^e_{max}\}$——高水平服务公交方式票价的下限值和上限值；

$\{FC_m, FC_e\}$——普通和高水平公交服务运营的固定成本；

$\{VC_m, VC_e\}$——普通和高水平公交服务运营的变化成本；

Q——城市公交需求总量(人次/h),$Q=Q_m+Q_e$,其中 Q_m、Q_e 分别为选择普通和高水平公交服务的出行者数量。

城市公交企业采用不同公交价格策略,获得的收益不同。公交企业收入主要来源于票价收入,如式(9-21)所示。

$$R(S)=\sum_i P_i\cdot Q_i(P_i,f_i) \tag{9-21}$$

公交运营成本,包括与发车频率相关的变化成本和固定成本,如式(9-22)所示。

$$OC(S)=\sum_i(VC_i+FC_i) \tag{9-22}$$

因此,采用公交价格独立策略或价格联动策略条件下,两类公交企业收益计算形式如式(9-23)~式(9-26)所示。

1. 价格独立策略运营者收益

公交运营者 s_1 和 s_2 均不采用价格联动策略,即各公交企业以运营收益最大为目标,以公交管理者的市场管制为约束条件,按照企业公交服务供给能力和运营策略优化票价和服务频率,不同公交方式运营者的收益 u_2、v_2 如式(9-23)~式(9-28)所示:

$$\max\ u_2(\tilde{P}_m,\tilde{f}_m)=Q_m(P_m,f_m)\cdot P_m-VC_m\cdot f_m-FC_m \tag{9-23}$$

$$\text{s.t.}\ \ Q_m(\tilde{P}_m,\tilde{f}_m)\leqslant\tilde{f}_mK_m \tag{9-24}$$

$$P_{\min}^m\leqslant\tilde{P}_m\leqslant P_{\max}^m,f_{\min}^m\leqslant\tilde{f}_m\leqslant f_{\max}^m \tag{9-25}$$

$$\max\ v_2(\tilde{P}_e,\tilde{f}_e)=Q_e(P_e,f_e)\cdot P_e-VC_e\cdot f_e-FC_e \tag{9-26}$$

$$\text{s.t.}\ \ Q_e(\tilde{P}_e,\tilde{f}_e)\leqslant\tilde{f}_eK_e \tag{9-27}$$

$$P_{\min}^e\leqslant\tilde{P}_e\leqslant P_{\max}^e,f_{\min}^e\leqslant\tilde{f}_e\leqslant f_{\max}^e \tag{9-28}$$

2. 采用价格联动策略普通公交运营者收益

在考虑豪华公交运营者价格策略基础上,普通公交运营者通过改变票价和发车频率实施价格联动策略,以企业服务能力为约束条件,自身利润最大化为目标调整票价和发车频率。因此,实施联动策略的运营者收益 u_1 可表示为如式(9-30)~式(9-32)所示优化问题。

$$\max\ u_1(\tilde{P}_m,\tilde{f}_m|\ P_e,f_e)=Q_m(\tilde{P}_m,\tilde{f}_m|\ P_e,f_e)\tilde{P}_m-VC_m\cdot\tilde{f}_m-FC_m \tag{9-29}$$

$$\text{s.t.}\ \ Q_m(\tilde{P}_m,\tilde{f}_m|\ P_e,f_e)\leqslant\tilde{f}_mK_m \tag{9-30}$$

$$P_{\min}^m\leqslant\tilde{P}_m\leqslant P_{\max}^m,f_{\min}^m\leqslant\tilde{f}_m\leqslant f_{\max}^m \tag{9-31}$$

该条件下，采用价格独立策略的豪华公交运营者收益 v_3 如式(9-33)所示。

$$\max\ v_3(\tilde{P}_e,\tilde{f}_e) = Q_e(\tilde{P}_m,\tilde{f}_m| P_e,f_e)P_e - VC_e f_e - FC_e \qquad (9\text{-}32)$$

同理，采用联动策略的豪华运营者收益 v_1 与式(9-29)～式(9-31)形式相同，则普通公交运营者的收益 u_3 与式(9-32)形式相同。

3. 价格联动策略收益

公交运营者均采用价格联动策略，相互考虑公交方式间的运营策略，策略优化则以公交客运市场中所有提供公交服务的运营者整体收益 u_4 与 v_4 之和最大为目标，或以政府价格管制的目标社会福利最大为目标，相互协调服务价格和发车频率。因此，该市场条件下公交运营处于垄断地位，按照公交管理者价格策略管制要求为公交出行者提供运输服务，优化决策，公交价格联动策略收益函数 $E(s_2,s_2)$ 可表示为如式(9-33)～式(9-36)所示的优化问题。

$$\begin{aligned}\max\ E(s_2,s_2) &= u_4(\tilde{P}_m,\tilde{f}_m,\tilde{P}_e,\tilde{f}_e) + v_4(\tilde{P}_m,\tilde{f}_m,\tilde{P}_e,\tilde{f}_e)\\ &= Q_m(\tilde{P}_m,\tilde{f}_m,\tilde{P}_e,\tilde{f}_e,)\tilde{P}_m - VC_m\cdot\tilde{f}_m - FC_m +\\ &\quad Q_e(\tilde{P}_m,\tilde{f}_m,\tilde{P}_e,\tilde{f}_e,)\tilde{P}_e - VC_e\cdot\tilde{f}_e - FC_e \end{aligned} \qquad (9\text{-}33)$$

$$\text{s.t.}\quad Q_m(\tilde{P}_m,\tilde{f}_m,\tilde{P}_e,\tilde{f}_e,) \leqslant \tilde{f}_e K_e, Q_m(\tilde{P}_m,\tilde{f}_m,\tilde{P}_e,\tilde{f}_e) \leqslant \tilde{f}_m K_m \qquad (9\text{-}34)$$

$$P^m_{\min} \leqslant \tilde{P}_m \leqslant P^m_{\max}, f^m_{\min} \leqslant \tilde{f}_m \leqslant f^m_{\max} \qquad (9\text{-}35)$$

$$P^e_{\min} \leqslant \tilde{P}_e \leqslant P^e_{\max}, f^e_{\min}\tilde{f}_e \leqslant f^e_{\max} \qquad (9\text{-}36)$$

城市公交企业群体依照公交价格策略集合，选择不同价格策略进行相互博弈，产生相应的运营支付和收益。所有公交运营者采用价格独立策略收益函数如式(9-23)～式(9-28)所示；部分公交运营者采用价格联动策略，其他运营者采用价格独立策略，两类公交运营者价格策略收益函数如式(9-29)～式(9-32)所示；所有公交运营者均采用价格联动策略收益函数，可由式(9-33)～式(9-36)的计算结果获得。依据以上不同价格策略公交运营者收益函数，计算得到公交运营者分别采用价格联动或价格独立策略的收益，城市公交运营者采用价格策略获得的收益如表 9-1 所示。

城市运营者采用价格策略博弈收益矩阵 表 9-1

运营者	运营者	
	s.1	s.2
s.1	$E(s_1,s_1):u_4+v_4$	$E(s_1,s_2):u_1+v_3$
s.2	$E(s_2,s_1):u_3+v_1$	$E(s_2,s_2):u_2+v_2$

城市公共交通系统内各公交方式运营企业群体依据公交市场政策环境和企业自身条件，自主选择公交价格策略运营提供公交运输服务，获得相应的收益。随着公交市场政策和出行需求的变化，价格策略的支付和收益的变化，促使运营者不断调整和优化运营策略，逐渐放弃收益小的运营策略而采用收益较高的运营策略。至此，公交市场演变成了提供个性化公交服务的垄断市场，不同公交运营环境背景下，采用两种公交价格策略的公交运营者按照策略收益指标，不断跳出和加入各自企业群体，经过时间演化，两类群体规模比例逐渐趋向稳定。

（三）公交价格联动策略演化博弈模型

由采用不同价格策略的公交运营者群体组成的博弈参与主体，以公交运营企业收益最大为目标或社会福利最大为目标，从公交价格策略集合中选择价格策略进行博弈，并获得相应的策略收益。随着时间的演化，两类公交运营者群体相互学习，并对自身企业运营收益与公交行业平均收益不断进行比较，逐渐倾向于高收益率策略，从而使得选择高收益策略的企业群体规模趋于稳定。公交价格策略集合中 $s.1$ 或 $s.2$ 的策略收益高于平均水平时，该策略被公交运营者群体使用的概率较大，依据复制者动态系统，则采用该策略的公交运营者群体就会产生集聚效应，数量规模逐渐增大。相反，如果采用价格策略 $s.1$ 或 $s.2$ 运营者收益低于平均水平，则该公交运营群体规模在公交市场中比重不断下降。

假设 t 阶段两类运营者选择价格联动策略的比例分别为 $p_{\mathrm{m}}(t)$、$p_{\mathrm{e}}(t)$，且 $p_{\mathrm{m}}(t)+p_{\mathrm{e}}(t)=1$。按照复制者动态系统“适者生存”原则，采用价格策略的公交群体规模增长率取决于所采用价格策略的收益水平。基于演化博弈理论，利用表9-1中公交运营者采用不同公交策略的收益结果，公交运营者选择两种策略的运营收益 $W(s_1)$、$W(s_2)$，以及所有运营者的平均收益 $\overline{W}$，表示为式(9-37)~式(9-39)所示形式：

$$W(s_1)=p_{\mathrm{m}}E(s_1,s_1)+p_{\mathrm{e}}E(s_1,s_2) \tag{9-37}$$

$$W(s_2)=p_{\mathrm{m}}E(s_2,s_1)+p_{\mathrm{e}}E(s_2,s_2) \tag{9-38}$$

$$\overline{W}=p_{\mathrm{m}}W(s_1)+p_{\mathrm{e}}W(s_2) \tag{9-39}$$

由假设条件，采用 RD 代际交叠模型和非代际交叠模型相同的表达形式，则 RD 的微分方程如式(9-40)和(9-41)所示。

$$\begin{aligned}
p'_{\mathrm{m}} &= p_{\mathrm{m}}(W(s_1)-\overline{W}) \\
&= p_{\mathrm{m}}p_{\mathrm{e}}[W(s_1)-W(s_2)] \\
&= p_{\mathrm{m}}(1-p_{\mathrm{m}})[(u_4+v_4+u_2+v_2-u_1-v_3-u_3-v_1)p_m+
\end{aligned}$$

$$u_1 + v_3 - u_2 - v_2] \tag{9-40}$$

$$\begin{aligned} p'_e &= p_e[W(s_2) - \overline{W}] \\ &= p_m p_e[W(s_2) - W(s_1)] \\ &= p_e(1 - p_e)[(u_4 + v_4 + u_2 + v_2 - u_3 - v_1 - u_1 - v_3)P_e + u_3 + v_1 - \\ &\quad u_4 - v_4] \end{aligned} \tag{9-41}$$

将公交运营者采用价格策的复制动态(RD),推广到 n 个公交企业随机选择公交价格策略进行博弈的情况上,式(9-40)和式(9-41)分别表示公交运营者采用价格联动或独立策略双方相互学习的速度和方向。采用生物博弈中马尔萨斯动力系统,即复制者动态系统构建了城市公交价格联动策略演化博弈模型,该价格策略演化模型定义了采用两公交价格策略的期望收益和平均收益。更为重要的是复制者动态系统的微分方程形式表达式确定了公交运营者采用价格联动或独立策略双方学习的速度和方向。因此,公交价格联动策略演化博弈模型刻画了公交运营者采用价格策略 $s.1$ 和 $s.2$ 群体规模比例的时间演化过程,依据式(9-40)和式(9-41)构成变量 p、W,则公交价格策略演化方向和演化结果与 p、W 变量直接相关,并且具有决定性作用。

依据演化博弈理论,公交企业子群体的期望收益,即适应度大的公交价格策略在群体中传播快,则选用该价格策略的公交企业子群体规模越大。相反,公交价格策略收益小表现为采用该策略子群体规模较低的增长率。因此,演化稳定策略标准要求公交运营企业群体中,任意采用可选择的价格策略的公交企业小群体收益均小于已采用的价格策略公交企业群体的收益。并且,采用其他策略的公交企业小群体受到高收益策略的吸引,而逐渐改变原有价格策略向高收益策略企业群体靠拢,极小比例的公交运营企业固守收益低的价格策略,最终会退出公交运营市场。

由于公交价格策略集包括价格联动策略 $s.1$ 和价格独立 $s.2$ 两种策略。因此,采用以上两种策略的公交运营者比例之和等于1,即 $p_m(t) + p_e(t) = 1$。依据本书研究内容,对采用公交价格联动策略的运营者进行分析,结合 RD 微分方程可得到以下结论:

命题1:若 $u_4 + v_4 > u_3 + v_1$,$u_2 + v_2 < u_1 + v_3$,即所有运营者采用公交价格联动策略收益,大于一定比例运营者采用价格联动或价格独立策略收益水平,同时所有运营者采用价格独立策略收益小于一定比例运营者采用价格联动或价格独立策略收益水平。此条件下,公交价格策略系统有两个平衡点 $p_{m1}(t) = 0$ 和 $p_{m2}(t) = 1$,其中,$p_{m2}(t) = 1$ 为局部演化稳定点。

若 $u_4 + v_4 > u_3 + v_1$,$u_2 + v_2 > u_1 + v_3$,即所有运营者采用公交价格联动策略收

益大于一定比例运营者采用价格联动或价格独立策略收益水平,同时所有运营者采用价格独立策略收益大于一定比例运营者采用价格联动或价格独立策略收益水平。此条件下,公交价格策略系统存在三个平衡点 $p_{m1}(t)=0$、$p_{m2}(t)=1$ 和 $p_{m3}(t)=\dfrac{u_2+v_2-u_1-v_3}{u_4+v_4+u_2+v_2-u_1-v_3-u_3-v_1}$。其中,$p_{m1}$、$p_{m2}$ 均为局部演化稳定点;p_{m3} 不是局部演化稳定点。

证明:令公交价格策略演化博弈模型,即 RD 微分方程形式[式(9-40)]。

$$
\begin{aligned}
f(p_m) &= p_m(1-p_m)[(u_4+v_4+u_2+v_2-u_1-v_3-u_3-v_1)p_m+u_1+v_3-u_2-v_2] \\
&=0
\end{aligned}
$$

因为 $u_4+v_4>u_3+v_1$,且 $u_2+v_2<u_1+v_3$,所以 $\dfrac{u_2+v_2-u_1-v_3}{u_4+v_4+u_2+v_2-u_1-v_3-u_3-v_1}>1$,而 $0\leqslant p_m\leqslant 1$,则平衡点为 $p_{m1}(t)=0$ 和 $p_{m2}(t)=1$。对 $f(p_m)$ 求导得:

$$
\begin{aligned}
f'(p_m) = {} & (1-2p_m)[(u_4+v_4+u_2+v_2-u_1-v_3-u_3-v_1)p_m+u_1+v_3-u_2-v_2]+ \\
& (p_m-p_m^2)(u_4+v_4+u_2+v_2-u_1-v_3-u_3-v_1)
\end{aligned}
$$

(1)当 $p_{m1}(t)=0$ 时,$f'(0)=u_1+v_3-u_2-v_2$,若 $u_2+v_2<u_1+v_3$,则 $f'(0)>0$,因此 $p_{m1}(t)=0$ 不是局部演化稳定点。

(2)当 $p_{m2}(t)=1$ 时,$f'(1)=u_3+v_1-u_4-v_4<0$,则 $p_{m2}(t)=1$ 点为局部渐进稳定点。若 $u_4+v_4>u_3+v_1$,$u_2+v_2>u_1+v_3$,则 $f'(0)<0$,$f'(1)<0$。因此,$p_{m1}(t)=0$ 和 $p_{m2}(t)=1$ 均为局部演化稳定点。

(3)当 $p_{m3}=\dfrac{u_2+v_2-u_1-v_3}{u_4+v_4+u_2+v_2-u_1-v_3-u_3-v_1}$ 时,$f'(p_{m3})>0$。因此,p_{m3} 不是演化稳定点。

命题 2:若 $u_4+v_4<u_3+v_1$,$u_2+v_2>u_1+v_3$,即所有运营者采用价格联动策略收益小于一定比例运营者采用价格联动或价格独立策略收益水平,同时所有运营者采用价格独立策略收益大于一定比例运营者采用价格联动或价格独立策略收益水平。此条件下,公交价格策略系统有两个平衡点 $p_{m1}(t)=0$ 和 $p_{m2}(t)=1$。其中,$p_{m1}(t)=0$ 为局部演化稳定点。

若 $u_4+v_4<u_3+v_1$,$u_2+v_2<u_1+v_3$,即所有运营者采用价格联动策略收益小于一定比例运营者采用价格联动或价格独立策略收益水平,同时所有运营者采用价格独立策略收益大于一定比例运营者采用价格联动或价格独立策略收益水平。此条件下,公交价格策略系统有三个平衡点 $p_{m1}(t)=0$、$p_{m2}(t)=1$ 和 $p_{m3}(t)=\dfrac{u_2+v_2-u_1-v_3}{u_4+v_4+u_2+v_2-u_1-v_3-u_3-v_1}$。其中,$p_{m3}$ 为局部演化稳定点。

证明同命题 1。

(四) 模型参数分析

依据公交价格策略演化博弈模型和演化稳定点分析结果，两类公交运营者采用不同价格策略收益(u_4、v_4、u_3、v_1、u_2、v_2、u_1、v_3)的比较关系，决定了公交价格策略系统演化稳定点存在性和稳定点个数分布。因此，通过公交价格策略演化稳定点分析结果，可进一步获得运营者不断尝试公交价格策略集合中的演化稳定策略，即可选择的价格策略中何种价格策略是演化稳定策略，同时，能够揭示运营者群体公交价格策略选择行为对演化稳定价格策略结果的影响过程。

(1) $u_4+v_4>u_3+v_1$, $u_2+v_2>u_1+v_3$，由表 9-1 价格策略博弈矩阵可知，公交运营者选择价格联动策略时，公交企业票价收入相对较大；或者，采用公交价格独立策略为出行者提供公交运输服务，获得票价收入相对较大。依据公交价格策略演化博弈模型演化稳定点证明结论，公交价格策略系统将会出现两种演化状态，一种是所有运营者都选择价格联动策略，一种是所有运营者都选择价格独立策略，即平衡点 $p_{m1}(t)=0$、$p_{m2}(t)=1$ 均为局部演化稳定点。

(2) $u_4+v_4>u_3+v_1$, $u_2+v_2<u_1+v_3$，由表 9-1 价格策略博弈矩阵可知，采用公交价格联动策略收益大于所有运营者选择价格独立策略的收益，以及部分运营者采用价格联动策略或价格独立策略时的收益。依据公交价格策略演化博弈模型演化稳定点证明结论，公交价格策略系统趋向于公交运营者采用价格联动策略的方向演化，即平衡点 $p_{m2}(t)=1$ 为局部演化稳定点。

(3) $u_4+v_4<u_3+v_1$, $u_2+v_2>u_1+v_3$，由表 9-1 价格策略博弈矩阵可知，采用价格独立策略的收益大于选择价格联动策略时的收益，以及部分运营者采用价格联动策略或价格独立策略时的收益。依据公交价格策略演化博弈模型演化稳定点证明结论，公交价格策略系统趋向于公交运营者采用价格独立策略的方向演化，即 $p_{m1}(t)=0$ 为局部演化稳定点。

(4) $u_4+v_4<u_3+v_1$, $u_2+v_2<u_1+v_3$，由表 9-1 价格策略博弈矩阵可知，公交运营者以一定的比例选择价格联动或独立策略时，公共交通系统总体收益最大。系统处于稳定状态时，将有比率为 $p_{m3}(t)=\dfrac{u_1+v_3-u_2-v_2}{(u_1+v_3-u_2-v_2)+u_3+v_1-u_4-v_4}$ 的公交运营者选择价格联动策略，有比例为 $1-p_{m3}(t)$ 的运营者选择价格独立策略，$p_{m3}(t)=0$为局部演化稳定点。

四、算例分析

本小节以常规公交、BRT和地铁三种公交方式为参考，以三种公交方式承担运营的所有公交企业为主体，通过实例分析验证城市公交价格联动策略演化博弈模型的正确性，获得广州市公交价格策略演化路径和结果，并且对影响公交价格策略演化路径和演化稳定策略的关键要素进行识别。

依据公交价格策略演化博弈模型，模型参数包括以下变量：

1. 时段 T

为揭示城市各类公共交通运营者群体价格策略选择演化过程和结果，要求选取的公共交通系统在研究时段内运营者总体规模保持不变，并且假设公交管理者（政府）允许公交运营者在价格管制范围内可自由选择价格策略提供公交运输服务。此外，假设公交运营固定成本在研究时段内保持不变，并且不考虑公共交通运营的社会成本。依据《广州公共交通运输发展报告（2010年）》，广州市公共交通发展经历了三个阶段，分别是：20世纪50～70年代——广州市公共交通起步阶段，1978年改革开放后至2000年——广州市公共交通跨越发展阶段，以及2000年至今——广州市公共交通稳定发展阶段。因此，本书选择广州市公共交通第三个发展阶段，即2000年至今——广州市公共交通稳定发展阶段作为研究时段，验证公共交通价格策略演化博弈模型与该阶段广州市公共交通价格策略改革过程和结果吻合程度。

2. 公交企业（线路）群体规模 $p_{m}(t)$ 和 $p_{e}(t)$

纵观广州市公共交通第三个发展阶段，以及公交线路招标授权经营和运营考核内容，公交线路经营企业群体由分散独立运营走向整合的过程，本质是公交运营者价格策略和服务运营策略选择的结果。为全面反映广州市公共交通运营企业群体规模比例时间演化过程和结果，本书选择公交三种发展历史情景作为公交价格策略演化博弈分析的背景，即采用价格联动策略公交运营企业群体规模比例 $p_{m}(t)$ 分别为：0.3、0.5、0.7，依据 $p_{m}(t)+p_{e}(t)=1$，则采用价格独立策略公交运营企业群体规模比例 $p_{e}(t)$ 分别为：0.7、0.5、0.3。

3. 公交价格策略收益 u 和 v

依据公交运营策略收益，公交运营者选择价格策略收益函数由三部分构成：所有公交运营者采用价格独立策略收益函数如式(9-23)～式(9-28)所示；部分公交运营者采用价格联动策略，其他运营者采用价格独立策略，两类公交运营者价格策略收益函数如式(9-29)～式(9-32)所示;所有公交运营者均采用价格联动策略收益函数,可由式(9-33)～式(9-36)的计算结果获得。为描述公交运营企业群体价格策略演化博弈过程和结果,选择3类公交方式与选择2类公交方式计算过程是相同的,由于模型中需要分别核算各类公交方式运营成本,使得增加一类公交方式时求解模型的计算量成倍增加。因此,选择常规公交和BRT作为研究对象。依据广州市公共交通总公司提供的公交运营数据,对价格策略收益模型中的参数进行标定和校核,参数标定的结果如表9-2所示。

广州市常规公交和BRT运营指标表 表9-2

运营指标	参数	值	运营指标	参数	值
行程时间	T_m	0.8h	运营成本	FC_m	60元/h
	T_e	0.6h		VC_m	30元/班
票价	P_m、$[P^m_{min}, P^m_{max}]$	2元/人次,[0.5,2.5]		FC_e	50元/h
	P_e、$[P^e_{min}, P^e_{max}]$	2元/人次,[1.5,3.5]		VC_e	20元/班
发车频率	$f_m[f^m_{min}, f^m_{max}]$	15班/h、[10,20]	服务能力需求	K_m	90人/车·班
	$f_e[f^e_{min}, f^e_{max}]$	10班/h、[8,16]		K_e	80人/车·班
				Q	1000～1900人次/h

为减少模型计算量,选取局部路网规模的公交出行量作为背景公交需求,并且划分高、中、低三个水平公交出行需求,分别验证公交运营企业群体规模比例和公交价格策略系统时间演化过程和结果。将表9-2中的参数值代入,获得不同公交出行需求条件下公交运营者采用价格策略的收益值,如表9-3所示。

广州市运营者价格策略收益表 表9-3

Q	P		f		E							
	P_m	P_e	f_m	f_e	u_2	v_2	u_1	v_3	u_3	v_1	u_4	v_4
1000	0.8	1.3	15.0	10.0	171.4	341.0						
	0.7	1.3	10.0	10.0			232.5	205.0				
	0.8	1.0	15.0	9.8					−89.0	535.2		
	1	1.3	10.0	8.0							170.0	646.0

续上表

Q	P		f		E							
	P_m	P_e	f_m	f_e	u_2	v_2	u_1	v_3	u_3	v_1	u_4	v_4
1500	0.8	1.3	15.0	10.0	389.5	636.4						
	0.7	15	11.0	10.0			443.5	422.0				
	0.8	1.0	15.0	15.0					375.0	850.0		
	1	1.5	10.0	9.2							875.3	567.8
1900	0.8	1.3	15.0	10.0	607.7	931.8						
	0.7	1.3	15.1	10.0			654.7	580.7				
	0.8	1.2	15.0	16.0					311.0	1119.6		
	1	1.5	10.0	13.8							710.0	1303.8

由表9-3中公交运营者采用价格联动策略或价格独立策略的收益值，以及不同需求条件下优化的公交价格策略，包括票价水平和发车频率，结合公交企业(线路)群体规模 $p_m(t)$ 和 $p_e(t)$ 参数值，共同输入公交价格联动策略演化博弈模型式(9-40)和式(9-41)，通过求解分析企业群体初始规模 p 和策略收益 W 对公交价格策略演化路径和演化稳定策略的影响。

(1)当 $Q=1000$ 或 $Q=1500$ 时，$u_4+v_4>u_3+v_1$，$u_2+v_2>u_1+v_3$，常规公交和BRT运营者价格策略演化过程和结果如图9-8和图9-9所示。

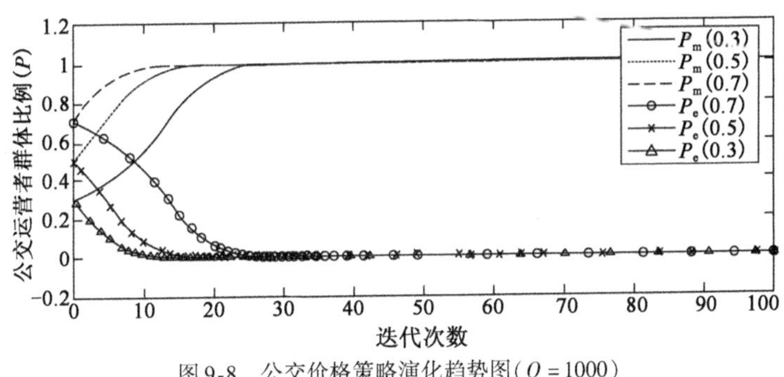

图9-8　公交价格策略演化趋势图($Q=1000$)

图9-9　公交价格策略演化趋势图($Q=1500$)

如图 9-8 所示，当 $Q=1000$ 时，常规公交运营者价格策略趋向于考虑 BRT 运营策略的价格联动方向演化，而 BRT 运营者趋向以企业自身收益最大化为目标的价格独立策略方向演化。

如图 9-9 所示，当 $Q=1500$ 时，常规公交和 BRT 运营者选择价格策略的演化稳定状态与两类运营者规模初始值相关。$p_m(0)=0.5$ 或 0.7，$p_e(0)=0.7$ 时，两类公交运营者选择价格策略均趋向价格联动策略方向演化；$p_m(0)=0.3$，以及 $p_e(0)=0.3$ 或 0.5 时，常规公交和 BRT 两类公交运营者选择价格策略均趋向价格独立策略方向演化。

（2）当 $Q=1900$ 时，$u_4+v_4>u_3+v_1$，$u_2+v_2<u_1+v_3$，常规公交和 BRT 运营者价格策略演化过程和结果如图 9-10 所示。

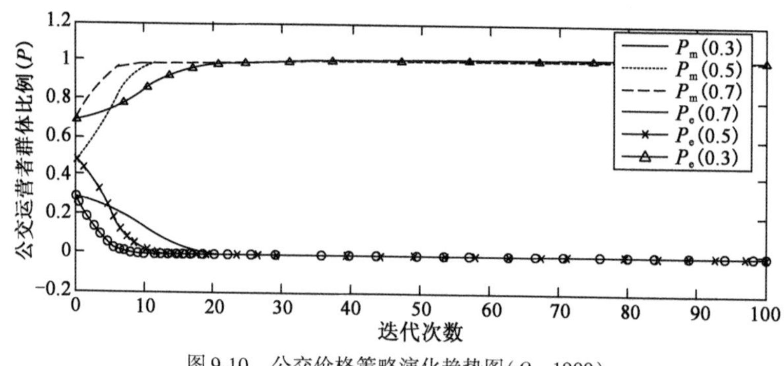

图 9-10　公交价格策略演化趋势图（$Q=1900$）

图 9-10 中，常规公交和 BRT 运营者选择价格策略的演化稳定状态与两类运营者规模初始值相关，并且与 $Q=1500$ 时两类公交运营者价格策略演化方向和结果一致。$p_m(0)=0.5$ 或 0.7，$p_e(0)=0.7$ 时，两类公交运营者选择价格策略均趋向价格联动策略方向演化；$p_m(0)=0.3$，以及 $p_e(0)=0.3$ 或 0.5 时，两类公交运营者选择价格策略均趋向价格独立策略方向演化。由以上常规公交和 BRT 价格策略演化模拟结果，表明城市公交价格策略演化路径和结果依赖于策略决策的相对收益水平，同时，公交价格策略演化稳定状态结果与选择不同公交价格策略的运营者规模初始值相关。因此，作为公交行业管理者的政府，一方面可以通过公交运营市场进入管制、公交企业转制等管制措施调控不同公交价格策略的运营群体规模，影响公交价格策略演化路径和演化稳定策略向公交管理者期望的方向发展；另一方面，通过税收优惠以及公交补贴，包括票价补贴和燃油补贴等财政手段，提高公交价格联动策略公交运营者的收益，引导和加速公交市场价格联动策略机制的形成。此外，配合公交补贴政策，利用公交管理者价格管制措施约束和引导公交服务价格体系的形成，协调公交运营者利润和公交服

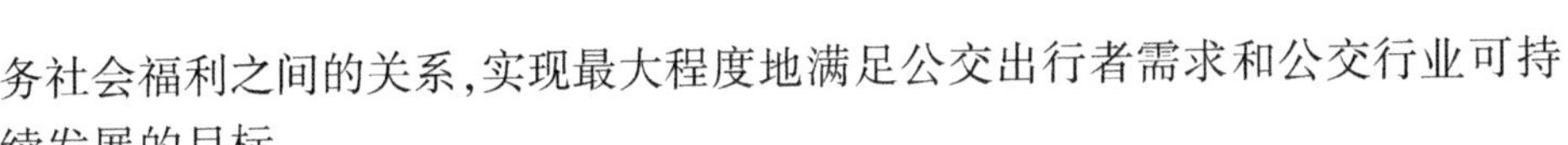

务社会福利之间的关系,实现最大程度地满足公交出行者需求和公交行业可持续发展的目标。

第四节　城市轨道交通与常规公交价格联动研究

一、城市轨道交通与常规公交价格联动的必要性

城市轨道交通和常规公交是城市客运中两种最为主要的交通方式,一种交通工具价格的变动必然导致另一种交通工具客流量的变化,从而导致城市公共交通整体客流发生变化。同时,由于城市轨道交通和常规公交之间存在交叉价格弹性,对这两种交通工具进行定价时,不能将其孤立的定价,而应该将其作为一个整体进行联动定价。

城市轨道交通和常规公交之间的交叉价格弹性可以很好地解释城市公共交通进行价格联动的必要性。交叉价格弹性表示一种商品的需求水平对相关的另一种商品价格变化的反应或敏感程度[76]。城市轨道交通和常规公交的票价是相互联系、相互影响的,轨道交通票价或常规公交票价的变化都会引起对方票价的变化,通过交叉价格弹性系数可以有效地分析公共交通工具的需求受其他交通工具价格影响的程度。从 1991 年伦敦城市交通需求的价格弹性表(表 9-4)中可以看出轨道交通和常规公交两种交通工具的票价变动引起相应交通需求的变化情况。

1991 年英国伦敦城市交通需求的价格弹性[76]　　表 9-4

交通类型	常规公交	城市轨道交通	市郊铁路	出行减少
常规公交	-1.318	0.897	0.193	0.229
城市轨道交通	0.356	-0.688	0.211	0.120

从表 9-4 中可以看出:当常规公交的价格提高 10% ,那么可能会导致公交的客运量降低 13.18 个百分点;与此同时,在城市轨道交通票价并无变化的情况下,地铁的客运量增加 8.97% 。相似的,若地铁的价格提高了 10% ,那么会导致地铁的客运量降低 6.88 个百分点;若公交的票价此时没有变化,则常规公交的客运量提高 3.56% 。

因此可以得出以下几个重要结论:

(1)常规公交与轨道交通的交叉弹性值均为正值,它们之间存在某种竞争或替代关系。

(2)常规公交提高票价对自身需求的影响要大于城市轨道交通对自身的影响,分别为1.318和0.688。

(3)城市轨道交通对常规公交的交叉影响要大于常规公交对城市轨道交通的交叉影响,分别为0.897和0.356。

因此,在研究城市常规公交和城市轨道交通票价定价时,不能将这两种交通工具孤立的研究,而应该对这两种交通工具的价格进行联动研究,以达到城市公共交通系统票价的最优化[76]。

二、城市轨道交通与常规公交定价原则与策略

(一)定价原则

城市轨道交通和常规公交是城市中供公众使用的经济方便的各种客运交通方式的总称,具体是指在规定的路线上,按固定的时刻表,以公开的费率为城市公众提供短途客运服务的系统[250]。

城市客运交通发展的长远目标是建立合理的交通运输结构体系,实现城市资源的合理利用。因此,城市轨道交通和常规公交票价的制定应在城市交通发展战略指导下,支持城市发展目标的实现。在新的投融资体制下,其票价的制定应以"公益为先、兼顾效益"为原则,正确处理顾客、企业和政府三者之间的关系,充分考虑"乘客的承受能力、企业的经营效益、政府的调控能力",实现企业长期利润最大化。城市轨道交通和常规公交票价制定原则主要有以下几个方面[106]:

(1)票价的制定要立足于吸引乘客的原则

客流量与票价水平是相互影响的。客流量越大,票价提升的空间越大,同时票价越高,客流量就会相应的减少。因此,客流量和票价之间必然会存在一个最佳的动态平衡点,这个平衡点就是最优票价。制定最优票价的目的就是吸引客流,缓解城市的交通压力,充分发挥轨道交通作为城市交通骨干的作用。

研究表明,乘客对票价的反应敏感程度为:上下班的客流受票价提高的影响较小;非高峰期尤其是晚上及周末的客流量受其影响最大;行程越远,受票价影响越小。

(2)充分考虑居民的承受能力和选择的原则

通过调查统计分析,任何超过居民承受能力的票价都会极大地削弱公共交通的吸引力。此外,即使乘客能够负担起较高水平的票价,也不足以说明这个票价就合理,因为乘客能够支付和愿意支付是两回事。因此,制定城市公共交通票

价时需要充分考虑居民的承受能力和支付能力，不能增加居民的经济负担。

(3)坚持社会效益为主、企业经济效益为辅的原则

公共交通票价是调节公交企业与乘客双方经济利益的平衡点，又是企业生存和发展的先决条件。所以在城市公共交通的定价问题上，必须正确权衡企业利益和社会利益的关系。既要依据同行业的社会平均成本以合理的价格补偿来维护简单再生产，又要考虑到不让国有资产流失，企业的运营活动必须带来不低于资本市场平均投资回报的利润。

(4)企业定价服从国家宏观调控的原则

社会主义市场经济的性质以及城市公共交通行业的性质决定了公交票价的制定必须置于国家宏观调控之下，符合国家价格法律法规。一方面公交企业在要求享有企业自主定价权利的同时，也要承担和履行相应的价格义务；另一方面要在国家价格政策指导下，积极主动地进行价格活动，使公交票价与国家限价统一起来。

(5)价格决策符合市场竞争需要的原则

科学的价格决策应尊重市场的供求状况和价值规律，适应市场竞争的需要。因而应对市场进行可行性研究，准确进行价格预测，防止定价的随意性，使公交票价的制定符合客运市场竞争的客观实际。

(6)提高效率原则

一方面，通过控制价格促进经营者节约成本提高生产率；另一方面，通过制定具有竞争力的公交票价水平来引导人们选择具有资源利用率高、能耗少、污染少等优点的公共交通方式出行，尽量减少私人交通，做好各种交通方式的相互衔接，发挥城市公共交通的组合优势，提高城市交通的整体效率。

(二)定价策略

成本、需求和竞争是影响价格行为的3个主要因素[251]。城市轨道交通票价不能脱离成本，但又不能按城市轨道交通的完全成本定价，依据运营成本并考虑合理回报来确定城市轨道交通票价是公平和可行的。城市轨道交通运营初期，在乘客对按运营成本中边际成本确定的票价还不能承受的情况下，采用理解价值定价法(乘客根据心目中的认知价值确定价格，最常用的方法是采用替代产品价格)确定城市轨道交通票价也是城市轨道交通运营初期必须面对的现实。

定价策略是市场营销组合策略的重要组成部分，是定价目标和方法的具体化，是具有灵活性、技巧性、竞争性和操作性的营销手段。对于城市轨道交通产

品,采用获得高额回报定价方法在城市轨道交通运营的任何阶段均不可取;低价渗透的定价策略在运营初期对培育客流、引导乘客出行习惯是非常重要的手段;折扣和让价策略可以较好地提高乘客的忠诚度;差别定价策略对解决供需矛盾、削峰平谷、提高运输收入会起到作用。提高和降低产品价格对企业都是有风险的,价格调整也要讲究策略,是主动调整还是被动调整,是跟随降价还是保持价格不变而增加服务内容,这些在城市轨道交通价格调整中都需要认真考虑。对城市轨道交通保持长期基本稳定、无实质性增长的价格策略是可取的。

三、城市轨道交通与常规公交价格联动模型

(一)价格联动模型构建

对城市公共交通定价,需要考虑不同方面的因素。对于不同的运营企业而言,他们之间存在相互竞争的关系,如果各自制定不同的票价方案,将导致城市公共交通秩序的混乱。对于选择城市公共交通出行的居民来讲,他们是城市公共交通发展的基石,只有制定合理的票价,满足城市居民出行的要求,才能让城市公共交通得到更好的发展。对于政府,则希望城市公共交通的票价能够带来整个社会福利的最大化。因此,城市公共交通价格在多重目标的指引下,既要发挥其社会效益,保障居民福利,还要保证公共交通企业基本利益。同时,城市公共交通定价也受到企业成本、定价目标及策略、市场需求、居民承受力、政府管制等因素的影响和制约。城市公共交通定价问题需要用多重目标和约束进行全面考量。城市公共交通定价目标主要有三个方面:政府—城市公共交通的服务质量管制者、城市公共交通企业—城市公共交通服务的提供者和乘客—城市公共交通服务的使用者。各个方面的定价目标不同,具体如下所列。

(1)政府:社会成本最小化。对政府而言,公共交通作为准公共产品应当实现其公益性,希望居民乘坐公共交通出行的社会成本最小化。

(2)城市公共交通企业:企业利益最大化。对公交企业而言,利益是企业最根本的追求,如何使得收益与成本的差额即利润最大化是企业的最终目标。

(3)乘客:出行成本最小化。对于乘客,总希望出行所产生的费用越小越好,其中包括金钱费用(票价)和时间费用(消耗时间)。这种心理也引导了他们对出行工具的选择,是乘客对公共交通服务的期望目标。

城市轨道交通与常规公交价格联动模型为多目标定价模型,需要综合考虑政府、企业和乘客的利益。居民在出行的过程中,总是趋向于选择广义出行费用最小的交通工具出行,当居民选择轨道交通和常规公交的广义出行费

用大致相等时,此时轨道交通和常规公交的出行需求达到均衡的状态。本书在居民出行需求均衡的状态下建立模型,有利于城市公共交通票价进行合理的调节。

根据文献[249],城市居民选择轨道交通和常规公交出行的广义出行费用包括票价费用和时间费用,可以表示为:

$$C_r(\tau) = P_r + (T_{jr} + T_{wr}) \cdot \tau_r \tag{9-42}$$

$$C_b(\tau) = P_b + (T_{jb} + T_{wb}) \cdot \tau_b \tag{9-43}$$

式中:$C_r(\tau)$、$C_b(\tau)$——居民选择轨道交通和常规公交的广义费用;

P_r、P_b——轨道交通和常规公交票价;

T_{jr}、T_{jb}——轨道交通和常规公交的平均运行时间;

T_{wr}、T_{wb}——居民乘坐轨道交通和常规公交的平均等待时间;

τ_r、τ_b——居民乘坐轨道交通和常规公交的时间价值。

设f_r和f_b分别为轨道交通和常规公交的发车频率,根据城市公共交通运行的相关经验,居民乘车的平均等待时间和发车频率有如下的近似关系:

$$T_{wr} = \frac{1}{2f_r} \tag{9-44}$$

$$T_{wb} = \frac{1}{2f_b} \tag{9-45}$$

当居民选择城市轨道交通和常规公交的广义出行费用大致相等时,城市轨道交通和常规公交的需求达到均衡状态,即:

$$C_r(\tau) = C_b(\tau) \tag{9-46}$$

此时居民出行选择城市轨道交通和常规公交的均衡广义出行费用可表示为:

$$\tau_{rb} = (P_r - P_b) \cdot \left(T_{jb} - T_{jr} + \frac{1}{2f_b} - \frac{1}{2f_r}\right)^{-1} \tag{9-47}$$

将式(9-44)、式(9-45)和式(9-47)代入式(9-42)和式(9-43),得到居民选择城市轨道交通和常规公交的广义出行费用分别为:

$$C_r(\tau) = P_r + \left(T_{jr} + \frac{1}{2F_r}\right) \cdot \tau_{rb} \tag{9-48}$$

$$C_b(\tau) = P_b + \left(T_{jb} + \frac{1}{2f_b}\right) \cdot \tau_{rb} \tag{9-49}$$

假设$f(\tau)$是居民时间价值*Vot*的概率密度函数。为了便于分析,假设$f(\tau)$是均匀分布函数,$\tau \in [\theta_1, \theta_2]$,此时居民的出行时间价值概率密度函数可以表示为:

$$f(\tau) = \frac{1}{\theta_2 - \theta_1} \quad \theta_1 \leqslant \tau \leqslant \theta_2 \tag{9-50}$$

假设城市轨道交通服务范围内选择公共交通出行的小时客流量为 Q,当常规公交和城市轨道交通的需求达到均衡状态时,由于 $P_r > P_b$,轨道交通的小时客流量 Q_r 和常规公交出行的小时客流量 Q_b 分别表示为:

$$Q_r(P_r, f_r, P_b, f_b) = Q \cdot \int_{\tau_{rb}}^{\theta_2} f(x)\,dx = Q \cdot \frac{\theta_2 - \tau_{rb}}{\theta_2 - \theta_1} \tag{9-51}$$

$$Q_b(P_r, f_r, P_b, f_b) = Q \cdot \int_{\theta_1}^{\tau_{rb}} f(x)\,dx = Q \cdot \frac{\tau_{rb} - \theta_1}{\theta_2 - \theta_1} \tag{9-52}$$

根据文献[252],假设居民由常规公交换乘城市轨道交通的广义出行费用为 C_h,C_h 计算如式(9-54)所示:

$$C_h = \tau_h t_h + (1 - \beta) \cdot P_r \tag{9-53}$$

式中:τ_h——居民换乘时间价值;

t_h——换乘时间;

β——换乘优惠幅度,%。

根据文献[250,253],反映城市公共交通换乘特性的指标主要包括:换乘系数、换乘时间和换乘距离。换乘系数是反映乘客换乘程度的指标,换乘时间和换乘距离直接反映了线网布局、站点设置的合理程度,是反映乘客换乘方便程度的指标。

换乘系数 r_h 可以反映乘客公交出行的直达程度,其值为乘车出行人次 Q_b 与换乘人次 Q_h 之和除以乘车出行人次,计算如下:

$$r_h = \frac{Q_b + Q_h}{Q_b} \tag{9-54}$$

乘客的换乘时间特性一般是由平均换乘时间 $\overline{T}_h$ 表示,这是组成市民采用公交方式出行所用的出行时间中车外时间的主要部分之一,其值为乘客换乘步行时间 T_{hb} 和换乘候车时间 T_{wh} 之和除以公交出行换乘人次 Q_h,以 min/人次计算:

$$\overline{T}_h = \frac{\sum T_{hb} + \sum T_{wh}}{Q_h} \tag{9-55}$$

其中,由于换乘优惠政策导致的换乘增加量 Q_z 是由乘客对换乘优惠幅度的弹性、换乘公交线路的票价水平等因素决定的,可由以下计算公式得到:

$$Q_z = Q_b \cdot \gamma \cdot \beta \tag{9-56}$$

式中，$\gamma = 1 - r_h$，居民由常规公交换乘轨道交通的所有客流量就是由正常的换乘客流量和由于优惠政策导致的换乘增加量两部分组成。换乘量可以表示为：

$$Q_h = Q_b \cdot \gamma + Q_b \cdot \gamma \cdot \beta = Q_b \cdot \gamma \cdot (1 + \beta) \tag{9-57}$$

与城市公共交通的定价目标相适应，价格联动模型中的目标函数分为三部分：

(1)社会成本最小化

整个公共交通系统总的社会成本是居民乘坐城市轨道交通或常规公交消耗的成本、居民换乘消耗的成本及轨道交通和常规公交运营成本的总和，因此本书建立的社会成本最小化函数如下：

$$\begin{aligned} \min\ SC = & Q_r(P_r, f_r, P_b, f_b) \cdot \left(T_{jr} + \frac{1}{2f_r}\right) \cdot \frac{\theta_2 + \tau_{rb}}{2} + Q_h \cdot C_h + FC_r + VC_r \cdot f_r + \\ & Q_b(P_r, f_r, P_b, f_b) \cdot \left(T_{jb} + \frac{1}{2f_b}\right) \cdot \frac{\theta_1 + \tau_{rb}}{2} + FC_b + VC_b \cdot f_b \end{aligned} \tag{9-58}$$

式中，FC_r 和 FC_b 为轨道交通和常规公交的固定成本；VC_r 和 VC_b 为轨道交通和常规公交的可变成本，与发车频率有关。

(2)企业利润最大化

公共交通企业作为运营商最大的目标就是盈利。公共交通企业利润是由公共交通所有的运营收入减去所有运营成本所得到的，因此得到利润最大化函数如下：

$$\begin{aligned} \max\ B = & Q_r(P_r, f_r, P_b, f_b) \cdot P_r - (FC_r + VC_r \cdot f_r) + \\ & Q_b(P_r, f_r, P_b, f_b) \cdot P_b - (FC_b + VC_b \cdot f_b) \end{aligned} \tag{9-59}$$

(3)居民出行费用最小化

居民出行费用主要包括居民选择城市轨道交通和常规公交的出行票价费用和出行时间费用，还包括居民由常规公交换乘轨道交通的换乘成本。根据前面的相关论述，得到居民出行费用最小化函数如下：

$$\begin{aligned} \min C(\tau) = & P_r + \left(T_{jr} + \frac{1}{2f_r}\right) \cdot \tau_{rb} + P_b + \left(T_{jb} + \frac{1}{2f_b}\right) \cdot \tau_{rb} + \\ & C_h + \tau_h t_h + \beta \cdot P_r \end{aligned} \tag{9-60}$$

城市公共交通定价受政府管制、市场需求、居民承受力等因素的影响和制约。其约束条件的数学描述如下：

(1)政府对利润率的限制

由于城市轨道交通是准公共物品，其价格要在政府控制的范围之内，政府对城市轨道交通运营的利润都有严格的控制。假设政府规定轨道交通的最大利润率为 M，则政府对轨道交通利润率的约束条件可以表示如下：

$$Q_r(P_r,f_r,P_b,f_b)\cdot P_r-(FC_r+VC_r\cdot f_r)\leqslant M\cdot Q_r(P_r,f_r,P_b,f_b)\cdot P_r \tag{9-61}$$

(2)轨道交通满足客流需求约束

为了提高轨道交通的利用率，方便居民乘坐轨道交通，本书要求轨道交通能够满足居民乘坐轨道交通的客流需求，设城市轨道交通的最大容量为 K_r，则该约束条件可以表示为：

$$Q_r(P_r,f_r,P_b,f_b)\leqslant K_r f_r \tag{9-62}$$

(3)居民承受能力约束

城市公共交通作为一种公益性的产品，其票价必须在居民可以承受的范围之内。参考发展中国家及我国其他城市有关经验，居民公共交通支出 J 占可支配收入 Z 的比例一般为6% ~8%，较为合理。因此，居民承受能力约束可以表示为：

$$0.06\leqslant\frac{J}{Z}\leqslant 0.08 \tag{9-63}$$

假设居民平均每天乘坐公共交通出行上下班早晚各一次，一月以23d 计，居民月平均交通费 J 可表示为：

$$J=2\times 23\times\left(\frac{P_r+P_b}{2}\right) \tag{9-64}$$

居民承受能力约束可以表示为：

$$0.06\leqslant\frac{2\times 23\times\left(\frac{P_r+P_b}{2}\right)}{Z}\leqslant 0.08 \tag{9-65}$$

(二)价格联动模型求解

1.目标函数的标准化处理

城市公共交通企业的运营利润要达到最大化，而社会总成本和居民乘坐公共交通的出行费用要达到最小化，为了便于计算，将多目标规划模型进行标准化处理后求解。本书将城市公共交通企业运营利润最大化目标函数式进行处理，得到：

$$\min -B = (FC_r + VC_r \cdot f_r) - Q_r(P_r, f_r, P_b, f_b) \cdot P_r + (FC_b + VC_b \cdot f_b) - Q_b(P_r, f_r, P_b, f_b) \cdot P_b \tag{9-66}$$

最后，根据效用优化的方法，将社会成本最小化函数、居民乘坐公共交通的费用最小化函数和公共交通企业利益最大化函数加权合并为一个目标函数并求解其最小值，因此将多目标定价的目标函数转化为以下形式：

$$\min S = \lambda_1 \cdot SC + \lambda_2 \cdot C(\tau) + \lambda_3 \cdot (-B) \tag{9-67}$$

$$\text{s.t.}\ Q_r(P_r, f_r, P_b, f_b) \cdot P_r - (FC_r + VC_r \cdot f_r) \leqslant M \cdot Q_r(P_r, f_r, P_b, f_b) \cdot P_r$$

$$Q_r(P_r, f_r, P_b, f_b) \leqslant K_r f_r$$

$$0.06 \leqslant \frac{J}{Z} \leqslant 0.08$$

$$\lambda_1 + \lambda_2 + \lambda_3 = 1 \tag{9-68}$$

2. 目标函数权重系数的确定

为了便于计算，需将多目标模型处理成单目标模型，因此需要确定各个目标函数的权重系数。

层次分析法(AHP)是把复杂系统分解成目标、准则、方案等层次，在此基础上进行定性和定量分析的决策方法。它把人的决策思维过程层次化、数量化、模型化，并用数学手段为分析、决策提供定量的依据，是一种对非定量事件进行定量分析的有效方法，特别是在目标因素结构复杂且缺少必要的数据情况下，需要将决策者的经验判断定量化时该法非常实用。因此，本书采用层次分析法确定目标函数的权重系数。

现阶段，国家鼓励和引导各大城市积极发展公共交通，推行“公交优先”政策，实行“公交优先”，其实就是“百姓优先”和“效率优先”。因此，在“公交优先”政策下，首先实现的目标应当是社会总成本最小化，其次是乘客的福利最大化即出行费用最小，最后才考虑公交企业利益最大化。在本模型中，得到“公交优先”下目标优先级关系为：

居民出行社会成本最小化 > 乘客出行费用最小化 > 公交企业利益最大化

利用层次分析法确定本书所建立模型权重系数的步骤为：

(1)建立递阶层次结构。把问题进行分解组合，建立递阶层次结构，清楚地表明各层次间的关系。

(2)构造判断矩阵。在层次结构中，对于从属于(或影响)上一层的每个因素所在的同一层诸因素进行两两比较，比较其对于准则的重要程度，并按事前规定的标度定量化，构成矩阵形式，即判断矩阵。

(3)计算权向量。计算每一个判断矩阵各因素针对其准则的相对权重,计算判断矩阵对应于最大特征值的特征向量,经归一化后即为同一层次相应因素对于上一层次某因素相对重要性的排序权值。

(4)一致性检验。为避免其他因素对判断矩阵的干扰,需要进行一致性检验,只有通过检验,才能说明判断矩阵在逻辑上是合理的,才能继续对结果进行分析。

(5)价格联动模型求解。Lingo 是一套专门用于求解最优化问题的软件包。该软件主要用于求解线性规划和二次规划问题,还可以用于一些非线性方程(组)的求解等。Lingo 的求解过程采用单纯形法,一般是首先寻求一个可行解,在有可行解情况下再寻求最优解。Lingo 软件的最大特色在于可以允许优化模型中的决策变量是整数(即整数规划),而且执行速度很快。因此本书采用数学规划软件 Lingo 对所建立的多目标定价模型进行求解,得到常规公交和轨道交通的定价,其求解过程如图 9-11 所示。

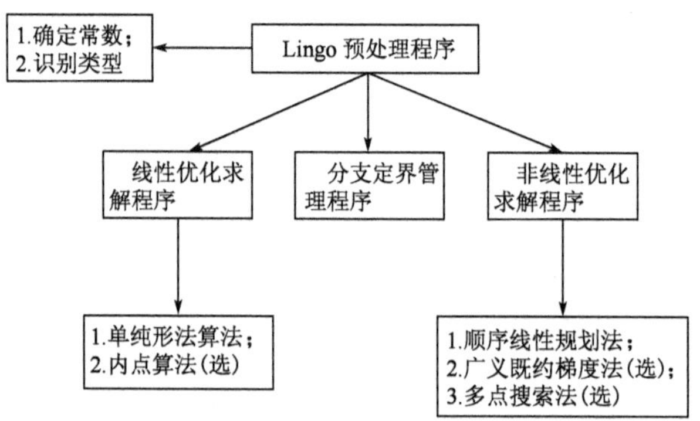

图 9-11　Lingo 软件求解过程

轨道交通与常规公交价格联动算例、求解结果及分析详见参考文献[106]。

第五节　城市停车收费与拥挤收费价格联动分析

停车收费与拥挤收费的主要对象均为城市交通系统中的私人交通出行者,这与公交定价与地铁定价的公共背景有所不同,并区别于燃油税等相关带有普遍性的交通价格政策。停车收费是指通过对停车设施的使用者征收一定费用来调节和引导城市交通需求的一种静态交通管理措施,它通过对停车收费费率的调整实现对区域的交通控制,以达到平衡停车供需、改善居民出行方式和协调土地与交通发展的目的。停车收费的作用是将私人交通出行者所带来的"负外部效应”内部化，缓解区域的交通拥挤。

拥挤收费也称为拥挤定价，是指在道路交通严重拥挤的情况下，通过对道路使用者收费来调节和引导城市的交通需求，以实现缓解交通拥挤的目标，并能够为城市交通道路建设筹集一定资金。

与停车收费理论类似，道路拥挤收费也是从边际成本定价原理出发，通过对拥挤道路的使用者征收费用将边际外部成本“内部化”，抵消其产生的“负外部效应”。

从上述城市停车收费与拥挤收费的理论和作用可以看出，两者均是通过对出行者征收一定的费用，将交通系统的外部成本“内部化”，以达到改善交通环境和缓解交通拥堵的目的。同时，由于两者在系统中所要抑制的交通需求不同，故在城市交通系统中应对两者加以区分；但在城市的交通系统中，两者又存在相应的关系，即停车收费价格会影响到路网中的交通量和交通状况，依据交通状况制定的拥挤收费也应进行相应地调整，进而两者的价格制定过程中应考虑彼此联动。

一、停车收费与拥挤收费价格联动研究现状

早在20世纪20年代Pigou(1920)[13]与Knight(1924)[14]就首次提出拥挤定价的第一最优理论(Firt-best Congestion Pricing)，经济学家Vickery(1954)[254]和Roth(1965)[255]也对停车收费提出了相应的建议。在此阶段，无论是停车收费还是拥挤收费的定价研究都是单纯从经济学的角度出发考虑各自的收费理论与方法，没有将城市交通的相关状况考虑在内，也没有将两种收费联动起来进行研究或联动体系的建立。20世纪70年代开始考虑道路拥挤影响下的停车收费政策成为停车收费研究的一个热点。Josē A.，Gŏmez－Ibáńezd和Gary R. Fauth(1980)[256]以美国波士顿为例对城市中心区的车辆限行，对并停车收费和拥挤收费三种交通限制政策的利弊进行了分析，指出在区域停车收费政策下可能在收费区域边缘产生额外的停车需求，并且停车收费只能限制在收费区域的停车，却不能限制过境车辆，对整个区域的交通状况改善作用有限。

近年来，结合路面交通状况的停车模型建立和对考虑交通拥挤的停车收费政策也成为一个新的研究热点。Amott和Inci(2006)[257]首次从经济学的角度分析寻找停车位(Cruising for Parking)的交通现象，为了计算单位面积的路边停车数，结合城市道路交通拥挤状况和饱和路边停车情况建立了中心城区停车模型，并再次指出单纯寻找停车位的交通行驶会加剧城市的交通拥堵。Cathrop和

Proost(2006)[258]也以伦敦为例分析交通拥挤下路边停车政策,提出了相应的建议和分析结果并讨论路边停车与路外停车之间的关系。上述文章在考虑交通拥挤的停车定价体系时虽没有充分考虑停车收费范围内的拥挤收费,但是从城市的道路拥挤状况出发考虑静态停车收费的方法能为价格联动体系的建立提供一定的研究思路。Qian Zhen 等(2012)研究了在交通供给有限的情况下的费用制定,并提出通过收取适当的停车及拥挤费用以缓解道路拥堵,目前已得到了很多学者的认同[219]。

由于技术的限制和成本的投入过高,拥挤收费除了在少数发达国家的少数城市实施之外,并没有像停车收费一样在大城市中得到普遍的应用。对停车收费与拥挤收费的关系与区别研究起步较晚,Verhoef 等人(1995)[18]总结分析了停车收费和拥挤收费的区别,Albert 和 Mahalel(2006)[259]也利用 Logit 模型对停车收费和拥挤收费的需求弹性进行了研究,说明了上述两种收费在交通需求管理方面的高效用。Arnott 和 Inci(2010)[260]又从路网内车辆行驶速度和排队服务时间的角度出发,分析实施城市路边停车收费政策的路网短时动态性和空间稳定性。由于对拥挤状况抑制不足会导致交通量的增加,出行时间成本加大和交通流速的降低,故在交通拥挤异常的情况下包括停车收费在内的交通管理措施的实用宗旨是确保减弱的交通流能够在平衡的状态下进行转变。

虽然我国目前还没有城市实施拥挤收费,并且停车收费体系尚不健全,但针对城市停车收费与拥挤收费的价格联动已经取得了一定的研究成果。Zhang 和 Huang(2008)[261]提出一种观点:早晚高峰的动态交通模型是有区别的,在早晨整个路网对驾驶者而言都是动态均衡的,每个驾驶者都拥有相同的出行费用且不用降低出行成本。由于停车地点和停车费率的影响,夜间驾驶者的出行成本是不同的。所以就需要通过建立依时间可变的道路拥挤收费和依地点不同的停车收费来实现系统最优。Shi 等(2009)[262]建立了两种在城市中心区域上班的驾车者出行策略,其中一种方式为交付一定的拥挤费用后驶向工作地点,另外一种方式为停车后换乘公共交通前往工作地点。从出行成本出发分析,并建立双层规划模型。王健与孙广林(2010)[263]通过将路段拥挤收费与停车收费进行组合,在分析组合收费策略下出行成本和出行需求变化的基础上,建立了双层规划模型,并以收费社会效益最大化为目标,建立弹性需求条件下用户平衡模型,进行路段拥挤收费与停车收费组合优化。根据计算结果证明收费联动使得路网流量分布更加均衡,缓解了收费路段的交通拥挤,同时出行需求得到了一定抑制。但该研究仅局限于单时段、单用户的交通网络的探讨,并没有对于多时段、多用户组合优化问题进行分析,缺乏对城市交通系统应用的普遍性。

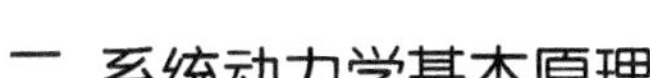

二、系统动力学基本原理

系统动力学(System Dynamics,简称 SD)作为系统科学与管理科学的重要分支,是一门分析研究信息反馈系统的学科,也是一门认识系统问题和解决系统问题并将系统科学理论与计算机仿真紧密结合的综合性新学科。

系统动力学最早由麻省理工学院 Jay. W. Forrester 所提出,其于 1956 年、1958 年和 1961 年所发表的论文和著作阐明了系统动力学的基本原理和典型应用,为系统动力学的发展奠定了基础。20 世纪 80 年代之后系统动力学迅速发展,90 年代之后得到广泛的应用与传播。系统动力学的应用领域主要集中在项目管理、物流与供应链以及宏观政策分析等相关领域。在交通领域的研究中,系统动力学的应用并没有得到广泛的推广,其少数应用主要集中在交通系统分析、交通政策分析和相关收费理论的研究领域。北京交通大学的李明博(2007)[264]应用系统动力学对城市交通拥挤的成因进行了分析,并以北京为例对中心城区实施交通拥挤收费政策与该政策的缓解交通的机理进行了论述和说明。清华大学的王继峰与陆化普(2008)[265]则将城市交通看成一个多变量、多反馈、非线性的复杂系统,利用系统动力学建立了城市交通系统的 SD 模型,涵盖了人口、经济、机动车和环境影响等七个子系统,并以大连主城区为例对系统模型进行了仿真,提出了相应的建议和对策。陶冶与薛惠峰(2009)[266]则利用系统动力学提出了一种交通能源的可持续政策,将能源价格、利率、能源税率、能源消减边际成本等因素加以分析,给出直观的能源消减拘束目标和实现该目标所需采取的交通税率政策实施方案。北京交通大学的李宇航与何世伟(2010)[267]通过利用系统动力学的方法,结合北京市的城市交通与经济现状,对居民出行次数的影响因素加以分析并得出相关的政策措施和居民出行的可能行为模式,为相关部门决策提供辅助与支持。

系统动力学认为,系统的行为模式与特性主要取决于其内部的动态结构与反馈机制。系统与模型作为研究单元与反馈机制构成了系统动力学的主体框架。在系统动力学中,模型作为实际系统的抽象与归纳,并不是要完全重现现实系统,所以在实际建模过程中要从近似性、可靠性与目的适合度三个方面考量和理解模型本身。反馈则是系统动力学中的核心概念之一,所谓反馈指的是 X 影响 Y,反过来 Y 通过一系列的因果链来影响 X,而对整个系统而言,“反馈”则指系统输出与来自外部环境的输入关系[268]。

系统动力学通过电脑和相关的软件实现对系统模型的动态分析,涉及系统动力学的仿真模拟概念对建模至关重要。在系统动力学建模的过程中,最为重要的两个概念就是因果回路图和存量流量图(简称流图),此外,模型中的重要变量也对整个仿真过程起到了决定性的作用。

(一)因果回路图

因果回路图(Causal Loop Diagram,CLD)作为表示系统反馈回路的最重要工具之一,是实现系统动态假设不可缺少的载体。因果回路图含有多个变量,变量之间也有箭头进行连接,进而表达相应的因果关系。每条因果链(连接各变量的箭头)也都具有极性,极性的正负表征当变量变化时,相关变量会如何随之进行变化。正(+)因果链意味着如果原因增加,结果要高于它原来所能达到的程度;反之,如果原因减少,结果要低于它原来所能到达的程度。负(-)因果链效果相反。值得注意的是因果回路图自身并不能区分存量和流量,即不能区分系统中资源的积累和改变那些资源的变动因素。因果键极性及相关说明见表9-5。

因果链极性及相关说明 表9-5

极性	正极	负极
符号	+	-
解释	在其他条件相同的情况下,如果 X 增加(减少),那么 Y 增加(减少)到高于(低于)原所应有的量,在累加的情况下 X 加入 Y	在其他条件相同的情况下,如果 X 减少(增加),那么 Y 减少(增加)到低于(高于)原所应有的量,在累加的情况下 X 从 Y 中扣除
数学公式	当 $\partial Y/\partial X>0$ 时,在累加的情况下 $Y=\int_{t_0}^{t}(X+\cdots)\mathrm{d}s+Y_{t_0}$	当 $\partial Y/\partial X<0$ 时,在累加的情况下 $Y=\int_{t_0}^{t}(-X+\cdots)\mathrm{d}s+Y_{t_0}$
例子	努力 →(+) 结果 产品质量 →(+) 销售量 出生速率 →(+) 总人口数	产品价格 →(-) 销售量 挫折感 →(-) 结果 死亡速率 →(-) 总人口数

注:该表中符号与例子所对应的说明图片均出自软件 Vensim PLE。

(二)存量流量图

存量与流量是基于存量—流量图上的最基本的概念。其中存量是积累,表明系统的状态并为决策和行动提供信息基础;流量则反映了存量在系统中随时间的变化,即系统流入与流出之间的差异随着时间积累而产生的存量。存量—

流量图是指在因果回路图的基础上进一步区分变量性质的图形表示方法。因果回路图仅描述了反馈结构的基本框架，即各变量之间的因果关系，但是不能说明时间的推移对于各变量在“量”上的变化。换言之，因果回路图则只能说明变量的增加或减少，而不能说明变量之间按比例的变化[268]。

图 9-12 是存量—流量图的一般表达形式。一般情况下，存量—流量图中都会包含状态变量、速率变量等相关变量，而这些变量是系统动态反馈与控制的核心内容。

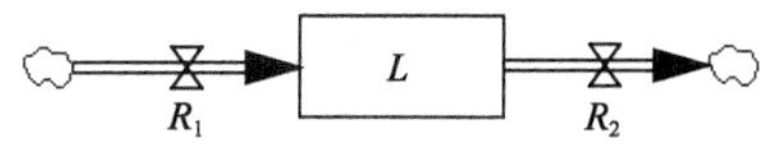

图 9-12　存量—流量图的一般形式

（三）相关变量

状态变量（Level Variable）是用来描述系统积累相应的变量，能够反映物质、能量、信息等对时间的积累，其数值可以在系统动态仿真的过程中随时进行观测（时点数）。在图 9-12 中，状态变量是用矩形符号表示的，指向矩形的箭头代表状态变量的输入流，从矩形向外指出的箭头为状态变量的输出流。状态变量本身也有较为严格的计算方法，如图 9-12 所示，假设观测的时间间隔为 DT，流入流速为 R_1，流出流速为 R_2，前次观测 level 值为 L_0，而时间间隔 DT 内 level 的增量为：

$$\Delta L = (R_1 - R_2) \cdot DT \tag{9-69}$$

而对于本次的 level 值 L：

$$L = L_0 + \Delta L = L_0 + (R_1 - R_2) \cdot DT \tag{9-70}$$

速率变量（Rate Variable）是用来描述累积效应变化快慢的变量，反映了系统根据决策变化的幅度大小。数学意义上是状态变量的导数，所以在仿真的过程中不能瞬间观测，但是可以在一定的时间段内取区间值。图 9-12 中，表示状态变量输入（出）流的箭头就是速率变量。

常量（Constant）指在系统动态的过程中变化甚微或保持不变的量。在系统动力学中，常量一般为系统中的局部目标或者标准。

与其他研究方法相比较，系统动力学有如下特点[269]：

（1）突破了传统定量研究在方法上的局限性，通过对复杂的系统进行仿真模拟将系统中一些不易量化的因素纳入其中并加以检验与分析。

（2）它是一种结构依存型模型，通过变量之间的关系来构建模型的框架，因此对数据本身的要求不高，即使数据不全也能够对系统进行分析。

（3）能够明确体现系统内、外部因素彼此之间的相互关系。

（4）能够对系统内直观的反馈回路进行表示。

(5)能够对系统设定各种控制因素进行跟踪,通过数据的变化观察系统行为和演变趋势,为角色提供一定的系统决策依据。

(6)能够对系统进行动态仿真实验,考察系统在不同的状态参数下的整体状态和各变量的变化趋势。

(7)能够进行长期的、动态的战略性分析研究。

三、城市停车收费与拥挤收费价格联动研究

停车收费系统与拥挤收费系统中的各因素作为子系统对整个联动系统模型的建立尤为重要,所以应对停车收费与拥挤收费的影响因素进行必要的分析。具体研究内容如下:

(1)停车收费与拥挤收费的体系分析。此部分主要从经济学和交通理论出发将实施停车收费与拥挤收费的区域作为研究对象,分析该区域在两者联合作用下的交通供给、交通需求与收费相关因素。

(2)影响因素子系统分析。停车收费与拥挤收费作为城市交通管理措施和收费政策,在实施的过程中会受到来自城市中的人口、土地利用、环境保护等相关因素的影响。本书将对每个因素在城市交通收费系统中看作子系统并进行相关的系统分析。

通过对停车收费和拥挤收费的费率制定可以实现对交通量的调节作用,从而实现以下的管理目标:

(1)交通出行方式从私人交通到公共交通的转变。停车收费和拥挤收费将提高私人驾车出行的成本,使得部分居民放弃私人交通出行的方式,进而转向更为廉价的公共交通。

(2)平衡交通供需关系,协调土地利用与交通的发展。停车收费和拥挤收费对交通需求的抑制作用可以缓解城市路网的交通压力,并能缓解中心城区用地紧张和交通供给之间的矛盾。

(3)优化资金来源,良性发展城市交通体系。停车收费和拥挤收费可以实现对基础设施的投资收益,也能为停车设施的再建设和道路状况的改善筹集资金,实现城市交通系统的良性发展。

(4)降低交通污染,提高城市空气质量。私人交通出行量和私人汽车使用频率的降低会减少汽(柴)油燃烧所排放的污染气体,从而提高城市的空气质量。停车收费与拥挤收费的主要对象均为城市交通系统中的私人交通出行者,我国城市的交通状况的恶化主要原因就是汽车保有量,特别是私人汽车数量的无限制增长。而选取两者作为联动主体进行研究能够很好地以控制私人交通的

制定将直接影响到社会效益和交通建设投资资金，从而对交通基础设施建设和改善产生作用并影响到路网的物理容量。

(3)环境容量分析

路网环境容量是指在环境条件制约下所得出的路网容量。在城市交通系统中，人、车与环境紧密相连，机动车保有量的不断增加会加重城市环境污染状况，城市环境的恶化也会降低城市交通设施的使用效率。而在停车收费与拥挤收费的体系下，交通需求的抑制会减少人均出行次数和私家车的使用频率，从而减少对交通环境的破坏作用。

在停车收费与拥挤收费价格联动体系中，包含物理容量、经济容量与环境容量的交通供给系统因果回路图如图9-13 所示。在图9-13 中，为了将停车收费与拥挤收费联动系统中交通供给系统与交通需求和收费价格系统进行连接，引入了描述交通拥挤状况的辅助变量“交通拥挤程度”。同时，为了保证停车收费与拥挤收费的影响因素子系统和交通供给系统之间能够顺利对接，在交通供给系统因果回路图中还引入了与其影响因素系统相对应的辅助变量作为接口，其中“人口总数”对应城市人口子系统，“可用土地”对应城市交通用地子系统，“交通投资”对应宏观经济子系统，“城市环境污染程度”对应城市环境子系统。

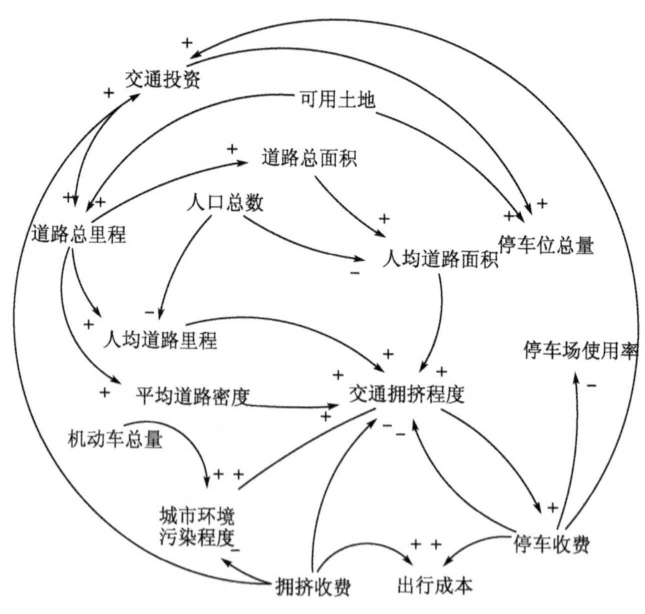

图9-13　交通供给因果回路图

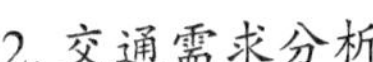

2. 交通需求分析

交通需求是指人或物在一定时期内受社会活动、经济状况和土地利用情况等影响在空间上产生位移的需求。交通需求的产生将导致出行行为的发生并在城市路网上形成交通流量,进而对城市交通供给系统的运行状况产生影响。在停车收费与拥挤收费价格联动系统中,除客运交通需求与货运交通需求外,停车需求也是必须考虑在内的因素。所以本书在交通需求系统的分析中将从客运需求、货运需求和停车需求三个方面加以分析。

(1)客运需求分析

居民出行强度是描述居民出行需求的重要指标,而人均出行次数是用以测算出行强度的最重要的指标,也是居民出行强度最直接的反映。通常情况下,居民出行成本的高低决定了居民人均出行次数的多少。在实际生活中,除机动车本身外,多种因素(如环境质量状况、交通拥挤程度、经济情况等)都与人均出行次数存在着联系并对其产生影响。对于机动车的拥有者而言,其个人出行成本主要包含机动车燃油消耗的成本、机动车保养成本、机动车的损耗成本。如果考虑出行时间、环境保护与交通事故等因素,则还要包含机动车出行时间成本、污染成本与事故成本等[271]。广义上讲,仅从机动车的使用角度出发机动车拥有者的出行成本为:

$$TC = C_{oil} + C_{m} + C_{w} + C_{p} \quad (9\ 71)$$

式中:TC——机动车出行总成本;

C_{oil}——机动车燃油消耗成本;

C_{m}——机动车养护成本;

C_{w}——机动车损耗成本;

C_{p}——机动车费用支付成本,主要是指出行中所需支付的交通管理费用。

在式(9-71)中,C_{oil}与燃油价格、机动车出行距离、机动车出行次数和单位油耗等因素相关,C_{p}所涵盖的交通管理费用主要指停车收费与拥挤收费即:

$$C_{oil} = col \cdot N \cdot l \cdot Poil \quad (9\text{-}72)$$

$$C_{p} = N \cdot (Fpark + Ftoll) \quad (9\text{-}73)$$

式中:col——机动车平均每公里的燃油消耗量;

N——机动车年均出行次数;

l——机动车平均出行距离;

$Poil$——所在年份的燃油平均价格;

$Fpark$——机动车每次出行所需缴纳的停车费用;

$Ftoll$——机动车每次出行所需缴纳的拥挤费用。

经过整理得到机动车年平均出行次数的计算公式如下：

$$N = \frac{TC - C_{m} - C_{w}}{col \cdot l \cdot Poil + Fpark + Ftoll} \tag{9-74}$$

在实际生活中，除机动车本身外，多种因素都与居民人均出行次数存在着内在的联系并对其产生影响。这些因素包括环境质量状况、交通拥挤程度、经济情况等多种因素，其直接或间接相互作用并对居民出行次数产生影响[267]。各因素与人均出行次数的具体关系如图 9-14 所示。

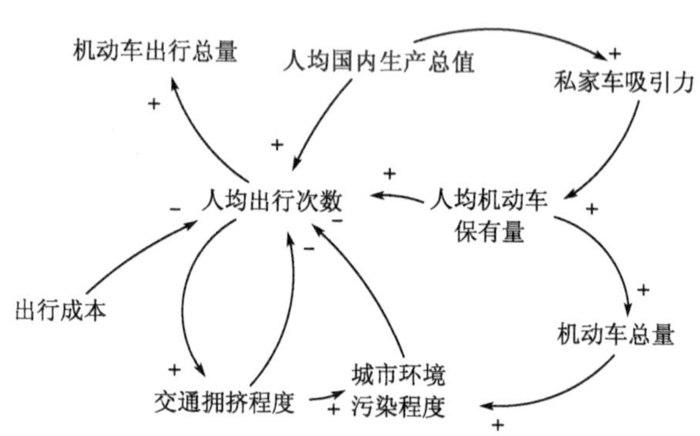

图 9-14　各因素与人均出行次数因果回路图

（2）货运需求分析

在实际中，货运需求主要受产业结构和国民经济发展水平等因素的影响。在研究区域中，货运需求在交通需求中的比重虽不及客运需求，但由于货运需求所产生的交通量对路网的影响较大，所以应对停车收费与拥挤收费联动区域内的货运需求予以充分考虑。货运需求在实际中主要受产业结构和国民经济发展水平等因素的影响。

（3）停车需求分析

停车需求的产生与车辆、停车场的状况等有密切的关系，而国民的经济水平和区域用地的状况又会对车辆和停车场的状况产生最为直接的影响。车辆是停车行为的发生主体，有车辆才有停车需求的产生，所以停车需求与车辆数之间呈正比例关系。从区域交通的宏观角度出发，早晚高峰小时内车辆多在城市路网上运行而使得停车需求会有所降低，这与在交通供给中所提到的交通拥挤程度会抑制停车使用率的分析相一致。同时，停车场的使用率和周转率会受到所在地的用地性质的影响。一般来说，城市活动越频繁的地区停车需求亦相对较高，并且可用土地的存在也为停车设置的扩建提供了可能性。结合客运需求、货运需求与停车需求的交通需求系统的因果回路图如图 9-15 所示。

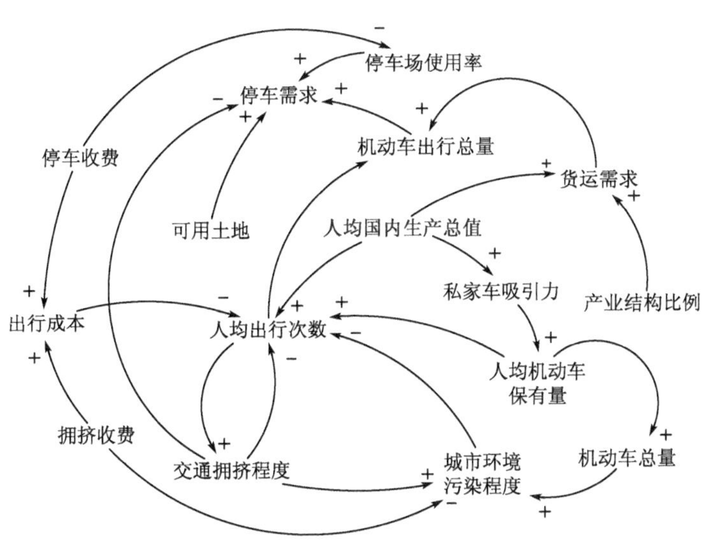

图 9-15 交通需求系统的因果回路图

(二)停车收费与拥挤收费价格子系统分析

实施停车收费与拥挤收费政策是为了通过交通收费管理措施来平衡区域交通供给与交通需求之间的矛盾。然而,区域交通作为一个复杂的系统会受到来自人口、土地、经济和环境等多方面因素的影响,所以在停车收费与拥挤收费价格联动的体系中也应对其进行分析。从系统动力学角度出发,上述影响因素多以状态变量的形式存在,也会对整个动态系统的变化产生较大影响,故对相应的影响因素分析是十分必要的。

(1)城市人口子系统分析

在城市交通系统中,几乎所有交通行为的主体都是人。人在城市交通系统的组成、运行和管理等各个环节中都起到了无可替代和举足轻重的作用。从微观角度来讲,在价格联动体系中,人(出行者)要衡量出行成本与私人出行需求之间的关系,进而决定出行时刻、出行方式和是否继续出行。从宏观角度出发,人口总量基本上决定了出行需求的规模和出行次数的量级,就业人口的结构和人口生活水平对城市的交通供求状况的影响也很大。就业人口数的增加会带来更多的人员流动,产生更多的工作出行的需求,所以就业人口结构可以很好地表征城市的交通需求。出生率和死亡率是人口总量的最直接影响因素。外来人口的迁入和原有人口的迁出也会造成人口总量的波动,直接对交通需求、交通供给、经济和环境的子系统产生影响,人口总量状态变量如图 9-16 所示。

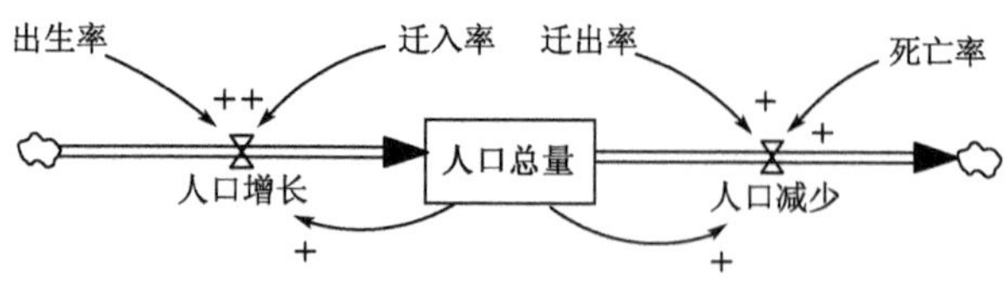

图 9-16　人口总量状态变量示意图

(2)城市土地子系统分析

城市土地利用与交通之间存在着密切的联系,城市化的进程伴随着城市土地的开发和土地利用性质的改变,而城市交通系统也依托城市土地的开发与利用得以发展。城市土地系统与交通系统彼此相互依存,相互作用,形成互通、互动的反馈关系模式。

(3)城市经济子系统分析

衡量城市经济的两个最为重要的指标是城市的居民收入和国内生产总值。居民可支配收入在一定程度上反映了城市居民的购买力,而国内生产总值(Gross Domestic Product,GDP)则被公认为是最有效地表征国家经济状况并反映出阶段内国家或地区的经济财富与实力的指标。国民经济增长带来的是居民家庭人均国内生产总值、人均收入和人均消费支出的增加,私家车购买力也会随之上升,微观体现在机动车市场人均交易额的增加,宏观体现在城市机动车保有量的稳步提升。国民经济的提升也有助于政府及道路相关部门加大城市交通基础设施的投入,从而提升城市交通供给,缓解城市交通供需矛盾。伴随着交通投资的增加,城市路网的总里程和道路总面积会得到显著的增加。

(4)城市环境子系统分析

城市环境作为连接人口、车辆与经济等因素的重要子系统,在价格联动体系中将发挥着重要的作用。停车收费与拥挤收费政策的实施会降低私人交通的出行,降低私家车的使用频率,从而解决车辆行驶所带来的尾气和噪声污染等城市交通问题。从城市交通系统的宏观角度出发,交通对城市环境的直接危害主要体现在汽车尾气污染、气体排放和汽车行驶所带来的噪声污染。

汽车运行所产生的有害气体中排放量较大的主要是一氧化碳(CO)、氮氧化物(NO_x)、碳氢化合物(HC)、硫氧化物(SO_x)和包含铅尘的颗粒状悬浮物。其中氮氧化物(NO_x)主要来源于汽车尾气排放,氮氧化物(NO_x)可以很好地表征汽车尾气排放对大气的污染程度,所在停车收费与拥挤收费的成熟环境子系统中将用氮氧化物(NO_x),尤其以二氧化氮(NO_2)作为衡量城市大气环境污染状况的指标。

（三）停车收费与拥挤收费联动分析

由于我国尚没有开始实施拥挤收费政策，所以两者的价格联动应以现行的停车收费为出发点进行考虑。出行者的出行方式选择和出行路线的选取会受到行驶区域交通状况和出行成本的影响，故在拥挤收费政策实施之前，机动车的出行成本为：

$$Cpark = C_0 + Fpark \tag{9-75}$$

其中，$Cpark$ 为停车收费政策下的出行成本，C_0 为广义的出行费用，$Fpark$ 为停车收费，交通需求函数可以表示为广义出行费用的一个连续递减函数[263]：

$$D(Fpark) = a\exp(-b \cdot Cpark) \tag{9-76}$$

其中，$D(Fpark)$ 指在停车收费下的交通需求，a 与 b 为待标定的常数项。当拥挤收费政策实施后，进入拥挤收费区域的机动车会在此基础上受到拥挤收费的影响，进而导致交通需求的变化，联动状况下的交通需求为[263]：

$$D(Linkage) = D(Fpark) - \theta Ftoll \tag{9-77}$$

其中，$D(Linkage)$ 为联动状态下的交通需求，$Ftoll$ 为拥挤收费，θ 需求弹性系数。因此，停车收费与拥挤收费联动下的交通需求表达式为：

$$D(Linkage) = a\exp[-b \cdot (C_0 + Fpark)] - \theta Ftoll \tag{9-78}$$

（四）停车收费与拥挤收费价格联动模型

客运价格联动策略系统动力学建模划分为以下四个步骤：

步骤一：识别与城市客运价格策略相关的价格系统和环境系统边界。

步骤二：构建城市客运价格联动策略的系统结构和因果关系图。

步骤三：建立城市客运价格策略的动力学方程和系统流图。

步骤四：进行城市客运价格策略的系统仿真与结果评价。

1. 研究对象界定

在城市交通系统复杂的背景下进行研究，需考虑的因素较多，同时每个因素所需数据量较大，对于不在系统边界内的因素和各子系统中各因素的内在变化，例如除两种收费以外的其他交通管理税收政策对居民出行的影响、自然状况及季节变化对居民出行的影响、早晚高峰时段路网状况差异等在模型建立中均不予考虑。

在城市交通系统停车收费与拥挤收费价格联动的系统动力学的仿真建模中，主要针对交通供给系统与交通需求之间的平衡关系以及各种交通管理措施在其中的调节作用进行研究，并考虑城市中人口、土地、经济和环境四个子系统所涉及的相关因素。

2. 价格联动系统因果回路图

通过上文对城市停车收费与拥挤收费理论的分析和对两者联动体系的影响因素分析，依托城市交通供给与交通需求所构成的结构框架建立价格联动系统，包含城市人口、土地、经济和环境子系统，该系统的因果回路图，如图 9-17 所示。

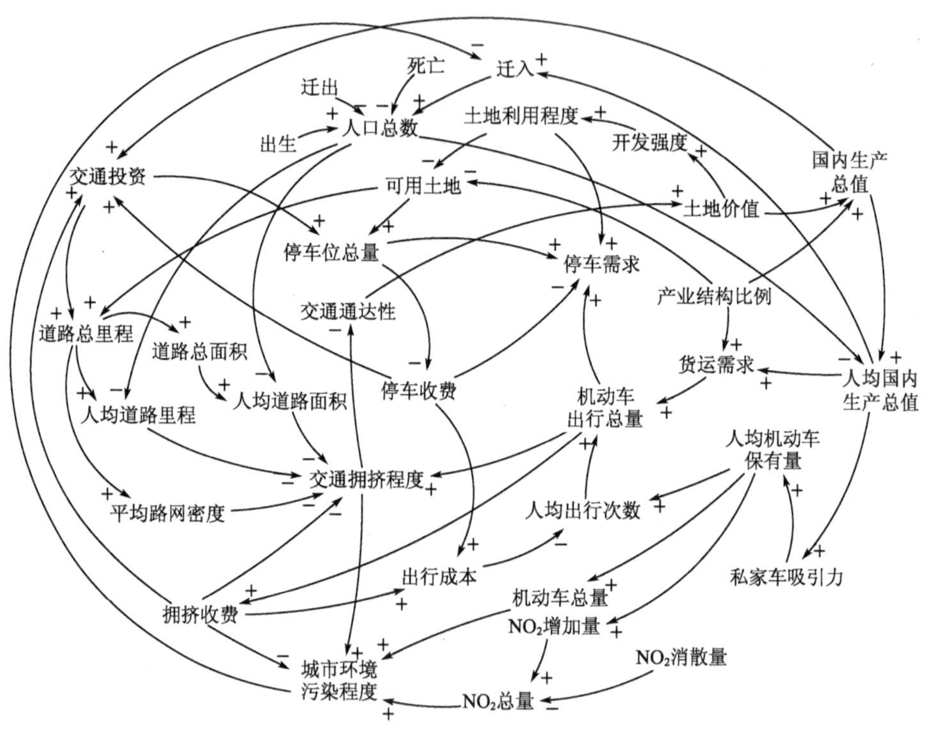

图 9-17　城市停车收费与拥挤收费价格联动系统因果回路图

通过 Vensim PLE 软件对城市停车收费与拥挤收费价格联动模型中的因果回路进行分析，可以得出该模型中所包含的主要因果反馈回路[212]：

(1)负反馈回路

①停车收费→出行成本→(－)人均出行次数→机动车总出行量→停车需求→停车收费。

停车收费的增加会导致出行成本的增加，进而抑制居民的出行需求，降低居民的人均出行次数,机动车总出行量的减少会造成停车需求的减少,为了抑制该趋势可以相应地降低停车收费的价格,这说明停车收费的价格和人均出行次数之间的关系是相互抑制的。

②拥挤收费→出行成本→(－)人均出行次数→机动车出行总量→拥挤收费。

拥挤收费会增加居民的出行成本从而降低人均出行次数,随着机动车出行总量的降低和道路交通拥挤程度的好转,拥挤收费的价格应向下调整。在此回路中,拥挤收费与人均出行次数之间也是相互抑制的关系。

③道路总里程→道路总面积→人均道路面积→(－)交通拥挤程度→(－)交通通达性→土地价值→开发强度→土地利用程度→(－)可用土地→道路总里程。

道路总里程和总面积的增加将会减弱交通的拥挤程度,提高区域交通的通达性和土地价值,土地的开发强度和土地的利用率的提高导致可用土地的减少,道路总里程增加速度放缓。

(2)正反馈回路

①停车收费→出行成本→(－)人均出行次数→机动车出行总量→拥挤收费→交通投资→停车位总量→(－)停车收费。

停车收费的增加会导致机动车出行总量的减少,交通状况的改善将促使拥挤收费的降低,在停车设施上的投资资金会下降,停车位总量下降,停车收费的价格还将继续升高来抑制无法满足的停车需求。在该含有拥挤收费的反馈回路中,停车收费的价格将一直增长,所以进行停车收费与拥挤收费的价格联动是必要的。

②拥挤收费→(－)交通拥挤程度→(－)交通通达性→土地价值→国内生产总值→交通投资→停车位总量→(－)停车收费→出行成本→(－)人均出行次数→机动车出行总量→拥挤收费。

该回路为以拥挤收费为出发点并包含停车收费的反馈回路,受到交通拥挤程度、通达性、停车收费与人均出行次数的综合影响,拥挤收费在该回路的作用下将一直增长下去,该回路也能说明对拥挤收费与停车收费进行价格联动的必要性。

③城市环境污染程度→(－)迁入→人口总数→(－)人均国内生产总值→私家车吸引力→人均机动车保有量→人均出行次数→机动车出行总量→交通拥挤程度→城市环境污染程度。

城市环境污染程度将影响人口迁入率和人均国内生产总值的变化,收入的增加会促进私家车的购买和人均出行次数的增加，机动车出行总量的上升会加重城市交通的拥挤程度进而增加城市环境的污染程度。从此回路可以看出，如果不加限制和实施相应的管理措施，城市环境污染程度将会加重，这也说明了停车收费与拥挤收费等交通管理措施引入的必要性。

3. 价格联动系统流图

依照停车收费与拥挤收费价格联动系统因果回路图构建系统流图，如图 9-18 所示。为了获取相应数据并保证模型的准确性和可操作性，在系统的因果回路图向系统流图转化的过程中将舍去部分变量并引入部分变量。对停车收费与拥挤收费价格联动系统动力学仿真模型的说明如下：

(1) 在城市土地子系统中，由于土地利用程度、开发强度和交通通达性等指标涉及内容较多且复杂，不宜量化和获取相关数据，故在流图中不予考虑。受土地影响的道路面积和停车位总量在模型中均以状态变量进行输出与输入。

(2) 在城市环境子系统中噪声无法量化并且噪声污染无法覆盖所研究的整个区域，故在建模中也不予考虑，并以具有代表性的 NO_2 的排放量表征环境子系统。

(3) 在联动收费的交通需求系统中，由于机动车的养护成本和损耗成本不宜统计和获得数据，故在流图建模中亦不予考虑，此外出行成本以居民消费支出中的交通部分给予计量。

(4) 因果回路图中的货运需求和客运需求在模型中均以机动车的出行总量来表征，所以不再单独进行客运和货运的计算。

(5) 在建模的过程中亦引入燃油价格、人均出行距离、停车场使用率和周转率等相关的指标以确定各变量的方程形式。

4. 相关指标与变量关系说明

在已建立的城市停车收费与拥挤收费价格联动系统仿真模型的基础上，确定各状态变量、速率变量与常量之间的关系，如在交通系统中所涉及的关系如下：

(1) 环境子系统涉及的变量关系

①NO_2 存量 = 原有 NO_2 存量 + NO_2 增量。

②NO_2 增量 = 机动车总量 × 机动车年均 NO_2 排放量 × 机动车的 NO_2 贡献率。

③机动车年均 NO_2 排放量 = 机动车出行量 × 平均出行距离 × 单位距离 NO_2

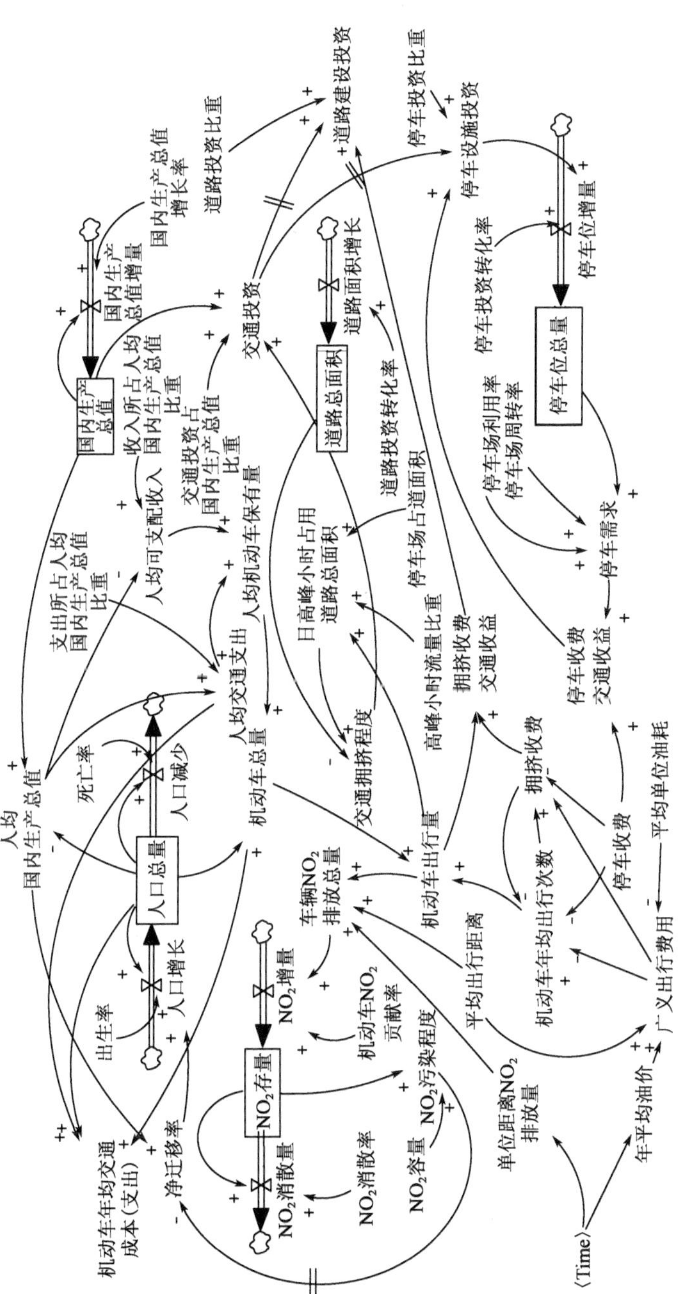

图9-18　停车收费与拥挤收费价格联动系统流图

角度为出发点加以分析,实现对私人交通的有效调节,缓解城市的交通压力。

(一)停车收费与拥挤收费价格联动体系分析

在停车收费与拥挤收费的价格联动体系中,主要从交通供给、交通需求两个方面进行分析并根据各系统中各影响因素的相互关系给出各子系统的系统动力学因果回路图。

1. 交通供给分析

交通供给是指为了满足出行需求并保障城市交通系统能够平稳高效运行所修建的道路、桥梁、停车场站和客运场站等基础设施以及相应的交通管理配套设施。在以汽车为运行主体的城市交通系统中,交通供需的实质就是路网容量能否满足汽车行驶的需求,从而保障汽车在路网中的运行状况。因此,狭义上的交通供给可以看成区域路网的交通容量。

路网容量按照研究范围的大小可分为广义路网容量与狭义路网容量,其中广义路网容量是指在单位时间内城市路网所能通行与容纳的最大人流与车流;而狭义路网容量指在城市路网上一定时间和约束条件内,路网所能通行与容纳的出行人数与出行交通个体数。同时,按照外部约束条件分,路网容量可以分为物理容量、经济容量与环境容量三类[270]。

(1)物理容量分析

路网物理容量是指受实际交通条件和路网物理条件影响的路网容量。在路网和周边停车布局一定的情况下,物理容量主要涵盖该路网的整体通行能力与停车设置的容量。区域路网的物理容量充分考虑城市道路的实际状况,包括区域路网的现有状况、路网的等级结构和布局结构等相关因素。在停车收费与拥挤收费价格联动的体系下,区域路网的物理容量将从道路总里程、人均道路里程、道路总面积、人均道路面积、平均路网密度和停车设施容量等方面进行综合考虑。由于征收道路拥挤收费的区域多为城市中心区域或者是商业区,土地开发程度高,在现有的土地使用面积下进行大规模的道路改扩建可能性较低,所以并没有考虑路网等级构成比例对交通供给的影响。同时受用地情况影响,道路总里程、道路总面积和平均路网密度的变化幅度也较小。

(2)经济容量分析

路网经济容量是指在经济效率、投资与资金等经济约束条件下所得出的路网的容量。在停车收费与拥挤收费价格联动的交通供给体系中,停车收费与拥挤收费除可以起到限制交通出行和缓解路网压力的作用以外,两者作为交通建设资金的重要来源也对路网的经济容量产生影响。停车收费与拥挤收费价格的排放量。

④NO_2 消耗量 = NO_2 存量 × NO_2 消耗率。

⑤NO_2 污染率 = NO_2 存量/NO_2 容量。

(2)经济子系统中所涉及的变量关系

①国内生产总值总量 = 原有国内生产总值总量 + 国内生产总值增量。

②国内生产总值增量 = 原有国内生产总值总量 × 国内生产总值增长率。

③交通投资 = 国内生产总值总量 × 交通投资的比重 + 拥挤收费收益 + 停车收费收益。

(3)人口子系统中所涉及的变量关系

①总人口数 = 原有总人口数 + 净增人口 - 死亡人口。

②净增人口 = 原有总人口数 ×(净迁移率 + 出生率)。

③死亡人口 = 原有总人口数 × 死亡率。

(4)交通供给系统中所涉及的变量关系

①道路总面积 = 原有道路面积 + 道路面积增量。

②道路建设投资 = 交通投资 × 道路建设投资比重 + 拥挤收费收益。

③道路面积增量 = 道路建设投资 × 道路投资的面积转化率。

④停车位总量 = 原有停车位总量 + 停车位增量。

⑤停车设施投资 = 交通投资 × 停车建设投资比重 + 停车收费收益。

⑥停车位增量 = 停车设施投资 × 停车投资的车位转化率。

⑦停车需求 = 停车位总量 × 停车位利用率 × 停车位周转率 ×365。

⑧车高峰小时平均占道路总面积 = 机动车出行总量/365。

⑨交通拥挤程度 = 车平均日占道路总面积/道路总面积 × 车平均占道路总面积 × 高峰小时流量比重。

(5)交通需求系统中所涉及的变量关系

①机动车出行总量 = 机动车年均出行次数 × 机动车总量。

②年平均交通消费支出 = Tcs × 人口总量/机动车总量。

③机动车年平均出行次数 N = 年平均交通消费支出/($col \times l \times Poil + Fpark + Ftoll$)。

④人均交通消费支出 Tcs = 人均国内生产总值 × 人均交通消费支出所占比重。

⑤人均可支配收入 Rdi = 人均国内生产总值 × 人均可支配收入所占比重。

⑥人均机动车量 = 浮动系数 ×($0.041085 + 0.054953 \times Rdi + 0.204554 \times Tcs$),此处的浮动系数是指所研究区域受人均收入的影响而导致的机动车购买力的浮动系数。

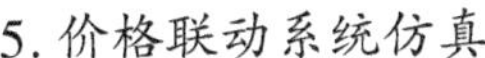

5. 价格联动系统仿真

由于停车收费与拥挤收费价格是针对区域交通的管理措施,故在进行系统动力学建模的过程中应选取一定区域作为研究对象并对其进行建模仿真与预测。本书以北京市海淀区为研究对象,应用区域历史数据对仿真模型进行精度检验,通过模拟数值和实际数值间相对误差的大小来衡量仿真模型的精确程度。若模型通过检验,则证明该模型较为可靠,能有效地反映实际情况,应用系统动力学仿真模型进行价格预测,模型检验详见参考文献[212]。

在系统动力学仿真建模的过程中,除要明确系统中各状态变量和速率变量等之间的关系外,还要明确模型所涉及的常量大小和相关单位。表 9-6 是海淀区停车收费与拥挤收费价格联动模型常量标定表,模型中所涉及的变量及其对应年份的值将在模型的检验过程中逐一说明。

海淀区停车收费与拥挤收费价格联动模型常量标定表　　表 9-6

常量名称	数值	单位	数据来源
出生率	0.006	—	中国区域统计年鉴
死亡率	0.004	—	中国区域统计年鉴
二氧化氮(NO_2)消散率	0.5	—	依据参考文献[269]推算
二氧化氮(NO_2)容量	1.35	万 t	依据参考文献[269]推算
地区生产总值增长率	0.167	—	中国区域统计年鉴
人均可支配收入占人均生产总值的比重	0.28	—	北京市统计年鉴
人均交通消费支出占人均生产总值的比重	0.016	—	北京市统计年鉴
交通投资占地区生产总值的比重	0.056	—	北京市第三次交通出行调查
道路投资比重	0.10	—	依据北京市统计年鉴推算
道路投资转化率	1300	元/m^2	依据部分城市道路建设项目估算
停车投资比重	0.10	—	依据北京市统计年鉴与相关停车数据推算
停车位投资转化率	5.34	万元/个	依据《北京市停车需求预测与公共停车设施规划的研究》并推算
高峰小时流量比重	0.13	—	交通工程手册
停车场周转率	2.9	次/日	依据《北京市停车需求预测与公共停车设施规划的研究》并推算

续上表

常 量 名 称	数值	单位	数 据 来 源
停车场使用率	0.7	—	依据《大城市商业区停车行为研究》并推算
机动车平均占道面积	25	m^2	(小汽车标准车长+预留空间)×车道宽度
机动车平均出行距离	14	km/次	北京市第三次交通出行调查
机动车平均单位油耗	0.081	L/km	中国汽车工业协会与汽车技术研究中心

在城市停车收费与拥挤收费的价格联动模型中,由于每年的油价变化与汽车污染排放要求不断严格,模型中的年平均油价和单位距离的 NO_2 排放量均按 2005~2009 年的实际情况对应给出,具体情况如表 9-7 所示。

北京市今年平均油价与污染物排放量表 表 9-7

变量名称	2005 年	2006 年	2007 年	2008 年	2009 年	单位
年平均油价	4	4.8	5.1	5.5	5.7	元
单位距离 NO_2 排放量	6.5	6	5	4	3.5	g/km

根据本书建立的系统动力学模型,以北京市海淀区为研究对象并标定常量,利用 Vensim PLE 软件对海淀区的数据进行逐步仿真并得到模拟结果。

在系统动力学模型对式(9-78)的标定过程中,设广义出行费用 C_0 为汽车出行的燃油成本,C_0 计算如下式所示:

$$C_0 = col \cdot l \cdot Poil \tag{9-79}$$

式中:col——机动车平均每公里的燃油消耗;

l——机动车平均出行距离;

$Poil$——所在年份的燃油平均价格。

一般地,机动车日均出行次数(Daily Travel Time,DTT)可以很好地反映交通需求的高低,交通需求与机动车日均出行次数成正相关的关系,故在公式中将利用交通拥挤度来表征交通需求,此外根据以往研究[259],拥挤收费的需求弹性值 θ 为 -1.8。

利用海淀区 2005~2009 年的系统动力学仿真数据对式(9-76)进行标定,得出 a 为 0.369,b 为 0.084,则停车收费与拥挤收费的价格联动关系为:

$$D_{\mathrm{DTT}} = 0.369 \times \exp[-0.084 \times (col \cdot l \cdot Poil + Fpark)] + 1.8 \times Ftoll \tag{9-80}$$

本书以2009年的数据为基础，对2009～2015年运用已建立的停车收费与拥挤收费价格联动模型进行仿真预测：

(1)以停车收费为参考的拥挤收费联动仿真分析

在模型的仿真模拟分析中，假设北京市拥挤收费政策从2012年开始执行，停车收费按照2011年《北京市机动车停车收费标准》设定为6元/次，2012年以后的年平均油价都设为8元/L。在以停车收费为参考的拥挤收费联动的仿真分析中，将逐一增加停车收费的价格，根据联动关系对海淀区拥挤收费价格、年机动车出行量和交通拥挤度进行分析。

从以停车收费为参考的拥挤收费联动结果可以看出，随着机动车数量和交通需求的增加，拥挤收费的价格不断增加，同时随着停车费用的增加，拥挤收费的价格却在降低，这就说明所建立的拥挤收费与停车收费的关系式符合区域交通需求管理的实际情况，能够反映两者在联动时的此消彼长的相互关系，具体结果见图9-19～图9-21与表9-8。

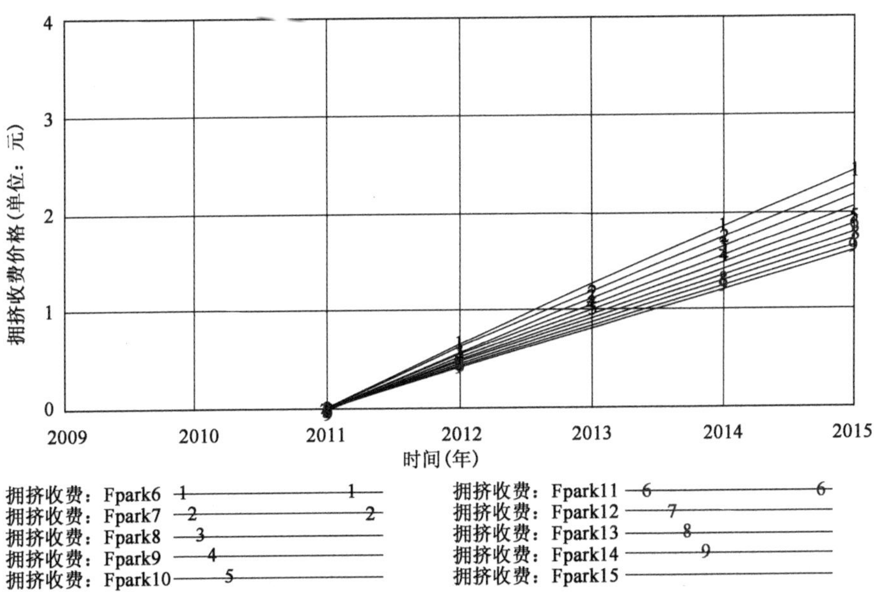

图9-19 海淀区基于停车收费价格联动的拥挤收费价格仿真模拟结果

注：Fpark6指停车费为6元/次时征收拥挤收费所对应的模拟结果，以此类推，下同。

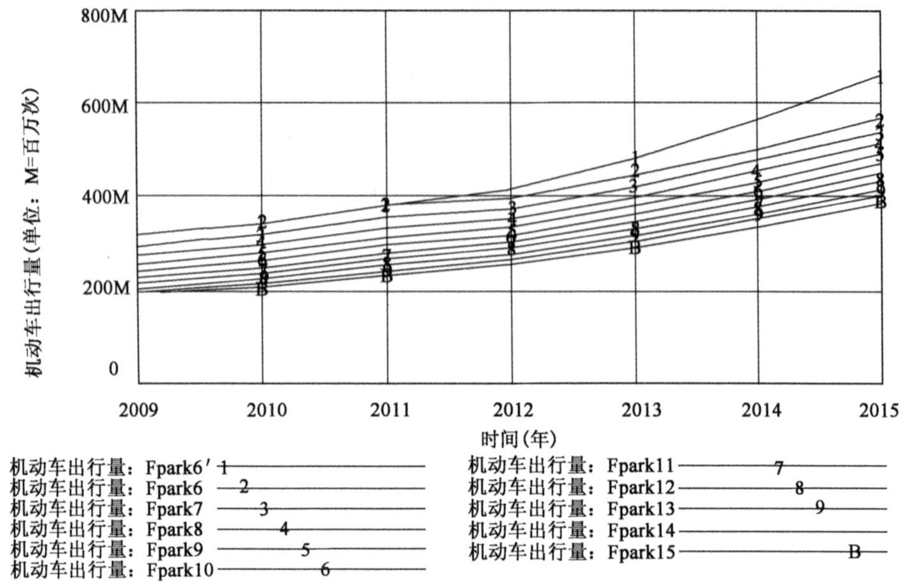

图 9-20 海淀区基于停车收费价格联动的机动车出行量仿真模拟结果

注：Fpark6′指停车费为 6 元/次时不征收拥挤收费所对应的模拟结果。

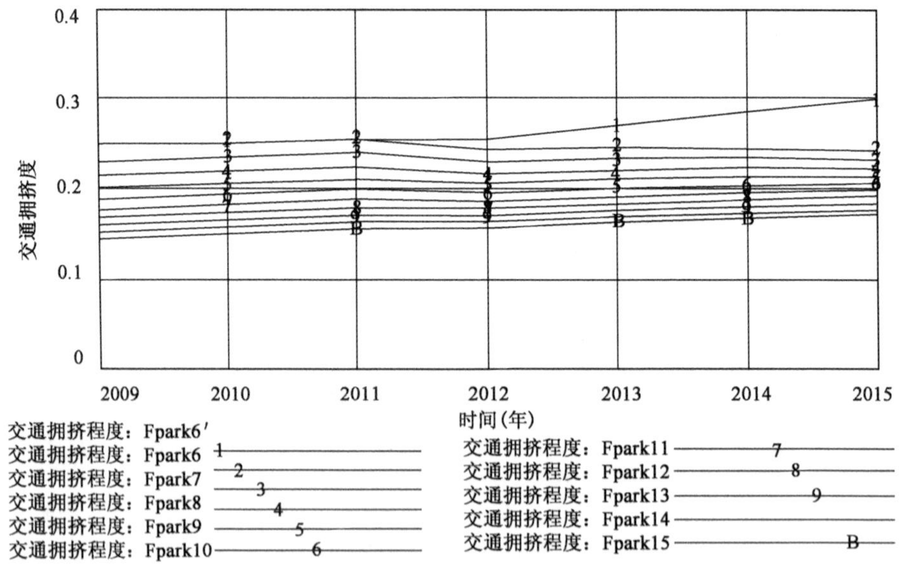

图 9-21 海淀区基于停车收费价格联动的交通拥挤度仿真模拟结果

海淀区基于停车收费价格联动的系统动力学仿真模拟结果表　　表 9-8

停车费用	相关指标	2012 年	2013 年	2014 年	2015 年
6 元/次	不征收拥挤费时机动车年出行量(万次)	41285	48180	56226	65616
	拥挤收费联动价格(元)	0.67	1.27	1.85	2.42
6 元/次	联动后机动车年出行总量(万次)	39538	44441	50070	56532
	交通量减少率(%)	4.23	7.76	10.95	13.84
	拥挤收费联动价格(元)	0.62	1.19	1.75	2.29
7 元/次	联动后机动车年出行总量(万次)	37272	42064	47559	53862
	交通量减少率(%)	9.72	12.69	15.41	17.91
	拥挤收费联动价格(元)	0.59	1.12	1.65	2.17
8 元/次	联动后机动车年出行总量(万次)	35241	39908	45259	51396
	交通量减少率(%)	14.64	17.17	19.51	21.67
	拥挤收费联动价格(元)	0.55	1.06	1.59	2.06
9 元/次	联动后机动车年出行总量(万次)	33412	37947	43148	49116
	交通量减少率(%)	19.07	21.24	23.26	25.15
	拥挤收费联动价格(元)	0.52	1.01	1.49	1.97
10 元/次	联动后机动车年出行总量(万次)	31756	36158	41209	47006
	交通量减少率(%)	23.08	24.95	26.71	28.36
	拥挤收费联动价格(元)	0.5	0.96	1.42	1.88
11 元/次	联动后机动车年出行总量(万次)	30253	34522	39423	45052
	交通量减少率(%)	26.72	28.35	29.88	31.34
	拥挤收费联动价格(元)	0.47	0.92	1.36	1.8
12 元/次	联动后机动车年出行总量(万次)	28882	33020	37774	43239
	交通量减少率(%)	30.04	31.47	32.82	34.1
	拥挤收费联动价格(元)	0.45	0.88	1.31	1.73
13 元/次	联动后机动车年出行总量(万次)	27627	31638	36250	41554
	交通量减少率(%)	33.08	34.33	35.53	36.67
	拥挤收费联动价格(元)	0.43	0.84	1.25	1.66
14 元/次	联动后机动车年出行总量(万次)	26474	30363	34837	39986
	交通量减少率(%)	35.88	36.98	38.04	39.06
	拥挤收费联动价格(元)	0.41	0.81	1.21	1.6
15 元/次	联动后机动车年出行总量(万次)	25412	29183	33524	38525
	交通量减少率(%)	38.45	39.43	40.38	41.29

从图 9-19 ~ 图 9-21 中可以看出，海淀区征收拥挤收费对机动车出行量起到了很好的抑制作用，交通拥挤程度也逐步降低，这说明拥挤收费政策的实施对整个交通系统具有积极影响。

仅以 2015 年的机动车出行量的变化模拟结果为例，当停车收费从 6 元/次变化为 7 元/次时，其与拥挤收费在价格联动下能够抑制 2670 万次的机动车出行量，而当停车收费从 14 元/次增加为 15 元/次时，停车收费与拥挤收费所能减少的机动车出行量仅为 1461 万次。在以停车收费为基础的价格联动体系中，停车收费的单位递增量所产生的交通抑制作用在逐渐降低。利用弹性分析理论对此变化趋势进行分析，当停车收费以 1 元为幅度逐渐增长时，受停车收费与拥挤收费联动作用的影响，机动车出行量的减少幅度却在减弱，即机动车出行量对于停车收费变化的弹性在逐渐降低，具体结果见表 9-9。

海淀区基于停车收费价格联动的机动车出行量弹性分析表 表 9-9

停车收费变化(元/次)		6 ~ 7	7 ~ 8	8 ~ 9	9 ~ 10	10 ~ 11	11 ~ 12	12 ~ 13	13 ~ 14	14 ~ 15
出行量弹性	2012 年	0.38	0.34	0.30	0.27	0.24	0.22	0.20	0.18	0.17
	2013 年	0.39	0.34	0.3	0.27	0.24	0.22	0.20	0.18	0.17
	2014 年	0.39	0.35	0.31	0.27	0.25	0.22	0.20	0.19	0.17
	2015 年	0.40	0.35	0.31	0.28	0.25	0.22	0.21	0.19	0.17
出行量平均弹性		0.39	0.345	0.305	0.2725	0.245	0.2225	0.2025	0.185	0.17

注：机动车出行量弹性 = 机动车出行量变化比例/停车收费变化比例。

(2) 以拥挤收费为参考的停车收费联动仿真分析

根据伦敦(2.6 欧元/次)、斯德哥尔摩(2.19 欧元/次)、新加坡(0.87 欧元/次)的费率，结合我国实际情况并考虑在征收拥挤收费的过程中收费条件的限制，以拥挤收费为参考的价格联动将以 0.5 元为最低的拥挤费用征收单元，并对拥挤收费在[0,5]元的区间内进行仿真分析，确定相应年限中所对应的停车收费价格与机动车出行量的变化值。

从图 9-22 中可以看出，随着机动车出行量和交通需求的增加，停车收费呈现逐年增加的趋势，同时受联动关系的影响，在拥挤收费价格上升的同时，相应年限的停车收费的价格也在逐渐降低。此外如图 9-23 与图 9-24 所示，随着停车收费与拥挤收费的双重作用，机动车出行量与交通拥挤度都得到很好的抑制，

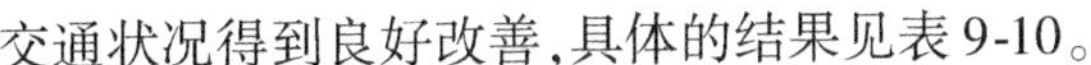

交通状况得到良好改善，具体的结果见表9-10。

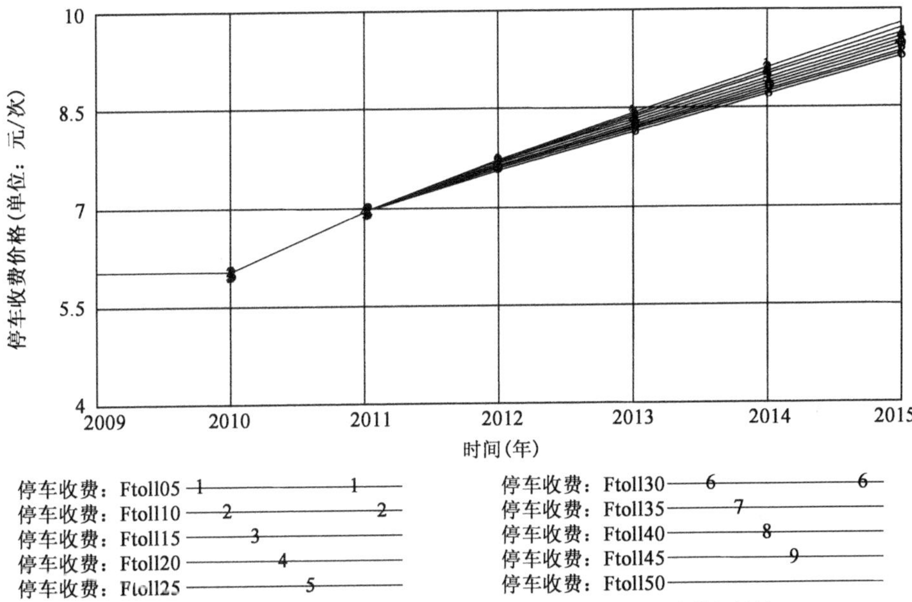

图9-22　海淀区基于拥挤收费价格联动的停车收费价格仿真模拟结果

注：Ftoll05指拥挤收费为0.5元时对应模拟结果，以此类推，下同。

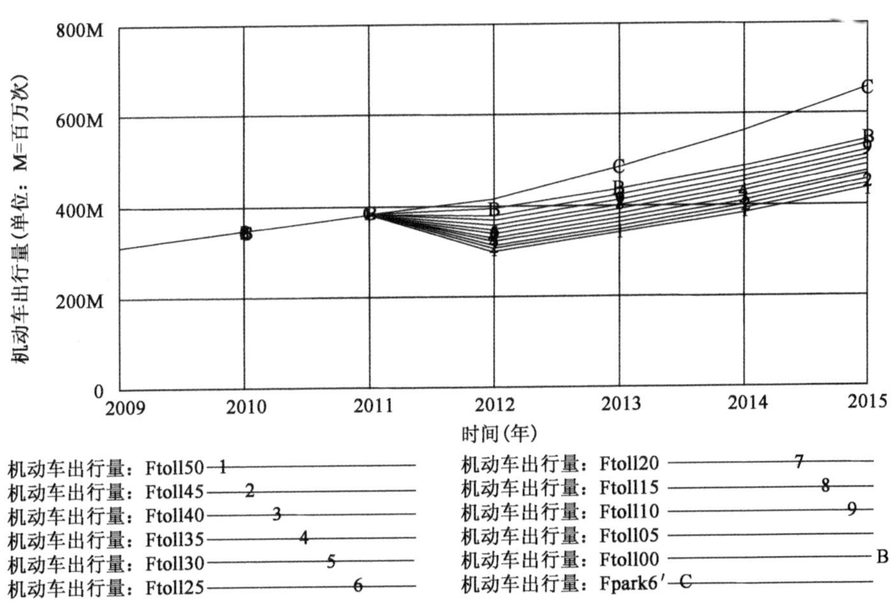

图9-23　海淀区基于拥挤收费价格联动的机动车出行量仿真模拟结果

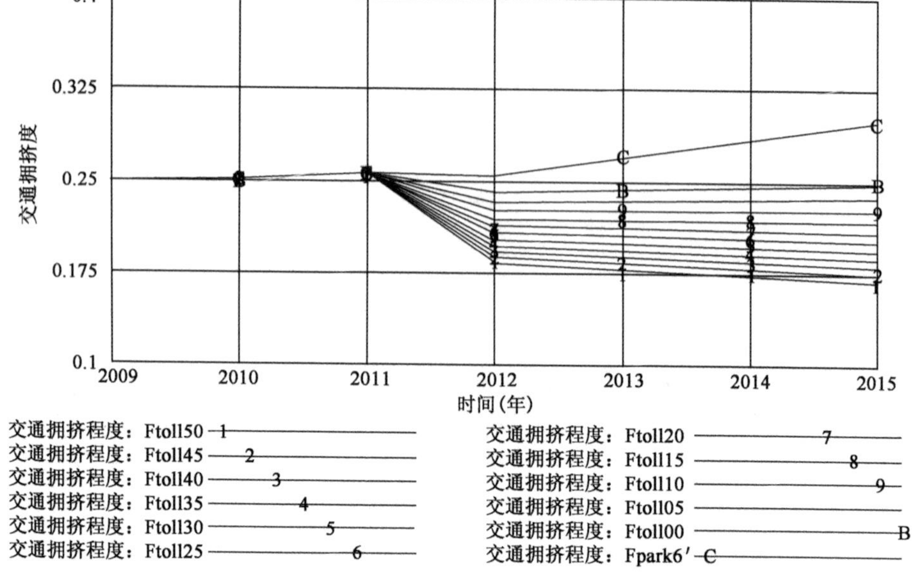

图 9-24　海淀区基于拥挤收费价格联动的交通拥挤度仿真模拟结果

海淀区基于拥挤收费价格联动的系统动力学仿真模拟结果表　　表 9-10

停车费用	相关指标	2012 年	2013 年	2014 年	2015 年
0 元/次	不征收拥挤费时机动车年出行量(万次)	41285	48180	56226	65616
	停车收费联动价格(元)	7.7	8.42	9.1	9.77
0.5 元/次	联动后机动车年出行总量(万次)	35966	40315	45322	51082
	交通量减少率(%)	12.88	16.32	19.39	22.15
	停车收费联动价格(元)	7.68	8.37	9.05	9.7
1 元/次	联动后机动车年出行总量(万次)	34956	39266	44223	44920
	交通量减少率(%)	15.33	18.5	21.35	31.54
	停车收费联动价格(元)	7.65	8.33	8.99	9.63
1.5 元/次	联动后机动车年出行总量(万次)	34400	38268	43171	48802
	交通量减少率(%)	16.68	20.57	23.22	25.62
	停车收费联动价格(元)	7.64	8.3	8.94	9.57
2 元/次	联动后机动车年出行总量(万次)	33097	37317	42163	47728
	交通量减少率(%)	19.83	22.55	25.01	27.26
	停车收费联动价格(元)	7.62	8.26	8.89	9.51
2.5 元/次	联动后机动车年出行总量(万次)	32239	36411	41199	46696
	交通量减少率(%)	21.91	24.43	26.73	28.83

续上表

停车费用	相关指标	2012 年	2013 年	2014 年	2015 年
2.5 元/次	停车收费联动价格(元)	7.6	8.23	8.85	9.45
3 元/次	联动后机动车年出行总量(万次)	31425	35546	40274	45702
	交通量减少率(%)	23.88	26.22	28.37	30.35
	停车收费联动价格(元)	7.58	8.2	8.81	9.4
3.5 元/次	联动后机动车年出行总量(万次)	30651	34720	39388	44746
	交通量减少率(%)	25.76	27.94	29.95	31.81
	停车收费联动价格(元)	7.56	8.17	8.76	9.35
4 元/次	联动后机动车年出行总量(万次)	29915	33930	38538	43825
	交通量减少率(%)	27.54	29.58	31.46	33.21
	停车收费联动价格(元)	7.55	8.14	8.73	9.3
4.5 元/次	联动后机动车年出行总量(万次)	29212	33174	37720	42939
	交通量减少率(%)	29.24	31.15	32.91	34.56
	停车收费联动价格(元)	7.53	7.12	8.69	9.25
5 元/次	联动后机动车年出行总量(万次)	28542	32451	36936	42084
	交通量减少率(%)	30.87	32.65	34.31	35.86

根据联动模型的仿真结果，结合交通量控制指标，给出针对北京市海淀区停车收费与拥挤收费联动价格建议表，为相关部门的价格制定提供一定的依据，具体价格见表 9-11。

北京市海淀区停车收费与拥挤收费联动价格建议表　　表 9-11

年限	交通量	联动方案一		联动方案二	
	减少率(约)	停车费(元/次)	拥挤费(元/次)	停车费(元/次)	拥挤费(元/次)
2012 年	10%	8	0.5	7.5	1
	20%	10	0.5	7.5	2.5
	30%	12	0.5	7.5	3
2013 年	10%	7	1	8	0.5
	20%	9	1	8	2.5
	30%	12	1	8	4.5
2014 年	10%	6	1.5	7.5	0.5
	20%	9	1.5	9	1
	30%	11	1.5	9	4
2015 年	10%	6	2	8	0.5
	20%	8	2	9.5	0.5
	30%	11	2	9.5	4

第六节　拥挤收费下的公交定价分析

拥挤是城市交通问题的普遍性症结所在。城市交通拥挤,不仅会直接增加城市出行的经济费用,还会带来严重的环境污染等多方面的社会福利损失,影响城市功能和作用的发挥。经验表明,由于交通供给受到城市布局、环境甚至建设资金的约束,不可能无限制满足交通需求的增长。因而推行交通需求管理成为缓解城市交通拥挤的必然选择,公交优先和拥挤定价是交通需求管理的重要组成部分。

由于公共交通在客流量充沛时运载效率高,人均占用道路空间远低于其他交通方式,因此,大力发展城市公共交通被视为缓解城市交通拥挤的关键,这是各国推行"公交优先"政策的基础。但是由于公交出行的可达性、舒适性差,又无法满足残疾人士或个性化出行的要求;同时,人们生活水平的提高和汽车工业的发展对私人出行的需求越来越大。单靠"公交优先"政策,从长远角度看在增加政府负担(财政补贴是各国在推行该政策时的一贯做法)的同时抑制了个性出行的需求,需要其他政策的配合,拥挤定价是该政策的必要补充。

一、拥挤收费对公共交通影响分析

交通拥挤的经典理论认为,出行者的广义交通费用包括车辆行驶费用、出行者承担的交通设施建设费用、出行者行驶时间三部分,交通拥挤的表现形式是出行时间增加,与前两者无关。因此,在交通拥挤分析中将车辆行驶费用和出行者承担的交通设施建设费用视为出行者的固定成本,在单一交通模式下与出行者的交通行为决策无关,不失一般性将其假设为零,则可用出行时间代替出行者交通费用进行交通拥挤分析,如图 9-25 所示。

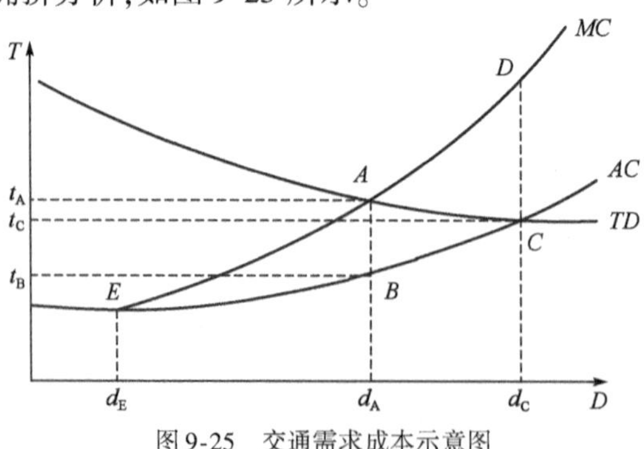

图 9-25　交通需求成本示意图

图 9-25 中纵坐标 T 表示出行时间(成本),横坐标 D 表示交通需求量(交通流量)。TD 曲线表示交通需求,AC 曲线表示平均社会成本(等于边际个人成本),MC 曲线表示边际社会成本。对出行者而言,AC 曲线上点代表出行者实际出行时间;MC 曲线上点代表路网中增加一个出行者时新增加出行者的个人成本与原有出行者因拥挤而承担的额外时间(费用)之和。

在不实行拥挤定价政策时,出行者出行决策的依据是 AC 曲线,其均衡点在 AC 曲线和 TD 曲线的交点 C,此时交通需求为 d_C,三角区域 ACD 表示社会福利净损失(Dead-weight Welfare Loss)。在按照边际成本定价理论实行拥挤定价政策时,出行者的出行成本为 MC 曲线上点,其决策依据为 MC 曲线,均衡点在 MC 曲线和 TD 曲线的交点 A,此时交通需求为 d_A。显然,d_C 和 d_A 之差为实行拥挤定价政策所挤出的交通需求,此时最优拥挤费标准 $x = t_A - t_B$。由于拥挤定价政策的执行对象一般为私人机动车(本书不考虑货运和合乘行为),因此将 d_C 和 d_A 之差定义为拥挤定价转移的私人交通需求 ΔD_p,即 $\Delta D_p = d_C - d_A$。通过交通拥挤需求成本分析可知该政策能够减少私人机动车交通需求。

考虑到拥挤定价政策存在的执行成本,拥挤费收入去除成本后全部用于交通设施建设,无论是用于修筑道路、改善道路设施、增加公交线路和车辆还是进行诱导系统建设,都将增加交通供给。

根据前文所述,针对私人机动车的道路拥挤定价,将使私人机动车交通需求减少,而公交需求增加。公交需求增加将对公交供给和公交价格产生影响,图 9-26中,$D'D'$曲线表示拥挤定价政策使公交需求曲线 DD 向外平移的位置。$S'S'$表示在公交价格不变的情况下为适应公交需求的变化 SS 曲线向外平移的位置,反映了价格不变下的公交供给变动长期趋势。$S''S''$表示在公交价格可变的情况下公交供给长期变化趋势,其经济含义为在既定的公交供给水平下通过公交价格一定幅度的上涨平衡公交需求,抑制公交车厢内的过度拥挤。

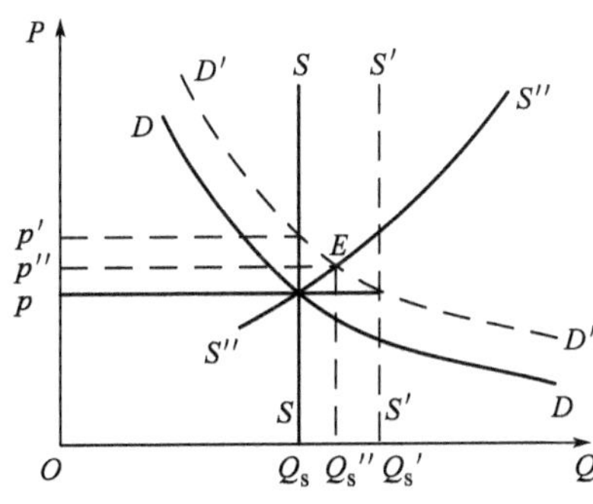

图 9-26　拥挤定价下公交供需变动的均衡分析

在公交价格不变的情况下，潜在公交供给 $Q_{S'}$ 和初期公交供给 Q_S 之差 $\Delta Q_{S'}$ 与转移的私人交通需求 ΔQ_P 存在下列关系式：

$$\Delta Q_{S'} = Q_{S'} - Q_S = \rho_2 \Delta Q_P = \rho_2 f(D_T, x) \quad (9\text{-}81)$$

式中：ρ_2——拥挤定价引起的私人交通需求转移到公交中的比例；

D_T——执行拥挤定价政策时的交通总需求；

x——针对私人机动车的拥挤定价政策的收费标准。

在允许公交价格变动的情况下，价格变动后的潜在公交供给 $Q_{S''}$ 和初期公交供给 Q_S 之差 $\Delta Q_{S''}$ 与转移的私人交通需求 ΔD_p 存在下列关系式：

$$\Delta Q_{S''} = Q_{S''} - Q_S = \rho_2' \Delta Q_P = \rho'_2 f(D_T, x, p'') \quad (9\text{-}82)$$

式中：ρ_2'——拥挤定价和公交价格调整同时作用下私人交通需求转移到公交中的比例；

p''——调整后的公交价格。

拥挤定价政策对出行者的影响可以理解成通过改变出行者效用函数从而改变其出行方式选择的过程，设在拥挤定价政策执行之前选择第 i 种交通方式（共存在 n 种交通方式）的出行效用函数 V_i 为：

$$V_i = b_{i,0} + \sum_K b_k x_{i,k} \quad (9\text{-}83)$$

式中：$x_{i,k}$——效用函数 V_i 的第 k 个效用因素的值，例如时间和成本等；

b_k——第 k 个效用因素的参数；

$b_{i,0}$——交通方式 i 效用函数的常数项，一个参数。

拥挤定价政策执行之后的出行效用函数为 V_i'，$V_i' = b_{i,0}' + \sum_k b_k x_{i,k}'$。根据 MNL 模型，在该政策执行前后交通方式 i 被选择的概率 P_i 和 P_i' 分别为：

$$\begin{cases} P_i = \dfrac{\exp(\alpha V_i)}{\sum\limits_{i=1}^{n} \exp(\alpha V_i)} \\ P'_i = \dfrac{\exp(\alpha V'_i)}{\sum\limits_{i=1}^{n} \exp(\alpha V'_i)} \\ \sum\limits_i P_i = 1 \\ \sum\limits_i P'_i = 1 \end{cases} \quad (9\text{-}84)$$

式中：α——与误差项的方差 σ^2 相关的参数，$\alpha = \pi/\sqrt{6}\sigma$。

根据 Marcela 的研究结论，由于 α 的取值可以通过 V_i 取值范围的变化体现出来，因而设为任何非 0 的常数对模型均没有影响[272]。故在以下分析中，取 α 为 1。

由于一定时期的交通需求总量与城市的社会经济发展相对应，交通政策的执行与否一般只改变出行方式、出行路线和出发时刻选择，在本书的分析中忽略拥挤定价政策执行所减少的交通需求。设一个城市按照最优拥挤定价理论执行拥挤定价政策，交通总需求 D_T 在该政策执行前后没有变化。交通方式 i 对应的交通需求在该政策执行前后分别为 D_i 和 D'_i，则交通方式 i 的需求变化量 ΔD_i 和需求变化率 λ_i 分别为：

$$\Delta D_i = D'_i - D_i = D_T(P'_i - P_i) \tag{9-85}$$

$$\lambda_i = \frac{\Delta D_i}{D_i} = \frac{P'_i - P_i}{P_i} \tag{9-86}$$

根据我国城市客运交通特征，一般来讲机动车出行方式可划分为 4 类，分别为：私人机动车、公交（含地铁）、摩托车和公车（含单位通勤车），则 MNL 模型中 i 取值相应为 1、2、3 和 4。根据现有关于出行效用函数参数选择的研究成果（Koppelman，1998，2000）[273,274]，一般采用出行成本（Travel Cost）、便利性（Fre-Quency）、车内旅行时间（In－Vehicle Time）和车外旅行时间（Out－of－Vehicle time）4 个说明要素和常数项（Mode Constants）描述出行者所感受的效用，则 MNL 模型中 k 取值相应为 1、2、3 和 4。因而，交通拥挤定价引起的私人机动车交通需求（$i=1$）向其他交通方式的转移率 ρ_i 可表示为：

$$\begin{cases} \rho_i = \dfrac{P'_i - P_i}{P_1 - P'_1} \\ \sum_{i=2} \rho_i = 1 \end{cases} \tag{9-87}$$

根据文献[275]，交通需求关于私人机动车收费标准的弹性为 $\eta(x)$：

$$\eta(x) = \begin{cases} xb_1(1 - P_1) & i = 1 \\ -xb_1P_1 & i \neq 1 \end{cases} \tag{9-88}$$

可见，在私人交通分担率 P_1 已知的情况下，私人机动车拥挤费标准 x 对交通需求 D_i 的影响主要取决于参数 b_1，即拥挤定价政策效果好坏取决于出行成本对私人机动车效用函数的影响程度。

二、道路拥挤定价下的公交收费模型

（一）一般路网的动态拥挤定价模型

对一般路网 $G=(N,A)$ 进行如下符号约定：N 为网络节点的集合，A 为网络有向弧（即路段）的集合；R 为产生交通出行的起始节点的集合，$R \in N$；F 为吸引出行终讫节点的集合，$F \in N$，$F \cap R$ 不一定是空集；r 代表一个起始节点，$r \in R$；s 代表一个终讫节点，$s \in F$；K_{rs} 为连接 OD 对 rs 的所有路径的集合，q_{rs} 表示所研究的时段内从 r 至 s 的交通需求量；q 为 OD 矩阵$(\cdots, q_{rs}, \cdots)$，$r \in R, s \in F$；x_a 为在弧 a 上的交通流量，$a \in A$；x 为向量$(\cdots, x_a, \cdots)$，$a \in A$；t_a 为弧 a 上的阻抗（时间），$a \in A$，$t_a - t_a(x_a)$；t 为向量$(\cdots, t_a, \cdots)$，$a \in A$；f_k^{rs} 为 OD 对 rs 之间路径 k 上的流量，$k \in K_{rs}$；f^{rs} 为向量$(\cdots, f_k^{rs}, \cdots)$，$k \in K_{rs}$；$f$ 为向量$(\cdots, f^{rs}, \cdots)$，$r \in R, s \in F$；c_k^{rs} 为 OD 对 rs 之间路径 k 上的阻抗，$k \in K_{rs}$；c^{rs} 为向量$(\cdots, c_k^{rs}, \cdots)$，$k \in K_{rs}$；$c$ 为向量$(\cdots, c^{rs}, \cdots)$，$r \in R, s \in F$；$\delta_{a,k}^{rs}$ 为 0 ~ 1 变量，如果弧 a 在连接 OD 对 rs 之间路径 k 上 $\delta_{a,k}^{rs} = 1$，否则为 0；Δ^{rs} 为矩阵$(\delta_{a,k}^{rs})$，$a \in A, k \in K_{rs}$；Δ 为向量$(\cdots, \Delta^{rs}, \cdots)$，$r \in R$，$s \in F$。

当不考虑拥挤定价时，路段和路经之间的流量和阻抗存在以下函数关系：

$$c_k^{rs} = \sum_a t_a \delta_{a,k}^{rs} \quad \forall k \in K_{rs}, \forall r \in R, \forall s \in F \tag{9-89}$$

$$x_a = \sum_r \sum_s \sum_k f_k^{rs} \delta_{a,k}^{rs} \quad \forall a \in A \tag{9-90}$$

当实行拥挤定价时，设 u_a 为路段 a 上的拥挤费，u 为向量$(\cdots, u_a, \cdots)$，$a \in A$。由于路段阻抗是由路网的拥挤程度（影响出行者时间成本）和路段拥挤费的大小所决定，因而考虑拥挤费后的广义出行费用 c_a 是关于路段流量 x_a 和拥挤费 u_a 的函数，表示为 $c_a(x_a, u_a)$。以 $c_a(x_a, u_a)$ 作为拥挤定价下的阻抗函数替换式(9-89)中 t_a，得到考虑拥挤定价下的路段与路径之间阻抗关系：

$$c_k^{rs} = \sum_a c_a(x_a, u_a) \delta_{a,k}^{rs}, \forall k \in K_{rs}, \forall r \in R, \forall s \in F \tag{9-91}$$

式(9-89)和式(9-90)称为无拥挤定价下的路径/路段的关联关系，Δ^{rs} 称为OD对 rs 的关联矩阵，而式(9-90)和式(9-91)则称为拥挤定价下的路径/路段的关联关系。对弧 a 上的用户而言，由于车辆折旧和耗油等出行成本对出行者路径选择的影响可以忽略，构成 c_a 中的常数项，因此不失一般性假设此类费用在路网动态定价模型中取值为 0，即弧 a 上的用户广义出行费用 c_a（阻抗）仅由两部分组成：考虑时间价值后的 t_a（时间阻抗）和拥挤费 u_a（费用阻抗），表示为：

$$c_a(x_a, u_a) = t_a(x_a) + u_a(x_a) \quad a \in A \tag{9-92}$$

固定需求用户平衡状态：在固定需求下，研究在拥挤定价条件下的通过选择不同出行路线实现的用户均衡，假设弧阻抗仅仅是该弧流量的函数，与其他弧上的流量无关，即满足 $\partial c_a / \partial x_b = 0 (\forall a \neq b)$ 且 $\partial c_a / \partial x_a > 0 (\forall a)$。根据式(9-92)，模型的目标函数为：

$$\min Z(x) = \sum_a \int_0^{x_a} [t_a(x_a) + u_a(x_a)] \mathrm{d}x \tag{9-93}$$

弹性需求用户平衡状态：当路段阻抗 $c_a(x_a, u_a)$ 为常数时，式(9-93)仅描述了固定需求下的用户平衡问题，事实上当网络中两个节点之间的拥挤程度增加时，交通量会相应减少，即交通需求 OD 矩阵是变动的。交通量是网络达到平衡状态时的 OD 费用阵的函数，该函数通常是具有上确界的连续单调下降函数，从起点 r 至讫点 s 交通需求 q_{rs} 可表示为：

$$q_{rs} = D_{rs}[S_{rs}(c^{rs}(x,u))] \leqslant \bar{q}_{rs} \quad \forall r,s \tag{9-94}$$

式中：$S_{rs}(c^{rs})$——起点 r 至讫点 s 的期望估计阻抗(期望估计广义出行费用)；

$D_{rs}(\cdot)$——起点 r 至讫点 s 的交通需求函数；

$\bar{q}_{rs}$——起点 r 至讫点 s 的交通 q_{rs} 需求的上确界，又称潜在交通需求。

一般来讲，所有 OD 对之间的需求函数具有基本一致的函数表达式，但函数参数不同，参数变化是由起点的人口规模、收入分布和机动车辆拥有量(用参数 A_r 表示)以及讫点的就业能力和吸引水平(用参数 B_s 表示)等因素所决定，最典型的需求函数表达式为：

$$q_{rs} = A_r B_s f(u_{rs}) \quad \forall r,s \tag{9-95}$$

式中：u_{rs}——起点 r 至讫点 s 的最小阻抗；

$f(\cdot)$——u_{rs} 的函数，一般来讲 $f(\cdot)$ 是单调下降且有上界的函数。

因此，弹性需求下的用户平衡模型可描述为：

$$\min Z(x,q) = \sum_a \int_0^{x_a} c_a(w, u_a)\,\mathrm{d}w - \sum_{rs} \int_0^{q_{rs}} D_{rs}^{-1}(w)\,\mathrm{d}w \tag{9-96a}$$

$$\text{s.t.} \sum_k f_k^{rs} = q_{rs} \quad \forall r \in R, \forall s \in F \tag{9-96b}$$

$$f_k^{rs} \geqslant 0 \quad \forall k \in K_{rs}, \forall r \in R, \forall s \in F \tag{9-96c}$$

$$q_{rs} \geqslant 0 \quad \forall r \in R, \forall s \in F \tag{9-96d}$$

式中，$D_{rs}^{-1}(\cdot)$ 是需求函数的反函数，向量 $q = (\cdots, q_{rs}, \cdots)$ 且 $x_a = \sum_r \sum_s \sum_k f_k^{rs} \delta_{a,k}^{rs} \quad \forall a \in A$。

弹性需求随机用户平衡状态：引入起点 r 至讫点 s 之间路径 k 被选中的概率 p_k^{rs}，此时测定阻抗为 t，$p_k^{rs} = p_k^{rs}(t) = Pr(C_k^{rs} \leqslant C_l^{rs}, \forall l \neq k \in K_{rs} | t)$，$C_k^{rs}$ 表示估计路径阻抗的随机变量，$C_k^{rs} = \sum_a c_a \delta_{a,k}^{rs}$。选择概率 P_k^{rs} 为条件概率，是在随机用户平衡下路段阻抗期望值的条件上确定的概率。

结合前文关于弹性需求 $q_{rs} = D_{rs}(u_{rs})$ 和随机用户平衡状态的定义，构造基于 Logit 的数学规划模型：

$$\min_{x,u} Z(x,u) = \sum_{rs} \sum_k f_k^{rs}(\ln f_k^{rs} - 1) - \sum_a q_{rs}(\ln q_{rs} - 1) +$$

$$\alpha\left[\sum_a\int_0^{x_a}c_a(w,u_a)\mathrm{d}w-\sum_{rs}\int_0^{q_{rs}}D_{rs}^{-1}(w)\mathrm{d}w\right] \tag{9-97a}$$

$$\text{s.t.}\ \sum_k f_k^{rs}=q_{rs}\quad \forall r\in R,\forall s\in F \tag{9-97b}$$

$$x_a=\sum_r\sum_s\sum_k f_k^{rs}\delta_{a,k}^{rs}\quad \forall a\in A \tag{9-97c}$$

$$q_{rs}\geqslant 0\quad \forall r\in R,\forall s\in F \tag{9-97d}$$

模型的证明详见参考文献[275]，该模型的解满足 Logit 条件，即路网中任一 OD 对之间的路径 k 上的流量满足 Logit 条件：

$$f_k^{rs}=p_k^{rs}q_{rs}=\frac{\exp(-\alpha c_k^{rs})}{\sum_k\exp(-\alpha c_k^{rs})}q_{rs}\quad \forall k,r,s \tag{9-98}$$

(二)道路拥挤定价下的公交收费模型的建立

本书主要研究弹性需求随机用户平衡状态下拥挤收费政策下公交定价问题。考虑到该模型涉及交通工具的选择(公交车、私家车)、不同类型的出行者和不同性质的交通系统，因而采用两层规划模型描述这一交通问题。上层规划确定为包括公交和私人交通的系统优化，优化目标可根据交通政策具体确定。下层规划描述拥挤定价下的公交车流和私人车流在不同路径上的平衡问题，既涉及交通工具选择又涉及出行路径选择。

上层规划目标的确立，可依据该城市的交通管理目标。一般来讲，交通管理出发点不同，作为上层决策者的交通管理部门的目标函数是不同的。设城市的交通管理目标为：最大化所有出行者(包括公交出行和私人出行)的盈余。用户盈余 CS 等于整个交通系统中总的用户效益 b_{TU} 与总费用 C_{TS} 之差，即 $CS=b_{\mathrm{TU}}-C_{\mathrm{TS}}$。在弹性需求下公交出行和私人出行的用户盈余分别为：

$$CS_{\mathrm{P}}=TUB_{\mathrm{P}}-TSC_{\mathrm{P}}=\sum_{rs}\int_0^{q_{rs}}D_{rs}^{-1}(x)\mathrm{d}x-\sum_a t_a[x_a(u)]x_a \tag{9-99}$$

$$CS_{\mathrm{B}}=TUB_{\mathrm{B}}-TSC_{\mathrm{B}}=\sum_{rs}\int_0^{\tilde{q}_{rs}}\tilde{D}_{rs}^{-1}(x)\mathrm{d}x-\sum_a\sum_{rs}\sum_k c_{rs}^{k,a}(v_{rs}^{k,a},\tilde{u}_a)v_{rs}^{k,a} \tag{9-100}$$

式中：CS_{P}——私人交通系统的用户盈余；

CS_{B}——公共交通系统的用户盈余；

TUB_{P}——私人交通系统的用户效益；

TUB_{B}——公共交通系统的用户效益；

TSC_{P}——私人交通系统的总费用；

TSC_B——公共交通系统的总费用；

q_{rs}——起点 r 至讫点 s 的私人交通需求；

$\tilde{q}_{rs}$——起点 r 至讫点 s 的公共交通需求；

$D_{rs}^{-1}(x)$——私人交通需求的反函数；

$\tilde{D}_{rs}^{-1}(x)$——公共交通需求的反函数；

$\tilde{u}_a$——公交线路 a 上的公交收费标准；

u——拥挤费的向量$(\cdots,u_a,\cdots)$；

$x_a(u)$——拥挤费 u 下的路段 a 的私人交通流量；

$v_{rs}^{k,a}$——起点 r 至讫点 s 的第 k 条公交路线的路段 a 上的公共交通流量；

$t_a[x_a(u)]$——私人交通流量 $x_a(u)$下的路段 a 的出行费用；

$c_{rs}^{k,a}(v_{rs}^{k,a},\tilde{u}_a)$——在路段流量 $v_{rs}^{k,a}$和公交费 $\tilde{u}_a$ 下的公交出行费用。

因此，以用户盈余最大化为目标，上层规划可描述为：

$$\min_{u\tilde{u}} H(u,\tilde{u},x(u),v(\tilde{u}),q(u),\tilde{q}(\tilde{u})) = -CS_P - CS_B \tag{9-101a}$$

$$\text{s.t. } x_a(u) \leqslant B_a \tag{9-101b}$$

$$v_a(\tilde{u}) \leqslant \tilde{B}_a \tag{9-101c}$$

$$u_a,u_a \geqslant 0 \tag{9-101d}$$

式中：B_a——路段 a 的机动车容量；

$v_a(\tilde{u})$——在公交费 $\tilde{u}_a$ 下的路段 a 的公共交通流量；

$\tilde{B}_a$——路段 a 的公交车容量。

式(9-101b)表示一般线路的容量约束；式(9-101c)表示公交线路的容量约束；式(9-101d)表示拥挤费和公交费的非负约束。

下层规划涉及两个子系统，要实现三个平衡：私人机动车路网弹性需求随机用户平衡、公交线网弹性需求随机用户平衡以及私人机动车与公交出行工具选择平衡。通过多目标优化可实现这三个平衡，分别用 $Z(x,u)$、$F(v,\tilde{u})$ 和 $Y(x,v)$ 表示，则下层规划的目标函数为：

$$\min(Z(x,u),F(v,\tilde{u}),Y(x,v)) \tag{9-101e}$$

$$Z(x,u) = \sum_{rs}\sum_{k} f_k^{rs}(\ln f_k^{rs} - 1) - \sum_{a} q_{rs}(\ln q_{rs} - 1) + \alpha\left[\sum_{a}\int_0^{x_a} c_a(w,u_a)\mathrm{d}w - \sum_{rs}\int_0^{q_{rs}} D_{rs}^{-1}(w)\mathrm{d}w\right] \tag{9-101f}$$

$$F(v,\tilde{u}) = \sum_{rs}\sum_{k}\tilde{f}_k^{rs}(\ln\tilde{f}_k^{rs} - 1) - \sum_{a}\tilde{q}_{rs}(\ln\tilde{q}_{rs} - 1) +$$

$$\alpha\left[\sum_{a}\int_{0}^{x_{a}}\tilde{c}_{a}(w,\tilde{u}_{a})\mathrm{d}w-\sum_{w}\int_{0}^{\tilde{q}_{rs}}\tilde{D}_{rs}^{-1}(w)\mathrm{d}w\right] \tag{9-101g}$$

$$Y(x,v)=Z(x,u)+F(v,\tilde{u}) \tag{9-101h}$$

式中：f_k^{rs}——OD 对 rs 之间路径 k 上的私人交通流量；

$\tilde{f}_k^{rs}$——OD 对 rs 之间路径 k 上的公共交通流量；

α——一个取值为正的参数。

下层规划的约束条件分别为三个平衡的约束条件：

$$\sum_{k}f_k^{rs}=q_{rs}\quad \sum_{k}\tilde{f}_k^{rs}=\tilde{q}_{rs}\quad \forall r,s \tag{9-101i}$$

$$x_a=\sum_{r}\sum_{s}\sum_{k}f_k^{rs}\delta_{a,k}^{rs}\quad v_a=\sum_{r}\sum_{s}\sum_{k}\tilde{f}_k^{rs}\tilde{\delta}_{a,k}^{rs}\quad \forall a \tag{9-101j}$$

$$q_{rs}+\tilde{q}_{rs}=\hat{q}_{rs}\quad \forall r,s \tag{9-101k}$$

$$q_{rs}\geqslant 0\quad \tilde{q}_{rs}\geqslant 0\quad \forall r,s \tag{9-101l}$$

式(9-101i)中的两个等式分别表示一般线路和公交线路流量与 OD 需求之间的守恒关系；式(9-101j)中的两个等式分别表示一般线路和公交线路弧流量与路径流量的守恒关系，满足$\partial x_a/\partial f_l^{mn}=\delta_{a,l}^{mn}$和$\partial v_a/\partial \tilde{f}_l^{mn}=\tilde{\delta}_{a,l}^{mn}$；式(9-101k)表示起点 r 至讫点 s 的私人交通需求 q_{rs}与公共交通需求 $\tilde{q}_{rs}$之和等于总需求 $\hat{q}_{rs}$，为需求约束；式(9-101l)为流量非负约束。

用式(9-101h)来描述运输工具选择存在下列缺陷：由于出行习惯或者经济原因等因素，即使某些公交线路的阻抗很高，仍然有人选用它，而该模型把公交车与私家车等同优化则无法反映这些交通行为。因此将式(9-101h)修正为：

$$Y(x,v)=Z(x,u)+\theta F(v,\tilde{u}) \tag{9-102}$$

式中：θ——一个待估参数，根据交管部门对公交的倾向程度确定。

为使模型(9-101)更为实用并反映公交和私人交通之间的这种选择行为，可采用交通方式分离函数(Mode Split Function)，即 logit 模型替换模型(9-101)中描述私人交通和公共交通平衡的函数，替换模型(9-101)下层规划的目标函数中的式(9-101h)，替换后的式(9-101h)为：

$$\tilde{q}_{rs}=\hat{q}_{rs}\frac{1}{1+e^{\theta(u_{rs}-\tilde{u}_{rs})}} \tag{9-103}$$

式中：u_{rs}——起点 r 至讫点 s 私人交通出行的最小阻抗；

$\tilde{u}_{rs}$——起点 r 至讫点 s 公共交通出行的最小阻抗。

结合式(9-101k)可知，式(9-103)表明私人交通需求、公共交通需求和总需求三者之间的关系，公共交通需求占总需求的比例取决于私人交通和公共交通出行的最小阻抗。

道路拥挤定价下的公交收费模型求解方法详见参考文献[46]。

三、基于不同交通目标的拥挤定价下公共交通收费策略设计

本节考虑公共交通收费策略是以拥挤定价条件下路网平衡为前提的，此处引用拥挤定价条件下的弹性需求随机用户平衡作为平衡态，即采用模型(9-102)计算平衡态下的公交总需求。

(一)基于财政补贴的拥挤定价下公交定价政策分析

公交财政补贴出现的前提是公交企业亏损，亏损具有两种情况：政策性亏损，因公交企业公益性功能造成的亏损；经营性亏损，因公交企业自身管理因素造成的亏损。显然，政策性亏损应由政府予以补贴，经营性亏损由企业自负。因此，以下将针对如何在拥挤定价条件下设计针对政策性亏损的公交定价问题进行研究。

要维持公交的公益性，又要兼顾公交企业的收益和政府财政的承受能力，由政府对公交企业给予适度的补贴是必要的，适度补贴标准应以恰好能够抵偿公交企业政策性亏损为宜。从公交收支平衡的角度看，设存在这样一个价格 $\tilde{u}^{\hat{}}$：在该价格下，公交企业处于收支平衡状态。则将公交价格 $\tilde{u}$ 定义收支平衡价格，同理第 j 类公交价格 $\tilde{u}_j^{\hat{}}$ 定义为第 j 类公交的收支平衡价格。若收支平衡时的公交需求是由拥挤定价条件下的弹性需求随机用户平衡状态决定的，则称此时公交价格 $\tilde{u}^{\hat{}}$ 为拥挤定价条件下的第 j 类公交的收支平衡价格，记为 $\tilde{u}_j^-$。$\tilde{u}^{\hat{}}$ 和 $\tilde{u}_j^-$ 分别满足以下关系式：

$$\tilde{u}_j^{\hat{}} = \frac{C_j}{\tilde{q}_j(\tilde{u}^{\hat{}})}, \tilde{u}_j^- = \frac{C_j}{\tilde{q}_j(\tilde{u}^-, u^-)} \quad j \in [J_1 + 1, J] \tag{9-104}$$

式中：$\tilde{q}_j(\tilde{u}^{\hat{}})$——收支平衡价格 $\tilde{u}^{\hat{}}$ 下的第 j 类公交需求，人/h；

C_j——单位时间的第 j 类公交的运行成本，元/h；

$\tilde{q}_j(\tilde{u}^-, u^-)$——在拥挤定价 u^- 和公交收支平衡价格 $\tilde{u}^-$ 下的第 j 类公交需求，人/h；

$j=1,2\cdots,J_1$ 表示私人机动车的类型，例如摩托车、小汽车、客货两用车等；

$j=J_1+1,J_2+1\cdots,J$ 表示公交类型，例如常规公交、地铁和出租汽车等。

设政府向第 j 类公交给予财政补贴的最大标准为 S_j(单位为：元/h)，则第 j 类公交价格 $\tilde{u}_j$、需求 $q_j(\tilde{u},u)$、成本 C_j 和 S_j 之间满足下列不等式：

$$C_j - \tilde{u}_j \tilde{q}_j(\tilde{u}, u) \leqslant S_j \tag{9-105}$$

根据式(9-105),构造出具有财政补贴约束的拥挤定价下的公交收费模型,即在模型(9-101)的基础上添加式(9-105)作为约束条件,得到具有财政补贴约束的拥挤定价下的公交收费模型的上层规划为:

$$\min_{u,\tilde{u}} H(u, \tilde{u}, x(u), v(\tilde{u}), q(u), \tilde{q}(\tilde{u})) = -CS_{\mathrm{P}} - CS_{\mathrm{B}} \tag{9-106a}$$

$$\text{s. t. } x_{\mathrm{a}}(u) \leqslant B_{\mathrm{a}} \tag{9-106b}$$

$$v_{\mathrm{a}}(\tilde{u}) \leqslant \tilde{B}_{\mathrm{a}} \tag{9-106c}$$

$$C_j - \tilde{u}_j \tilde{q}_j(\tilde{u}, u) \leqslant S_j \tag{9-106d}$$

$$\tilde{q}_j(\tilde{u}, u) = \frac{e^{V_j}}{\sum_{j=J_1+1}^{J} e^{V_j}} \sum_r \sum_s \tilde{q}_{\mathrm{rs}} \quad j \in [J_1 + 1, J] \tag{9-106e}$$

$$u_{\mathrm{a}}, \tilde{u}_{\mathrm{a}} \geqslant 0 \tag{9-106f}$$

上层规划模型中的 $x_{\mathrm{a}}(u)$ 和 $v_{\mathrm{a}}(\tilde{u})$ 由下层规划模型所求解,下层规划见式(9-101)的下层规划模型。该模型的求解算法,与模型(9-101)相同。设模型(9-106)的最优解为 $\tilde{u}^* = (\tilde{u}^*_{J_1+1}, \tilde{u}^*_{J_1+2}, \cdots \tilde{u}^*_J)$,$\Delta\tilde{u}^{\wedge} = \tilde{u}^{\wedge} - \tilde{u}^*$ 表示实行拥挤定价政策与不实行该政策相比每次公交出行政府应补贴的金额;$\Delta\tilde{u}^{-} = \tilde{u}^{-} - \tilde{u}^*$ 表示实行拥挤定价政策下每次公交出行政府应补贴的金额,该式表明针对用户的补贴措施是可行的。同理,$\Delta\tilde{u}_j^{\wedge}$ 和 $\Delta\tilde{u}_j^{-}$ 分别表示相应的第 j 类公交每次出行政府应补贴的金额。

在模型式(9-106)下,政府向第 j 类公交的单位时间补贴额为:

$$Sub_j = \begin{cases} 0 & C_j - \tilde{u}_j^* \tilde{q}_j^*(\tilde{u}^*, u^*) \leqslant 0 \\ C_j - \tilde{u}_j^* \tilde{q}_j^*(\tilde{u}^*, u^*) & C_j - \tilde{u}_j^* \tilde{q}_j^*(\tilde{u}^*, u^*) > 0 \end{cases} \tag{9-107}$$

易知,政府单位时间的公交补贴额 Sub 为:

$$Sub = \sum_j Sub_j \tag{9-108}$$

若用全年第 j 类公交运行成本 $\bar{C}_j$ 以及 $\tilde{u}^*$ 和 u^* 下的全年第 j 类公交需求 $\bar{q}_j^*(\tilde{u}^*, u^*)$ 分别替换式(9-107)中 C_j 和 $\tilde{q}_j^*(\tilde{u}^*, u^*)$ 则得到第 j 类公交年补贴额,根据式(9-108)即可计算出公交年补贴额。

(二)基于环境保护的拥挤定价下公交定价政策分析

随着可持续发展理论的不断深入,交通环境问题成为交通工程领域的研究热点之一。公交政策与环境政策整合,整合城市公交策略提高公交出行比例,有利于降低交通对城市环境的影响。

1. 交通环境保护目标和测算方法

交通污染主要体现在尾气排放量和交通噪声两个方面，在出行目的和路线既定的条件下，二者都是行驶速度的函数。机动车的行驶速度 s 与路段容量 B 以及路段流量 x 有关，还受路况的影响。路况决定了机动车在完全不受干扰时的行驶速度，因而将路况对行驶速度的影响用无干扰行驶速度 s_0 代替。对任意路段 a，行驶速度 s 与路段容量 B、路段流量 x 和无干扰行驶速度 s_0 的关系为：

$$s_{\mathrm{a}} = \frac{s_{0,\mathrm{a}}}{f(x_{\mathrm{a}}, B_{\mathrm{a}})} a \tag{9-109}$$

式中：s_{a}——路段 a 上车辆行驶速度；

$s_{0,\mathrm{a}}$——交通量为 0 时的路段 a 上车辆行驶速度；

x_{a}——路段 a 上的交通量；

B_{a}——路段 a 上的容量；

$f(x_{\mathrm{a}}, B_{\mathrm{a}})$——$x_{\mathrm{a}}$ 和 B_{a} 的函数，文献标定：$f(x_{\mathrm{a}}, B_{\mathrm{a}}) = 1 + 0.15(x_{\mathrm{a}}/B_{\mathrm{a}})^4$。

机动车尾气包括多种，尾气指标的选择是交通污染测度和预测模型的基础。CO 在车辆尾气中危害最为严重，选择 CO 作为车辆尾气污染的单一指标也是一个可行办法，以国际上应用较为普遍的 TRANSYT(Traffic Network Study Tool)模型为代表。TRANSYT-7F 给出了 CO 计算方法：

$$ROP = \frac{Ae^{Bs}}{Cs} \tag{9-110}$$

式中：ROP——CO 尾气排放率，g/m³；

s——车辆行驶速度，m/s；

A、B、C——参数。

根据吉阿兵对模型参数的标定：

$$ROP = 3.3963\,\frac{\exp(0.014561s)}{1000s} \tag{9-111}$$

根据 Sharma 和 Khare 对机动车尾气排放(Vehicular Exhaust Emissions)模型的总结，选择 CO 作为机动车尾气排放测量的单一指标，虽然能够反映交通环境污染，但并不全面。尤其是随着发动机技术的改进，燃烧更为充分，需要考虑其他污染物：HC 和 NO_x。参考 Greene、Theodoros 和 MacLean 等的研究成果，结合 TRAEMS(Transport Planning Add - on Environmental Modelling System)、TRANSYT 和 EMME/2 等模型关于交通污染计算方法的思想，构造交通尾气污染总量与速度的关系模型为：

$$E = \sum_a \sum_j N_{\mathrm{a},j}\left[P_{\mathrm{HC},j}(s) + P_{\mathrm{CO},j}(s) + P_{\mathrm{NO}_x,j}(s)\right] \tag{9-112}$$

式中：　　E——单位时间内机动车尾气污染总量，g/h；

$N_{a,j}$——路段 a 上 j 类机动车的数量，辆；

$P_{HC,j}(s)$——j 类机动车的 HC 排放量与速度 s 的关系式，g/辆·h；

$P_{CO,j}(s)$——j 类机动车的 CO 排放量与速度 s 的关系式，g/辆·h；

$P_{NO_x,j}(s)$——j 类机动车的 NO_x 排放量与速度 s 的关系式，g/辆·h。

路段 a 上 j 类机动车的数量 $N_{a,j}$ 与路段 a 上 j 类机动车的流量 $x_{a,j}$、运行速度 $s_{a,j}$ 以及路段长度 L_a 的关系式为：

$$N_{a,j} = \frac{x_{a,j}L_a}{s_{a,j}} \tag{9-113}$$

随着机动车速度的变化，不同类型的尾气排放量呈现出不同的规律。由于发动机燃烧具有规律性但不同类型的机动车其发动机存在差别，因而假设不同类型的机动车在相同种类的尾气排放量上函数表达式是一致的但参数不同，根据 H. Sbayti 经验数据和关于尾气排放量与速度的一般性结论，拟合不同机动车类型的 $P_{HC,j}(s)$、$P_{CO,j}(s)$ 和 $P_{NO_x,j}(s)$ 函数曲线表达式如下：

$$P_{HC,j}(s) = \alpha_{HC,j}s^{\beta_{HC,j}} \quad P_{CO,j}(s) = \alpha_{CO,j}s^{\beta_{CO,j}}$$
$$P_{NO_x,j}(s) = a_{NO_x,j}s^2 + b_{NO_x,j}s + c_{NO_x,j} \tag{9-114}$$

式中：　　s——机动车运行速度，km/h；

$\alpha_{HC,j}$、$\beta_{HC,j}$——j 类机动车关于速度 s 的 HC 尾气排放参数；

$\alpha_{CO,j}$、$\beta_{CO,j}$——j 类机动车关于速度 s 的 CO 尾气排放参数；

$a_{NO_x,j}$、$b_{NO_x,j}$、$c_{NO_x,j}$——j 类机动车关于速度 s 的 NO_x 尾气排放参数。

噪声是城市交通污染的另一重要形式，Kageson 的研究报告认为交通噪声造成的社会代价为 0.2% *GDP*（其计算依据为瑞士和德国对居民的支付意愿）。根据 Pichai 的研究，噪声与速度存在线性关系：

$$Leq_j = a_j + b_js \tag{9-115}$$

式中：Leq_j——j 类机动车的噪声水平，dB；

a_j、b_j——j 类机动车关于速度 s 的噪声参数。

2. 模型建立与求解

拥挤价格和公交收费的合理制定，不仅能够缓解交通拥挤，同时削减的私人机动车出行转化为常规公交和地铁等人均污染小或无的出行方式，能够有效地减少交通污染。基于这一思想，根据式(9-112)～式(9-115)，以模型式(9-101)为基础，添加交通环保约束条件，构造出如下的拥挤定价条件下公交收费的两层规划模型。上层规划模型为：

$$\min_{u,\tilde{u}} H[u,\tilde{u},x(u),v(\tilde{u}),q(u),\tilde{q}(\tilde{u})] = -CS_{\mathrm{P}} - CS_{\mathrm{B}} \tag{9-116a}$$

$$\text{s.t.}\quad x_{\mathrm{a}}(u) \leqslant B_{\mathrm{a}} \tag{9-116b}$$

$$v_{\mathrm{a}}(\tilde{u}) \leqslant \tilde{B}_{\mathrm{a}} \tag{9-116c}$$

$$\sum_a \sum_j \frac{x_{\mathrm{a},j}L_{\mathrm{a}}}{s_{\mathrm{a},j}}(\alpha_{\mathrm{HC},j}s_{\mathrm{a},j}^{\beta_{\mathrm{HC},j}} + \alpha_{\mathrm{CO},j}s_{\mathrm{a},j}^{\beta_{\mathrm{CO},j}} + a_{\mathrm{NO}_x,j}s_{\mathrm{a},j}^2 + b_{\mathrm{NO}_x,j}s_{\mathrm{a},j} + c_{\mathrm{NO}_x,j}) \leqslant E' \tag{9-116d}$$

$$\sum_a \sum_j x_{\mathrm{a},j}(a_j + b_j s_{\mathrm{a},j}) \leqslant Leq' \tag{9-116e}$$

$$x_{\mathrm{a},j} = \begin{cases} \dfrac{x_{\mathrm{a}}(u)e^{V_j}}{\sum\limits_{j=1}^{J_1} e^{V_j}} & j \in [1,J_1] \\ \dfrac{v_{\mathrm{a}}(\tilde{u})e^{V_j}}{\sum\limits_{j=J_1+1}^{J} e^{V_j}} & j \in [J_1+1,J] \end{cases} \tag{9-116f}$$

$$u_{\mathrm{a}},\tilde{u}_{\mathrm{a}} \geqslant 0 \tag{9-116g}$$

式中：E'——政府允许的机动车尾气污染上限；

Leq'——政府允许的机动车噪声污染上限；

$s_{\mathrm{a},j}$——路段 a 上 j 类机动车的运行速度，km/h；

$x_{\mathrm{a}}(u)$——拥挤费 u 下的路段 a 的私人交通流量；

$v_{\mathrm{a}}(\tilde{u})$——公交费 $\tilde{u}_a$ 下的路段 a 的公共交通流量；

B_{a}——路段 a 的私人机动车容量；

$\tilde{B}_{\mathrm{a}}$——路段 a 的公交车容量；

V_j——选择第 j 类机动车出行的效用函数，$j=1,2,\cdots,J$ 表示私人机动车类型，例如摩托车、小汽车、客货两用车等；$j=J_1+1,J_1+2,\cdots,J$ 表示公交类型，例如常规公交、地铁和出租汽车等。

上层规划模型中的 $x_{\mathrm{a}}(u)$ 和 $v_{\mathrm{a}}(u)$ 由下层规划模型所求解，下层规划见(9-102)的下层规划模型。该模型的求解算法，与模型式(9-101)相同。

(三)基于公交优先的拥挤定价下公交收费策略设计

“公交优先”从广义上理解，是指凡是有利于公共交通发展的一切政策和措施；从狭义上理解是指在交通控制管理范围内，公共交通工具在道路上优先通行的措施。显然，公交收费政策和针对私人机动车的拥挤定价政策都是公交优先的经济手段，属于狭义上的公交优先措施。拥挤定价和适当的公交收费在公交优先上体现为：迫使部分私人交通需求转移到公交方式，从而大幅度提高公交出行比例,优化交通结构;缩减交通量,提升公交运行速度。因而,反映公交收费和拥挤定价政策在实现公交优先目标上的重要指标为:公交出行比例和公交运行速度。随着私人机动车交通需求的转移,将导致公交车厢内拥挤增加,使公交出行方式的广义旅行费用增加,从而影响出行者的选择行为。假设出行者是理性的,则认为在构造基于公交优先的拥挤定价下公交收费策略时无需将车厢内拥挤作为交通管理目标。

一般而言,交通管理部门对交通结构和运行速度的要求是针对整个路网的,尤其在制定拥挤定价和公交收费这种全局性的交通政策时考察的指标更应是全局性的而不是针对个别线路提出公交出行比例和公交运行速度的要求。因而,交通管理部门对公交出行比例和运行速度的要求在拥挤定价下的公交收费模型中,属于上层规划模型的约束条件。设交通管理部门对公交出行的比例的期望范围为$[R_d, R_u]$,其中R_d表示交通管理部门期望的最低公交出行比例,R_u表示交通管理部门期望的最高公交出行比例。交通管理部门对公交平均运行速度的期望范围为$[S_d, S_u]$,其中S_d表示交通管理部门期望的最低公交平均运行速度,S_u表示交通管理部门期望的最高公交平均运行速度。在模型(9-101)的基础上根据以上分析和假设,得到基于公交优先的拥挤定价下公交收费模型的上层规划为:

$$\min_{u,\tilde{u}} H[u,\tilde{u},x(u),v(\tilde{u}),q(u),\tilde{q}(\tilde{u})] = -CS_P - CS_B \tag{9-117a}$$

$$\text{s.t.}\quad x_a(u) \leqslant B_a \tag{9-117b}$$

$$v_a(\tilde{u}) \leqslant \tilde{B}_a \tag{9-117c}$$

$$R_j^d \leqslant \frac{\tilde{q}_j(\tilde{u},u)}{\sum_r \sum_s \hat{q}_{rs}} \leqslant R_j^u \qquad j \in [J_1+1, J] \tag{9-117d}$$

$$\tilde{q}_j(\tilde{u},u) = \frac{e^{V_j}}{\sum_{j=J_1+1}^{J} e^{V_j}} \sum_r \sum_s \tilde{q}_{rs} \qquad j \in [J_1+1, J] \tag{9-117e}$$

$$S_j^d \leqslant \frac{\sum_a x_{a,j}\tilde{s}_{a,j}}{\sum_a x_{a,j}} \leqslant S_j^u \qquad j \in [J_1+1, J] \tag{9-117f}$$

$$x_{a,j} = \frac{v_a(\tilde{u}) e^{V_j}}{\sum_{j=J_1+1}^{J} e^{V_j}} \qquad j \in [J_1+1, J] \tag{9-117g}$$

$$u_a, \tilde{u}_a \geqslant 0 \tag{9-117h}$$

式中:R_j^u——交通管理部门对第j类公交期望的最高出行比例;

R_j^d——交通管理部门对第j类公交期望的最低出行比例;

S_j^u——交通管理部门对第j类公交期望的最高运行速度,km/h;

S_j^d——交通管理部门对第 j 类公交期望的最低运行速度,km/h;

$\tilde{s}_{a,j}$——第 j 类公交在路段 a 的运行速度,km/h。

上层规划模型中的式(9-117d)是该规划的交通结构约束,式(9-117f)是公交运行速度约束。上层规划模型中的 $x_a(u)$ 和 $v_a(\tilde{u})$ 由下层规划模型所求解,下层规划见式(9-101)的下层规划模型。该模型的求解算法与模型式(9-101)相同。

(四)基于多目标的拥挤定价下公交收费策略设计

以上是针对三个交通政策目标(环境保护、公交财政补贴和公交优先)设计的拥挤定价下的公交收费策略,当然也可以针对其他交通政策目标进行策略设计,例如出行者效用最大等。显然如果上述目标均能实现,对交通管理部门而言更为理想。这就需要针对交通管理的多个目标设计拥挤定价下的公交收费策略,思路为:将多个交通目标转化为模型式(9-101)的上层或下层约束或者目标,其最优解就是能够满足多个交通管理目标的公交价格。具体到上述三个交通管理目标而言,得到基于多目标的拥挤定价下公交收费的上层规划模型:

$$\min_{u,\tilde{u}} H[u,\tilde{u},x(u),v(\tilde{u}),q(u),\tilde{q}(\tilde{u})] = -CS_P - CS_B \tag{9-118a}$$

$$\text{s.t.}\ x_a(u) \leqslant B_a \tag{9-118b}$$

$$v_a(\tilde{u}) \leqslant \tilde{B}_a \tag{9-118c}$$

$$\sum_a \sum_j \frac{x_{a,j}L_a}{s_{a,j}}(\alpha_{HC,j}s_{a,j}^{\beta_{HC,j}} + \alpha_{CO,j}s_{a,j}^{\beta_{CO,j}} + a_{NO_x,j}s_{a,j}^2 + b_{NO_x,j}s_{a,j} + c_{NO_x,j}) \leqslant E' \tag{9-118d}$$

$$\sum_a \sum_j x_{a,j}(a_j + b_j s_{a,j}) \leqslant Leq' \tag{9-118e}$$

$$x_{a,j} = \begin{cases} \dfrac{x_a(u)e^{V_j}}{\sum\limits_{j=1}^{J_1} e^{V_j}} & j \in [1,J_1] \\ \dfrac{v_a(\tilde{u})e^{V_j}}{\sum\limits_{j=J_1+1}^{J} e^{V_j}} & j \in [J_1+1,J] \end{cases} \tag{9-118f}$$

$$C_j - \tilde{u}_j\tilde{q}_j(\tilde{u},u) \leqslant S_j \tag{9-118g}$$

$$\tilde{q}_j(\tilde{u},u) = \frac{e^{V_j}}{\sum\limits_{j=J_1+1}^{J} e^{V_j}} \sum_r \sum_s \tilde{q}_{rs} \quad j \in [J_1+1,J] \tag{9-118h}$$

$$R_j^d \leqslant \frac{\tilde{q}_j(\tilde{u},u)}{\sum_r \sum_s \hat{q}_{rs}} \leqslant R_j^u \quad j \in [J_1+1, J] \tag{9-118i}$$

$$S_j^d \leqslant \frac{\sum_a x_{a,j}\tilde{s}_{a,j}}{\sum_a x_{a,j}} \leqslant S_j^u \quad j \in [J_1+1, J] \tag{9-118j}$$

$$u_a, \tilde{u}_a \geqslant 0 \tag{9-118k}$$

式(9-118d)和式(9-118e)表示交通管理部门的环保目标对公交收费模型的约束;式(9-118g)表示公交财政补贴目标对公交收费模型的约束;式(9-118i)和式(9-118j)表示交通管理部门的公交优先目标对公交收费模型的约束。上层规划模型中的 $x_a(u)$ 和 $v_a(\tilde{u})$ 由下层规划模型所求解,下层规划见式(9-101)的下层规划模型。该模型的求解,可参照模型式(9-101)的算法。

但是,基于多目标构造的两层规划模型往往是无最优解的,原因在于:不同交通管理目标之间存在一定的对立性,例如公交优先和公交财政补贴目标,公交优先要求尽可能降低公交价格鼓励公交出行,而在弹性既定的前提下公交价格的降低往往导致更多的公交财政补贴。当模型式(9-118)的最优解($\tilde{u}^*, u^*$)不存在,而模型式(9-106)、模型式(9-116)和模型式(9-117)的最优解($\tilde{u}^*, u^*$)存在且不相同时,就需要进行拥挤定价下公交收费策略选择。要进行策略选择,就要建立一套标准对不同的策略进行综合评价,进而确定最优策略。

本章小结

本章首先对城市客运交通系统价格联动政策进行了阐述,明确了影响城市客运交通系统价格联动政策的影响因素。其次,着重分析了作为城市客运交通重要组成部分的城市公共交通价格联动机制及各公交主体的结构关系,并对城市公共交通主体行为进行了分析。在此基础上,建立了城市公共交通联动策略的演化模型和城市轨道交通和常规公交的价格联动模型。最后,针对面向私人交通的停车收费和拥挤收费,建立了基于系统动力学的停车收费与拥挤收费价格联动体系,并对拥挤收费下城市公共交通定价策略进行了分析,提出了拥挤收费下基于不同交通目的的公交收费策略。

总结及展望

本书主要介绍了城市客运交通经济管理的相关政策，其中包括公交收费、拥挤定价、出租汽车定价、轨道交通票价和停车收费定价等政策。全书采用总分结构，前两章从整体的角度介绍了城市客运交通的价格体系以及管理政策，第三章汇聚了客运交通的各种定价理论，为后面章节的进一步深入打下基础。剩下六章分别研究了不同主体下的经济管理政策。本书的主要研究成果如下：

(1)本书结合国内外客运交通经济管理领域最新政策，详细讲述了公交票价与补贴政策、拥挤收费政策、停车收费政策和燃油附加费等政策的最新研究进展，以及国内外各种政策的应用现状等。

(2)本书集中讲述了城市客运交通的各种定价理论和方法，其中有影子价格理论、机会成本理论、边际社会成本理论、Ramsey 价格准则、次优定价理论、边际成本定价法等传统定价理论，还包括博弈定价、社会效益最大化定价、高峰定价等新兴定价理论。

(3)本书在分析常规公交、轨道交通、出租汽车的经济管理政策时，分别从发展策略、票价制定影响因素、票价定价模型的角度进行了系统性分析。每个定价模型后面还安排了相应的案例分析，有利于读者更加深刻的理解。

(4)本书详细阐述了拥挤定价理论和方法，首先分析了城市道路系统拥挤收费的影响因素，然后简单讲述了城市道路系统拥挤收费理论的发展历程。还介绍了拥挤收费的新进展，其中包括众多的定价模型以及案例分析，并进行了拥挤收费费率的研究。

(5)在研究停车收费理论和方法时，首先分析了停车设施的准公共产品特性，阐述了停车收费的理论基础，接着是停车收费定价影响因素的研究，最后是定价模型，由于路内停车和路外停车有着很大的区别，把定价模型分为路内停车定价模型和路外停车定价模型。

(6)本书对城市客运交通系统价格联动政策进行了阐述，明确了城市客运交通系统价格联动政策的影响因素。着重分析了作为城市客运交通重要组成部分的城市公共交通价格联动机制及各公交主体的结构关系，并对城市公共交通主体行为进行了分析。在此基础上,建立了城市公共交通联动策略的演化模型和城市轨道交通和常规公交的价格联动模型。

本书只是城市经济管理政策的缩写,许多问题还有待进一步研究和深入,具体如下:

(1)在进行定价理论综述时,机会成本定价理论和劳动价值定价理论的阐述有待进一步深化。

(2)在出租汽车定价模型中,社会最优定价模型不能完全体现出租汽车定价的特色,有待进一步改善。

(3)本书研究了各种经济政策,还可以结合我国客运交通运行的现状详细分析,并提出相应的意见。

(4)在停车收费定价模型的研究中,把模型分为了路外和路内两种,随着停车设施的不断发展,未来的停车设施需要更为先进的定价模型来支撑。

研究趋势分析

随着综合交通运输体系的快速发展,运输与经济发展之间的关系越来越受到公众的关注,在这种背景之下,现代运输经济学的理论得以逐步形成,并逐渐系统化。经济学家、地理学家、交通专家从不同角度,根据不同方法对运输与经济发展之间的关系进行了研究。因而,现代运输经济理论从经济学、地理学、运输学等不同学科入手,以理论研究、实证研究、定性研究等不同的研究方法,从不同的层面对运输与经济发展之间的关系进行了阐述,为世界各国与地区运输体系的建设提供了科学的理论支撑。

城市客运交通经济学是研究城市交通系统中的定价问题、定价策略以及定价理论的研究方向、定价政策的发展趋势的一门科学。自 20 世纪 20 年代以来,有关运输经济政策的研究已经有 90 余年的历史,为反映城市运输经济研究的热点,以下从通过经济管理政策和手段限制交通需求、从效率角度提高综合运输体系、互联网 + 交通大数据下的运输经济、城乡一体化几个部分展开分析。

一、通过经济管理政策和手段限制交通需求

随着我国城市化的加速和经济发展水平的提高,城市人口和机动车保有量都在迅速增长,交通拥挤是目前我国多数大中城市普遍面临的问题。为了解决大城市交通拥挤这一世界性难题,国内外城市交通部门已经开始运用各种交通需求管理策略。交通需求管理已经成为近些年交通管理的主要手段之一,例如:北京奥运会期间,为了缓解交通拥挤,北京五环内实行单双号限行政策,后来演变成了限号政策,很多大城市都纷纷实行该政策。

目前,拥挤收费的理论研究已经很成熟,而在我国的实际应用还处于起步阶段,只有上海、深圳等几个大城市的部分路段实行。合理的收费策略可以提高城市道路交通网络的运行效率,未来拥挤收费策略势在必行。

拥挤收费目前的研究趋势是拥挤收费策略的公平性,想要实现拥挤收费的公平性,需要以现代技术为依托,针对不同的驾驶情况收取不同的费用。其中,区域、时段、车型等因素都会影响拥挤定价,还需要综合考虑系统的性能指标,使

得系统运行最优。自从加拿大经济学家 Lipsey 和美国经济学家 Lnacaster 在研究税收制度时提出次优定价理论以来,次优定价理论受到了研究者们的青睐,2008 年,浙江大学的刘南等提出了带公平限制的多时段次优拥挤定价模型。

停车收费是指通过对停车设施的使用者征收费用来调节和引导城市交通需求的静态交通管理措施,是一种通过停车收费的费率调整来进行区域的交通控制以达到平衡停车供需、改善居民出行方式和协调土地与交通发展的有效手段。

尽管停车收费已在我国实行多年,可仍然存在着许多问题,如何解决这些问题同样是交通工作者们研究的热点,停车收费同样受到许多因素的影响,停车设施经营成本、停车供求、车辆类型、停车者对费率的容忍程度等都是停车收费定价所要考虑的因素,近几年,许多学者通过不同的系统目标来建立停车收费模型,例如,Mogens Fosgerau 等(2013)考虑拥挤区域内的早晚通勤出行,提出了一种减少排队的时变停车收费模式,通过改变停车收费的价格改变出行者的出行时间,从而达到缓解道路拥堵的目的;Wei Liu 等(2016)将考虑停车收费的道路瓶颈模型应用到方式划分中,得到小汽车和公交车出行比例,同时考虑了停车位预定对方式划分的影响。

此外,对私家车征收税款、对多数员工采用乘坐公共交通工具的企业提供财政补贴等政策都是缓解交通需求的手段。

二、从效率角度提高综合运输体系

各国交通运输的发展实践表明,无论是建立可持续发展的综合交通运输体系,还是建立智能生态的交通运输系统,与传统的交通运输系统相比主要不同就是在满足交通需求的同时要考虑交通运输对环境的影响和交通运输的资源消耗。从根本上来说,如果把交通运输对环境的影响作为负效益并考虑资源利用率,综合交通运输体系的建设与运营归根到底就是要提高整个系统的效率。

效率与公平是如今社会发展的主基调,在交通运输经济领域,更加看重运输效率的提高。随着信息化时代的到来,智能交通、智能社会、智能城市、智慧城市等概念出现在了人们的视野中,2008 年,IBM 提出“智慧地球”,在以往信息化的基础上,还考虑了效率因素。所谓“智能城市”,是指具有如下特征的规划城市:通过利用现代化的通信技术互联的基础设施,改善经济和政治效率,使城市和社会经济文化得到可持续发展,这些基础设施包括为商业、居住、休闲娱乐和生活服务的信息通信技术;在城市中强调商务发展的作用;强调高科技和文化创业在城市长远发展中所起的关键作用;关注社会和环境的可持续发展等。

近几年,地产开发商开发了一种新的建设模式,选一片原始用地,对这块用地从零进行规划，建造一个智能城市，其中包括：智能经济系统、智能社会系统、智能管治系统、智能交通系统、智能环境系统、智能生活系统等。

三、互联网 + 交通：大数据下的智能交通

随着社会经济的发展，人们生活水平的提高，人们对交通服务的需求强度也越来越强，早在 2011 年年底，"互联网 + 交通"已初见端倪。铁路推出了网络订购火车票的新举措，让百姓利用电脑、手机，通过网络，足不出户就能买到火车票；民航行动更快，很早就实现了网络订票，现在通过大数据分析，通过手机 APP 可实现手机购票、查看航班动态等功能；而大力推进高速公路 ETC 联网发展，则是公路方面推进网络化的措施。此外，人们平日出行也越来越离不开导航系统、打车软件。

2015 年 3 月 5 日，李克强总理在政府工作报告中首次提出"互联网 +"行动计划。互联网与传统行业的融合发展将从全流程上改造传统行业，从而产生新的业态。互联网与交通的碰撞也形成了"线上资源合理分配、线下高效优质运行"的新格局。

信息时代的到来也把大数据的应用推向了一个新的阶段，所谓大数据就是指以多元形式，从许多来源搜集而来的庞大数据组。如今旅游、物流、销售信息化，如电子商务、网上售票、滴滴打车等各类出行服务产生了巨量的需求数据。交通监控系统、卫星定位系统、公交一卡通等提供了交通生成数据。

互联网 + 交通的发展趋势主要如下：

(1)大力发展绿色、便捷、高效、经济的公共交通。通过智能交通技术手段提高公共交通系统的服务水平，引导城市居民出行方式的转变。

(2)以智能交通技术提升道路交通管理水平，提高城市道路体系的综合利用效率。

(3)优化区域交通组织，以先进的交通管理手段如先进的交通信号系统、交通诱导系统、交通违法自动考量系统，减少路口延误、排队等候，使得道路通畅，停车管理规范化。

四、城乡交通一体化下的票价制定

城乡一体化是中国现代化和城市化发展的一个新阶段，城乡一体化就是要把工业与农业、城市与乡村、城镇居民与农村村民作为一个整体，统筹谋划、综合研究，通过体制改革和政策调整，促进城乡在规划建设、产业发展、市场信息、政

策措施、生态环境保护、社会事业发展的一体化，改变长期形成的城乡二元经济结构，实现城乡在政策上的平等、产业发展上的互补、国民待遇上的一致，让农民享受到与城镇居民同样的文明和实惠，使整个城乡经济社会全面、协调、可持续发展。

在城乡一体化下，城乡交通一体化发展是必然之势，这个必然之势要求城乡客运班线公交化，然后逐步实现城乡公交一体化。公交票制票价的统一是这一目标得以实现的关键性部分，因而研究城乡公交定价问题是非常有必要的。

附录　本书符号说明

符　号	含　　义	符　号	含　　义
B	利润或运营收入	AC	平均成本
q	厂商产量	NSB	净社会效益
R	收益	SB	社会效益
P	价格	E	弹性系数
AC	平均成本	E_d	需求弹性系数
r	税率	E_c	平均成本弹性系数
r_b	利润率	E_{cro}	交叉弹性
C	成本	D	出行需求
TC	总成本	α、β、γ	参数
I	总收入	μ	非直线出行系数
QBR	单位运量利润率	τ	车辆折算系数
CBR	成本利润率	λ	拉格朗日因子
IBR	收入利润率	OC	运营成本
NSB	净社会效益	BC	基本成本
Q	运量或交通量	VC	变化成本
D^{-1}	逆需求函数	FC	固定成本
X	综合变量	UC	单位成本
AC_d	机动车驾驶员的平均成本	C_{op}	机会成本
CT	最优拥挤费	MC	边际成本
a、c	常数	SC	社会成本
C_s	消费者剩余	C_A	交通事故成本
MC	边际成本	RPI	零售价格指数
ΔTC	总成本的增量	C_{oil}	燃油费用(元)
ΔQ	运输量或交通量增量	P_{oil}	油价(元/升)

续上表

符号	含义	符号	含义
h	燃油效率(km/升)	t_{wt}	等待时间
S	补贴或燃油附加费	t_{jt}	乘车时间
S_P	票价补贴	t_{ht}	换乘时间
S_Q	人公里补贴	Pe	生产效率
S_B	车公里补贴	K	最大运能
P_b	公交方式服务价格	w	权重系数
P_b^{max}	公交服务价格管制上限值	Sw	社会福利
G	广义成本	L_f	租车返空费起算里程
P_b^{min}	公交服务价格管制下限值	q	人均出行次数
L	线路的总里程、行驶里程	Z	可支配收入
Vot_0	无差异时间价值	ϕ_r^i	公平指数
Vot	时间价值	T	时段
N_B	公交车数量	CS_P	私人交通系统的用户盈余
n	公交车日发车次数	CS_B	公共交通系统的用户盈余
f	发车频率	TUB_P	用户效益
PHF	高峰小时系数	TSC_P	私人交通系统的总费用
A	占地面积	ε	随机变量
V	行驶速度	Ca	资本
$\overline{GDP}$	人均国内生产总值	J	居民公共交通支出
Pop	人口数	MRG	最低收入担保
PC	平均私人成本	K_{rs}	OD 对 rs 路径集合
C_{inv}	投资成本	x_a	弧 a 的交通流量
C_c	拥挤成本	t_a	弧 a 的阻抗
C_E	环境成本	f_k^{rs}	OD 对 rs 之间路径 k 上的流量

参考文献

[1] 李旭宏,徐永能.城市客运交通系统[M].北京:人民交通出版社,2011.

[2] 张海鸣.城轨交通的物业开发与交通一体化设计[J].科技资讯,2013(07):227.

[3] 吴晓枫.广州公交运营模式优化探讨[D].成都:西南交通大学,2009:10-14.

[4] 张香平.城市地区私人小汽车使用的外部性研究[D].北京:北京交通大学,2007:38-41.

[5] Bly P H, Oldfield R H. An analytic assessment of subsidies to bus services [J]. Transportation Science, 1986, 20(3): 200-212.

[6] Small K. Urban transportation economics[M]. Taylor & Francis, 2013.

[7] Delle Site P, Filippi F. Bus service optimisation with fuel saving objective and various financial constraints[J]. Transportation Research Part A: Policy and Practice, 2001, 35(2): 157-176.

[8] Boitani A, Cambini C. Incentive Regulation of Local Public Transport: the subsidy cap mechanism[R]. Milano, mimeo, 2002.

[9] 王俊,陈学武.用经济学理论分析出租汽车服务定价机制[J].交通运输工程与信息学报,2004(04):99-104.

[10] Yang H, Wong S C, Wong K I. Demand-supply equilibrium of taxi services in a network under competition and regulation[J]. Transportation Research Part B: Methodological, 2002, 36(9): 799-819.

[11] Yang H, Ye M, Tang W H, et al. Regulating taxi services in the presence of congestion externality[J]. Transportation Research Part A: Policy and Practice, 2005, 39(1): 17-40.

[12] Wong K I, Wong S C, Yang H, et al. Modeling urban taxi services with multiple user classes and vehicle modes[J]. Transportation Research Part B: Methodological, 2008, 42(10): 985-1007.

[13] Pigou A C. The economics of welfare[M]. New York:Palgrave Macmillan, 2013.

[14] Knight F H. Some fallacies in the interpretation of social cost[J]. The Quarterly Journal of Economics, 1924: 582-606.

[15] 韦翀.基于道路饱和度空间分布的拥挤收费模型研究[D].哈尔滨:哈尔滨工业大学,2010:10-45.

[16] Walters A A. The theory and measurement of private and social cost of highway congestion[J]. Econometrica: Journal of the Econometric Society, 1961: 676-699.

[17] Vickrey W S. Congestion theory and transport investment[J]. The American Economic Review, 1969: 251-260.

[18] Verhoef E, Nijkamp P, Rietveld P. The economics of regulatory parking policies: the (im) possibilities of parking policies in traffic regulation[J]. Transportation Research Part A: Policy and Practice, 1995, 29(2): 141-156.

[19] 王永胜.城市公交成本、票价和补贴联动机制研究[D].西安:长安大学,2012:26-48.

[20] 王晶晶."公交优先"背景下的低价公交政策分析[J].科技致富向导,2012(03):78.

[21] 章玉,唐热情,王晓凯.我国城市公交票制票价优化的对策建议[J].综合运输,2012(02):23-25.

[22] 王亚红.基于Logit模型的城市轨道交通票价制定方法研究[D].北京:北京交通大学,2007:5-16.

[23] 钱红波,胡小文,陈炼红.公交票制的比较、选择与改革思路研究[J].价格理论与实践,2006(09):31-32.

[24] 国土资源部建设部发展改革委科技部公安部.关于优先发展城市公共交通的意见[Z].2005.

[25] 中华人民共和国劳动和社会保障部,中华人民共和国建设部,中华人民共和国国家发展和改革委员会.关于优先发展城市公共交通若干经济政策的意见[Z].2006.

[26] 国务院办公厅.国务院关于城市优先发展公共交通的指导意见[Z].2013.

[27] 朱伟权,谢秉磊,杨晓光,等.公交补贴机制研究综述与展望[J].交通信息与安全,2015(04):1-8.

[28] 蔡孝箴.城市经济学[M].天津:南开大学出版社,1998:342-371.

[29] 李延涛.城市公共交通财政补贴模式探索[D].济南:山东大学,2014:5-10.

[30] 韩萌.城市公交财政补贴问题研究[D].大连:东北财经大学,2011:11-18.

[31] 叶树峰.公交补贴测算方法研究[D].成都:西南交通大学,2014:7-20.

[32] 王健,安实.公共交通收费理论发展与借鉴[J].交通运输系统工程与信息,2004(03):105-109.

[33] 钱璞. 建立我国城市公共交通的补贴机制[J]. 城市公用事业,2008,2:4-7.

[34] 张一帆. 城市公共交通补贴效率研究[D]. 北京:北京交通大学,2009:11-56.

[35] 魏丹. 基于多 Agent 仿真的城市道路交通拥挤定价政策研究[D]. 哈尔滨:哈尔滨工业大学,2007:10-46.

[36] 吴兆峰. 城市交通需求管理多时段、多用户次优拥挤定价模型研究[D]. 杭州:浙江大学,2006:7-40.

[37] 王健,周红飞. 基于拉姆塞定价理论的城市轨道交通多时段定价模型研究[J]. 城市轨道交通研究,2012,15(6):36-40,73.

[38] 张智勇. 道路拥挤收费实施的可行性研究[R]. 北京工业大学交通研究中心,2011.

[39] 郝国瑞. 我国实行城市道路拥挤收费的理论要点及应用问题研究[D]. 西安:长安大学,2014:9-33.

[40] 籍学武. 城市商业区停车场选址问题研究[D]. 重庆:重庆大学,2007:8-36.

[41] 乐建鑫,周竹萍. 静态交通管理的内涵研究[J]. 东南大学学报(哲学社会科学版),2007(S2):83-86.

[42] 王家,张晓东. 美国城市停车政策解析[J]. 城市交通,2011(04):53 60.

[43] 王伟. 基于交通需求管理的北京市停车收费问题研究[D]. 北京:北京交通大学,2008:7-23.

[44] 闫倩倩,肖鹏,林航飞. 城市道路停车收费实施性问题及对策研究[J]. 交通建设与管理,2014(14):238-241.

[45] 尚炜,戴帅. 城市停车政策与管理[M]. 北京:中国建筑工业出版社,2014.

[46] 刘学军. 城市停车收费政策对城市交通的影响研究[D]. 武汉:武汉大学,2005:8-31.

[47] 吴涛,晏克非,李枫. 城市公共停车收费定价的研究[J]. 上海铁道大学学报(理工辑),1999(12):16-20.

[48] 张永伟. 燃油税制改革的意义及改进方向[J]. 中国发展观察,2009,01:4-6.

[49] 湖北省地税局课题组. 征燃油税的正负效应分析[J]. 理论与实践,2002,6:75-79.

[50] Department of the Treasury. Nonhighway recreational fuel taxex:Fiscal Years 1994 and 1995[R]. 1997. http://www.treasury.gov/resource-center/tax-

policy/Documents/Report-Nonhighway-Recreationa 1-Fuel-1997. pdf

[51] 国务院. 关于实施成品油价格和税费改革的通知[Z]. 2008.

[52] 王健,唐鹏程,何建平. 基于层次分析法区间估计的我国燃油税定价影响因素筛选[J]. 武汉理工大学学报(交通科学与工程版),2013(02):326-329.

[53] Decker C S, Wohar M E. Determinants of state diesel fuel excise tax rates: the political economy of fuel taxation in the United States[J]. The Annals of Regional Science, 2007, 41(1): 171-188.

[54] 严作人,张戎. 运输经济学[M]. 北京:人民交通出版社,2003.

[55] 邵春福,秦四平. 交通经济学[M]. 北京:人民交通出版社,2008.

[56] 关蕾. 城市公交票价定价模式研究[D]. 成都:西南交通大学,2007:12-45.

[57] 谢仙明. 广州市出租汽车运价改革研究[D]. 成都:西南交通大学,2009:17-26.

[58] 何承耕,林忠,陈传明,等. 自然资源定价主要理论模型探析[J]. 福建地理,2002(03):1-5.

[59] 晏远春. 我国城市出租汽车发展规划研究[D]. 西安:长安大学,2001:3-26.

[60] 崔朝晖. 铁路货物运价改革相关问题研究[D]. 成都:西南交通大学,2007:15-20.

[61] Small K A. Economics and urban transportation policy in the United States [J]. Regional Science and Urban Economics, 1997, 27(6): 671-691.

[62] Meyer J R, Gomez-Ibanez J A, Tye W B, et al. Essays in transportation economics and policy: a handbook in honor of John R. Meyer[M]. Brookings Institution Press, 2011.

[63] Nash C A, Else P K. A Reformulation of the Theory of Optimal Congestion Taxes (Comment and Rejoinder)[J]. Journal of Transport Economics and Policy, 1982, 16(3): 295-304.

[64] Nash C A, Else P K. A Reformulation of the Theory of Optimal Congestion Taxes (Comment and Rejoinder)[J]. Journal of Transport Economics and Policy, 1982, 16(3): 295-304.

[65] Emmerink R H M. Information and pricing in road transportation[M]. Springer Science & Business Media, 2012.

[66] Arnott R, De Palma A, Lindsey R. Economics of a bottleneck[J]. Journal of

Urban Economics, 1990, 27(1): 111-130.

[67] Arnott R, De Palma A, Lindsey R. DEPARTURE TIME AND ROUTE CHOICE FOR MORNING COMMUTE. IN: URBAN TRANSPORT[J]. Journal of Management Information Systems, 2003, 9(1):165-184.

[68] Arnott R, De Palma A, Lindsey R. A structural model of peak-period congestion: A traffic bottleneck with elastic demand[J]. The American Economic Review, 1993: 161-179.

[69] Laih C H. Queueing at a bottleneck with single-and multi-step tolls[J]. Transportation Research Part A: Policy and Practice, 1994, 28(3): 197-208.

[70] 史小特.基于博弈论的城市公共交通定价模型研究[D].重庆:重庆交通大学,2015:9-20.

[71] 周晶,徐晏.公共交通网络系统的广义 Nash 经营博弈模型[J].系统工程学报,2001,16(4):261-267.

[72] 周晶,盛昭瀚,何建敏.公交网络车费设定问题的 Stackelberg 博弈模型[J].系统工程学报,2000(03):231-237.

[73] 吴军,涂光瑜,罗毅,等.基于差别定价的电力市场输电服务定价研究[J].继电器,2005(11):9-13.

[74] 周龙.拉姆塞定价模型在地铁定价中的应用[J].交通科技与经济,2001,04:47-49.

[75] 马晓翠.城市公共交通价格决策理论与方法研究[D].西安:长安大学,2008:15-38.

[76] 王玉萍.常规公交与轨道交通之间的竞争与合作[D].西安:长安大学,2004:19-67.

[77] 李锦霞,周爱莲,何蓉蓉.常规公交票价综合评价方法分析[J].交通科技与经济,2013(01):68-72.

[78] Bass P, Donoso P, Munizaga M. A model to assess public transport demand stability[J]. Transportation Research Part A: policy and practice, 2011, 45(8): 755-764.

[79] 郝记秀,黄浩丰,关宏志,等.城市公共交通定价中的补贴测算方法研究[J].太原理工大学学报(社会科学版),2008,26(3):19-22.

[80] 胡晓伟.城市客运交通系统参与主体经济决策模型研究[D].哈尔滨:哈尔滨工业大学,2013:22-62.

[81] 孙广林,王健,胡晓伟.城市公交价格组合策略的系统动力学建模与仿真[J].交通运输系统工程与信息,2010(06):121-127.

[82] Gwilliam K M, Nash C A, Mackie P J. Deregulating the bus industry in Britain—(B) the case against[J]. Transport Reviews, 1985, 5(2): 105-132.

[83] Ducruet C, Lugo I. Structure and dynamics of transportation networks: Models[J]. The SAGE handbook of transport studies, 2013: 347.

[84] 戚宇杰.我国城市轨道交通票价制定问题研究[D].西安:长安大学,2006:12-34.

[85] Feifei Q I N, Haicheng J I A. Modeling Optimal Fare and Service Provisions for a Crowded Rail Transit Line[J]. Journal of Transportation Systems Engineering and Information Technology, 2013, 13(2): 69-80.

[86] 孙广林.城市公共交通价格联动策略研究[D].哈尔滨:哈尔滨工业大学,2013:22-77.

[87] Nurdden A, Rahmat R, Ismail A. Effect of transportation policies on modal shift from private car to public transport in Malaysia[J]. Journal of Applied Sciences, 2007, 7(7): 1013-1018.

[88] 李亚辉.基于乘客选择分析的公交票价定价模型[D].大连:大连海事大学,2015:7-20.

[89] 王殿海,吴娟,栗红强.典型线路公共汽车票价确定方法研究[J].公路交通科技,2000(06):80-82.

[90] 仝允桓.城市快速交通线项目的最优票价与政府补偿[J].系统工程理论与实践,2001(04):88-91.

[91] 王健,何建平,洪麟琳.冰雪条件下公交发车间隔优化研究[J].武汉理工大学学报(交通科学与工程版),2013,37(2):254-257.

[92] Guo Z, Wilson N, Rahbee A. Impact of weather on transit ridership in Chicago, Illinois[J]. Transportation Research Record: Journal of the Transportation Research Board, 2007 (2034): 3-10.

[93] 匡晓慧.市场化改革的限度:公交市场化改革模式分析[J].城市,2007(8):58-61.

[94] 张光远.用价格政策支持城市公共交通优先发展[J].价格理论与实践,2005(12):12-13.

[95] 俞礼军.时间价值分布预测的混合密度模型[J].中国公路学报,2009(04):96-101.

[96] 沈一冲,吴岚,刘晓庆.城市公交出行成本计量模型[J].交通标准化,2010(22):87-90.

[97] 高婷婷.城市不同交通方式的出行成本数量化研究[D].哈尔滨:东北林业大学,2006:5-18.

[98] 王晶.北京市交通社会成本的评估[J].交通环保,2005(02):31-33.

[99] 张力,李群仁.几种主要运输方式的外部成本计算分析[J].铁道运输与经济,2000(01):36-39.

[100] 张新宇,陈景艳.交通运输外部成本评估及内部化[J].北方交通大学学报,1999(03):21-25.

[101] 高祥涛.城市公交财政补贴测算方法与激励模型研究[D].长春:吉林大学,2011:9-28.

[102] 梁艳洁.城乡道路客运一体化补贴机制研究[D].成都:西南交通大学,2010:29-34.

[103] 中国轨道交通网.2016.http://www.rail-transit.Com/

[104] 王健,陈娟.基于差别定价的城市公共交通价格体系研究[J].科学技术与工程,2010,10(22):5466-5469.

[105] 罗世民.我国经济欠发达地区城市轨道交通建设策略的探讨[J].交通科技与经济,2006(01):103-105.

[106] 陈娟.城市轨道交通和常规公交价格联动研究[D].哈尔滨:哈尔滨工业大学,2010:9-31.

[107] 王敏.地铁票价制定相关因素分析[J].铁道运输与经济,2011(09):6-8.

[108] 张秋丽.城市新建轨道交通票制票价研究[D].西安:长安大学,2010:11-37.

[109] Gkritza K, Karlaftis M G, Mannering F L. Estimating multimodal transit ridership with a varying fare structure[J]. Transportation Research Part A: Policy and Practice, 2011, 45(2): 148-160.

[110] Qian Z S, Zhang H M. Modeling multi-modal morning commute in a one-to-one corridor network[J]. Transportation Research Part C: Emerging Technologies, 2011, 19(2): 254-269.

[111] 张同芬.轨道交通票价理论及方案研究[D].西安:长安大学,2011:7-13.

[112] 张静怡.城市轨道交通财政补贴机制研究[D].北京:北京交通大学,2014:12-25.

[113] 张静怡,欧国立.政府主导的城市轨道交通财政补贴机制研究[J].学理

论,2013(13):90-91.

[114] 苟吉占,吴笛.对城市轨道交通初期票价的再研究[J].都市快轨交通,2006(02):20-22.

[115] 叶玉玲,刘福生,粟俊.我国城市轨道交通运营初期票价制定与研究[J]城市轨道交通研究.2010(03):41-43.

[116] 张文晰,左大杰.灰局势决策方法确定城市轨道交通运营初期票价[J].铁道运输与经济,2009,31(3):80-83.

[117] 张晓波.对城市轨道交通投融资模式的认识与实践[D]重庆:重庆大学,2005:4-6.

[118] 张敏,唐伟勤.城市公交系统换乘票价定价策略分析[J].交通科技与经济,2010,12(6):9-11,16.

[119] 郭上.我国PPP模式物有所值评价研究[D].北京:财政部财政科学研究所硕士学位论文,2015:5-7.

[120] 易欣.基于动态多目标的PPP轨道交通项目定价机制[J].技术经济,2015,34(12):108-115.

[121] 王文静.价值工程在建设项目全生命周期造价管理中的应用研究[D].武汉:武汉理工大学,2005:16-18.

[122] 左进,韩洪云.BOT在我国水务行业中的应用及风险规避[J].城市问题,2005(02):22-25.

[123] Nelson P, Baglino A, Harrington W, et al. Transit in Washington, DC: Current benefits and optimal level of provision[J]. Journal of Urban Economics, 2007, 62(2): 231-251.

[124] 冯珂,王守清,张子龙,等.城市轨道交通PPP项目政府票价补贴问题研究[J].价格理论与实践,2015(03):51-53.

[125] 邹松.城市轨道交通票价政策研究[D].上海:华东师范大学,2007:5-16.

[126] 韩彪,聂伟,何玲.出租汽车市场体系研究——理论与实践[M].北京:人民交通出版社,2010:3-97.

[127] 夏楷.城市客运出租汽车发展研究[D].武汉:华中科技大学硕士学位论文,2007:42-48.

[128] Oliver, H. H., Gallagher, K. S., Li, M., Qin, K., Zhang, J., Liu, H., He, K. In-use vehide emissions in China: Beijing study[R]. 2009. http://belfercenter.ksg.harvard.edu/files/2009-05-ETIP-Oliver-et-al-2.pdf

[129] Zhang Q, Xu J, Wang G, et al. Vehicle emission inventories projection

based on dynamic emission factors: a case study of Hangzhou, China[J]. Atmospheric Environment, 2008, 42(20): 4989-5002.

[130] 何建平.基于燃油价格变化的城市客运出租汽车补贴研究[D].哈尔滨:哈尔滨工业大学,2012:20-55.

[131] King D A, Peters J R. Slow down, you move too fast: the use of tolls by taxicabs in New York city[C]//Transportation Research Board 91st Annual Meeting. 2012 (12-2101).

[132] 吕航.基于系统动力学的城市客运出租汽车定价研究[D].哈尔滨:哈尔滨工业大学,2011:9-35.

[133] 陈茜,王炜,黄娟.需求控制下的出租汽车计程定价问题研究[J].城市交通,2005(03):14-18.

[134] 杨芬娟.城市客运出租汽车定价问题的研究[D].成都:西南交通大学,2012:13-35.

[135] 戚宇杰,姜涛.基于系统动力学的城市轨道交通定价方法研究[J].都市快轨交通,2005(06):17-20.

[136] 谢涛,陈火旺,康立山.多目标优化的演化算法[J].计算机学报,2003,26(8):997-1003.

[137] 洪麟琳.基于合乘模式的出租汽车定价研究[D].哈尔滨:哈尔滨工业大学,2012:9-38.

[138] Van de Velde D M. Organisational forms and entrepreneurship in public transport: classifying organisational forms[J]. Transport Policy, 1999, 6(3): 147-157.

[139] Roumboutsos A, Kapros S. A game theory approach to urban public transport integration policy[J]. Transport Policy, 2008, 15(4): 209-215.

[140] 王健,胡晓伟.城市客运交通经济管理政策研究综述[J].交通运输系统工程与信息,2011,11(1):24-31.

[141] 王波.纽约——立法确定出租汽车数量[N].新华每日电讯,2004,11:22003.

[142] 周家高.英国出租汽车的经营和管理[J].城市公用事业,2002,16(5):41-42.

[143] Aquilina M. Quantity De-restriction in the Taxi Market Results from English Case Studies[J]. Journal of Transport Economics and Policy (JTEP), 2011, 45(2): 179-195.

[144] McKercher B, Packer T, Yau M K, et al. Travel agents as facilitators or inhibitors of travel: perceptions of people with disabilities[J]. Tourism Management, 2003, 24(4): 465-474.

[145] 侯莲梅. 出租汽车市场利益集团的博弈和公共政策的选择[J]. 才智, 2009(17):264-265.

[146] An S, Hu X, Wang J. Urban taxis and air pollution: a case study in Harbin, China[J]. Journal of Transport Geography, 2011, 19(4): 960-967.

[147] 姚莹. 天津客运出租汽车行业运营模式研究[D]. 天津:天津理工大学, 2005:35-36.

[148] 张冬生. 出租汽车行业现状及价格情况调查与分析[J]. 价格理论与实践,2005(06):18-19.

[149] 汪亚军. 出租汽车市场相关主体利益及其最优运营模式[J]. 探索,2009(01):137-142.

[150] 宗刚. 出租汽车市场的利益分配格局及对策[J]. 综合运输,2009(04):28-30.

[151] Smeed R J. Traffic studies and urban congestion[J]. Journal of Transport Economics and policy, 1968: 33-70.

[152] Sharp C. Congestion and Welfare-an Examination of the Case for a Congestion Tax[J]. The Economic Journal, 1966, 76(304): 806-817.

[153] Arnott R, de Palma A, Lindsey R. Departure time and route choice for the morning commute[J]. Transportation Research Part B: Methodological, 1990, 24(3): 209-228.

[154] Yan H, Lam W H K. Optimal road tolls under conditions of queueing and congestion[J]. Transportation Research Part A: Policy and Practice, 1996, 30(5): 319-332.

[155] Dial R B. Bicriterion traffic assignment: efficient algorithms plus examples[J]. Transportation Research Part B: Methodological, 1997, 31(5): 357-379.

[156] Braid R M. Uniform versus peak-load pricing of a bottleneck with elastic demand[J]. Journal of Urban Economics, 1989, 26(3): 320-327.

[157] Carey M, Srinivasan A. Externalities, average and marginal costs, and tolls on congested networks with time-varying flows[J]. Operations research, 1993, 41(1): 217-231.

[158] Ghali M O, Smith M J. Traffic Assignment, Traffic Control and Road Pricing [J]. Transportation and Traffic Theory, 1993,14(15):4138-4142

[159] Yang H, Meng Q. Departure time, route choice and congestion toll in a queuing network with elastic demand[J]. Transportation Research Part B: Methodological, 1998, 32(4): 247-260.

[160] Proost S, Van Dender K, Courcelle C, et al. How large is the gap between present and efficient transport prices in Europe? [J]. Transport policy, 2002, 9(1): 41-57.

[161] De Palma A, Lindsey R, Quinet E. Time-varying road pricing and choice of toll locations[J]. Road pricing: Theory and evidence, research in transportation economics, 2004, 9: 107-131.

[162] Proost S, Sen A. Urban transport pricing reform with two levels of government: a case study of Brussels[J]. Transport Policy, 2006, 13(2): 127-139.

[163] Proost S, Van Dender K. Optimal urban transport pricing in the presence of congestion, economies of density and costly public funds[J]. Transportation Research Part A: Policy and Practice, 2008, 42(9): 1220-1230.

[164] Harrington W, Krupnick A J, Alberini A. Overcoming public aversion to congestion pricing[J]. Transportation Research Part A: Policy and Practice, 2001, 35(2): 87-105.

[165] Small K A. The scheduling of consumer activities: work trips[J]. The American Economic Review, 1982, 72(3): 467-479.

[166] Calfee J, Winston C. The value of automobile travel time: implications for congestion policy[J]. Journal of Public Economics, 1998, 69(1): 83-102.

[167] Cools M, Brijs K, Tormans H, et al. The socio-cognitive links between road pricing acceptability and changes in travel-behavior[J]. Transportation Research Part A: Policy and Practice, 2011, 45(8): 779-788.

[168] Dimitriou L, Tsekeris T. Evolutionary game-theoretic model for dynamic congestion pricing in multi-class traffic networks[J]. Netnomics: Economic Research and Electronic Networking, 2009, 10(1): 103-121.

[169] Small K A. Using the revenues from congestion pricing[J]. Transportation, 1992, 19(4): 359-381.

[170] Lindsey C R, Van den Berg V A C, Verhoef E T. Step tolling with bottle-

neck queuing congestion[J]. Journal of Urban Economics, 2012, 72(1): 46-59.

[171] Kim S. Evolutionary Minority Game Model for Congestion Control Scheme [J]. Wireless Personal Communications, 2014, 78(2): 1199-1210.

[172] 赵泽斌.道路拥挤定价收入再分配建模与仿真研究[D].哈尔滨:哈尔滨工业大学,2007:24-65.

[173] 李林波,王靖阳,万燕花.交通拥挤收费经济学原理研究[J].交通科技,2005(06):79-82.

[174] Button K. Transport economics[M]. Edward Elgar Publishing, 2010.

[175] Walters, Alan A, Charges, The Economics Of Road. World Bank Occasional Paper Number 5, International Bank for Reconstruction and Development [J]. Johns Hopkins University Press, 1968: 716-728.

[176] Hau T D. 3. Congestion pricing and road investment[J]. Road pricing, traffic congestion and the environment: Issues of efficiency and social feasibility, 1998: 39.

[177] Kaldor N. Welfare propositions of economics and interpersonal comparisons of utility[J]. The Economic Journal, 1939: 549-552.

[178] 高鸿业.西方经济学[M].北京:中国人民大学出版社,2004.

[179] Gomez-Ibanez J A. The Political economy of highway tolls and congestion [J]. Transportation Quarterly, 1992, 46(3).

[180] Standing Advisory Committee for Trunk Road Assessment. Trunk roads and the generation of traffic[M]. Standing Advisory Committee on Trunk Road Assessment, 1994.

[181] 马从辉.论收入分配原则中的效率与公平[J].经济与管理研究,2002(02):36-41.

[182] Litman T. Evaluating transportation equity: Guidance for incorporating distributional impacts in transportation plannin Victoria[M]. BC: Victoria Transport Policy Institute, 2007.

[183] Repetto R, Dower R C, Jenkins R, et al. Green fees: how a tax shift can work for the environment and the economy[M]. World Resources Institutes, 1992.

[184] Hu P S, Young J. NPTS databook[R]. Washington, DC: Office of Highway Information Management, Federal Highway Administration, US Department

of Transportation, 1990.

[185] Small K A. The incidence of congestion tolls on urban highways[J]. Journal of Urban Economics, 1983, 13(1): 90-111.

[186] Kain J. The impacts of congestion pricing on transit and carpool demand and supply[R]. Harvard Institute of Economic Research Working Papers 1643, Harvard-Institute of Economic Research 1993.

[187] 王韧,任毅.再分配公平的制度性障碍及其对策研究[J].财经理论与实践,2003,24(3):73-77.

[188] 黄艳君,陈学武,张卫华.公交专用道设置前后路段交通流模型的比较[J].华中科技大学学报:城市科学版,2003,20(4):68-70.

[189] Litman T. Transportation cost and benefit analysis-congestion costs[J]. Victoria Transport Policy Institute. 2003: 280-335.

[190] 蒲琪,杨晓光.交通信息对驾驶员路径选择行为影响的初步分析[J].公路交通科技,1999,16(3):53-56.

[191] 李志纯,谷强,史峰.弹性需求下拥挤道路收费的模型与算法研究[J].交通运输工程学报,2001,1(3):81-85.

[192] 赵彤,高自友.城市交通网络设计问题中的双层规划模型[J].土木工程学报,2003,36(1):6-10.

[193] Yang H, Huang H J. Principle of marginal-cost pricing: how does it work in a general road network? [J]. Transportation Research Part A: Policy and Practice, 1998, 32(1): 45-54.

[194] Kenneth A Small. Road pricing and public transport. In: Santos, G. (Ed.) [J]. Road pricing: Theory and Evidence. Elsevier, Amsterdam. 2004: 68-126.

[195] Holroyd E M. The optimum bus service: a theoretical model for a large uniform urban area[C]//Proceedings of The Third International Symposium on the Theory of Traffic Flow. 1967.

[196] Newell G F. Some issues relating to the optimal design of bus routes[J]. Transportation Science, 1979, 13(1): 20-35.

[197] Ying J Q, Yang H. Sensitivity analysis of stochastic user equilibrium flows in a bi-modal network with application to optimal pricing[J]. Transportation Research Part B: Methodological, 2005, 39(9): 769-795.

[198] Eliasson J, Hultkrantz L, Nerhagen L, et al. The Stockholm congestion-

charging trial 2006: Overview of effects[J]. Transportation Research Part A Policy & Practice, 2009, 43(3):240-250.

[199] Ferrari P. A model of urban transport management[J]. Transportation Research Part B: Methodological, 1999, 33(1): 43-61.

[200] 王健,胡运权,安实.城市道路拥挤定价中的交通需求分析[J].数量经济技术经济研究,2003(07):44-49.

[201] 李艳红,袁振洲,靳雄焕.基于自由流时间的交通拥挤收费费率研究[J].公路交通科技,2009,26(6):109-113.

[202] Yang H, Bell M G H. Traffic restraint, road pricing and network equilibrium [J]. Transportation Research Part B: Methodological, 1997, 31(4): 303-314.

[203] 黄海军.城市交通网络平衡分析理论与实践[M].北京:人民交通出版社,1994.

[204] Powell W B, Sheffi Y. The convergence of equilibrium algorithms with predetermined step sizes[J]. Transportation Science, 1982, 16(1): 45-55.

[205] Chen M., Bernstein D., Chien S., Mouskos K., A simplified formulation of toll design problem[J]. Transportation Research Record, 1999, 1667:88-95.

[206] 安实,王健,丁文桓.我国城市路外停车场收费定价研究[J].企业经济,2001(04):73-74.

[207] 王志利.基于前景理论的停车选择行为研究[D].哈尔滨:哈尔滨工业大学,2011:9-20.

[208] 卢红锋.城市公共停车设施选址方法研究[D].长沙:长沙理工大学,2008:13-25.

[209] Axhausen K W, Polak J W. Choice of parking: stated preference approach [J]. Transportation, 1991, 18(1): 59-81.

[210] 陈国辉,王万芳.如何解决我国城市停车场悖论[J].江苏商论,2005(2):134-135.

[211] 范轶芳,杨励雅.基于停车收费的停车外部成本内部化研究[J].交通企业管理,2013,28(3):47-49.

[212] 唐鹏程.城市停车收费与拥挤收费价格联动研究[D].哈尔滨:哈尔滨工业大学,2011:3-54.

[213] 张蓉.基于停车费率的大城市中心区停车需求管理对策研究[D].哈尔滨:哈尔滨工业大学硕士学位论文,2012:9-10.

[214] 高克林,胡平.停车需求控制与收费定价研究[J].交通与运输:学术版,2005(B07):24-26.

[215] Higgins T J. Road-pricing attempts in the United States[J]. Transportation Research Part A: General, 1986, 20(2): 145-150.

[216] Glazer A, Niskanen E. Parking fees and congestion[J]. Regional Science and Urban Economics, 1992, 22(1): 123-132.

[217] Arnott R, De Palma A, Lindsey R. A temporal and spatial equilibrium analysis of commuter parking[J]. Journal of Public Economics, 1991, 45(3): 301-335.

[218] Qian Z S, Xiao F E, Zhang H M. The economics of parking provision for the morning commute[J]. Transportation Research Part A: Policy and Practice, 2011, 45(9): 861-879.

[219] Qian Z S, Xiao F E, Zhang H M. Managing morning commute traffic with parking [J]. Transportation Research Part B: methodological, 2012, 46(7): 894-916.

[220] Fosgerau M, De Palma A. The dynamics of urban traffic congestion and the price of parking[J]. Journal of Public Economics, 2013, 105: 106-115.

[221] Yang H, Liu W, Wang X, et al. On the morning commute problem with bottleneck congestion and parking space constraints [J]. Transportation Research Part B: Methodological, 2013, 58: 106-118.

[222] Liu W, Zhang F, Yang H. Managing morning commute with parking space constraints in the case of a bi-modal many-to-one network[J]. Transportmetrica A: Transport Science, 2016, 12(2): 116-141.

[223] Zhang X, Yang H, Huang H J. Improving travel efficiency by parking permits distribution and trading[J]. Transportation Research Part B: Methodological, 2011, 45(7): 1018-1034.

[224] Liu W, Yang H, Yin Y. Expirable parking reservations for managing morning commute with parking space constraints[J]. Transportation Research Part C: Emerging Technologies, 2014, 44: 185-201.

[225] Hymel K. Do parking fees affect retail sales? Evidence from Starbucks[J]. Economics of Transportation, 2014, 3(3): 221-233.

[226] Ersoy F Y, Hasker K, Inci E. Parking as a loss leader at shopping malls [J]. Transportation Research Part B: Methodological, 2016, 91: 98-112.

[227] Qian Z S, Rajagopal R. Optimal occupancy-driven parking pricing under demand uncertainties and traveler heterogeneity: A stochastic control approach [J]. Transportation Research Part B: Methodological, 2014, 67: 144-165.

[228] Zhang W, Guhathakurta S, Fang J, et al. Exploring the impact of shared autonomous vehicles on urban parking demand: An agent-based simulation approach[J]. Sustainable Cities and Society, 2015, 19: 34-45.

[229] 裴玉龙,杨中良.城市中心区路边停车管理问题探讨[J].昆明理工大学学报:理工版,2002,27(5):139-143.

[230] 安实,马天超,尹缙瑞.我国城市停车收费定价模型研究[J].哈尔滨工业大学学报,2000,32(2):65-69.

[231] 安实,王健.停车需求预测与管理[J].交通运输系统工程与信息,2001,1(3):212-216.

[232] 安实.我国城市路边停车定价方法研究[J].数量经济技术经济研究,2001,18(6):89-92.

[233] 关宏志,李洋,秦焕美.基于TDM概念调节大城市繁华区域出行方式的调查分析——以停车收费价格调节出行方式为例[J].北京工业大学学报,2006,32(4):338-342.

[234] 秦焕美,关宏志,殷焕焕.停车收费价格对居民出行方式选择行为的影响研究——以北京市居民小汽车、公交、出租汽车选择行为为例[J].土木工程学报,2008,41(8):93-98.

[235] 王健,洪麟琳,何建平.基于可变泊位容量的停车收费定价模型研究[J].武汉理工大学学报(交通科学与工程版),2013,37(3):517-520.

[236] 安实,马天超,尹缙瑞.基于G-Logit的停车需求预测模型[J].数量经济技术经济研究,2001,18(1):67-70.

[237] 安实,王健.企业管理模式下的中国城市路边停车定价方法与应用研究[J].中国公路学报,2002,15(2):113-116.

[238] 范文博,蒋葛夫.信息作用下随机多方式网络停车换乘行为[J].西南交通大学学报,2008,43(4):524-530.

[239] 冯焕焕,朱从坤.我国城市中心区路边停车收费定价模型研究[J].交通运输系统工程与信息,2008,8(5):129-135.

[240] 冷淑莲,江野军,冷崇总.价格传导机制的分析[J].价格与市场,2004(12):10-13.

[241] 孙胜祥,李振宇.海军装备价格传导机理研究[J].武汉理工大学学报(信

息与管理工程版),2008,30(6):955-958.

[242] 邵祖峰.博弈论在道路交通管理中的应用[J].道路交通与安全,2006(3):8-10.

[243] 卢雪,孙英隽.城市优惠公交的博弈分析[J].武汉理工大学学报:社会科学版,2013,26(1):21-25.

[244] 贾子若,宋守信.基于博弈论的城市交通拥堵问题分析[J].物流技术,2012,31(3):56-58.

[245] Smith M. Game theory and the evolution of fighting, in: John Maynard Smith (Ed.), On Evolution[J]. UK: Edinburgh University Press. 1972: 8-28.

[246] Hofbauer J, Sandholm W H. Evolution in games with randomly disturbed payoffs[J]. Journal of Economic Theory, 2007, 132(1): 47-69.

[247] Lighthill M J, Whitham G B. On kinematic waves. II. A theory of traffic flow on long crowded roads[C]//Proceedings of the Royal Society of London A: Mathematical, Physical and Engineering Sciences. The Royal Society, 1955, 229(1178): 317-345.

[248] 周小梅.我国公交补贴政策及其改革——从桂林免费公交谈起[J].价格理论与实践,2002(08):25-27.

[249] Wang J Y T, Yang H. A game-theoretic analysis of competition in a deregulated bus market[J]. Transportation Research Part E: Logistics and Transportation Review, 2005, 41(4): 329-355.

[250] 王镜.基于博弈分析的城市公共交通定价及补贴的理论与方法研究[D].北京:北京交通大学博士学位论文,2008:29-30.

[251] 周世爽.城市地铁票价制定原则及阶段性定价策略的研究[J].铁道运输与经济,2004,26(11):6-8.

[252] 王镜,邵春福,毛科俊.公交换乘优惠的双层规划模型[J].中国公路学报,2008,21(2):93-97.

[253] 陈启新.试析城市公共交通的换乘[J].城市公共交通,2003(6):42,44.

[254] Vickrey W. The economizing of curb parking space[J]. Traffic Engineering, 1954, 29(1): 62-67.

[255] Roth, G J. Paying for parking[R]. Hobart Paper 33 (The Institute of Economic Affaris, London), 1965.

[256] Gómez-Ibáñez J A, Fauth G R. Downtown auto restraint policies: the costs and benefits for Boston [J]. Journal of Transport Economics and Policy,

1980: 133-153.

[257] Arnott R, Inci E. An integrated model of downtown parking and traffic congestion[J]. Journal of Urban Economics, 2006, 60(3): 418-442.

[258] Calthrop E, Proost S. Regulating on-street parking[J]. Regional Science and Urban Economics, 2006, 36(1): 29-48.

[259] Albert G, Mahalel D. Congestion tolls and parking fees: A comparison of the potential effect on travel behavior[J]. Transport Policy, 2006, 13(6): 496-502.

[260] Arnott R, Inci E. The stability of downtown parking and traffic congestion [J]. Journal of Urban Economics, 2010, 68(3): 260-276.

[261] Zhang X, Huang H J, Zhang H M. Integrated daily commuting patterns and optimal road tolls and parking fees in a linear city[J]. Transportation Research Part B: Methodological, 2008, 42(1): 38-56.

[262] Feng SHI, Yan C, Hengxin LI, et al. Class of comprehensive optimization of congested road-use pricing and parking pricing[J]. Journal of Transportation Systems Engineering and Information Technology, 2009, 9(1): 74-79.

[263] 王健,孙广林.基于路段的拥挤收费与停车收费组合优化研究[J].交通运输系统工程与信息,2010,10(3):24-28.

[264] 李明博.交通拥挤收费政策的系统动力学分析[J].铁道运输与经济,2006,28(5):79-81.

[265] 王继峰,陆化普,彭唬.城市交通系统的SD模型及其应用[J].交通运输系统工程与信息,2008,8(3):83-89.

[266] 陶冶,薛惠锋.交通能源决策系统模型研究[J].计算机工程与应用,2009,45(6):5-9.

[267] 李宇航,何世伟.基于系统动力学的城市人均出行次数研究[J].交通标准化,2010(09):54-57.

[268] 钟永光,贾晓菁,李旭.系统动力学[M].北京:科学出版社,2010.

[269] 王其藩.系统动力学(修订版)[M].北京:清华大学出版社,1994.

[270] 陈春妹.路网容量研究[D].北京:北京工业大学,2002:3-6.

[271] 何建中.城市地区私人小汽车出行成本构成理论及其量化评估方法研究[D].北京:北京交通大学,2009:10-14.

[272] Munizaga M A, Heydecker B G, de Dios Ortúzar J. Representation of heteroskedasticity in discrete choice models[J]. Transportation Research Part

B: Methodological, 2000, 34(3): 219-240.

[273] Koppelman F S, Wen C H. Alternative nested logit models: structure, properties and estimation[J]. Transportation Research Part B: Methodological, 1998, 32(5): 289-498.

[274] Koppelman F S, Wen C H. The paired combinatorial logit model: properties, estimation and application[J]. Transportation Research Part B: Methodological, 2000, 34(2): 75-89.

[275] 王健.道路拥挤定价下的公共交通收费问题研究[D].哈尔滨:哈尔滨工业大学,2003:23-86.